U0899386

汉字形义与文化

杨琳　著

南開大學出版社

图书在版编目(CIP)数据

汉字形义与文化 / 杨琳著. —天津：南开大学出版社，2012.8

（南开跨文化交流研究丛书）

ISBN 978-7-310-03973-9

Ⅰ.①汉… Ⅱ.①杨… Ⅲ.①汉字－字形②汉字－字义 Ⅳ.①H12

中国版本图书馆 CIP 数据核字(2012)第 173934 号

南开大学出版社出版发行

出版人:孙克强

地址:天津市南开区卫津路 94 号 邮政编码:300071

营销部电话:(022)23508339 23500755

营销部传真:(022)23508542 邮购部电话:(022)23502200

*

天津泰宇印务有限公司印刷

全国各地新华书店经销

*

2012 年 8 月第 1 版 2012 年 8 月第 1 次印刷

230×170 毫米 16 开本 32.75 印张 2 插页 404 千字

定价:66.00 元

如遇图书印装质量问题,请与本社营销部联系调换,电话:(022)23507125

总　序

对于人类文化的多元存在，有两个影响甚大的宿命预言：一个是《旧约》的“巴别塔”说，一个是亨廷顿的“文明冲突”说。

“巴别塔”之说谓：大洪水过后，诺亚的子孙逐渐遍布天下，他们都讲一样的语言，文化亦无隔阂。他们一度对上帝有所怀疑，便决心合力建一座塔，塔顶通天，以显示自己的力量。此举惊动了上帝，上帝不允许人类怀疑自己的权威，就改变并区别开了人类的语言，使他们因为语言不通而无法协力，高塔也就中途停工。这一宗教传说颇有象征意味。除了揭示出语言对于文化交流至关重要的作用外，更借“上帝意志”作出了对人类文化隔阂无法打破的宿命预判。

亨廷顿则是在上世纪90年代提出了“文明冲突”论，认为冷战后的世界，冲突的基本根源不再是意识形态，而是文化的差异，主宰全球的将是“文明的冲突”，而这种冲突则是无法避免的。这种乌鸦嘴式的预言当然是不受欢迎的，但进入21世纪后，事态的发展却好像在为他做着背书。

但是，宿命真的是无法改变的吗？已经能遨游太空的人类对于文化困境真的只能束手吗？

答案显然是否定的。

毋庸讳言，两个预言讲出了重要的事实，但是，讲出的只是事实的一部分。事实的全部是：人类的文明史始终是在文化隔阂与文化交流的双向过程中前行，同样也是在文明冲突与文明交融的双向过程中前行的。

梁启超曾综括华夏文明的历史，指出在两三千年的历史中，“跨文化交流”始终是文化创新、文化发展的重要动力、重要契机：“我中华当战国之时，南北两文明初相接触，而古代之学术思想达于全盛；及隋唐间与印度文明相接触，而中世之学术思想放大光明。”他还预言 20 世纪是东方文明与西方文明“结婚之时代”，而“彼西方美女，必能为家育宁馨儿，以亢我宗也”。

其实，推而广之，异质文化的交流是人类文明史普遍的现象，其积极作用也如同在华夏文明史上一样。

时至今日，各个国家、各个民族，完全地闭关锁国几乎是不可能的事情。“地球村”中，文化的接触、交流只能是越来越频繁。对此，主动地参与，积极地推动其良性发展，既是有远见的政治家们的责任，也是地球村每位“村民”的义务与责任。在这方面，近年来蓬勃发展的孔子学院无疑是一项影响广远的创举。南开大学不仅是美洲大陆第一所孔子学院（马里兰大学孔子学院）的合作伙伴，而且是国家汉办“跨文化交流”的研究与培训基地。基地整合南开大学各有关学科的学术力量，一方面培训师资，为全球孔子学院提供服务与支撑，一方面围绕“跨文化交流”开展学术研究。这套丛书就是基地同仁们研究的成果。

中华古老的经典《周易》讲得好：“天地睽而其事同也”，“君子以同而异”。承认差异，积极沟通，保持、产生勃勃的生机——古人尚且能认识，我们只应比古人做得更好。

当然，差异是永恒的，“天堑变通途”、“环球同此凉热”的理想，可能永远是可望而不可及的理想。但美好的理想给了我们前进的方向，它不能抵达，它却可以趋近。正如同“通天塔”永远不能抵达神秘的苍冥，但多垒的每一石、每一砖却都能使我们更靠近那璀璨的穹庐。

南开大学中华古典文化研究所所长、为跨文化交流作出毕生努力的叶嘉莹先生日前填词《水龙吟》云："正学宏开，东西互鉴……待如椽健笔，长虹绘写，架茫茫海。"范曾教授唱和曰："且追随精卫，衔枝填取，莽苍苍海。"这也正是南开同仁们共同的宏愿。

为此，我们南开大学跨文化交流研究院编写了这一套小书；为此，我们将持续编下去，并努力编得越来越好。

陈　洪

2012年6月

前　言

想学外语的人通常最先想到的一个问题是：这门外语好学还是难学？网上有传言说联合国教科文组织（UNESCO）曾公布过世界十大难学语言，依次是：汉语、希腊语、阿拉伯语、冰岛语、日语、芬兰语、德语、挪威语、丹麦语、法语，没想到汉语竟然位居十大难学语言之首。

汉语真的有这么难学吗？

外语学习的难易程度应从两个层面来观察：一个是口语层面，一个是书面语层面。对口语层面而言，尽管不同语言的语音系统、词汇系统和语法规则千差万别，但它们作为一套复杂的约定俗成的符号系统则是相同的，任何学习者都要习得听其音、解其意、表其心的能力，而且语言系统往往某一方面复杂了，就会通过另一方面的简易来加以补偿。语言是人掌控的工具，没有人愿意自己使用的工具变得超出正常需求的繁难。所以，就口语层面而言，语言里面很难分出个难易来。试想一下，无论什么语言，都有一批智障成员在正常使用着，连智障者都能自然掌握的语言我们有什么根据说它难学呢？可见“十大难学语言”的说法只是个别人根据自己的主观感受随意排列出来的，并没有什么科学依据。我们查了联合国教科文组织的官方网站，没找到十大难学语言排名的内容，可见这是某些人拉大旗作虎皮的炒作行为。

当然，人们在外语学习时确实会有难易不同的感受，但这往往是拿自己熟悉的母语作比较的结果。如果所学外语与自己的母语在类型、词汇、书写系统等方面相同或接近，可以借助已知的母语知识通过类推学习外语，学习者就觉得容易；如果可以利用的母语知识很少，学习者就得在外语上花更多的精力，他就觉得这种外语难学。就拿传言中位列十大难学语言第五的日语来说，以汉语为母语的人学习日语大都并不觉得难，对熟悉古代汉语的人来说，学习日语还感觉比较容易，这是因为日文中也有他们熟悉的汉字，而且不少词汇也跟汉语相同。从这一意义上来讲，外语学习是有难易之分的。但必须明确的是，这只是针对个人学习某一具体语言而言的，我们不可能针对所有学习者定出若干难学或易学的语言来。

从书面语层面来看，学习外语确实有难易之分，谁都无法否认学习拼音文字要比学习汉字容易，这也许是某些人把汉语列为难学语言之首的主要原因吧。但我们也不能过分夸大汉字的难学程度。语言自有其平衡机制，它会在满足使用者的需求与使用的难易度上找到一个平衡点，从而达到以最经济的手段适应交际需求。汉字的总数虽然非常庞大，估计单字在 10 万以上，但日常使用的汉字却是十分有限的。1988 年，中国国家语言文字工作委员会和国家教育委员会联合发布的《现代汉语常用字表》，收录了 2500 个常用字和 1000 个次常用字，总共只有 3500 字。2500 常用字覆盖率达 97.97%，1000 次常用字覆盖率达 1.51%，合计覆盖率达 99.48%。这就是说，掌握了这 3500 字，在现代语言生活中基本上就没有什么障碍了。2010 年，国家语言资源监测研究中心在调查了报纸、广播电视和网络新闻等十亿多字的语料的基础上，统计得出的媒体用字数据是：覆盖到 99%的语料用字仅为 2431 字。这跟《现代汉语常用字表》的统计基本一致，可见现代生活中人们的实际用字量是很小的。不少人认为拼音文字只有二三十个字母，而汉字成千上万，所以汉字难学。这种比较是片面的。认识了英文的 26 个字母并不等于认识了单词，只有认识了单词，才能谈得上阅读理解，而要掌握由 26 个字母排列组合的上万个相互之间区分度低的单词不见得就比掌握 2000 多个汉字容易多少。而掌握了 2000 多个汉字，就等于掌握了 2000 多个单词或词根，接下来扩大词汇量就容易多了，因为汉语大多数合成词的意义就是单字意义的句法加合，其含义可通过逻辑推理推断出来。例如学会了“牛”“奶”二字，见了没学过的“牛奶”和“奶牛”就可以推知是什么意思，用不着刻意去记忆，甚至无须过问“牛奶”和“奶牛”是不是词，而在英语中你得记住 cattle、milk、cow 三个没有关联的单词，而且还得记住哪个是可数名词，哪个是不可数名词，复数形式是否规则，你能说这比仅仅记住“牛”“奶”二字要简单？所以，字母文字的书面语学习起来先易后难，汉字书面语学习起来先难后易，前者是先甜后苦，后者是先苦后甜。这有点类似于汉字输入法中的全拼输入法和五笔字型输入法。对大多数具有初中以上文化程度的中国人来说，全拼输入法基本上不用学习就可以使用，但后期打字速度很慢。五笔字型输入法前期学习比较费事，你得记住 200 多个字根及其在键盘上的分布，但后期打字速度极快。所以，从语言学习的整个过程来看，汉语并不像某些人想象的那么难学。

学习汉字当然不能死记硬背。为了方便记忆和理解，有些教学者采用各种有趣的方法解析汉字。例如：

禁：上帝向亚当明示树上的果子吃不得。

婪：二木之下一女摘果，表示夏娃受蛇的诱骗偷吃禁果。

困：“口”表示界线，困难是由于人跨越了神的界限，擅自吃了善恶树上的果子而承担痛苦的后果。

船：运载了诺亚一家八口的方舟。

恩：因为有心，才会施恩或报恩。

旧：新的东西仅过了“一”“日”，就成为“旧”的了。

理：真理掌握在王者手里。

骗：一旦被人看穿，马上就会被人看扁。

贪：趁今高高在上，捞取钱财（贝）。

欲：离深谷只欠一步，所以千万不要太过度。

惩：对心的征服，才是处罚的最终目的。

婚：女人发了昏才结婚。

劣：之所以低劣，就因为用力不足。

这种分析对理解汉字确实有一定的帮助，但总的来说，弊大于利。

首先，这种解析纯属随意附会，不同的人有不同的讲法。如“路”字，有的人解析为：地上本来没有路，因为“各”种人都在此留下“足”迹，便成了路。有的人解析为：一半是足，指脚所踩的地方，另一半是各，代表各人有各人的去向。还可以想出别的解释。这样的解释没有科学性，没有系统性，会使学习者感到困惑。

其次，能这样附会出一点道理的汉字只是极少数，大多数汉字是很难这样“趣解”的。面对众多由同一偏旁构成的汉字，解析者将理屈词穷，不知所措。如把“路”中的“各”分析为指各种人或各人，那么，面对“格”“客”“烙”“络”“骆”“略”等字中的“各”将作何解释呢？英语学习中，有些人也用类似的方法辅助记忆，如 ambulance（救护车）趣解为“俺不能死”，China 趣解为“拆哪儿”，police（警察）趣解为“跑累死”，ponderous（笨重的）趣解为“胖得要死”，university（大学）趣解为“由你玩四年”，其他如 yes（是的）——爷死，nice（好）——奶死，bus（公共汽车）——爸死，mouth（嘴）——妈死，girls（女孩们）——哥死，was（是）——我死，但这只能是一时的权宜之计，而且还会对准确理解词义造成干扰，想靠这种方法学好英语是不可能的。汉字学习也是一样的。

最后，这样的解析在初学者的心田里埋下了错误的种子，使他们得不到科学的字理，从而对汉字的深入学习及汉文化的了解造成障碍。如把“船”解析为运载了诺亚一家八口的方舟，这会使学习者以为汉字是根据《圣经》创造的，这无疑是荒谬的。

汉字是表意体系的文字，它的构造是有理据的，它的含义在字形上有一定体现，弄清每个汉字的构造理据对学习汉字和汉语可收到事半功倍的效果。另外，语言文字是文化的载体，若能结合本民族的文化学习语言文字，不但使学习过程充满趣味，有利于加深记忆，而且对语言文字的理解会更加深刻。为此我们选了 140 个较为常用的汉字，解析字形的构造理据，说明形体的发展演变，介绍跟字义有关的词语，尽可能联系文化来阐述词语的含义，希望能对汉字汉语的教授和学习有所帮助。

目录

案

古代“案”字的不同写法

“案”的本义东汉许慎在《说文》中解释为“几属”，意思是几类器具。1978 年，在湖北随县（今随州市）擂鼓墩发现了战国初期曾国国君乙的墓葬，墓中出土了一件黑漆朱绘鸟足漆案（图 1），案长 138.6 厘米，高 44.7 厘米，宽 53.7 厘米，看上去就是我们今天的茶几。大家知道，我国在唐代以前一直流行的是“席地而坐”的生活方式，在这种生活习惯下，家具都不可能太高。这种案就相当于今天的桌子，可用来读书、吃饭等。《三国志·吴志·周瑜传》裴松之注所引《江表传》中说，曹操将率领八十万大军与孙权一决雌雄，孙权的部下大都主张向曹操投降，孙权非常生气，拔刀砍击“奏案”，说：“诸将吏敢有言当迎曹者，与此案同。”意思是说，谁敢提议向曹操投降，就会像这奏案一样将被砍头。这里的“奏案”指放文书用的书案。古代官署的文件多是卷轴形的，如果内容不长，就书写于木板，木板被称为“牍”，这些文件分类存放于书案，所以称为“案卷”或“案牍”。今天将机关、企业分类保存以备查阅的文件称为案卷就是古代意义的沿用。另外“伏案读书”、“案头读物”、“拍案叫绝”等语中的案也都指书案。

图 1

由于文书放置于书案，所以案也用来指代文书。唐代文学家刘禹锡在《陋室铭》中说：“无丝竹之乱耳，无案牍之劳形。”这里的“案牍”就是指官府的文书。我们今天常说的“有案可稽”、“记录在案”、“备案”等词语中的案也是指文件。那么我们今天常说的“大案”“要案”的案又是从何产生的呢？这里的案是案件的意思，这一意义是从文件引申来的。我们知道，政府部门的一个重要职责就是处理各种各样的违法乱纪事件，这些事件的经过以及处理这些事件的过程都要以文件的形式记录下来，因此文件就引申出了案件的意思。一个案字由最初的几案义引申出文件义，又由文件引申出案件，其变化真可以说是出人意料，谁会想到案件跟书桌在意义上还有“血缘”关系呢？

由于这类案属于几类器具，所以古代常统称为“几案”。如东汉王粲《儒吏论》：“彼刀笔之吏，岂生而察刻哉？起于几案之下，长于官曹之间，无温裕文雅以自润，虽欲无察刻，弗能得矣。”这里的“几案”指读书用的书案。

古代还有一种案叫食案，这是一种低矮的小饭桌。食案一般有低矮的足，古代学者有“无足曰盘，有足曰案”的解释，说明了盘子和食案的区别。古人在饮食方式上采取的是西方那样的分餐制，吃饭的时候把饭菜放在食案上，从厨房端到吃饭者跟前，每人一个食案。古代典籍中常有持案上食的记载。如《史记·田叔列传》中说，刘邦经过赵国的时候，赵王张敖亲自“持案进食，礼甚恭”。《汉书·外戚传》中说，汉宣帝的许皇后朝见皇太后时，“亲奉案上食”。最有名的要数“举案齐眉”的故事了。据《后汉书·逸民传》记载，东汉梁鸿的妻子对梁鸿彬彬有礼，每次上饭菜的时候总是把食案举得跟眉毛一样高，以遮住眼睛，不敢直视梁鸿，表示敬重。后人就用“举案齐眉”表示夫妻相敬如宾。从这些记述可以看出，食案的作用跟今天上食用的托盘相同，但托盘上食后要撤下来，食案则不撤，起着饭桌的作用，这是与托盘不同的地方。1972 年，在湖北长沙马王堆西汉墓中出土了两件食案，一件长 78 厘米，宽 48 厘米，高 5 厘米（图 2），另一件长 60.2 厘米，宽 40 厘米，高 5 厘米（图 3）。后者在出土时，案上完好地摆放着五只漆盘，盘内盛有现已炭化了的食物，一只盘子上还放着一双筷子，另有两只饮酒的漆卮和一只漆耳杯。这是汉初长沙国丞相利苍的妻子生前饮食生活的反映。

图 2

图 3

那么案为什么叫案呢？有人认为案是因安置、安放而得名的，由于案的用途是安放餐具，所以就称为案。也有人认为案是因为安稳而得名的。与直接用手端拿相比，用案上食既不怕烫手，又端得多，还端得平稳，因此称为案。这两种解释都是针对食案来说的，但《说文》中认为案的本义是几案，从案的得名来看，案的本义为食案的可能性更大。

对上层社会的人士而言，由于讲究尊卑长幼之别，每人食案上饭菜的数量和档次并不相同，尊者、长者数量多，档次高，卑者、幼者数量少，档次低。《燕太子》一书中记载说："太子常与荆轲等案而食。"意思是说荆轲食案上的饭菜与燕太子丹是相同的，说明了太子对荆轲的优待。荆轲就是那位替燕太子丹刺杀秦始皇的勇士。《汉书·朱博传》中记载说："博为人廉俭，不好酒色游宴，自微贱至富贵，食不重（chóng）味，案上不过三杯。"这是说朱博生活俭朴，每顿饭不吃两样菜，食案上通常不超过三只杯盘。

百

商代甲骨文	周代金文	战国简牍	说文古文	小篆
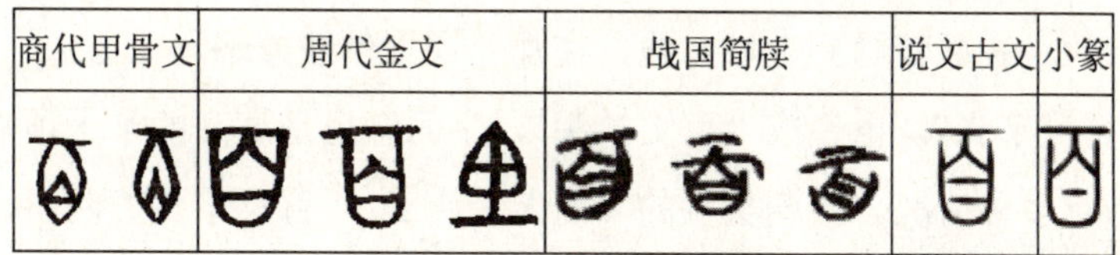				

古代“百”字的不同写法

甲骨文中“百”字上面是“一”，下面是“白”。甲骨文的“白”字像画了指纹的大拇指。中国人习惯翘起大拇指表示老大，所以古人造字时就用大拇指形状的“白”表示老大的意思，后来又加了个单人旁写成了“伯”字。大拇指意义的“白”在一些方言中写作“擘”。《孟子·滕文公下》：“于齐国之士，吾必以仲子为巨擘焉。”东汉赵岐注：“巨擘，大指也。”这里用“巨擘”比喻杰出的人物。“白”由老大的意思引申指大数目一百。甲骨文中的百字就是“一白”的合写。

“百”常用的意义就是一百。如成语有“百步穿杨”。这一成语来自春秋时期养由基射箭的故事。楚国大夫养由基擅长箭术，能够距离杨树百步远射中树叶，百发百中。这里的“杨”特指杨树叶，而不是杨树干。如果只是在一百步的距离内射中杨树干，那也算不得有多高明。后人用“百步穿杨”形容一个人箭术的高超。

“百”除了指实数一百外，还引申为虚数，表示很多。如“百姓”、“百战百胜”、“百闻不如一见”、“百尺竿头”等等。

“百闻不如一见”是说听说的次数再多也不如亲眼看见可靠。汉代名将赵充国善于骑射。武帝时他曾征战匈奴，一次突围中受伤二十多处，武帝为表彰他的英雄事迹提升他做了中郎。汉昭帝的时候，光禄大夫义渠安国出使羌人部落，受到袭击，财物被抢劫。昭帝听后大怒，决定立刻出兵。当时赵充国已年逾七十，仍请求亲自出征。当皇帝问及他需要哪些兵将辅助时，赵充国说：“百闻不如一见，兵难逾度，臣愿驰至金城，图上方略。”意思是听得再多也不如亲眼见到可靠，军情是很难从远方估计出来的。我愿骑马到金城前线，在那儿谋划作战方略。

“百尺竿头”，也说成“百丈竿头”，字面意思是高高的竿子顶端，具体所指有多种情况。唐朝吴融的《商人》诗云：“百尺竿头五两斜，此生何处不为家。”这里的百尺竿头指船的桅杆。“五两”是古代观测风向和风力的设施，将五两鸡毛系于杆子顶端而制成，所以叫五两。这两句诗的意思是说桅杆顶端五两斜飘，商人的一生漂泊不定，处处为家。北宋晏殊《题咏上竿伎》诗云：“百尺竿头袅袅身，足腾跟挂骇旁人。”这是在描写爬上高竿顶端进行表演的杂技。意思是说高竿顶端的演员身姿轻盈敏捷，有时腾起，有时倒挂，令观众惊奇。佛教中则用“百尺竿头”比喻修行到了极高境界。后来“百尺竿头”与“更进一步”连用，泛指不满足已有成就，要争取更大进步。

“百”还有一切、完全的意思。如成语有“百无聊赖”、“百无禁忌”、“百无一是”等。“百无聊赖”形容思想感情无所寄托，感到什么都没有意思。如清代梁启超的《读陆放翁集》诗云：“辜负胸中百万兵，百无聊赖以诗鸣。”意思是说陆游的军事才能无从施展，无聊之中只好写一些诗来抒发自己心中的不平之气。

摆

敦煌变文	宋代楷书	宋代草书

古代“摆”字的不同写法

摆是简化后的写法，繁体字写作擺、襬。这两个字都是形声字，提手旁的写法表明摆动跟手的动作有关，衣字旁的写法表明摆动跟衣服的下摆有关。摆的本义就是摆动。裙子的下摆走动时摆动不停，所以叫摆。在古代不论男女都穿裙子，因此裙摆的样式也很多。从长沙马王堆汉墓出土的两幅帛画可以看出，当时楚国的服装是长袍拖地，袍的下摆向上翻起。马山一号墓出土的袍下摆是垂直的，而有的下摆则呈三角形，可见古人在裙摆上是下了不少功夫的。由此你可以想象到裙带飞舞的古代歌女，伴着古典幽雅的音乐轻歌曼舞的形象。

说到舞，土家族有一种历史悠久的民间传统舞蹈叫“摆手舞”，流传在鄂、湘、渝、黔四省市交界的沅水、酉水流域一带。摆手舞分为“大摆手”和“小摆手”两种。“大摆手”场面宏大，人数可多达万人，其舞粗犷劲勇，气势非凡。“小摆手”则轻柔细腻。摆手时，先由土老司主持祭祀祖先和土王，以粑粑、豆腐、猪头为供品，烧香膜拜，然后在摆手坝的中央升起篝火，土家后生和姑娘们在土老司的指挥下围绕篝火翩翩起舞，常常通宵达旦。摆手舞所表现的内容涉及“人类起源”、“神话传说”、“民族迁徙”、“狩猎捕鱼”、“古代战事”、“刀耕火种”、“饮食起居”等方方面面。跳大摆手舞集会也是一次盛况空前的商贸交易会。2008年，酉阳土家族摆手舞列入中国非物质文化遗产名录。

土家族布艺上的摆手舞

摆字最常用的意义就是摆动。宋朝的梅尧臣在《二月四日雪》一诗中说：“前日春风初摆条，昨夜雪飞深一尺。”意思是说前天春风刚吹动树枝，昨天晚上却下了一尺深的雪。这里的“摆条”是摆动树枝的意思。而“摇头摆尾”则是指行为举止得意的样子。如果用“摇头摆尾”来形容一个人的话，你可以想象一个人摇头晃脑走路的样子，说明这个人很得意，他内心的喜悦通过“摇头摆尾”的动作自然地流露了出来。这一成语原本是指鱼儿游泳怡然自得的姿势。唐朝诗人孟郊的《夜忧》诗云：“未遂摆鳞志，空思吹浪旋。”意思是说科举考试没考中，只是空想自己的志向。这里的“摆鳞”比喻科举考试考中了。这一说法来自鲤鱼跳龙门的传说。相传鲤鱼跳过龙门后就变成了龙。唐代类书《艺文类聚》中记载说："河津一名龙门，大鱼积龙门数千不得上，上者为龙，不上者为鱼，故云暴鳃龙门。"这是说黄河流经山西河津县一个叫龙门的地方，那里聚集了数千只鱼没办法跳上去，跳上去的可以变成龙，上不去的仍是鱼，所以有"暴鳃龙门"的说法，比喻遭受挫折，处境困难。

语言中还有"摆架子"的说法，意思是说装腔作势自以为了不起。类似的说法还有很多，如拿架子、端架子、摆臭架子等。鲁迅的小说《朝花夕拾》里说："无常的手里就拿着大算盘，你摆尽臭架子也无益。"无常是一种鬼的名字。迷信的人认为人死后会有无常鬼来勾魂。这两句话的意思是说当人命中该死的时候无常鬼就会来勾魂，无论你怎样装腔作势也没用，难免一死。

摆还有摆放的意思。中国民间自古就有"摆供"的习俗，摆供是摆放供品的意思。人们把摆供看作是很神圣的事情。现代作家巴金的小说《春》中说："这时离'摆供'的时间很近，堂屋里每把椅子上都铺上了椅帔，供桌上也换了新桌帷。"摆供时要在供桌上摆上神主、牌位等，当然作为供品的鱼、肉、水果、馒头等都是不可缺少的。人们想通过摆供来表达对神灵的敬慕，并祈求神灵的保佑。一直到现在，仍有许多人摆供祭神，也许这也是他们的一种精神寄托吧。

板

板是一个从木反声的形声字，本义是木板。唐代温庭筠在《商山早行》一诗中写道："鸡声茅店月，人迹板桥霜。"意思是说，宿于茅店的行人，听到鸡声，戴月早行，走到木板桥上，见霜面上已留下行走的足迹，可知还有更早的行人，让人有一种"莫道君行早，更有早行人"的感慨。板又可泛指木板状的扁平物体，如石板、钢板、纸板等等。

在古代汉语中，板还有笏板的意思，笏板是古代君臣朝会时手中所拿的一块狭长的板子，用玉、象牙、竹、木等材料制成，也叫手板，主要用来记事，有点类似于我们今天的记事本。宋代编的字典《广韵》中解释说："天子以玉，诸侯以象，大夫鱼须文竹，士木可也。"意思是说，皇帝的笏板用玉制成，诸侯的笏板用象牙制成，大夫的笏板用鲨鱼的须（一说鲨鱼皮）装饰两侧的竹子制成，士用木材制成的笏板就可以了。

木板平整，缺少变化，由此引申为"古板、不生动"的意思。《红楼梦》第十七回中有一段"宝玉题额"的情节，说的是大观园工程竣工后，贾政带了一帮清客游园题匾额，正巧路上撞见宝玉，便命他一起随往。当游到后来林黛玉所住的潇湘馆时，贾政命众人题额，有人说是"淇水遗风"，有人说用"睢（suí）园雅迹"，宝玉却认为都不妥，他说："这太板了，莫若'有风来仪'四字。"这里的"板"就是不生动的意思。宋代的时候，官府铸铜钱时用泥烧制成模子，每个模子有三十二个钱眼，上下两个模子对合为六十四个钱眼，称为一板，不能私自增减。后世遂以“板板六十四”来形容刻板固执，不知变通。在现实生活中，我们应该懂得变通之道，而不能板板六十四。

在文学作品中，“板荡”是一个比较常见的词。唐太宗李世民在《赐萧瑀》一诗中说：“疾风知劲草，板荡识诚臣。”意思是说只有经过狂风的考验，才知道哪种草是强劲的；只有在动荡的年代，才会识别出谁是忠臣。“板荡”一词来源于先秦诗歌总集《诗经》中的《板》和《荡》这两首诗，这两首诗都是讥讽周厉王无道，从而导致国家败坏，社会动乱，后人因此用“板荡”来形容政局混乱，社会动荡不宁。

在建筑工作中，“板筑”是一种筑墙用具，板指夹板，筑指捣土用的杵。筑墙时，用两块木板夹住墙体，把湿润的土填到里面，用杵捣实，土干以后墙就坚固了。相传商代有一个有才能的人，名叫傅说，他曾在傅岩这个地方用夹板筑墙。商王武丁见后，断定此人不凡，因此任命他作了宰相。《孟子》中的“傅说举于板筑之间”说的就是傅说是从板筑的苦役中提拔上来的。《吕氏春秋·举难》中也记载了一个相似的故事。春秋时期，卫国的贤人宁戚为商人赶车到了齐国，停歇在城门外喂牛，他一边拍打着牛角作为节奏，一边唱着歌，齐桓公听后知道宁戚有才，就让他当了大官。后世用“板筑饭牛”来比喻地位低或隐逸的人怀才不遇。

北京烤鸭的大名可谓尽人皆知，但还有一种叫“板鸭”的食品就没有这么大的名声了。板鸭是指盐渍后再风干的鸭子，可以在自然条件下存放较长的时间。因为鸭子被压制成平板状，所以叫板鸭。现代作家张天翼的《皮带》一文中写道：“你说咸板鸭好还是烧鸭子好？”这里的板鸭指的就是盐渍的鸭子。语言中还有“板鱼”一词，可不要以为是制作成平板状的鱼。板鱼就是比目鱼。唐代李贤在《后汉书》的注释中说：“比目鱼……今江东呼为板鱼。”比目鱼因为像一块平板，所以叫板鱼。

半

春秋金文	战国古文		小篆	汉隶
[illegible]	[illegible]	[illegible]	[illegible]	[illegible]

古代“半”字的不同写法

《说文》:“半，物中分也。从八从牛。牛为物大，可以分也。”半由“八”“牛”组成，八有分的意思，字面意思是将牛从中剖分为两半，实际上并非专指牛体的一半，而是泛指物体的一半。

古代有一个词叫“半弓”，这里的“弓”并不是指弓箭，而是古代的一种长度单位，人们通常把一虎口的长度作为一弓，大约五寸，半弓也就是大约二三寸。这个词古代常用来形容妇女的小脚。元朝李好古的杂剧《张生煮海》中有这样的话:“袖儿笼，指十葱；裙儿簌，鞋半弓。”讲的是一个美女，袖子一收，就露出像刚剥的葱那样白嫩的十指；裙子一动，就露出半弓的小鞋。大约从南宋时代开始，中国的汉族中流行起女子以小脚为美的风尚。女子们为了美，甘愿忍受缠足的疼痛。南朝梁元帝的妃子徐昭佩因为长得不美，受到元帝的冷遇。她气愤不过，由于元帝瞎了一只眼睛，每当知道元帝要来，徐妃子就只化“半面妆”，做一种无言又无奈的反抗，气得元帝大怒而出。这个元帝还真是半夜里叫城门——自找钉子碰。宋代苏轼的《东坡志林》中记载了这样一则关于“半截入土”的寓言：桃符抬头望着艾人说：“你这个小草芥，怎么能在我的上面？”艾人就低头讽刺桃符说：“你已经有半截在土里了，还想争做高人吗？”这里的桃符和艾人都是古代人在元旦时用来压邪、避毒的东西，桃符钉在门旁的土里，艾人挂在门上，所以艾人嘲笑桃符“半截入土”。后来人们用“半截入土”比喻死期就要到了。这则寓言讲的就是有些人死期就要到了，还不知觉，仍在做争高低这种无聊的蠢事。

苏州市有座寒山寺，它的有名主要靠了唐朝诗人张继的《枫桥夜泊》一诗：

月落乌啼霜满天，
江枫渔火对愁眠。
姑苏城外寒山寺，
夜半钟声到客船。

张继的这首诗历史上有好些名人为寒山寺书写并雕刻于碑，如北宋宰相王珪、明代书画家文徵明等。王珪的书碑早已荡然无存，文徵明的书碑现在镶嵌在寒山寺碑廊壁间，文字大多漫灭，仅存“霜、啼、姑、苏”数字。现存最早的完整诗碑，是清代著名学者俞樾1906年书写的。

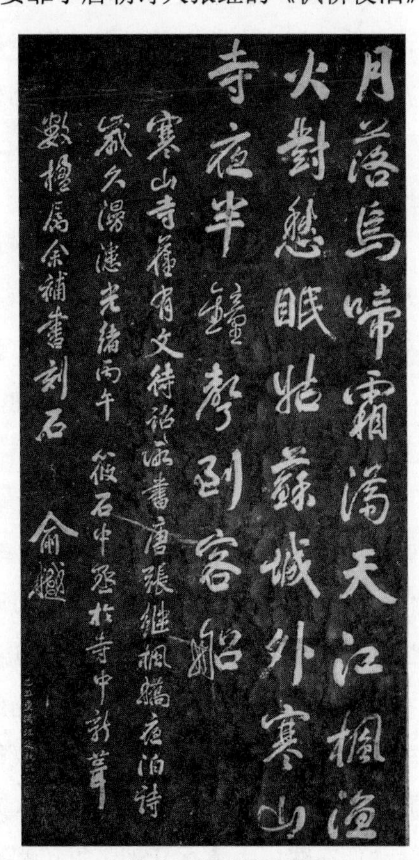

俞樾书写的张继诗碑拓

唐代的寒山寺有夜半子时敲钟的习俗，张继的诗使寒山寺的夜半钟声闻名遐迩。历史上曾对寺院夜半是否敲钟有过争论。南宋范成大《(绍定)吴郡志》卷四十八："欧阳文忠公云：'句虽佳，其奈三更非撞钟时。'欧公盖未尝至吴中。今吴中僧寺实半夜鸣钟，或谓之定夜钟，不足以病继也。"欧阳文忠公就是欧阳修。他提出夜半时分不是敲钟的时候，所以他认为张继的诗虚构了一个夜半敲钟的意境。欧阳修的看法是不对的。事实上在唐代文人笔下对寺院半夜敲钟的习俗多有记载。如白居易《题清头陀》："头陀独宿寺西峰，百尺禅庵半夜钟。"王建《宫词》："灯前飞入玉阶虫，未卧常闻半夜钟。"于鹄《送宫人入道归山》："定知别后宫中伴，应听缑山半夜钟。"李洞《送三藏归西天国》："五天到日应头白，月落长安半夜钟。"可见无论是南方还是北方，寺院都有夜半敲钟的做法。看来寒山寺的夜半钟声并不是张继凭空想象出来的。根据范成大的记述，南宋的时候苏州的寺院仍有夜半鸣钟的习俗。大约宋代北方的寺院已没有这种习俗，所以才招致欧阳修的置疑。

寒山寺始建于南朝梁天监年间，原名妙利普明塔院。相传唐时僧人寒山曾在该寺居住，故改名为寒山寺。在一千多年的历史沧桑中，这座寺庙屡建屡毁，现在的建筑是清末重建的。

如今的寒山寺又有新年敲钟的习俗。这一活动的兴起缘于一位日本友人的建议。《枫桥夜泊》诗在日本很是流行，被列入日本小学教科书，"凡其国三尺儿童，无不能诵此诗"。所以日本民众对寒山寺家喻户晓。中日两国的佛教文化源远流长。佛教认为一年之中有 108 种烦恼，寺院"鸣大钟一百零八声，以觉醒百八烦恼之迷梦"。芸芸众生"闻钟声，烦恼轻，智慧长，菩提增"。这种做法在日本寺院也广为流行。1979 年，日本池田市日中友协副会长藤尾昭先生访问苏州时提出在元旦前夕组织日本游客来寒山寺听钟声，这一提议得到了中方的赞同。那一年十二月，藤尾昭率领首届听钟代表团十余人来到寒山寺聆听夜半钟声。从此这一活动便在寒山寺流行开来，每年都有很多中外游客来到寒山寺听新年钟声。晚上 11 点 42 分 10 秒，由寺院方丈撞响第一下钟声，接着每隔 10 秒一声，当第 108 响钟声响起时，新的一年到来了。此时礼花齐放，鞭炮齐鸣，热闹非凡。人们欢欣鼓舞，沐浴在喜庆与祥和的气氛里，彼此祝福新年快乐！寒山寺新年听钟活动自 1979 年开创延续至今，不仅成为苏州市代表性的地方特色旅游项目，而且在海内外享有很高声誉。

现今寒山寺钟楼里悬挂的大钟已非张继诗中所提及的那口唐钟了。这口大钟是清光绪三十二年（1906）江苏巡抚陈夔龙重修寒山寺时所铸。钟高 1.3 米，口径 1.24 米，重约 2 吨，色泽黝黑，上铸“古寒山寺”、“大清光绪岁次丙午三十二仲冬月谷旦”等铭文。

半由一半的意思引申为“在……之间”。每当国家领导人逝世时，有“降半旗”致哀的做法，这里的半旗并非是把旗降到旗杆的二分之一处，而是把旗降到离杆顶三分之一处，这里的半就是泛化的“在……之间”的意思。在古代，人们认为仙人住在高空中，而荡秋千的人总是能把秋千荡到半空中，于是又被称为半仙，荡秋千这项运动就被称为“半仙戏”。北宋王安石因为住在钟山的半山腰，所以他的故居被称作半山，他也得了一个半仙的别号。宋代诗人杨万里《读诗》诗云：“船中活计只诗篇，读了唐诗读半山。不是老夫朝（zhāo）不食，半山绝句当朝餐。”意思是说他在乘船时无事可干，只有读诗。读了唐诗又读王安石的诗，不是他早上不吃饭，而是把王安石的绝句当作了早餐。言下之意是王安石的诗写得真美，使他忘记了饥饿。

半又有“不完全”的意思，像半成品、半文盲、半劳动力中的半。又引申为部分，表示约数。清代诗人王九龄的《题旅店》诗中有：“世间何物催人老，半是鸡声半马蹄。”意思是世上什么东西催人衰老？部分是叫人早起的鸡鸣，部分是奔腾的马蹄声。时光总是匆匆不待人。宋代诗人陆游就曾在他的《岁暮出游》诗中感慨：“残历消磨无半纸，一年光景又成非。”意思是说残破的日历已消磨得不剩一点纸了，这就意味着一年又过去了。这里的半是很少的意思，跟“一星半点”、“一鳞半爪”中的半意思一样。唐朝诗人王泠然的《夜光篇》诗中有这样的话：“未得贵游同秉烛，唯将半影借披书。”意思是没有能够幸运地同你秉烛夜游，只有将就着一点微光来看书了。这里的“半影”就是微光的意思。

邦

商代甲骨文	周代金文	战国简牍	说文古文	小篆

古代“邦”字的不同写法

甲骨文里的“邦”描绘的是在田地里栽种树木的形象。古时候诸侯国之间的界线，就是在封界栽种树木作为标志，表示界线以内就是“邦国”，可见“邦”的本义是“分封的诸侯国”。《说文》古文的写法与甲骨文比较接近。金文中的“邦”字已经发生了较大的变化，左边是栽种的树苗，右边是“邑”，表示地方或区域。战国简牍与小篆的写法与金文一致。到了楷书，左边已经变得看不出树苗的形状，右边的“邑”也变为耳朵旁了。

今天汉字的耳朵旁有两种，即左耳旁和右耳旁。左耳旁是由“阜”字演变来的，右耳旁则是从“邑”字发展来的。邑字本义是市镇，“边邑”就是边疆的市镇。后来由市镇加以引申，泛指城市。我国最早的诗歌总集《诗经》里说：“商邑翼翼。”翼翼是整齐的样子，这句话意思是说商朝的国都很整齐。当“邑”作为部首使用时，一般都出现在字的右边。

因此在汉字中凡由右耳旁组成的字大都与城镇或地名有关，如“国都”的“都”、“郑国”的“郑”等。左耳旁是由“阜”字演变来的。“阜”的本义是的土山，所以左耳旁大都与山陵或高低有关，如“陵墓”的“陵”、“降落”的“降”等。

邦字的本义是分封的诸侯国。儒家经典《论语》中说：“天子至于是邦也，必闻其政。”意思是天子到了这个诸侯国，一定要询问这个地方的政事。后来词义扩大，邦就泛指国家。典故“多难兴邦”中的“邦”就是国家的意思。西晋刘琨《劝进表》一文中有这样的话：“或多难以固邦国，或殷忧以启圣明。”意思是说国家虽然遭受很多患难，但可以由此而促使内部团结去振兴国家，使之更加巩固；忧虑的事虽多，但却由此而启发人们更加明智起来。“邦”字又有“地区、政区”的意思。鲁迅在他的《书信集》中说：“这种老朋友的态度，在上海势利之邦是看不见的。”这里的“邦”字不能理解为“国家”，而是指一个国家内的地区。

邦字由本义加以引申，便有“分封”的意思，作动词使用。唐代柳宗元的《封建论》中有“邦群后”的话，意思是说分封了很多诸侯。这里的“后”是诸侯的意思。

邦是诸侯国之间的边界，所以也有边界的意思。《玉篇·邑部》：“邦，界也。”这个意义后来多写作“帮”，如“鞋帮”、“腮帮子”、“白菜帮子”中的帮就是边的意思。

在封建时代，对于帝王将相、长辈先祖、授业师长或尊敬的有德行的人，遇到他们的名字，不能直接称呼，必须换个叫法，否则就是对他们的不敬。汉代人为了避刘邦的讳，不敢用邦字，而用国字代替。例如古代有“邦社”一词，指诸侯为百姓设立的祭祀土地神的神坛，但我们今天看到的传世文献中一律都变成了“国社”，这是汉代人修改的结果。

有两个词我们要注意区别其不同的含义，一个叫“邦联”，另一个叫“联邦”，字面上看起来很相似，其实差别较大。“邦联”的字面意思是国家之间的联盟，它指两个或两个以上的主权国家为了某种共同利益(如经济利益、军事利益等)而组成的国家联盟，比较强调各成员国的独立和主权。1958 年成立的欧共体即现在的欧盟可以说是一个邦联或同邦联相似的国家联盟。当然，随着邦联内各成员国政治、经济联系的加强，邦联有可能发展为联邦制国家。“联邦”的字面意思是联合组成的国家，它指以享有相对主权的完整政治实体为组成单位的国家结构形式。它强调中央政权的最高地位和权力，联邦与各州在各自的权限范围内享有最高权力并直接行使于人民。美国是典型的联邦制国家，它由邦联发展而来。

棒

棒是一个形声字，本义就是木棒。由“棒”组成的词语很多，如“棒打鸳鸯”、“棒打不回头”、“棒头出孝子”、“当头棒喝”等等。

我们先谈一谈“棒打鸳鸯”。鸳鸯是一种雌雄形影不离的水鸟，后来人们便用它来比喻恩爱夫妻。现在从新婚夫妇带有鸳鸯图案的枕头、枕巾、被单、被罩、脸盆等用品中我们依然可以看到夫妻和美的传统题材。“棒打鸳鸯”比喻强行拆散恩爱夫妻或情侣。如果一对情侣情深意坚，不怕各种形式的“棒打”，誓死生活在一起，这叫“棒打不回头”。“棒打不回头”这一俗语常用来比喻主意已定，面对任何压力也决不改变。

棒子虽然能驱散鸳鸯，拆散夫妻，但也能打出来孝子。古语有“棒头出孝子，箸头出逆子”的说法。“箸”是筷子，“逆子”指不孝之子。这是说用打骂的方式严厉管教子女，子女长大后会孝顺父母；而溺爱子女，子女长大后往往不孝顺父母。这两句格言影响了中国几代人，其中有喜也有悲。今天，无论父母还是老师，都不允许用棍棒教育孩子。但溺爱子女的现象并不少见，其后果是许多孩子成了温室里的花朵，难以适应外界环境，自食其力的能力很差。所以，“箸头出逆子”这句话仍然对我们有启迪意义。

在佛教禅宗当中，禅师接待初学者的时候，常常突然提出一个问题，根据初学者的回答考察他们的悟机。对初学者的疑问，禅师有时不用言语回答，而是用棒子打，或是大喝一声，合称“棒喝”。相传“棒”的使用始于唐朝的一个法号叫宣鉴的高僧，他因德高望重，被人邀请到德山小住，前来求学的人很多，后来被称为德山和尚。“喝”的使用始于唐朝临济院的高僧义玄，世人有“德山棒，临济喝”的说法。从此以后，禅师们便“棒”“喝”并用，无非是借以促使求学者觉醒而已。后来人们便将“棒喝”作为警醒人们迷误的用语，常说成“当头棒喝”。例如：“这一贪污分子的锒铛入狱对那些仍然执迷不悟的人无异是一记当头棒喝，法网恢恢，疏而不漏，该是醒悟的时候了。”

棒子不仅能打人，还能打出美味可口的菜肴。川菜中有一种著名的凉菜，俗名“棒棒鸡”。它的制作方法是这样的：把鸡煮熟后，除去骨头，用木棒将鸡肉敲松，扯成丝，再淋上用麻酱、醋、糖、酱油、红油、葱花等调成的佐料，由于鸡肉被敲松了，调味便很容易渗进去，因而酸甜香辣，非常可口。

在方言中，棒还有很多有意思的用法，比如有的地方把玉米称为“棒子”，把土匪或强盗称为“棒老二”或“棒客”。我们大家比较熟悉的“棒槌”这个词，不同的地方也有不同的含义，在全国大多数地方棒槌是捶打用的木棒，例如歇后语“棒槌打锣——响当当”就是用的这个意思。在东北方言里，“棒槌”指人参。有一首东北民歌中说：“小妹妹，小妹妹，咱俩山中挖棒槌。”这里的棒槌就是指人参。挖人参在东北也叫“抬棒槌”。有的地方形容食物坚硬不柔软也用“棒”，如“肉没煮烂，还棒着呢”。

此外，棒还有“好”的意思，多用在口语中。如我们可以说：“您的身体真棒！”“这件事你干得太棒了！”

保

商代甲骨文	商代金文	周代金文	战国简牍	说文古文	小篆

古代“保”字的不同写法

商代甲骨文及金文中的保字像大人把小孩背在背上的样子，金文中一个大人将手臂伸到背后挽着一个小孩，以防孩子掉下去，更加形象生动，其本义为养育子女。《国语·周语中》：“夫义所以生利也，祥所以事神也，仁所以保民也。”三国吴韦昭注：“保，养也。”周代以后在“子”的下面添加了一笔或两笔装饰性的笔画，战国以后基本上是装饰两笔的写法了，隶书及楷书“保”字就是在此基础上演变而来的。

古代宫廷或贵族之家负责抚养子女的女子称为“保母”。西汉枚乘《七发》：“今夫贵人之子，必宫居而闺处，内有保母，外有傅父，欲交无所。”后来为了跟母亲区别开来，多写作“保姆”。清代蒲松龄的《聊斋志异·五通》中说：“妾一跬（kuǐ）步，皆以保姆从之。”意思是说我走半步，都有保姆跟从。现代意义上的保姆已不限于指抚育小孩的女子，凡从事家务劳动的雇工都叫保姆。而且保姆也不限于女性，有些男子也从事保姆工作，被称为“男保姆”。

古代辅导天子和诸侯子弟的官员叫太保，这种官员之所以称为太保是因为他的职责为保育年少的天子及诸侯子弟。春秋时期废除了太保这一官衔，汉代又重新恢复。后代沿用，但是只是一种荣誉头衔而没有什么实际职位。

说到太保，我们自然想起《水浒传》中的“神行太保”戴宗。戴宗使用神行法术能够日行八百里，堪称神速。但这里的太保跟古代负有保育职责的太保没什么关系，而是指宋元时期的巫师或庙里管香火的人。戴宗被称为太保是因为他外出办事时曾乔装打扮成巫师的模样。我们今天也可以用“神行太保”来比走路速度很快的人。

“保”由养育引申为保护、保养、保卫等义。成语“丢卒保车（jū）”来源于中国象棋的一种战术，是丢掉卒子来保住车的意思，比喻丢掉次要的，保住主要的。

有个歇后语叫“保护视力——小心眼”，“小心眼”可以有两种不同的理解。一种是将“小心”二字连读，意思是说小心自己的眼睛，保护自己的眼睛。另一种是将“心眼”连读，“小心眼”指心胸狭小。第一种理解与“保护视力”的含义相一致，“小心眼”是对“保护视力”的说明。但这条歇后语的真实意义却是指人心胸狭窄。

我们经常听说“菩萨保佑”，其实不仅菩萨可以保佑，“保生大帝”也可以保佑。保生大帝又叫吴真人，北宋福建泉州府同安县白礁村（今属龙海市角美镇）人。传说他上通天文，下知地理，并且懂得驱魔之术，曾治愈了宋仁宗皇后的怪病，又用炼丹之术救活很多病人，后来乘鹤升仙。百姓们缅怀他的功绩，建庙祭祀，其灵宫称为慈济宫。现在福建、台湾等地民间仍把他当作慈悲救世之神。

古时候结婚要有媒人，无媒不成婚，媒人古代也叫“保山”，媒人去说亲叫“保媒”，这里的“保”是保证、见证的意思。关于保媒还有这样一段趣事。相传乾隆皇帝下江南时，因为肚子饿了，来到一户贫寒的农家，这家只有母子两人。老妇人给他一碗大麦粥，又杀了家中仅有的一只母鸡。乾隆甚感可口，便问老妇人的儿子周元是什么粥和肉。周元回答说是珍珠粥和媳妇肉。乾隆听了很奇怪，问后才知道周元本指望那只母鸡生蛋卖钱，有钱就可以娶媳妇了，现在媳妇娶不成了，所以说吃的是媳妇肉。乾隆皇帝决定给他保媒。周元相中了张财主的女儿，乾隆送给周元一把扇子，让他去求亲。张财主见是皇上的扇子，大喜过望，婚事自然也就成了。由此可知保媒在古人婚姻中的重要作用。

有个俗语叫“保不齐”，字面意思是保证不了齐全，不能完全保证，实际表示“说不定”、“有可能”的意思。例如：“俗话说‘酒好不怕巷子深’，如今恐怕也保不齐了。”又如：“人要走运了，保不齐哪块云彩有雨呢。”相同的说法有“保不全”、“保不住”、“保不定”、“保不准”、“保不严”等，但其中“保不齐”的说法最为流行。

白礁慈济宫大门

暴

战国简牍古文	说文古文	小篆
[illegible]	[illegible]	[illegible]

古代“暴”字的不同写法

商代金文	商代甲骨文	小篆
[illegible]	[illegible]	[illegible]

古文字中的“虣”字

暴字在小篆中原有两个字，一个下从米，表示双手在太阳下晾晒粮食，其本义是曝晒，后来又加了日字旁写成曝字，相应的词语有“曝晒”、“曝露”、“一曝十寒”等。另一个字下从夲（tāo），《说文》训为“疾有所趣也”，本义是迅急、猛烈，相应的词语有“暴虐”、“暴雨”、“暴躁”等。曝晒义的暴应读 pù，迅急义的暴应读 bào。但由于在楷体中它们变成了一个字，所以曝晒义的暴不少人也读成了 bào。今天的普通话中规定统一读 bào。

古代有一种风俗叫暴巫尪（wāng）。尪指脊椎弯曲、畸形的人。在天气长久干旱不下雨时，人们将巫或尪放到太阳下长久曝晒，他们认为这样做能得到上天的怜悯而降雨。西汉思想家董仲舒在《春秋繁露》一书中提出的祈雨的方式是："无伐名木，无斩山林，暴巫聚尪八日。"意思是说不乱伐名贵的树木，不乱伐山林，曝晒女巫和尪八天。东汉思想家王充《论衡》中也说："童巫含阳，故大雩（yú）之祭，舞童暴巫。"意思是说男童女巫含有阳气，所以求雨时，让男童舞蹈，曝晒女巫。雩就是求雨的一种祭祀仪式。

除了暴晒女巫和尪之外，古代执政者也有曝晒自己甚至自焚来求雨的。《后汉书·独行传》中记有这样一件事：西华县县令戴封在任时，有一年天气大旱，他自己祈祷求雨不见效果，于是堆积了柴草坐在上面准备自焚求雨，结果大火刚一燃烧，天空就下起了大雨。

汉朝时，朝廷后宫有一个机构叫暴室，主要工作是染织布匹。因为布匹染色后要晒干，所以该机构称作暴室。暴室不仅是染布织布的场所，里面还设有监狱，称为暴室狱。后宫中地位较低的女人生病后常常被送到暴室做工。有罪的皇后、妃子也常常被送到暴室，或者做工受苦，或者受审坐监狱。《后汉书》中记载，东汉桓帝的皇后邓氏，因为与桓帝的宠妃争风吃醋，被桓帝废弃，送往暴室，最终愤懑地死在暴室里。

暴的本义是晒，晒东西时要显露在阳光下，所以暴又引申为显露、显示的意思，如词语有"暴露"、"自暴其短"等。"自暴其短"是说自己暴露自己的短处。

猛烈义的暴又引申为凶狠、残暴的意思。如把残暴的君王叫"暴君"、用强暴手段行凶作恶的人叫"暴徒"等。当动词用时，暴有欺凌、损害的意思。先秦典籍《管子》中说："强者非不能暴弱也，然而不敢者，畏法诛也。"意思是说强壮的人并不是没有能力欺凌弱小者，然而之所以不敢，是因为畏惧法律的制裁。

除了上面的常见意思外，暴还有一个不太常见的意思——徒手搏斗。

有一个成语叫“暴虎冯（píng）河”，意思是徒手打老虎，徒步过大河，比喻有勇无谋。这个成语出自《论语·述而》。孔子对他的弟子颜渊说：“有机会出来做官当政，便出来任职，没有机会便隐居山林，只有你我能做到这样能屈能伸。”另一位学生子路粗野好勇，忍不住插嘴说：“如果让夫子带兵打仗，你和谁一起去呀？”孔子回答说：“暴虎冯河，死而无悔者，吾不与也；必也临事而惧，好谋而成者也。”意思是说：“空手和老虎搏斗，或不顾深浅徒步过大河，白白送命而不知悔恨，这种有勇无谋的人，我是不和他一起去打仗的。我共事的人，必须是临事小心谨慎，善于谋划而成就大事的人。”后来人们就用“暴虎冯河”比喻有勇无谋。这一意义的暴是虣（bào）的通假字。商代金文中的虣字像一人一手拿戈，一手拿盾牌，在跟虎搏斗，表示徒步搏虎。甲骨文中简化为从虎从戈。古代狩猎一般驾着马车，人站在车上刺杀猎物，徒步搏虎是很危险的事。古文字表明“暴虎”最初应该是徒步搏虎的意思，但后来却演变为徒手搏虎了。

备

商代甲骨文	周代金文	战国简牍古文	说文古文	小篆	繁体
					備備

古代“备”字的不同写法

《说文》：“備，慎也。从人葥（bèi）声。”这是一个形声字，本义是防备、准备。成语有“有备无患”，意思是说“事先做好准备就会避免祸患”。先秦著名的军事著作《孙子兵法》中有“攻其不备，出其不意”的话，这是说战争中应该攻击敌人没有防备的地方，战术要出乎敌人的意料之外。在实际战争中，一方面必须积极地防备，以做到“有备无患”；另一方面必须努力寻找敌人防备上的薄弱环节，力求“攻其不备”。这就涉及一个防守和进攻的辩证关系问题，不仅要懂得这些原则，而且要灵活运用，否则就会遭到失败。北宋沈括的《梦溪笔谈》中记载了这样一则故事：有人遇上一个强盗，双方争斗起来。刀剑刚一交锋，强盗就把事先含在嘴里的水突然喷到对方脸上，那人正在惊愕之时，刀已刺进了胸膛。后来有一壮士也遇上了这个强盗，壮士已经知道强盗的这一小伎俩，而强盗故技重演，水刚喷出，壮士的长矛就已刺穿了强盗的脖子。沈括评论说：“盖已陈刍狗，其机已失，恃胜失备，反受其害。”盖是发语词，没有实际的意义。“陈”是陈列。“刍狗”是用干草扎成的狗。古代巫师先把扎好的刍狗放在小箱子里，祷祝时把它陈列出来作为不祥之物的象征，祷祝完成后就把刍狗扔到路上，让路过的人来回践踏。如果谁把用过的刍狗捡回来重新使用就会遭殃。“已陈刍狗”就是用过后被抛弃的东西。沈括的话是说想靠那些已泄露了机密的过时的东西来取胜，反而会失去防备而受害。其教训在于不能过于迷信以往成功的经验，对当前的问题要采取具体问题具体分析的原则。当然成功的经验是应该借鉴的，只是不要墨守成规，应像《韩非子》里所说的，“事异则备变”，情况不同，应对措施也要做相应的变化。

有个口语词叫“备不住”，字面意思是防备不到，引申为也许、有可能的意思。如：“今晚备不住下雨啊。”周立波《暴风骤雨》十八：“郭全海年轻，备不住好商量一些。”

备由准备的意思引申为具备、齐备。成语“德才兼备”中的备就是具备的意思。唐代诗人元稹《遣兴十首》之七有“择才不求备，任物不过崖”的诗句，意思是说选拔人才不求十全十美，但用人也须有一定的原则。宋代司马光的历史著作《资治通鉴》中说：“人不可以求备，必舍其所短，取其所长。”意思是说对人不可以求全责备，应该忽略他的短处，使用他的长处。这里的备就是“齐备”的意思。

由防备的意思引申防备用的设施，即设备。这个意义在现代汉语中比较常见，如配备的武器、器材、技术力量等叫“装备”，军事编制和军事装备叫“军备”等。

备还可以作副词，是完全、十分、非常的意思，这也是从“齐备”义引申来的。东汉科学家张衡曾说：“亲履艰难者知下情，备经险易者达物伪。”（《后汉书·张衡列传》）履是经历的意思，达是通晓的意思。整句话的意思是说：亲历艰难的人了解老百姓的情况，历尽忧患的人能辨明事物的真伪。这确实是至理名言。另外，“关怀备至”、“备受欢迎”中的备也是非常的意思。

被

战国古文	小篆	西汉帛书
[illegible]	[illegible]	[illegible]

古代“被”字的不同写法

被的本义就是被子。《说文》：“被，寝衣，长一身有半。从衣皮声。”林惠祥在《文化人类学》中说：“兽类的皮或者是人类衣服最初的原料，因为原始人类大都以狩猎为生，故易得兽皮，不论是由于装饰或由于护身，都会引他们利用兽皮为衣服。”[①]这一看法是有道理的。《尚书・禹贡》云：“岛夷皮服。”宋蔡忱集注：“海岛之夷以皮服来贡。”皮服是原始民族常穿的衣着。既然人类在早期以兽皮为衣料，不难推知最初的被子也是用兽皮制作的。皮在古汉语中特指有毛兽皮。《周礼・天官・掌皮》：“掌皮掌求敛皮，冬敛革，春献之。”郑玄注：“有毛为皮，去毛为革。”毛皮温暖舒适，是做被子的理想材料。《左传・襄公二十一年》中说：“然二子者譬于禽兽，臣食其肉而寝处其皮矣。”这虽然是一句发泄愤怒的话，但“寝处其皮”的比喻反映了兽皮可用来制作被褥的事实。被字从皮大

① 商务印书馆 1996，第 78 页。

约透露了这样的信息。《释名·释衣服》:"被，被也，所以被覆人也。"这一解释不合义理。被覆义是从被子义引申来的，被子覆盖于人体，故引申为被覆，它不可能又是被子义的语源。如果学着《释名》的训释方法，应该这么说:"被，皮也，古以皮为寝衣也。"

"被"用作被子，有广义和狭义之分。广义的被泛指被子。狭义的被则是与衾相对而言的，衾指大被，被指小被。《说文》:"衾，大被。"段玉裁注:"寝衣为小被，则衾是大被。"被特指小被的意义可能跟兽皮有关。一张完整的兽皮就是一床天然的被子，这种被子跟后来布做的被子相比当然要小一些，故被引申特指小被。《说文》说小被长一身有半，这是有根据的。《论语·乡党》:"必有寝衣，长一身有半。"三国魏何晏集解引汉孔安国注:"今之被也。"小被比人体长出一半，则大被之衾更为宽大可知。

今人在被子上常缝被头，以便清洗。这种做法早在晋代就已经有了。西晋左思《娇女诗》:"脂腻漫白袖，烟薰染阿锡（xī）。衣被皆重池，难与沈水碧。"池指边缘的饰物。唐颜师古《匡谬正俗》卷七《池毡》:"池者，缘饰之名，谓其形像水池也。……今人被头（被子盖在上身的一头）别施帛为缘者，犹谓之被池。"《娇女诗》的意思是说：娇女年小，因涂脂抹粉及学做茶饭而把衣服和被子污染得非常油腻，为便于拆洗，她们的衣服被子上都罩了防护用的重池，尽管如此，衣服被子还是因油腻而在水中沉不下去。"重池"有的版本作"重地"，这是因不明池字之义而误改。《魏晋南北朝文学史参考资料》(中华书局 1980) 注云:"地，质地，底子。重地，言衣服的底色被油污烟薰，变得五颜六色。"此说未得。

为了不致将被子的上下头搞颠倒，古人还在被子的边缘缀上一块布条，称为"被识（zhì）"。《礼记·丧服大记》:"紟（jìn 单被）五幅，无紞（dǎn）。"郑玄注:"紞以组（丝带）类为之，缀之领侧，若今被识矣。"孔颖达疏:"领为被头，侧谓被旁，识谓记识。言缀此组类于领及侧，如今被之记识。”

出门远行，有时需带着被子。《艺文类聚》卷七十引《郭子》曰：“殷浩作杨（原文如此）州，（刘）尹行，日小暮，便命左右取被。仆人问其故，答曰：‘刺史严，不敢夜行。’”日暮欲宿，命人取被，可知被子是随身携带着的。装被子有专门的袋子，叫被囊。《晋书·惠帝纪》：“颖与帝单车走洛阳，服御分散，仓卒上下无赍，侍中黄门被囊中赍私钱三千，诏贷用。”也叫被袋。唐李匡文《资暇集》卷下：“被袋，非古制，不知孰起也。比者（近来）远游行则用。”也叫被套。《儒林外史》十二回：“（权勿用）左手掮着个被套，右手把个大布袖子晃荡晃荡，在街上脚步高低的撞。”这“被套”跟我们今天所说的“被套”用途不同。

被还有假发的意思。《诗经·召南·采蘩》：“被之僮僮，夙夜在公。”毛传：“被，首饰也。”朱熹《诗集传》：“被，首饰也，编发为之。”《仪礼·少牢馈食礼》：“主妇被锡。”郑玄注：“被锡，读为髲鬄（bìdì）。古者或剔贱者、刑者之发以被妇人之紒（通髻）为饰，因名髲鬄焉。”被有蒙覆之义，假发蒙覆于人头，故名为被。后来又专门造了一个髲字表示假发。《说文》：“髲，益发也。”段玉裁注：“髲字不见于经传，假被字为之。”说“假被字为之”是不对的，这是被字的引申义。蒋礼鸿《义府续貂》：“往时嘉兴妇女称假发曰髲子，平义切。古人所谓义髻，亦髲之属也。髲者，被之分别文。”这是正确的。

有些人以为假发在中国的流行是近几年的事，谁曾想到早在春秋时期就已经是一种时尚了，而且历久不衰。《东观汉纪·东平宪王苍传》：“惟王孝友之德，今以光烈皇后假髻帛巾各一、衣一箧遗王。”《隋书·礼仪志六》：“皇后谒庙……首饰则假髻、步摇。”可知皇后自古以来就有戴假发的传统。公主闺秀也不甘落后。《晋书·五行志上》：“太元中，公主妇女必缓鬓（虚松头发）倾（斜）髻，以为盛饰。用髲既多，不可恒戴，乃先于木及笼上装之，名曰假髻，或名假头。至于贫家，不能自办，自号无头，就人借头。”借假发来戴，假发的时髦可想而知。有权有势者甚至将别人的秀发抢来据为己有，实在伤天害理。《左传·哀公十七年》：“公自城上见己氏之妻发美，使髡之以为吕姜髢（dì）。”“髡之”就是完整地割下来。髢就是假发。《三国志·吴书·薛综传》：“珠崖之废，起于长吏睹其好发髡取为髲。”珠崖即今海南岛。汉代统治珠崖的官吏看到土著民族的头发长得漂亮，就纷纷抢来作假发，引起土著的强烈反抗，汉代政权因此而被逐出了珠崖。因崇尚而抢夺，假发之热到了何等程度！有些时代，妇女们干脆把自己的真发剪掉戴假发。《北齐书·幼主传》：“妇人皆剪剔以着假髻，而危邪之状如飞鸟。”

其实，古代的假发假的少，真的多，就是说大多数假发是用真正的人发做的。上引郑玄注中说“古者或剔贱者、刑者之发以被妇人之紒为饰”。《诗经·鄘风·君子偕老》孔颖达疏引《说文》云：“髲，益发也，言己发少，聚他人之发益之。”都说假发是人的真发做成的。《世说新语·贤媛》中记载，陶侃为人廉洁，家境贫寒。有一回同郡的范逵投宿于陶侃家，“于时冰雪积日，侃室如悬罄，而逵马仆甚多。侃母本湛氏语侃曰：‘汝但出外留客，吾自为计。’湛头发委地，下（剪下）为二髲，卖得数斛米，斫诸屋柱，悉割半为薪，剉诸荐（席子）以为马草。日夕遂设精食，从者皆无所乏。”两套假发能换来数斛米（当时的1斛约有10公斤），在粮食供应紧张的年代这个价码可以说是够高的了。

上面说了，被有蒙覆的意思，“披发”古代常常写作“被发”。古代华夏族无论男女，一旦成年，就要把头发盘扎起来，谓之“结发”。华夏族如若披发，一般只是临时现象。《庄子·田子方》：“孔子见老聃，老聃新沐，方将被发而干。”这是洗头后披发晾干。《孟子·离娄下》：“今有同室之人斗者，救之；虽被发缨冠而救之，可也。”这是紧急情况下来不及束发结缨。《三国志·蜀书·先主传》“吴欲取蜀”裴松之注引袁晔《献帝春秋》：“（备）谓瑜曰：‘汝欲取蜀，吾当被发入山，不失信于天下也。’”

这是指隐居。隐士披发是为了表示不循世俗之礼。周边一些少数民族则以披发为常。《论语·宪问》中孔子说："微管仲，吾其被发左衽矣。"清刘宝楠正义："皇（侃）疏云：被发，不结也。礼：男女及时（到了成年时）则结发于首，加冠笄为饰，戎狄无此礼，但编发被之体后也。""左衽"指衣襟向左掩。"被发左衽"指异族的服装。孔子的意思是说，要是没有管仲，中原地区已被异族占领，我只能被迫遵循异族的礼俗了。

需要注意的是，典籍中所说的"被发"除了披发的意思外，还有剪断头发的意思。《淮南子·原道》："九疑之南，陆事寡而水事众，于是民人被发文身，以像鳞虫。"东汉高诱注："被，剪也。"这种习俗典籍中也说成"断发文身"或"祝发文身"。《左传·哀公七年》："仲雍嗣之，断发文身，裸以为饰。"苏轼《策断》二五："昔吴之先，断发文身，与鱼鳖龙蛇居者数十世。"《穀梁传·哀公十三年》："吴，夷狄之国也，祝发文身。"晋范宁注："祝，断也。"两相比照，可知"被发文身"之"被发"确为断发之义。"被"当剪断讲可能是"皮"的借字。皮的本义为剥割兽皮，是个动词。《说文》："皮，剥取兽革者谓之皮。"《广雅·释言》："皮，剥也。"《战国策·韩策二》："聂政大呼，所杀者数十人，因自皮面抉眼，自屠出肠，遂以死。"《史记·刺客列传》司马贞索隐："皮面，谓以刀割其面皮，欲令人不识。"这个意义的皮典籍中多写作披。刘向《列女传·聂政姊》："（聂政）恐祸及姊，因自披其面。"晋袁宏《后汉纪·献帝纪一》："（董卓）诱北降者三百余人，于坐中先披其舌，或斩其手，或凿其眼。""披其舌"是说割掉其舌头。《景德传灯录·志闲禅师》："姓史氏，幼从柏岩禅师披剃。""披剃"指削发出家。"被""披"当割断讲都是皮的借字。

由于"被发"有两个不同的含义，我们应细加分辨，以免发生误解。《史记·宋微子世家》："纣为淫泆，箕子谏，不听。人或曰：'可以去矣。'箕子曰：'为人臣谏不听而去，是彰君之恶而自说（悦）于民，吾不忍为也。'乃被发详狂而为奴。"箕子的"被发"有些人理解为披散头发，联系其他典籍中的记载来看，恐怕应该是断发的意思。《战国策·秦策三》："箕子接舆，漆身而为厉，被发而为狂，无益于殷楚。"而《楚辞·九章·涉江》中说："接舆髡首兮，桑扈裸行。"可知接舆的"被发"就是髡首，由此类推，箕子的"被发"也应该是髡首，亦即断发。箕子被发为奴，奴隶大都来自刑徒，被发就是自受髡刑的意思。

当然，所谓断发并不是把头发剃光，而是把头发剪短。中原地区的华夏族任凭头发长长，从不剪短。东南地区的吴越民族则流行剪短发。《韩非子·说林上》讲了这样一个寓言故事：鲁国有个人善于编织草鞋，他的妻子善于织缟，他们想去越国做生意。有人告诫他们说："你们肯定做不成生意。"鲁人问："为什么？"那人回答说："屦为履之也，而越人跣行。缟为冠之也，而越人被发。以子之所长，游于不用之国，欲使无穷，其可得乎？"草鞋是用来穿的，但越国人赤脚走路；缟是用来做帽子的，但越国人剪短头发不戴帽子。因此，两口子的专长在越国没有用武之地，生意之路行不通。越人的"被发"具体是什么样子，文献记载中语焉不详，但出土文物可以给我们提供形象的资料。

1984 年，在江苏丹徒县大港北山顶吴王余昧墓中出土了一件悬鼓的青铜鼓环，鼓环的底座四角各有一跪坐的人形，身上满饰云雷纹。每人头顶无发，四周垂着短发。1990 年，绍兴县漓渚镇中庄村坝头山出土了一件春秋晚期的青铜鸠杖，该杖分杖首和杖镦两部分。杖首长 26.7 厘米，顶端立一鸠鸟。杖镦长 30.6 厘米，底端为一跪坐男性人像，双目平视，两手放置膝部，头蓄齐耳短发，脑后绾一椎髻，髻上横穿一簪，通身有云纹及几何纹，手臂上为蝉翅纹。这两件器物真实地展现了春秋时期"断发文身"的越人形象。

图 1 余昧墓出土的青铜鼓环，环座高 4.3 厘米，边长 7.4 厘米。现藏南京博物院。

图 2 鼓环底座局部。

图 3 漓渚镇中庄村出土的青铜鸠杖，杖首长 26.7 厘米，杖镦长 30.6 厘米。现藏绍兴县博物馆。

畚

《说文·甾部》有个畚字，小篆作，畚即的隶变写法。许慎解释说：“畚，瓶（píng）属，蒲器也，所以盛穜。从甾弁声。”畚上古为帮母元部字，弁为并母元部字，故以弁为声符。甾（zī）小篆作，像编织的器具之形，所以畚的本义为用草、树枝、竹子等编织的盛物器具。许慎将畚释为“蒲器”，义为用蒲草编的器具，释义不免狭窄，编畚的材料并不限于蒲草。

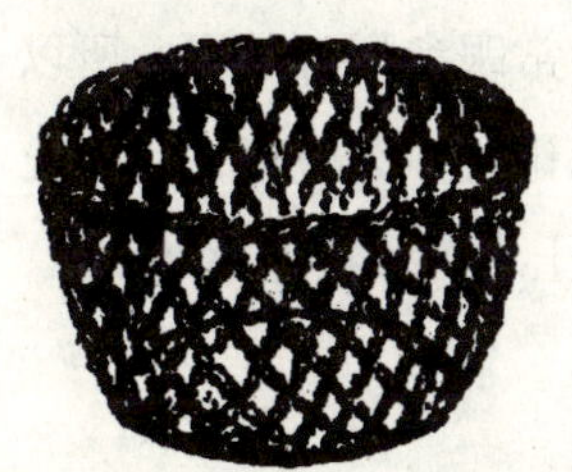

畚的用途《说文》说是“所以盛穜”，穜即种子之种，段玉裁注本作“所以盛粮”，意思是一样的。《周礼·夏官·挈壶氏》：“挈辔以令舍，挈畚以令粮。”郑玄注引郑司农曰：“畚，所以盛粮之器。”大约汉代人将畚多用于盛放粮食，故许慎释为盛粮之器。从实际使用来看，畚的用途是多种多样的，并非仅用作盛放粮食。汉桓宽《盐铁论·非鞅》：“畚土之基，虽良匠不能成其高。”这是将畚用作盛土之器，相当于今天农家常用的土筐。《左传·宣公二年》：“宰夫胹（煮）熊蹯（掌）不熟，杀之，寘诸畚，使妇人载以过朝。”杜预注：“畚，以草索为之，筥属。”这是将畚用来装死人的尸体。《韩诗外传》卷一：“鲍焦衣弊肤见，挈畚捋蔬。”这里所说的畚大约类似于今天的菜篮子。盛粮之畚、盛土之畚、盛死尸之畚以及装菜之畚，其形状大小想来是各不相同的，所以畚是泛指编织的盛物器具。《晋书·苻坚载记下》云："（王猛）少贫贱，以鬻畚为业。"这里的畚如果理解为某一种器具是不大合理的，既以卖畚为生，品种应该是多种多样的。不过畚既然以装物为功用，必须有边有底有一定高度才成，所以像簸箕之类不是四周有边之器及筛子之类周遍低矮之器都不在畚的范围之内。《列子·汤问》："遂率子孙荷担者三夫，叩石垦壤，箕畚运于渤海之尾。"这里"箕畚"并提，可知箕不在畚器之列。

手工编织业在我国有悠久的历史。距今六七千年的仰韶文化遗址出土的陶器中，有些陶器的底部印有精致的席纹，表明当时的编织工艺是相当发达的。仰韶时期的人已能纺织麻布，用草和树枝编织器具当远在织布之前，因为织布要比编器复杂得多，所以说编织工艺在我国有七八千年的历史应该是一个比较保守的估计。《淮南子·要略》中说："禹之时，天下大水，禹身执虆垂，以为民先。""虆垂"无义，应为"畚锸"之误，《太平御览》卷七六五引作"畚锸"，可证。大禹生活在四千多年前，当时有畚是不成问题的。锸是铲土的工具，常跟畚配合使用，所以"畚锸"引申指代土建之事。《晋书·石季龙载记论》："穷骄极侈，劳役繁兴，畚锸相寻，干戈不息。""畚锸相寻"是说土木工程接连不断。

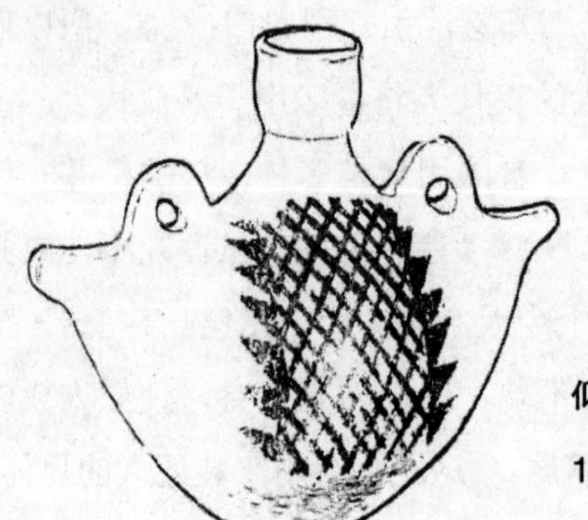

仰韶文化船形彩陶壶上的席纹，

1958 年陕西宝鸡北首领出土。

鄙

战国简牍古文	小篆	汉隶

古代“鄙”字的不同写法

鄙是一个从邑啚（bǐ）声的形声字，本义是人类集中居住的地方。周代把“鄙”作为一级较小的行政单位，类似于今天的乡镇。清代文字学家段玉裁在《说文解字注》中说：“（鄙），五百家也。”意思是说一“鄙”包括五百户人家，实际未必这么精确。“鄙”作为一级比较小的行政单位，距离国家的都城较远，所以“鄙”又有边远小城的意思。先秦史书《春秋·庄公十九年》中有这样一句话：“冬，齐人、宋人、陈人伐我西鄙。”意思是说某年冬天，齐国军队、宋国军队和陈国军队联合起来攻打我国西部的一个小城。

与繁荣的大城市相比，边远地区社会发展落后，人们的知识文化水平低，眼光不开阔，见识也比较粗浅，所以“鄙”字又引申为“庸俗、浅陋”的意思。先秦史书《左传·庄公十年》中有这样一句话：“肉食者鄙，未能远谋。”“肉食者”指当官的人，因为在当时的生活条件下，只有当官的人才有条件经常吃肉，一般的老百姓是很少吃肉的，所以人们就以“肉食者”指代当官的人。整句话的意思是说，那些当官的见识庸俗，没有什么深远的谋略。这句话出自春秋时期的鲁国人曹刿（guì）之口。曹刿是我国古代著名的军事家，有很高的军事才能。在齐鲁长勺之战前，齐强鲁弱，形势对鲁国不利。曹刿认为那些当官的人见识庸俗，于是毛遂自荐担任了鲁国军队的指挥官。交战的时候，他先是按兵不动，等齐国军队敲了三遍战鼓，士气低落的时候，才下令鲁国军队进攻，结果一鼓作气打败了强大的齐军。成语“一鼓作气”就是从这里来的。

除了“庸俗、浅陋”的意思之外，“鄙”字还有“身份低微”的意思。诸葛亮的《出师表》中说：“先帝不以臣卑鄙，猥自枉屈，三顾臣于草庐之中。”意思是说，先帝刘备不因为我出身低贱，委屈自己，三次到我的草庐之中来探望我。这就是著名的“三顾茅庐”的故事。这里的“卑鄙”跟今天的“卑鄙”意思不一样。在古代，“卑鄙”的意思是出身低下，而今天的“卑鄙”却是指品德低下、行为败坏。可见，“卑鄙”的词义到今天已经发生了很大的变化。后来“鄙”演变成社交场合中一种礼貌的自谦用语，如称自己为“鄙人”、称自己的言论为“鄙言”、称自己的见解为“鄙见”等等。例如清代刘鹗（è）的小说《老残游记》第二回：“目下鄙人要往济南府去看看大明湖的风景。”鲁迅《热风·儿歌的“反动”》：“胡先生夙擅改削，当不以鄙言为河汉也。”“河汉”指银河，因为银河浩大无极，所以用来比喻言论夸诞迂阔，不切实际。鲁迅的意思是说，胡先生平时擅长删改，大概不会把我的说法当成无稽之谈吧。

另外，“鄙”还引申为“轻薄、轻视、看不起”的意思。我们今天常用的“鄙视”、“鄙夷”等词中的鄙就是用的这一意义。

必

商代甲骨文	西周金文	战国竹简古文	小篆

古代“必”字的不同写法

《说文》：“必，分极也。从八弋（yì），弋亦声。”这一解释是根据已经发生讹变的小篆作出的，是不对的。甲骨文中的必字像立在地上的长柄的戈，表示柲的意思，柲就是器物的柄。西周金文在戈柄的两边各加上一笔作为装饰，以使字看起来平衡美观。后来就越变越远，看不出造字的意图了。《周礼·考工记·庐人》：“戈柲六尺有六寸。”郑玄注：“柲，犹柄也。”柲是必的后出分别文。

柄必须固定在器物上，所以“必”有坚定、坚决的意思。《荀子·强国》：“其刑罚重而信，其诛杀猛而必。”这是说诛杀凶猛而坚决。坚决用于贬义就是固执。《论语·子罕》中说：“毋意，毋必，毋固，毋我。”意思是说不要凭空猜测意料，不要固执己见，不要固陋狭隘，不要自以为是。这一告诫对任何人来说都是有积极意义的，值得我们记取。

由坚决引申为“必然、一定”的意思。《论语·子路》中记载说：弟子子贡问孔子："怎么样的人能称得上士？"孔子回答说："对自己的行为有羞耻之心，出使到其他国家能不辜负国君委托的使命，这样的人可以配称为士。"子贡又问："比这差一等的呢？"孔子回答说："那些宗族里称赞他孝顺父母，村里人称赞他敬爱兄长的人也可以称为士。"孔子还说："言必信，行必果，硁硁（kēng）然小人哉！""硁硁"是浅薄、固执的意思。孔子认为如果不问是非曲直，只想说到做到，这种人都属于"小人"。这样的人虽然浅薄、固执，缺乏才识，但仍有一定的德行，所以也算得上是差一等的士。春秋时期，"小人"是相对于"大人"而言的。《孟子·离娄下》中说："大人者，言不必信，行不必果，惟义所在。"意思是说，真正有德行的人，说话不一定句句守信，行为不一定贯彻始终，只要合乎道义，按道义行事便可以了。今天我们使用"言必信，行必果"这一成语时只用于褒义，意思是说话一定守信用，做事一定很果断。

古代有这样一句格言："激湍之下必有深潭，高丘之下必有峻谷。"比喻事情在情理之中或显而易见，无须多疑。这里的必也是"一定、必然"的意思。明朝刘基在《司马季主论卜》一文中说：秦朝东陵侯邵平以种瓜为生，有一天他去长安市找算卦先生司马季主，季主问他算什么卦，邵平说："躺的时间长了就想起来，冬眠的时间久了就想舒通，抑郁过分就要发泄，壅塞过分就要放开，一冬一春没有只屈不伸的，一起一伏没有去而不返的，我对这些道理有怀疑，想请教先生。"季主说："你已经说得很明白了，还算卦问卜干什么？"邵平回答说："我还不彻底明白其中的奥妙，请你再加开导。"季主说："算卦用的东西都是物，而人比物灵，为什么不听人言，而反求于物呢？况且君侯为什么不去多想一想过去的事呢？正是因为有了你的过去，才有你的今天。过去没有的东西，现在得到了也不会感到满足；过去有的东西，现在失去了也不会觉得可惜。所以一天一夜，花开花落；一春一秋，周而复始。激湍之下必有深潭，高丘之下必有峻谷。君侯你已经明白了这些道理，还算卦干什么？”

必还可以用作连词，表示假设关系，有“如果，假使”的含义。唐代杜荀鹤《题会上人》诗：“必能行大道，何用在深山。”意思是说，如果能走正常的大道，用不着走山路。

毕

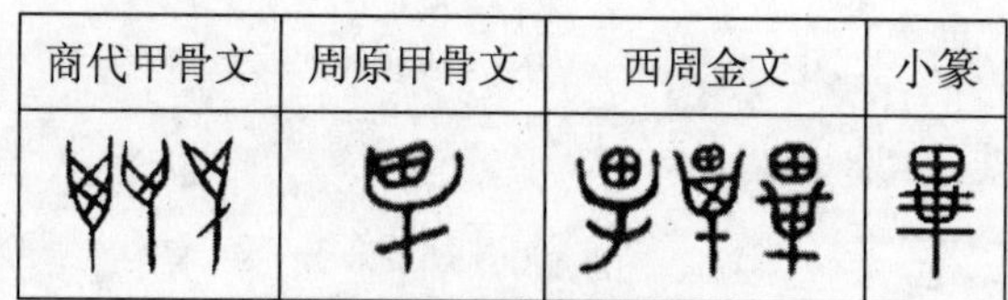

商代甲骨文	周原甲骨文	西周金文	小篆

古代“毕”字的不同写法

商代甲骨文中的毕字像一张有柄的网。周原甲骨文中的毕字，最上面中间的“田”也是网，“田”的周边是张网的框架，下面是网的杆柄。西周以后的写法就逐渐走样了。繁体畢字继承了小篆的写法。后来简化字形，变成了形声字，上面的“比”是读音，下面的“十”还保留了网的杆柄。

毕的本义是一种长柄的丫杈形小网。《礼记·月令》中说：季春之月，“田猎罝罘罗罔毕翳，餧兽之药，毋出九门。”季春是动物孕育繁殖的时节，政府禁止民间打猎，因此不许将打猎用的网具及毒药带出城门。罝(jū)、罘（fú)、罗、罔（网)、毕都是各种不同用途的网，翳是射猎者用来隐蔽自己的工具。东汉的郑玄解释说：“小而柄长谓之毕。”毕可以有多种使用方法。一种方法是用手拿着去罩住猎物，甲骨文中有这样一个字：，像手拿着毕的样子。这种方法只能捕捉地上的小动物，所以《诗经·小雅·大东》毛传解释说："毕，所以掩兔也。"意思是说毕是用来罩捕兔子的。另一种方法是将一张张毕并排插在田野间，这种方法可以捕捉到鸟雀。《论衡·偶会篇》："雁鹄集于会稽，去避碣石之寒，来遭民田之毕。""遭民田之毕"是说触到民田里的毕网。这种方法就是将毕网插在田野里。甲骨文中有个字，像毕网网住了小鸟之形。《诗经·小雅·鸳鸯》中说："鸳鸯于飞，毕之罗之。"这是说鸳鸯在空中飞翔，用毕和罗捕捉它们。引申开去，凡是捕猎用的网都可以叫毕。《诗经·齐风·卢令序》中说："襄公好田猎毕弋，而不修民事，百姓苦之。"这是说齐襄公喜好打猎，不处理百姓们的事情，百姓们为此而遭受困苦。这里的毕就是泛指用网捕猎。弋指一种带线的箭，线的末端拿在射者手中，当用这种箭射中猎物时人们可以沿着射者手中的线顺利地找到猎物。我们今天说的"线索"一词也许就是来自这种射猎方式。

用毕捕猎时拿网将猎物罩住，使猎物停止奔跑，所以毕又有终止、结束的意思。成语有"毕其功于一役"，意思是说一次行动完成所有的工作。例如我们可以说："修筑堤坝与植树造林可以同时进行，这样就可以毕其功于一役。"其他如"毕业"、"毕生"、"毕竟"等词中的毕也都是终结的的意思。

由终结的意思再加引申，就有了完全、都的意思，这一含义古今都很常见。如晋代著名书法家王羲之的《兰亭集序》中有这样的话："群贤毕至，少长咸集。""咸"也是"都"的意思。成语有"原形毕露"、"神情毕肖"等。前者是说本来面目全都露了出来，一般用于贬义。后者是说神态完全一样，通常用来形容绘画、文学作品中的描写等与原人很像。如鲁迅的杂文《五论"文人相轻"》中有这样的句子："寥寥几笔，神情毕肖，只要见过被画者的人，一看就知道这是谁。"跟"毕肖"易混的一个词是"逼肖"，"逼"是逼近、很接近的意思，而"毕"是完全、十分的意思，所以"毕肖"的相似程度比"逼肖"要高。如清俞蛟《梦厂杂著·王湘洲传》:“其写妇女，则更于逼肖中增妩媚。”

另外，“毕恭毕敬”这个成语人们常跟“必恭必敬”相混淆。“毕恭毕敬”产生很晚，大约是清代才出现的一个成语，是十分恭敬的意思。如清陈森《品花宝鉴》第五十回:“这苏相公本来好斯斯文文，和和气气，见了我们也是待得一样毕恭毕敬，不当我们是个和尚。”“必恭必敬”产生很早，是必定恭敬的意思。如李白《赵公西侯新亭颂》:“赵公之宇，千载有睹，必恭必敬，爰游爰处，瞻而思之，罔敢大语。”使用时应注意区别。

毕也是天上一组星星的名字。古人为了观测天象及日月在天空中的运行，在黄道带与赤道带的两侧绕天一周，选取了二十八组星作为观测的标志，称为“二十八宿”(xiù)。这二十八宿又平均分为四组，每组有七宿。古人把每组星图想象成一种动物，称为“四象”。东方七宿叫苍龙，南方七宿叫朱雀，西方七宿叫白虎，北方七宿叫玄武。毕宿就是白虎七宿中的第五宿。为什么这第五宿叫毕宿呢？我们来看一下毕宿的星图就会明白。毕宿共八颗星，这是八颗星构成的形状很像长柄网毕的样子(见图 1)，所以古人将它命名为毕。古人认为毕宿是主管下雨的。我们来看一个例子。《诗经·小雅·渐渐之石》中说:“月离于毕，俾滂沱矣。”离是附着的意思，俾是接着、马上的意思。这两句诗的意思是说，月亮运行到毕宿的区域，很快就会大雨滂沱。这是古人从日常生活中得到的经验。有个成语叫“毕风箕雨”，也说成“箕风毕雨”，意思是说毕宿主管下雨，箕宿主管刮风。箕宿是东方苍龙七宿中的一宿，古人认为它是主管刮风的。这两个成语常常用来比喻统治者向老百姓普遍施行仁政。如五代时期杜光庭的《晋公北帝醮词》中说:“毕雨箕风，苏舒品物。”这是说统治者施行仁政，百姓们得以休养生息。

此外，古代丧祭仪式上用来叉肉的一种木叉也叫毕(见图 2)。《仪礼·特牲馈食礼》中说:“宗人执毕先入，当阼阶南面。”东汉郑玄注:“毕状如叉，盖为其似毕星取名焉。”意思是说毕叉因形似毕星，所以称为毕。总之，毕网、毕宿和毕叉形状相似，所以都称为毕。

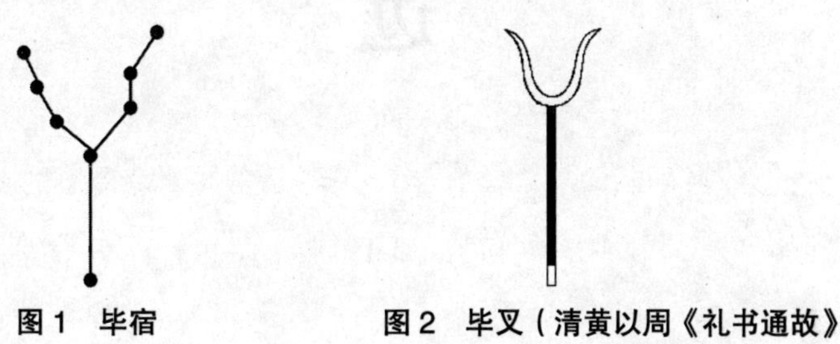

图1 毕宿　　图2 毕叉（清黄以周《礼书通故》）

边

西周金文	战国简牍古文	小篆	繁体

古代“边”字的不同写法

边字繁体作邊。《说文》中解释说：“边，行垂崖也。从辵（chuò）臱（biān）声。”意思是说在崖边行走叫边，但典籍中未见有此意义。边的本义应该是靠近、接近。《穀梁传·定公十二年》：“何危尔？边乎齐也。”晋范宁注：“边，谓相接。”“边乎齐”是说接近齐国。接近是到了某物的边缘，故引申为边缘的意思。现代作家赵树理在小说《小二黑结婚》中写三仙姑快五十岁了，“小鞋上仍要绣花，裤腿上仍要镶边”。这是说三仙姑爱漂亮，在裤管的边缘镶上一道边作为装饰。

国土的边缘就是边疆。唐代诗人杜甫在《兵车行》一诗中说：“去时里正与裹头，归来头白还戍边。边庭流血成海水，武皇开边意未已。”这里的“边”和“边庭”都是指边疆。“里正”是唐代的基层官员，类似于今天的村长。这几句诗的意思是说，上战场时年纪很小，还不会自己裹头，由里正裹的头。从战场上回来的时候头发几经斑白了，还要被征去戍守边疆。边疆都已经血流成海了，而武皇还想扩大版图。这里的武皇借指唐玄宗。诗人用冷峻的笔触批评了帝王好大喜功、劳民伤财的做法。在战争连绵不断的时代，由于男子往往被征去打仗，九死一生，所以人们反而希望生女孩。古代民谣中有“生男慎莫举，生女哺用脯”的说法，意思是说如果生的是男孩儿千万不要把他养活了，如果生的是女孩，就给她干肉吃。解决边疆问题除了战争的手段外，明智的帝王也采用和亲的方法。昭君出塞就是一例。据晋代葛洪的《西京杂记》记载：西汉元帝按画像召见妃嫔，妃嫔们纷纷贿赂画工，惟独王昭君自恃貌美，不肯行贿，画工将她画得很丑，因而她始终没有得到元帝的召见。后来汉与匈奴和亲，元帝就将她嫁往匈奴。临别之前元帝召见了她，元帝被王昭君美貌所震惊，认为是天女下凡，但已经答应了匈奴，不好反悔，于是就把画工毛延寿给杀了。

边字还常用作方位词的后缀。唐代刘禹锡《竹枝词》云：“杨柳青青江水平，闻郎江上唱歌声。东边日出西边雨，道是无晴却有晴。”意思是说岸边杨柳青青，江上波平如镜，在这如画的美静景中，江边又传来情郎熟悉的歌声。当时东边阳光灿烂，西边却在下雨。你说不是晴天吧，天上还有太阳。你说是晴天吧，天上却在下雨。真让人捉摸不定。这里诗人用谐音双关的方式，情景交融地表达出了初恋少女复杂的心情。

另外，边还是一个姓氏。古代有一个“边氏腹”的典故。据《后汉书·文苑传上·边韶》记载：边韶以文学知名，教授弟子数百人。他曾在白天睡大觉，他的弟子嘲笑说：“边孝先，腹便便。懒读书，但欲眠。”“孝先”是边韶的字。意思是说边孝先长得大腹便便（pián），读书懒惰，光想睡眠。边韶听到后巧妙地回答说：“腹便便，《五经》笥。但欲眠，思经事。寐与周公通梦，静与孔子同意。”意思是说，我肚子大是因为里面藏有《五经》，满肚子都是学问，爱睡觉是在思考经典中的事。睡梦中与周公相见，静卧时和孔子交心。言下之意是，他边韶睡觉也是在干正经事。后来大家就用“边氏腹”来形容学富五车的人或是肚子很大的人。北宋著名文学家苏轼的《次韵王巩颜复同泛舟》一诗中有“沈郎清瘦不胜衣，边老便便带十围”之句，沈郎指南朝时期的沈约，沈约在给友人徐勉的信中说自己卧病在床三个多月，人变得干瘦，几乎撑不起衣服。“边老”就是指边韶。古代两手的大拇指与食指合成一圈叫一围。“带十围”是说腰带很宽，腰很粗。

北京故宫博物院收藏着一件唐代陆曜《六逸图》长卷的宋人摹本（34×766 厘米），描绘的是汉晋间六位高人逸士的故事，即东汉马融仰卧吹笛，东晋阮孚借履，东汉边韶昼眠，东晋陶潜漉酒，东汉韩康卖药，东晋毕卓醉酒。下图是其中的边韶昼眠部分，一个鼓腹老人赤身仰卧在竹席上，头枕一捆书籍，双手还抓着一轴放在胸前，脚跷在一张书案上，右边题有“边孝先，五经笥”六字篆文。这幅画生动地展现了边韶酷爱读书而又洒脱任诞的精神风貌，同时也反映了“边氏腹”逸事的深远影响。

唐代陆曜《六逸图》局部

别

商代甲骨文	小篆	秦汉简帛

古代“别”字的不同写法

《说文》中解释说：“别，分解也。从冎从刀。”别的本义是将东西分解开。甲骨文中的别字左边是刀，右边是骨字，骨字像骨关节勾连之形，整个字形表示用刀将连接的骨节分开。后来[illegible]变成了冎，看不出是骨头的样子了。由于骨头上总是附着着肉，所以后来增加了肉（楷书中变形作“月”）旁，变成了骨字。冎在隶书中则讹变成了另字。《淮南子·齐俗》中说：“宰庖之切割分别也。”意思是厨师切割分解牲畜，这里的“别”用的就是本义。

别由本义分解引申出分离、离别的意思。中国有一个动人的民间传说叫《牛郎织女》。织女是王母娘娘的女儿，她心灵手巧，擅长纺织，能用一双灵巧的手织出五彩缤纷的云朵。人间有个孤儿叫牛郎，他虽然勤劳，但一直过着贫苦的生活。后来牛郎在老牛的指点下，取走了正在湖中洗澡的织女的衣裳，织女只好嫁给牛郎。从此两人过着男耕女织的幸福生活。王母娘娘知道这件事后大发雷霆，派天兵把织女捉回天宫。牛郎在老牛的帮助下，用箩筐装着儿女，挑着箩筐追到天上，王母见牛郎追来，就用头上的金钗在织女和牛郎之间划出一道大河，滔滔的银河水无情地把牛郎和织女隔在两岸，他们只得隔河痛哭相望。后来王母见他们哭得伤心，便动了恻隐之心，命喜鹊传话让他们每隔七日相见一次，谁知喜鹊传错了话，说成每年七月七日相见一次，于是王母就罚喜鹊给他们搭桥。每年七月七日晚上，牛郎织女就在喜鹊搭的桥上相会，倾诉衷肠。传说这天晚上，到了夜深人静的时候，在葡萄架下能听到牛郎和织女的窃窃细语，天上要是落了雨点，那就是他们伤心的眼泪。由于银河把牛郎和织女分隔两岸，所以银河在古代又被称为“别浦”，浦也是河流的意思。离别是令人伤心惆怅的。梁代文学家江淹在《别赋》中深有感触地说：“黯然销魂者，唯别而已矣。”意思是说最使人沮丧伤心的事只有离别。唐代诗人杜牧在《赠别》一诗中写道：“蜡烛有心还惜别，替人垂泪到天明。”蜡烛有灯芯，所以说“蜡烛有心”，而在诗人眼里，烛芯却变成了“惜别”之心，把蜡烛拟人化了。在诗人看来，那彻夜流溢的烛泪就是为人们的离别而流淌的伤心泪水。

别还有区分、辨别的意思。先秦典籍《荀子·宥坐》中记载说：“有父子讼者，孔子拘之，三月不别。”意思是说有父子两人因为一件事情而打官司，孔子就把他们关押了起来，但是三个月过去了，孔子还是没有辨别出谁是谁非。这里的别就是辨别的意思。由这个意思又引申出差别的意思，成语有“天壤之别”，形容事物之间差别很大，就像一个在天上一个在地上一样。

物体被分解后成为一个一个的部分，所以别又有种类、分支的意思。北魏郦道元在《水经注·涟水》里说：“涟水出连道县西，资水之别。”意思是涟水流经连道县的西边，它是资水的一个分支。

此外，别还有另外的意思。南唐李煜《相见欢》词中有这样几句描写忧愁的名句：“剪不断，理还乱，是离愁，别是一般滋味在心头。”这里的“别”就是另外的意思。唐代诗人杜甫在《丹青引赠曹将军霸》一诗中写道：“凌烟功臣少颜色，将军下笔开生面。”唐太宗时，在皇宫的凌烟阁中描绘了二十四位功臣的肖像画，经过八九十年，到唐玄宗时画的颜色已经黯淡不堪，唐玄宗就命令当时著名的画家曹霸将这些画像恢复原貌，这两句诗说的就是这件事情。“将军下笔开生面”是说经过曹霸将军描绘，二十四位功臣的面容栩栩如生。后人就称另外开创新的局面为“别开生面”。我们在写字的时候，有时会把正确的字写成另外的一个错字，这个错字就叫“别字”。如把“直截了当”之“截”写作“接”就是写了别字。

由另外的意思引申为特别、特殊的意思。宋代的严羽在《沧浪诗话》中说：“诗有别才，非关书也。”意思是说作诗需要特殊的才能，跟读书的多少没有必然的联系，读书多的人不一定会写诗，读书少的人不一定不会写诗。

别还有否定副词的用法，意思是“不要”，表示禁止或劝阻，这可能是“不必”的合音。这种用法最早出现在元代。元郑德辉《㑇梅香》杂剧第一折：“别引逗出半点儿风声，夫人他治家严肃狠情性。”现代汉语中这种用法很常见。如流行俗语：“有什么别有病，没什么别没钱。”“别管”组合到一起有两种含义。一是告诉对方不要插手，不要过问。例如：“这事你别管！”这种含义的“别管”是词组。另一种是用作连词，是“无论”的意思。例如：“别管是谁，一律按原则办事。”

宾

商代甲骨文	周代金文	战国简牍	说文古文	小篆

古代“宾”字的不同写法

宾繁体作賓。《说文》：“賓，所敬也。从贝㝉（bīn）声。”认为宾是个形声字，本义为所敬之人，即宾客。表示宾客之义何以要从贝呢？王筠在《说文句读》中指出：“宾字从贝，盖犹贤之从贝，非指赠贿之物。”古以宾客为贤人。《仪礼·乡饮酒礼》：“主人就先生而谋宾介。”郑玄注：“贤者为宾，其次为介，又其次为众宾。”宾为贵客，贝为贵重之物，故宾字从贝，正如贤为贵重之人而字从贝一样。

王国维在《观堂集林》卷一《与林浩卿博士论〈洛诰〉书》中提出另外一种解释：“古者宾客至，必有物以赠之，其赠之之事谓之宾，故其字从贝，其义即《礼经》（按：指‘三礼’）之儐字也。”认为宾的本义为赠送礼品，故字从贝。宾在古代确实有赠送的意思。如《国语·楚语下》：“公货足以宾献。”三国吴韦昭注：“宾，飨赠也。”所以这种解释也能说明宾字从贝的道理。不过在甲骨文中宾字没有从贝的写法，所以宾的本义还是视为宾客更为合理。

甲骨文中的宾字写法较多，最繁的写法是室内有一个站着的人，一个坐着的人，下面还有一个止字。止是趾的初文，本义是足，这里表示行走。整个字形表示的是有人从外面来到家里，主人跪坐相待，会宾客之义。上页图中第二个甲骨文跪坐的是女子，表示女子在伺候客人。后面三个甲骨文都是简略写法，或省去主人，或省去客人。周代古文宾字改从止为从贝。小篆宾字其中的人已发生了讹变。简体宾字改为从宀兵声的形声字。兵与宾只是读音相近，可见形声字的声符不一定与该字的读音完全相同。简体宾字早在清人著作《岭南逸史》中已见使用。

宾客为何叫宾呢？张舜徽《说文解字约注》云："宾之言比也，谓于己最为密近也。古声宾比恒通。"认为宾得名于比，比在古代有密切的意思，宾是关系密切之人，故称为宾。这可备一说。

古人将夫妻互相敬重比喻为"相敬如宾"或"相待如宾"。这一比喻很早就有了。《左传·僖公三十三年》载："初臼季使，过冀，见冀缺耨，其妻馌之，敬，相待如宾。"这是说冀缺在田间除草，他的妻子去给他送饭，两人相敬如宾。宾是受主人尊敬的人物，所以引申而有尊敬之义。《广雅·释诂一》："宾，敬也。"《左传·庄公十年》："止而就之，弗宾。"杜预注："不礼敬也。"这里的"宾"就是尊敬的意思。宾既为贵客，要郑重迎接，所以迎接宾客也叫宾。《尚书·尧典》："宾于四门，四门穆穆。"孔安国传："诸侯来朝者，舜宾迎之。""宾于四门"即在四面的城门迎接诸侯。古代富贵人家一般都有专门迎送客人的仆从，叫宾者或宾（后世写作傧）相。《吕氏春秋·重言》："管仲曰：'此必是已。'乃令宾者延之而上，分级而立。"西汉刘向《说苑·臣术》："君不用宾相而得社稷之圣臣，君之禄也。"我们今天将婚礼中陪伴新郎新娘的人称为傧相，就是从古代接引宾客的人延伸来的。

古代将尊贵之人的死亡委婉地称为"宾天"或"宾空"。如《红楼梦》

第63回："忽见东府里几个人慌慌张张跑来，说：'老爷宾天了！'"宋岳珂《桯史·献陵疏文》："仙驾宾空，载严遐荐。"为什么把尊贵之人的死亡称为"宾天""宾空"呢？宾有归附的意思。《国语·楚语上》："蛮夷戎狄，其不宾也久矣。"三国吴韦昭注："宾，服也。""宾天（空）"即归附于上天，跟"升天""上天堂"的说法类似，只不过文雅一些而已。

"槟榔"这个词也跟宾的宾客义有一些关系。槟榔也写作宾郎。《北史·王昕传》："伪赏宾郎之味，好咏轻薄之篇。"《汉语大词典》"槟榔"条下解释说："常绿乔木，果橙红色，古时为待客佳品。"宾郎常用于待客。晋嵇含《南方草木状·槟榔》中说："（槟榔）出邑林，彼人以为贵，婚族客必先进。若邂逅（偶尔）不设，用相嫌恨。一名宾门药饯。"宾郎是马来语或印尼语 pinang 的音译词，但汉语用"宾郎"二字，则是对该词赋予了新的理据，其义为招待贤郎的水果。这种翻译如同今人将英语中的 humour 译为"幽默"，将 email 译为"伊妹儿"一样，音义兼顾，是一种很巧妙的译法。

宾客是与主人相对而言的，主人是主要的，宾客则是从属的、辅助的，所以宾引申为辅佐之义。唐贾岛《送韦琼校书》诗："宾佐兼归觐，此行江汉心。""宾佐"同义连文，义为辅佐。辅佐就是从旁边协助，所以宾又引申为侧旁之义。敦煌变文《破魔变文》："阿奴身年十五春，恰似芙蓉出水宾。""水宾"即水边，这个意义的宾后来写作滨。《汉语大词典》将"水宾"之宾释为"通滨"是不合适的，"宾"与"滨"是古今字的关系，不是通假关系。脸旁的头发叫鬓也是因侧旁而得名的。《释名·释形体》："鬓，滨也，滨，厓也，为面额之崖岸也。"说鬓、滨同源是没什么问题的，但说鬓源于滨则不然，鬓、滨应该都是由宾派生出来的。鬓最初就写作宾。《庄子·说剑》："然吾所见剑士，皆蓬头突鬓垂冠。"陆德明《经典释文》："司马本作宾，云：'宾读为鬓。'"今本作"鬓"应是后人改换的结果。

丙

古代“丙”字的不同写法

丙是一个象形字，像带足的器物底座。战国古文中下加口形作为装饰。丙在古代最常用的是用来纪年和纪日，这是假借用法。

我国古代是用干支来纪年的，干支是天干和地支的合称。天干指甲、乙、丙、丁、戊、己、庚、辛、壬、癸，共十个；地支指子、丑、寅、卯、辰、巳、午、未、申、酉、戌、亥，共十二个。古人将天干和地支依次组合为六十单位，称为六十甲子。现在民间用的生肖纪年如“子鼠”“丑牛”“寅虎”等，也是将十二地支与十二生肖相配。干支纪日的方法跟纪年基本上是相同的。东汉蔡邕的《陈太丘碑文》中说：“中平三年丙午，遭疾而终，临没顾命，留葬所卒。”意思是说东汉中平三年八月丙午这一天，陈太丘因病去世，临死的时候托付后事，要把自己埋葬在去世的地方。这里的丙午就是用来纪日。此外古人还用地支来纪时。他们把一天分为十二个时辰，子时、丑时、寅时一直到亥时，每个时辰两个小时。子时又叫夜半，在晚上十一点到凌晨一点之间。亥时又叫人定，在晚上九点到十一点之间。清朝富察敦崇的《燕京岁时记》中记载春节的习俗时说：“每届初一，于子后焚香接神，燃爆竹以致敬，连霄达巷，络绎不休。”意思是说每当正月初一来临之时，在子时之后，烧香迎接鬼神，燃放爆竹以表示尊敬，爆竹声响彻云霄，此起彼伏，连绵不绝。因为丙在天干中排第三位，所以又引申为第三的意思。宋朝陆游写的《书雨》诗中有“仲冬候始寒，丙夜天正黑”的句子，意思是说冬季的第二个月，天气才开始寒冷，三更时分天一片漆黑。

丙还有一个很常用的意思就是代指火。这一意义来自十天干与五行的搭配。五行指水、火、金、木、土这五种构成物质的元素。古人常用五行来说明宇宙万物的起源和变化。五行之间相生相克。相生是说一物对另一物起促进作用，顺序是木生火，火生土，土生金，金生水，水生木。相克是指一物对另一物起抑制作用。具体指水克火，火克金，金克木，木克土，土客水。五行之说形成于战国，具有朴素的唯物论和自发的辩证法的因素。古人将干支分为阴阳两大类，并与五行相配。在十天干中，五个奇数为阳性，五个偶数为阴性，在十二地支中也是这样分配的。具体来讲，就是木同天干的甲、乙相配，同地支的寅、卯、辰相配；火同天干的丙、丁相配，同地支的巳、午、未相配；同样，土同戊、己、辰、戌、丑相配；金同庚、辛、申、酉、戌相配，水同壬、癸、亥、子、丑相配。丙在五行中属于火，所以古人用丙来指代火。现代作家姚雪垠写的小说《李自成》中有这样的话：“朕已再三嘱咐，每次给卿手谕，看后即付丙丁，卿万勿稍有疏忽。”意思是说：“我已再三嘱咐，每次给你的信，看完后要用火烧掉，千万不要疏忽大意。”这里的丁同样也是指火。“丙丁”在古代还有一个含义，那就是古代山西等地理发行业烫头发所用的火柴。跟现代人一样，古代也流行烫发，称为“丙苗”，这里的“苗”就是指头发。烫头发所用的器具叫“丙丁夹子”，形状与筷子类似。

秉

商代甲骨文	周代金文	战国简牍	小篆	汉隶

古代“秉”字的不同写法

秉由“又”“禾”组成，“又”是手，字形表示手里拿着一束禾。许慎在《说文》中解释说：“秉，禾束也。”“禾束”就是一束庄稼，这是秉的本义。我国古代诗歌总集《诗经》中有“彼有遗秉，此有滞穗”的诗句，意思就是说，那边有遗留下的禾束，这里有没捡起的麦穗。这里的秉用的就是本义。

《诗经》中还有“左手持龠（yuè)，右手秉翟”的说法，意思是说，左手拿着管乐器龠，右手拿着漂亮的山鸡羽毛。这是原始时代的一种舞蹈，原本是模拟雉鸟求偶的动作。到了周代，这种舞蹈作为礼仪用于祭祀。这里的秉已经不是一把庄稼的意思，而是作动词，是“拿”的意思。成语“秉烛夜游”中的“秉”也是这个意思。秉烛，就是拿着火把。烛最早指火把，而不是蜡烛。东汉的文人五言诗集《古诗十九首》中有诗句说：“昼短苦夜长，何不秉烛游。”意思是说，白天太短，晚上太长，不如举着火把夜以继日地游玩。东汉时期，文人作官的可能性很小，在无法实现自己愿望的情况下，他们只能去寻找其他的慰藉，把对人生有限、愁苦无尽的感慨以一种及时行乐的方式加以化解。于是在漫漫长夜中，持烛游玩就成他们消遣时光的办法。难怪唐代以风流倜傥著称的诗仙李白在《春夜宴从弟桃花园序》一文中说："古人秉烛夜游，良有以也。"意思是说古人秉烛夜游是很有道理的。看来夜晚持烛游玩在古代还比较风行。与此相反，还有一种秉烛全然没有闲情逸致，而是心情急迫夜不能寐，持烛以待天明，这就是"秉烛待旦"。《水浒传》第九十五回中说"宋江秉烛待旦"，意思是说宋江点着灯等待天亮。宋江是北宋时期的人，当时的烛字已经有了蜡烛的意思。这里的烛可以理解为泛指灯。"秉烛待旦"虽然与"秉烛夜游"形式上类似，但用意不同，不可混淆。

秉由"拿"的意思进一步引申出掌握、主持的含义。在日常生活中，这一含义用得很多。如"秉公执法"、"秉正无私"等，都是说主持公道，没有私念。说到秉公执法，我们自然想到北宋著名的臣子包拯了。且不说别的，光说他那张黑炭脸，那个长在额头中央的新月胎记痣，就给人一种威严不可侵犯的感觉。再说他府中的三口铜铡，上可斩皇亲国戚，下可惩市井恶棍，不管是抛妻弃子的状元陈世美还是自己触犯刑法的亲侄儿，都难逃他的无私执法。他有武艺精湛的四品带刀护卫展昭，有谋有略的师爷公孙策，以及忠心耿耿的张龙赵虎，王朝马汉一干人等的协助，再加上自己的凛然正气，组成了一个百姓信任的开封府，也成为千百年来大家心中一个无可替代的正义的象征。更为后代的为官者树立了榜样。明代张居正在《谢召见疏》中说："人臣之道，必秉正为国。"看来，作为臣子，光想着为国效命是不够的，还应该注意自己的品性，要能坚持正义，主持公道。清代的睿亲王多尔衮曾说："有不秉公辅理，妄自尊大者，天地谴之。"这里显然已经把秉正和秉公作为一种训诫和要求了。

秉又有承受的意思，这一意义是从持有、得到的意思引申来的。双音词有“秉承”，就是承受、继承的意思。例如：“秉承学术自由和学者自律的大学精神，以教授治校的方式建立现代大学人事制度。”人天生就有的本性叫“秉性”，因为本性是继承来的。例如《红楼梦》第九十回：“薛蝌一则秉性忠厚，二则到底年轻。”

并

商代甲骨文	商代金文	周代金文	战国简牍古文	小篆	繁体
					幷
					竝　並

古代“并”字的不同写法

古代跟简体并字对应的字有四个，即幷、併、並、竝。普通话中这四个字都读 bìng，但在古代它们的读音有区别。幷和併读音相同，《广韵》音畀政切，上古音为帮母耕部。並和竝是一对异体字，《广韵》音蒲迥切，上古音为並母阳部。《说文》：“幷，相从也。”“竝，併也。”“併，並也。”按照《说文》的解释，竝和併意义相同，是并列的意思，而幷是相从，跟併、竝不是同义词。甲骨文中的幷像侧身并列的两人，下部有两横或一横，表示两人并为一行，其本义应为合并。甲骨文中的竝像两个正面并排站立的人，其本义应为并列。由于合并义可以引申为并列，并列义也可以引申为合并，所以幷和並很早就互相混用。但在有些意义上两个字还是不能混用的。（1）地名并州的并读音为 bīng，只能写作“幷”，不能写作並。（2）並有“挨着”和“旁边”的意义，这两个意义读 bàng，不能写作“并”。如《史记·秦始皇本纪》：“自榆中並河以东，属之阴山。”裴骃集解引东汉服虔曰：“並音傍。傍，依也。”这是说榆中沿黄河以东属于阴山。唐陆龟蒙《记事》诗：“今来观刈获，乃在松江並。”此谓在松江边。

併字《说文》中列为一个独立的字，实际上它应该是“幷”的后出分别文，或者说是“幷”的后起俗字。简化字“并”其实历史也很悠久，东汉建宁二年（169）刻的史晨碑中已有并字。下文统一用并字。

并最常用的意义是并列。成语有“并驾齐驱”、“并行不悖”，其中的并就是并列的意思。

元代剧作家王实甫写的《西厢记》是历史上有名的剧本，它主要讲述了张生和崔莺莺自由恋爱的故事。剧本中有这样两句话非常有名：“地生连理木，水出并头莲。”意思是说地上有枝叶相连的两棵大树，水中有一根茎上开放的两朵莲花。这是一种美丽的景色，其中有浓浓的浪漫气息。并头莲又叫并蒂莲，是莲花的一种，这种花很有意思，总是在一个茎上并列着开两朵花，因此人们常用它来比喻恩爱的夫妻。同样的例子元曲中还有很多，比如《连环计》杂剧中有：“池畔分开并头莲，可堪间阻又经年。鹣鹣（jiān）比翼难成就，一炷清香祷告天。”意思是说女主人公看到湖边盛开的并头莲，触景生情，想到自己与情郎中间隔着万水千山，很难像鸟儿那样比翼双飞，心里难过，只好烧香来请求上天的保佑了。

并字从并列的意义又引申出兼并、吞并的义项。秦始皇之所以伟大，名垂青史，功劳就在他吞并六国，统一了天下。西汉贾谊在《过秦论》中说：“秦孝公据崤函之固，拥雍州之地，有并吞八荒之心。”意思是说秦孝公以关中地区作根据地，有兼并天下的雄心壮志。秦孝公支持商鞅进行变法，秦国强大起来，为秦始皇最后真正统一中国打下坚实的基础。

现代经济生活中常常有一家公司收购另几家公司的事发生，收购的实质是资本的兼并，大鱼吃小鱼，小鱼吃虾米，结果是几个公司合为一体。

由并列的意思引申为等同、相似。唐沈佺期《王昭君》诗："嫁来胡地恶，不并汉宫时。"这是说嫁到条件恶劣的胡地，不同于在汉宫的时候了。唐武元衡《送田三端公还鄂州》诗："青油幕里人如玉，黄鹤楼中月并钩。"这是说弯月如钩。

传说大禹治理洪水成功后，把天下分为九州，并州就是其中的一个州，它在地理上相当于今天的内蒙古自治区，河北省的部分地区和山西省大部。并州民风纯朴，人们敬重侠客和勇士，很讲仁义道德，所以古代习惯上把侠义少年称为"并州儿"。三国时期魏国的曹植在《白马篇》中写道："借问谁家子，幽并游侠儿。"意思是说作者遇到一群狭义少年，一打听，原来就是并州儿。可见并州儿在古代有着深远的社会影响，甚至成了勇敢侠义之士的代名词了。人们还把那种侠肝义胆的气概称为"并州器"。元代诗人陈赓在《送李长源》一诗中写道："千金善保并州器，要放昆仑入马蹄。"意思是说作者希望好友陈赓珍惜自己那种骑马踏平昆仑山的并州气概，将来成就鸿图大业。可见古人是非常崇尚并州器的。并州物产丰富，古时还出产一种剪刀，非常锋利，天下闻名，被称为"并州剪"。唐代诗人杜甫在《戏题画山水图歌》中写道："焉得并州快剪刀，剪取吴松半江水。"意思是说如果有一把并州剪刀的话，他就能把吴松江的水剪下一半来。这当然是一种夸张的说法，但从中也可看出并州剪刀的鼎鼎大名了。

并还有连词的用法，表示更进一层的意思，多连接并列的双音节动词。例如："会议讨论并通过了未来五年的发展规划。""我完全同意并服从上级的决定。"

补

古代“补”字的不同写法

补字繁体作補，这是个从衣甫声的形声字。后来人们用“卜”替换了“甫”，就造成了简体补字。《说文》中解释说：“補，完衣也。”完是缝补的意思，补的本义是缝补衣服。后来意义扩大，引申为修补一切破裂的东西。宋代叶适在《叶岭书房记》中说：“补楼船器甲之坏，以虞寇至。”意思是说：修补战船兵器铠甲损坏的地方，用来防备敌人的入侵。

由修补的意思又引申为弥补、补救，这个意思古今都很常见。《诗经·大雅·烝民》中有这样的诗句：“衮职有阙，维仲山甫补之。”衮指的是天子的服装，这里指代天子。仲山甫是周宣王时的大臣。这句话的意思是说：周宣王有没尽职的地方，只有仲山甫来弥补。有个成语叫“亡羊补牢”，出自《战国策·楚策四》：楚怀王被秦人软禁在秦，怀王的儿子楚襄王继位，不思报仇，荒淫无度，致使国事日下。大臣庄辛向襄王劝谏，襄王很不高兴，骂他预言灾祸，惑乱人心。于是庄辛被迫离开楚国来到赵国避难。庄辛到赵国不满五个月，秦国便占领了楚国首都郢，于是襄王后悔没听庄辛的话，便派人去赵国请回庄辛。庄辛说："见兔而顾犬，未为晚也；亡羊而补牢，未为迟也。"意思是说，看见兔子回头嗾使狗去追捕还不算晚，羊丢失了赶紧修补羊圈也不算迟。比喻出了差错以后及时纠正补救还来得及。也说"补牢顾犬"。清左宗棠《请拓增船炮大厂疏》："及待开厂制办，补牢顾犬，已觉其迟。"

《老子》第七十七章中说："天之道，损有余而补不足。人之道则不然，损不足以奉有余。孰能有余以奉天下？其唯有道者。"意思是说，自然界的规律是减少有余的，弥补不足的。人世间的规律则不是这样，是减少不足的去送给多余的。自然界的规律如江河从高处往低处流，流动的过程中把高处的泥沙携带到低处，填补到低凹处，这就是"损有余而补不足"。人世间处于下层的人为了某种利益，往往采取送礼的手段，把自己本来就不多的钱财送给富有的官员，这就是"损不足以奉有余"。这种现象也就是人们常说的，"只想锦上添花，不愿雪中送炭"。老子用直白而简练的语言对社会的不合理现象提出了深刻的批评。

与补有关的还有一个"补天浴日"的成语。"补天"出自"女娲补天"的神话：上古时代，水神共工和火神祝融大战。共工大败，气得一头撞坏了不周山，致使山林起火，洪水横流，世界发生了可怕的灾难。于是，创造世界万物的女神女娲，在大江中挑选了许多五彩的石子，去修补破坏了的天空。她又杀了一只大得无法形容的乌龟，斩下它的四脚，作为四根天柱，竖立在天的四角，把天撑住。一场大难终于平息了。"浴日"出自"羲和浴日"的神话：太阳女神羲和生有十个儿子，也是十个太阳。他们每天一个，轮流在天空值班。早上，不论哪个太阳值班，都由他们的妈妈羲和驾车伴送，每天早上，值班的太阳登上龙车之前，一定要在咸池里洗一个澡。羲和还常常带着儿子们在东南海外的甘渊一起洗澡；甘渊的水十分甘美，羲和把儿子们一个个都洗得干干净净、明明亮亮。

以上便是“女娲补天”和“羲和浴日”的故事梗概。后来，人们用“补天浴日”来形容无可比拟的伟大功绩。

相传女娲补天的那天是正月二十，为了纪念女娲补天的功绩，后来人们就把这一天作为节日，叫“天穿节”。晋王嘉《拾遗记》中记载说：“江东俗号正月二十日为天穿日，以红缕系煎饼饵置屋上，谓之补天穿。”宋代以前，天穿节习俗遍及大江南北，主要以正月二十为节日，也有在正月十五、正月十九过节的。各地补天穿的习俗也不尽相同。宋代葛胜仲《蓦山溪·天穿节和朱刑掾二首》云：“望云门外，油壁如流水。空巷逐朱幡，步春风，香河七里。冶容炫服，摸石道宜男，穿翠霭，度飞桥，影在清漪里。”这里描写的是宋代江浙地区过天穿节的盛况，其中有摸石子、过桥等习俗。康熙《广东通志》中说：“（正月）十九日，挂蒜于门以辟邪，广州谓为天穿日，作馎饦祷神，曰‘补天穿’。”民国年间编的陕西《安塞县志》记载说：“二十日，家家吃煎饼，名曰补天。”不是把煎饼系上红线放在房顶，而是直接吃掉。清光绪元年《瑞金县志》载：“（元夕）后五日，名天穿节，妇女作米糕、糖食祀天，曰‘补天穿’。”清光绪十六年《花县志》载：“（正月）十九日，仙姬大会，俗讹为‘天机籁败’。各悬蒜于门，谓之辟邪恶。烙糯粉为大圆块，加针线其上，谓之‘补天穿’。”有些地方在此日将煎饼撕成小块，抛向天空，意为补天。

客家过天穿节各行各业都要停止工作一天，因为这一天“天穿地漏”，不管你做什么都不会赚钱，就是赚了钱也会从“天洞”漏掉。故俗谚云“天穿无嬲苦到死”，“嬲”是玩耍的意思。畲族补天穿的方法是，煎水将糍粑浸透，然后把大门的缝隙粘实，寓意“封住门神公的嘴巴”，同时象征女娲补天。

女娲补天木雕

谄

《说文》中有讇、谄二字，许慎解释说："讇，谀也，从言阎声。谄，讇或省。"认为谄是讇的省略写法。许慎之所以把谄字看成讇的省略形式，可能是因为谄上古读透母谈部，阎读余母谈部，古音很接近，而臽古为匣母，与谄的声母隔得较远。从语源上来看，谄当是因臽得名。南唐徐锴《说文系传》："谄者，陷也，陷君于恶也。"臽是陷的初文，商代金文作，像一个人掉到陷阱里的样子。谗佞之人用花言巧语陷害别人。古有"谄害"的说法。《三国志·魏书·刘晔传》："父普，母脩，产涣及晔。涣九岁，晔七岁，而母病困。临终，戒涣晔以'普之侍人有谄害之性，身死之后惧必乱家'。""谄害"犹言"陷害"，只是谋害手段主要为言辞，故谄字从言从臽，臽亦声。这样看来，谄未必是讇的省略写法，讇倒有可能比谄晚出，是为了追求声符与字的读音相和谐而另造的形声字。

谄媚之人古有"谄夫"、"谄子"、"谄人"等称，自古迄今，代有其徒。谄夫最重要的武器是奉承话，称为"谄语"。《汉书·淮南宪王刘钦传》："博喜，还书谢，为谄语盛称誉王。"既然是谄语，说的时候当然不可能跟正常谈话那样泰然自若，往往要表现出一副强颜欢笑、低三下四的媚态。孔子的高足曾子就曾刻画过这种人的模样。《孟子·滕文公下》载："曾子曰：'胁肩谄笑，病于夏畦。'"意思是说竦起两肩，做出讨好的笑脸，这比炎炎夏日在菜地里干活还要累（这里“病”是累的意思），表示了曾子对谄夫的深恶痛绝。后人常用“胁肩谄笑”形容拍马者的媚态。

谄夫最善于察言观色，随机应变。若遇被谄者有不幸之事，当然不能做“谄笑”态，而要表现出难过的样子，必要时还须挤出“鳄鱼的眼泪”，古称“谄泪”。唐张仲方《驳赠司徒李吉甫谥议》：“谄泪在脸，遇便则流。巧笑如簧，应机必发。”意思是谄泪就在眼睛里，遇到合适的场合就会流出来；媚笑如簧片，遇到时机就会发出来。簧是乐器里安置的有弹性的薄片，作为发声的振动体。

谄的反义词是骄或渎。《论语·学而》：“贫而无谄，富而无骄。”《晏子春秋·问上七》：“上无骄行，下无谄德。”《易·系辞下》：“君子上交不谄，下交不渎。”渎谓亵渎、欺侮。谄夫往往是对上谄佞而对下骄渎，故有“谄渎”一词。晋葛洪《抱朴子·交际》：“徒当远非类之党，慎谄黩之源。”“谄黩”即“谄渎”。

古代还有“谄巧”一词，这里的“巧”可不是巧妙或是灵巧，而是奸诈。《资治通鉴·唐高祖武德二年》：“上以封德彝隋室旧臣，而谄巧不忠，深诮责之。”跟“谄诈”是一个意思。《宋书·王微传》：“作人不阿谀，无缘头发见白，稍学谄诈。”

由谄媚引申为极力满足。《管子·五辅》：“淫声谄耳，淫观谄目。”这是说淫荡的乐曲使耳朵感到满足，淫荡的表演使眼睛感到满足。

宸

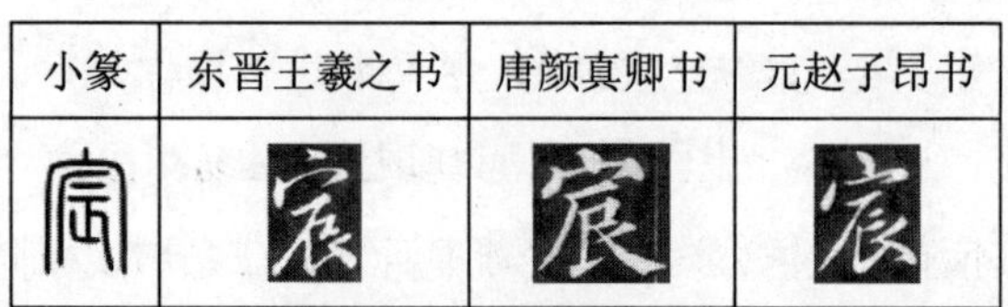

古代“宸”字的不同写法

《说文》：“宸，屋宇也。从宀辰声。”段玉裁注：“屋者以宫室上覆言之，宸谓屋边。”《说文》：“宇，屋边也。”屋有屋顶的意思，“屋宇”之屋就是指屋顶，所以段玉裁说“屋者以宫室上覆言之”。“屋宇”就是房屋顶盖的边缘，也就是屋檐。《文选》三国魏何晏《景福殿赋》：“芸若充庭，槐枫被宸。”李善注：“宸，屋宇也。”这是说景福殿里芸香、杜若充满了庭院，高大的槐树和枫树覆盖着屋檐。

从辰得声的字有边缘的含义。《释名·释形体》：“唇，缘也，口之缘也。”《广雅·释丘》：“漘，厓也。”王念孙疏证：“唇者在边之名。口边谓之唇，水厓谓之漘，屋宇谓之宸，声义并相近也。”晨大约也是因边缘而得名的。早晨是一天的开始，是白天与夜晚的边缘，故谓之晨。

宸异体作㞔。《说文》：“㞔，伏貌。从尸辰声。一曰屋宇。”本义应为屋宇。㞔之从尸，犹屋之从尸。尸与宀表意相同。许慎将宸和㞔处理为不同的字，这是不对的。

屋宇遮蔽着房屋，所以宸引申而有庇护之义。《国语·越语上》：“君若不忘周室，而为弊邑宸宇，亦寡人之愿也。”这是说作弊邑的保护者。

宸在古汉语中最常用的意义则是“跟帝王有关的”。如帝王所居宫室叫“宸轩”。《文选》南朝宋谢庄《宋孝武宣贵妃诔》：“育德素里，栖景宸轩。”唐张铣注：“宸轩，天子所居之宫也。”帝王的心意称为“宸衷”。《旧唐书·杨发传》：“礼之疑者，决在宸衷。”帝王的威严称为“宸威”。唐宋之问《松山岭应制》诗：“芳声耀古今，四海警宸威。”其他像“宸文”、“宸命”、“宸旨”、“宸恩”等等，都跟帝王有关。

宸的这一意义是怎样产生的呢？古人将北极星称为宸。《文选》东汉班固《典引》：“是以高光二圣，宸居其域。”东汉蔡邕注：“言高祖、光武如北辰居其所而众星拱之。”北辰就是北极星。《晋书·律历志中》：“昔者圣人拟宸极以运璿玑，揆天行而序景曜。”“宸极”即北极星。北极星是地球运转轴北端所指的天球上的一颗星，由于运转轴是不动的，所以它所指的天球上的北极星看上去也没有变化，而众星则围绕它旋转。这种“众星拱北辰”的现象与群下朝奉帝王有相似之处，所以古人常用北极星来比喻君王。孔子就曾说过：“为政以德，譬如北辰，居其所而众星共之”（《论语·为政》）。后世用的就更多了。唐李德裕《马公神道碑铭》：“瘁精爽于北辰，播芳烈于来代。”这是说马公为皇帝鞠躬尽瘁。宸指帝王的意义就是来自中国文化中对北极星的崇拜。

那么宸指北极星的意义又是从哪里来的呢？宸的本义是屋檐，与北极星显然是风马牛不相及。明梅膺祚《字汇》中解释说：“宸，后人指帝居曰宸。《增韵》：‘帝居北辰之宫，故从宀从辰。’”帝居曰宸是后来才有的意义，不能从字形上说明其根据。

我们认为宸的北辰义来自“辰”的假借。“北辰”也省称为“辰”。《文选》南朝宋颜延之《应诏宴曲水作》诗：“帝体丽明，仪辰作贰。”李善

从语源上来看，慈与子同源。慈的上古音为从母之部，子为精母之部，读音很相近。意义上慈是爱子，子是所爱的对象，二者密切相关。典籍中也训子为兹。《淮南子·天文》:“子者，兹也。”《史记·三代世表》:“子者，兹。”“兹”“子”有时还可通用。《管子·小称》:“嗟兹乎！圣人之言长乎哉!”“嗟兹”亦作“嗟子”。朱熹《仪礼经传通解续》引《尚书大传》曰:“嗟子乎！此盖吾先君文武之风也。”可见慈虽然从兹得声，实际上是以子为意的。《释名·释言语》曰:“慈，字也，字爱物也。”这也不算错，因为字的本义是生子，字、子、慈是一组同源词。

由父母对子女的慈爱引申为泛指仁爱、笃爱。《左传·庄公二十七年》:“夫礼乐慈爱，战所畜也。”孔颖达疏:“慈谓爱之深也。”《礼记·曲礼上》:“兄弟亲戚称其慈也。”孔颖达疏:“慈者，笃爱之名。”《韩非子·解老》:“慈于子者不敢绝衣食，慈于身者不敢离法度，慈于方圆者不敢舍规矩。”这些“慈”都是笃爱的意思。这一意义并没有上对下的限制，所以典籍中有“慈兄”的说法。《后汉书·光武帝纪下》:“其布告天下，令知忠臣、孝子、慈兄、悌弟、薄葬送终之义。”甚至子女对父母的笃爱也可以用“慈”表示，这正好与慈的本义相对。如《孟子·离娄上》:“暴其民甚，则身弑国亡；不甚，则身危国削，名之曰‘幽’‘厉’，虽孝子慈孙，百世不能改也。”“慈孙”指孝顺的儿孙。《庄子·渔父》:“事亲则慈孝。”“慈孝”同义连文，犹言“孝敬”。乌鸦古称慈乌或慈鸟，相传乌鸦能反哺其母，故称。《说文》:“乌，孝鸟也。”《小尔雅·广鸟》:“纯黑而反哺者谓之慈乌。”《广雅·释鸟》:“慈鸟，乌也。”《后汉书·赵典传》:“鸟乌反哺报德。”《本草纲目·禽三·慈乌》:“此鸟初生，母哺六十日，长则反哺六十日，可谓慈孝矣。”实际上慈乌之慈跟鸬鹚之鹚一样，原本是黑色的意思，但民间却理解为慈孝，这是慈有孝敬之义的缘故。

慈本来指父母双方对子女的慈爱，但由于母亲比父亲温和可亲，同时也由于母亲对子女的关心照料多于父亲，因此慈的品性渐渐集中到母亲身上，而让父亲担任“严”的角色，走上了慈的反面。这就是一些伦理学家们津津乐道的“严父慈母”家庭模式。按照这种模式，家庭中一个唱红脸，一个唱白脸，认为对教育子女比较有利。世有“棍头出孝子，筷头出逆子”的说法，就是强调“家严”对教育子女的重要作用。父亲既然以“严”自任，母亲则独得“慈”之美名。唐聂夷中《游子行》：“慈亲倚门望，不见萱花草。”“慈亲”指母亲。孟郊的一曲《游子吟》不知使多少儿女引起强烈的情感共鸣，也不知使多少母亲受到诗中塑造的“慈母”形象的熏陶。这种社会观念反映在语言当中，“慈”成了母亲的代称。北宋王安石《寄虔州江阴二妹》诗：“庶云留汝车，慰我堂上慈。”《聊斋志异·小谢》：“吾将速归，用慰严慈。”“严”指父，“慈”指母。或称“慈闱”。宋张孝祥《减字木兰花·黄坚叟母夫人》词：“慈闱生日，见说今年年九十。”“闱”指母亲住的地方。或称“家慈”。清胡寿颐《小螺庵病榻忆语跋》：“张姥犹时为予述往时携女史钗钿求家慈修饰，家慈恒乐为之劳。”

“磁石”的得名也跟慈母观念有关。“磁石”最初写作“慈石”。《吕氏春秋·精通》：“慈石招铁，或引之也。”磁石能吸引铁，犹如母亲能吸引子女，所以称为慈石。晋郭璞《慈石赞》：“慈石吸铁，母子相恋也。”《本草纲目·金石四·慈石》引唐陈藏器曰：“慈石取铁，如慈母之招子，故名。”给一种石头命名而联想到母亲的慈爱，由此可见人们对慈母的感受是多么的深切。人们常把祖国比喻为母亲，把哺育人们成长的河流称为母亲河，这都是母亲的慈爱结出的果实。

读

小篆	汉隶	隋智永书	宋苏轼书

古代“读”字的不同写法

《说文》：“读，诵书也。从言卖声。”我们首先来解释一下“卖声”的问题。卖与读声母韵母都不相同，卖怎么会是读的声符呢？这是由隶变造成的。隶变指汉字形体从篆书到隶书的演变。在隶变的过程中，有些原本不同的字变得相同相近了，以至相互混同。读的声符小篆作，隶定应写作賣，《说文》中解释说：“賣，衒也。读若育。”本义是沿街叫卖。典籍中通常借用鬻字表示賣。张舜徽《说文解字约注》：“经传皆假鬻为賣，或省作粥，鬻粥行而賣废矣。”賣在上古属于余母觉部，与定母屋部的“读”读音非常接近，所以许慎说賣是声符。买卖的卖小篆作，从出从买，跟賣原本是两个不同的字，隶变后賣常混同于卖，造成了声符与字的读音不符的现象。又如渎字小篆作，也是賣从得声，楷体中也讹作卖。

下面我们再来看读的本义是什么。

读的本义《说文》释为“诵书也”，段玉裁改为“籀书也”。他解释说：“籀各本作诵，此浅人所改也，今正。《竹部》曰：‘籀，读书也。’读与籀叠韵而互训。……抽绎其义蕴至于无穷，是之谓读。”这一说法影响不小。《汉语大字典》“读”的第一个义项是：“籀书，抽绎理解书的意义。”《汉语大词典》的第一个义项是：“诵读，阅读，理解书文的意义。”都是依据段玉裁的说法而作的释义。其实段氏改“读”为“籀”并没有什么可靠的根据，主要的根据就是许慎在“籀”下训为“读书”，因此认定“读”下会互训为“籀书”，这种推论是靠不住的。从文献用例来看，读并没有“抽绎其义蕴至于无穷”的含义。《汉语大字典》举了三个例证：《孟子·万章下》：“颂其诗，读其书，不知其人可乎？”《史记·十二诸侯年表》：“太史公读春秋《历》《谱》《谍》，至周厉王，未尝不废书而叹也。”《三国志·吴志·孙登传》：“权欲登读《汉书》，习知近代之事。”这些例子中的“读”明明就是古今常见的阅读之义，哪有“抽绎其义蕴”的意思？当然在具体的语境中“读”也可能有这样的含义，但它是临时的，不能视为独立的义项。读书有各种读法。有认真的研读，有随意的阅读。如果前一种“读”可以理解为“抽绎其义蕴”的话，后一种“读”则可以理解为“略知其义”，陶渊明的“好读书，不求甚解”恐怕就属于这一类。若有人根据后一种读法给“读”设立“略知其义”的义项，无疑是站不住的。同样的道理，“抽绎其义蕴”的义项是不能成立的。

读既然从言，其本义应该是念读文字材料。这一意义从古到今都很常用。《周礼·地官·州长》：“正月之吉，各属其州之民而读法。”这是说正月初一州长要会集本州百姓宣读法令。《说文》中说明读音时常用“读若”或“读与某同”的方法。如：“哽，读若汲井绠。”“励，读与厉同。”读就是念读的意思。“诵”既可特指抑扬顿挫的朗诵，也可泛指一般的念读。《汉书·兒宽传》：“时行赁作，带经而锄，休息辄读诵，其精如此。”这是说兒宽为人作雇工时带着经书，休息时总是念读。这里的“诵”就是读的意思，“读诵”同义连文。“诵”“读”古音相近，王力《同源字典》认为是同源词。许慎释“读”为诵，就是释为念读，这是正确的，段玉裁的改订未免武断，恐不可从。

从“读”的各义项之间的关系来看，其他义项都是从念读义引申来的。《广雅·释诂二》：“读，说也。”《诗经·鄘风·墙有茨》：“中冓指言，不可读也。”朱熹《诗集传》：“读，诵言也。”清马瑞辰《毛诗传笺通释》：“‘不可读’正当训为不可说，犹前章‘不可道’、‘不可扬’也。”读是念出声，与说类似，故引申为说。读还指阅读中比句子短的停顿，我们今天书面上用逗号和顿号来表示。这一意义也是从念读义引申来的，一读就是连续不断的一次念读。因这种含义与念读义有明显区别，读音也随之发生变化，读作 dòu。由于一读就是一次短暂的逗留，故亦称为逗，标记逗的符号也就被称为逗号。如果将“读”本义认作“抽绎其义蕴”，不但从“言”难以解释，而且“念读”“说”“句读”等意义的由来也就无从说明了。

附带说明的是，有些人认为我国古代没有标点符号，这种认识是不对的。事实上我国现存最早的文献甲骨卜辞中就有标点符号，我们今天使用的逗号也早在汉代已经出现。如《长沙马王堆一号汉墓竹简》221 简：“长二尺六寸，广尺七寸。”[①]不过古人著书一般不用标点符号，标点符号往往是阅读书籍的人使用的。

① 参管锡华《古代标点符号发展史论纲》，《古汉语研究》1997 年第 2 期。

端

小篆	汉隶	东晋王羲之书	唐怀素书

古代“端”字的不同写法

《说文》:“端，直也。从立耑声。”端为形声字，从立表示人直立于地。本义为正直。《孟子·离娄下》:“夫尹公之他，端人也，其取友必端矣。”“端人”即正直的人。词语有“端人正士”、“端本澄源”（义同“正本清源”)、“端端正正”等。引申为端端正正地拿东西，如“端盘子”“端茶”等。俗语有“一碗水端平”，比喻公平合理地处理问题。

端又有头绪、开始的意思。《礼记·礼运》:“故欲恶者，心之大端也。”唐孔颖达疏:“端谓头绪。”《韩非子·解老》:“其术远则众人莫见其端末，是以莫知其极。”“端末”即首尾。端的这一意义跟本义正直看不出有什么关系，应该是个假借字。本字应为耑。《说文》:“耑，物初生之题也。上象生形，下象其根也。”耑字金文作，上面像植物的幼芽，中间一横表示地面，下面像植物的根。幼芽即植物的“苗头”，用来表示发端、开端之义。《汉书·艺文志》:“言感物造耑，材知深美。”唐颜师古注:“耑，古端字也。”

事情的眉目或苗头谓之“端倪”。端为开始，倪为何义？倪也是开始的意思。《说文》：“倪，俾也。从人兒声。”“俾，益也。从人卑声。一曰俾，门侍人。”许慎训倪为俾，不知取何为义。张舜徽《说文解字约注》认为“俾之本义，盖童孺之通称”，所言是，然犹未尽。倪当为儿之异体。《孟子·梁惠王上》：“王速出令，反其旄倪。”宋朱熹集注：“旄，老人也。倪，小儿也。”古称老人牙齿脱落后又长出的新牙为“倪齿”。西汉刘向《列女传·鲁季敬姜》：“于是乃择严师贤友而事之，所与游者皆黄耄倪齿也。”此以“倪齿”指代高寿之人。“倪齿”犹言“稚齿”。可知倪之音义与儿无别，故倪为儿之异体。幼儿为人之端始，故倪引申为端始义。唐代柳宗元《非国语·三川震》：“又况天地之无倪，阴阳之无穷。”“无倪”即无端、无涯。由此可知“端倪”为同义连文。

正月秦代又称“端月”，义为开始之月。这一名称是为了避讳而造的。《史记·秦楚之际月表》：二世二年“端月”唐司马贞索隐：“二世二年正月也。秦讳正，故云端月也。”秦始皇名叫嬴政，政与正读音相近，故秦人为避讳而改称正月为“端月”。但这个名称后世未能流行开来。与此相关的是“正月”之正为何读平声的问题。自古以来，人们大都认为“正月”之正在秦始皇之前读去声，读平声是秦人避秦始皇讳的结果，后世沿袭未改。《史记·秦始皇本纪》：“以秦昭王四十八年正月生于邯郸。及生，名为政，姓赵氏。”唐张守节正义：“正音政，‘周正建子’之‘正’也，始皇以正月旦生于赵，因为政。后以始皇讳，故音征。”每年春节期间都有一些小报传播这一“常识”。事实上这一说法是有问题的。避皇帝之讳仅仅改一下声调，恐怕难以消除犯讳的嫌疑，何况写出来还是“正”字。正古代原本有平声、去声两读。《诗经·齐风·猗嗟》：“终日射侯，不出正兮。”隋陆德明《经典释文》：“正音征。”《诗经·小雅·节南山》以“正、平、宁”押韵，《大雅·云汉》以“正、星、赢”押韵，都是平声相押。西周员鼎："唯征月既望癸酉。""征月"即"正月"，这是正月之正本读平声的明证。可知正读平声与避讳无关。

五月初五叫"端午"，又叫"端阳"，这里的"端"又是什么意思呢？有人认为"端阳"是阳气端点的意思。他们认为端午节本来在夏至，而非初五。夏至阳气盛极，阴气将升，为阳气之端点，故称"端阳"。这种说法是站不住的。

端午本来作端五，最早见于西晋文献。西晋周处（？—279）《风土记》云（《玉烛宝典·五月仲夏第五》）："仲夏端五，方伯协极，烹鹜，用角黍。"原注："端，始也，谓五月初五日也。"唐李匡文（世多误作李匡乂，辨详余嘉锡《四库提要辨证》）《资暇集·端午》："端，始也，谓五月初五日也。今人多书午字，其义无取焉。余家元和中端五诏书并无作午字处。"宋张表臣《珊瑚钩诗话》卷二也指出："端午之号同于重九……后世以五字为午则误矣。"但唐代以前流行的名称是"五月五日"，而非"端五"。《艺文类聚》卷四引东汉崔寔《四民月令》、应劭《风俗通》、《后汉书》晋司马彪《礼仪志》、梁宗懔《荆楚岁时记》等，都称作五月五日。或省称"五日"。梁王筠有《五日望采拾》诗，北齐魏收有《五日》诗。《玉烛宝典·五月仲夏第五》引吴歌曰："五日节，菰生四五尺，缚作九子粽。"又云："此月夏至及五日，俗法备拟甚多。"皆称"五日"。"端午"之名是唐代以后才流行起来的，如唐玄宗有《端午》诗，杜甫有《端午日赐衣》诗，宋欧阳修、王珪、苏轼等都有《端午帖子词》。"端五"之端是初始的意思，"端五"犹言初五，故古籍中还有"端一""端六"之类的说法。周密《武林旧事·端午》："先期，学士院供帖子，如春日禁中排当，例用朔日，谓之端一。"湖北《蕲州志》（清光绪八年刻本）："自端一至端午日，竞渡龙舟，内外皆往观。"湖北《孝感县志》（清光绪八年刻本）："（端午日）收采诸药，捕蟾蜍，或装好墨于蟾蜍腹中，俟干取出涂肿毒，有验。俗云：'癞虾蟆躲端午。'又云：'躲得过端午，躲不过端六。’”“端五（午）”最初也并不专指五月五日。宋洪迈《容斋随笔》卷一《八月端午》条云：“唐玄宗以八月五日生，以其日为千秋节。张说《上大衍历序》云：‘谨以开元十六年八月之端午赤光照室之夜献之。’《唐类表》有宋璟《请以八月五日为千秋节表》云：‘月惟仲秋，日在端午。’然则凡月之五日皆可称端午也。”严格来说，“端五”写成“端午”意义上是讲不通的，但也并非无缘无故。《史记·律书》：“（五月）其于十二子为午，午者阴阳交，故曰午。”十二地支之午与五月相配，加上“午”与“五”同音，于是“端五”也写作“端午”。看来李匡文说午字“其义无取”未免考虑不周。至于“端阳”的叫法大约是明代才出现的。明冯应京《月令广义·岁令一·礼节》：“五月初一至五日名女儿节，初三日扇市，初五日端阳节。”明高启有《端阳写怀》诗。明代以前未见有“端阳”之称。五为阳数，故称端阳。端阳之名是在“端午（五）”的基础上形成的，“端”仍是“初”义，不能理解为“阳气之端点”。

泛

《说文》中解释说："泛，浮也。"本义是在水中漂浮。《庄子·列御寇》中说"泛若不系之舟"，这是说一个人像没有拴住的船那样自由漂荡着，比喻自由自在，无所牵挂。《战国策·齐策三》中有一则"泛梗"的寓言故事。故事说：齐国的孟尝君想去秦国，他的门客们多方劝谏，孟尝君就是不听。苏秦劝谏说："我来的时候在淄水岸边听见一个泥偶人和一个木偶人交谈。木偶人对泥偶人说：'你是西岸的泥土，被捏成人的模样，到了八月份，下起大雨，淄水一上涨，你就被冲毁了。'土偶人回答说：'我是西岸的泥土，冲散了再回到西岸罢了。你是东方土地上的桃梗，被雕刻成人的形状，下起大雨，淄水一上涨，还不知道把你漂流到什么地方。'秦国是一个虎狼之国，你去了恐怕会像桃梗一样，身不由己。"于是，孟尝君打消了去秦国的念头。梗是树枝的意思，这里特指用桃梗雕刻的木偶。"泛梗"就是漂浮不定的桃木偶。后来用"泛梗"喻指人生活动荡，漂泊不定。

北宋欧阳修的《新唐书》中记载说：唐代诗人张志和隐居江湖，一次，他坐着小船来拜见湖州刺史颜真卿，颜真卿见他的船破陋不堪，便想为他更换一条好船，张志和谢绝说："愿为浮家泛宅，往来苕（tiáo）霅（xiá）之间。"苕、霅是两条溪水的名字。"浮家泛宅"意为漂浮的房屋，形容以舟船为家。后来人们将浪迹江湖的隐居生活称为“浮家泛宅”。

“泛舟”通常是乘船游玩的意思，但中国历史上的“泛舟之役”却不是乘船游玩，而是一次规模巨大的运粮行动。春秋时期，晋国因为连年遇到天灾而发生饥荒。晋惠公派使者向秦国购买粮食。秦伯征求大夫公孙枝的意见，公孙枝说：“应当卖粮给晋国，这样的话，连同以前派兵护送晋惠公回国即位，秦国已经是第二次给晋国恩惠了，第一次晋惠公没有履行将河外五城让给秦国的承诺，如果再给他们一次恩惠，而不报答我们，他们的人民必然离心，那时我们攻打晋国，他们一定失败。”但有的大臣主张利用晋国遭受饥荒的时机攻打晋国。秦伯说：“晋国的国君确实可恶，但是晋国的老百姓有什么罪？”秦国于是卖粮给晋国。浩浩荡荡的运粮船队，从秦国都城出发，沿着渭河向东驶走，然后进入黄河，最后到达晋国的都城，从陕西到山西的河道沿岸全是运粮船队，前后相接。历史上就把这次秦国运粮救济晋国的大规模的水运行动称为“泛舟之役”。

在“随意漂浮，到处飘荡”的基础上加以引申，泛就有了广泛、普遍的意思。《论语·学而》中说：“泛爱众，而亲仁。”意思是说博爱大众，亲近有仁德的人。泛字还常重叠使用，有“普通”或“肤浅”的含义，如普通的交往可以说成是“泛泛之交”，不深入的谈论可以说成是“泛泛而谈”等。“泛泛”有时也用来形容漂浮不定的样子，如《楚辞》中有这样两句话：“昂昂若千里之驹，泛泛若水中之凫。”意思是说像千里马那样昂首阔步，像野鸭子那样漂浮不定。前一句话比喻人器宇轩昂，充满豪情壮志；后者则比喻人胸无大志，随遇而安。

泛是物体漂浮在水的表面，所以又引申为“透出表面”的意思。如鲁迅的杂文《野草》中就有这样的句子：“青白的两颊泛出轻红，如铅上涂了胭脂水。”泛还有泛滥的意思，指江河湖泊的水流溢出堤岸，也用来比喻坏的事物不受限制地流行，例如我们可以说：“不能让错误的思想和言行自由泛滥。”

放

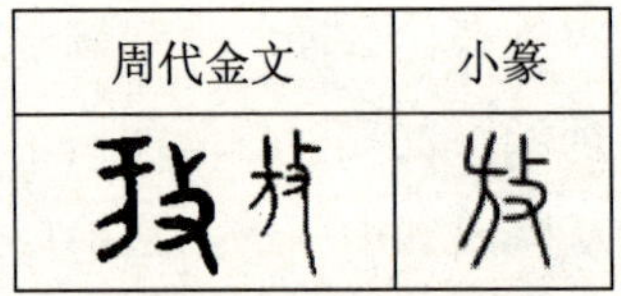

古代“放”字的不同写法

放是一个形声字。右边的偏旁攴（pū）甲骨文作，像手拿有枝杈的棍子击打的样子。放的本义就是强迫、驱使人到远方去，也就是驱逐、流放的意思。放在古代是一种刑罚，指官府把人驱逐到边远的地方。如《尚书·舜典》中记载说：“流共工于幽州，放驩（huān）兜于崇山。”意思是把共工流放到幽州，把驩兜流放到崇山。

驱逐、流放也就意味着闲置、不被任用，所以放又有了“放置”、“搁置”的意思。《礼记·祭义》中说：“夫孝……推而放诸东海而准，推而放诸西海而准，推而放诸南海而准，推而放诸北海而准。”古人认为中国四面都有海，所以用“四海”指代中国，后来又指全世界。“放之四海而皆准”是说孝道用到任何地方都可作为准则。后来又用来比喻普遍性的真理到处都适用。放置在一个地方不用，也就有了“被抛弃、被排斥”的意味，所以放又引申为“放弃、抛弃”的意思。《论语·卫灵公》中有这样的话：“放郑声，远佞人。郑声淫，佞人殆。”“郑声”指春秋时郑国的音乐，当时被称为与古乐对立的“新声”。这是说排斥郑国的乐曲，疏远花言巧语的小人。因为郑国的乐曲淫荡，献媚的小人危险。这里的放就是“抛弃、排斥”的意思。

“抛弃、不要”从另一方面理解便是“解除约束、使之自由”，“释放、放生”中的放就是这个含义。“放生”被慈悲为怀者视为善举，指释放鱼鸟等动物，使它们重获自由。《孟子·万章上》中记载了一个有关放鱼的故事：春秋时，有人送活鱼给郑国的大夫子产，子产让管池人送还到池塘中去。管池人偷偷地把鱼煮熟吃了，却回报说：“刚放进池塘时，鱼显得发呆，过了一会儿就灵活了，然后悠然地游走了。”不知实情的子产连声称赞道：“鱼得到了它应该去的场所。”后来人们就把“放鱼”用作得了便宜还卖乖的典故。《韩非子·说林上》中的“放麑”的故事才可称得上是真正的“放生”。故事说有个叫孟孙的人猎得一只小鹿，让手下秦西巴负责把它带回去，然而母鹿却一直跟在后面悲啼。秦西巴动了恻隐之心，放了小鹿。等到孟孙来要小鹿时，秦西巴回答说：“我不忍心伤害它，把它还给母鹿了。”孟孙非常生气，把秦西巴赶走了。过了不久，孟孙又把他召了回来，给自己的儿子做老师。孟孙这样解释说：“连小鹿都不忍心伤害，又怎会让我的儿子受到伤害呢？”后来“放麑”就成了作慈善事的典故。

放还有点燃的意思。古代有“放灯”的风俗，就是农历正月元宵节燃点花灯供人游赏。“放灯”有时也称“放火”。据宋代陆游的《老学庵笔记》记载：田登作州官时，要人们避讳他的名字，凡与“登”同音的字，都不准使用，如有违犯，便遭鞭挞。于是整个州都把灯叫作火。元宵节到来前夕，官府在街市张贴告示说：“本州依例放火三日。”为了避讳，把放灯称为放火，却忽略了放火的本义乃是“点火焚烧”的意思。因此百姓中就有“只许州官放火，不许百姓点灯”的话，比喻有权势的人可以为所欲为，而百姓们的正常行为都要受到种种限制。

放野是我国湘西苗族青年男女的恋爱活动。清代魏祝亭的《荆南苗俗记》有这样的记载："俗以三月三放野，又名跳月。"这是说苗族民间三月三日举行放野的活动，放野又叫跳月。在跳月活动中，青年男女结队对歌，通宵达旦。唱歌结束，大家坐在一起欢饮戏谑。情投意合者，便双双走入丛林翠竹里，或来到山间小河边，互诉衷肠。之所以称为"放野"，是因为这一天大家可以纵情田野，百无禁忌。古代社会很多民族都有在特定的日子里让男女自由交往的习俗。我国先秦典籍《周礼·地官·媒氏》中记载说："中春之月，令会男女，于是时也，奔者不禁。若无故而不用令者罚之，司男女之无夫家者而会之。"东汉郑玄注："中春阴阳交，以成昏礼，顺天时也。"这是说仲春的某几天，作为政府官员的媒氏要组织男女聚会活动，这时如果男女私奔，法律不加干涉。如果无缘无故不参加"会男女"的活动，是要受到处罚的。苗族的放野正是这类原始风俗的遗存。

今天，每逢周末或特殊的节日，我们就放假休息。在古代，朝中的大臣们也会在盛暑或下大雪的天气里放假，不过不叫"放假"，而是叫"放朝"。这一规定是从唐朝开始的，后来被各朝各代所因袭。唐代著名诗人白居易有一首题为《雨雪放朝日怀微之》的诗："归骑纷纷下九衢，放朝三日为泥涂。"意思是说，因为下雪，道路泥泞，放朝三天。骑马回家的人不得不在大路上下马步行。

匪

匪是一个形声字，本义指一种形状像小箱子的竹器。由于匪多用竹子编成，所以后来人们又给它加了个竹字头，写成篚字，而原先的匪字不再用来表示竹器的意思了。

匪和是非的非字读音相近，因此，在古代典籍当中这两个字经常通用，表示否定的意思。我国最早的诗歌总集《诗经》中说："我心匪石，不可转也。"这里的匪就是"不是"的意思。这句话是说，我的心不是石头，石头虽然坚硬却可以转动，但我的心则坚定不移，不可转动。诗句强烈地表达了恋人们坚定不移的爱情信念。匪表示否定的意思现在还能见到。成语有"匪夷所思"，指不是根据常理所能想象到的。例如我们可以说："她性格古怪，种种行为常令人匪夷所思。"有个成语叫"匪夷匪惠"，又叫"不夷不惠"。夷指的是殷代末年孤竹国的王子伯夷。他坚决反对周武王讨伐商纣王。商朝灭亡之后，他不愿意作周朝的臣民，隐居在首阳山。后来因为不吃周朝的粮米而饿死。惠指春秋时期鲁国的大夫柳下惠。他做事随便，缺乏原则，曾三次罢官却都不肯离去。这个成语意思是说既不像伯夷那么刻板，也不像柳下惠那样随便，比喻为人处世取折衷而不偏激的态度。一般用来批评在原则是非面前态度不明朗，模棱两可。《旧唐书·司空图传》中记载说，唐昭宗时期，奸臣当道，操纵朝廷，王室地位微弱。大臣司空图在这种时局下辞官隐居中条山，朝廷多次召他做官他都不肯。当时宰相柳璨（càn）常假借圣旨陷害有名望的大臣。他用诏书召司空图入朝。司空图害怕被害，急忙赶到京都洛阳。他在朝见皇上的时候，故意把朝见君主用的手板掉到地上。这是非常失礼的事，一时成为满朝文武的笑柄。柳璨心里清楚司空图不愿意屈服做官，只好传诏书说，司空图“匪夷匪惠”，不适合留在朝廷里，还是遂了他归隐的意愿，让他回到中条山。司空图因此才保全了性命。

我们前面讲了，匪和是非的非古代常常通用。是非的非就是不正确、不正当的意思。由此引申为做不正当事情的人，如土匪、劫匪、惯匪的匪就是这个意思。唐代李朝威的传奇小说《柳毅传》中说：“泾阳之妻……不幸见辱于匪人。”意思是说，泾阳小龙的妻子不幸受到坏人的侮辱。这里的“匪人”指的就是行为不正当的人。由行为不正当进一步引申，就有了危害人民的坏人这个意思。

在今天安定的生活环境中，“土匪”这个词我们可能没有具体的感受。但在从前，人们几乎是谈匪色变的。土匪所到之处，烧杀抢掠，无恶不作。人们对土匪的叫法特别多。有叫“马贼”、“马子”、“响马”的，还有叫“耍混钱”的，东北的土匪叫“胡子”。不仅如此，在土匪帮内部，因为各人干的事情不同，称呼也是五花八门。比如说土匪头子叫“大掌柜”，“大当家的”；匪帮里的文书称为字匠，也叫先生；匪帮里的联络官叫“花舌子”，专管通风报信之类的事。就连我们现在用的“单挑（tiāo）”这个词，在黑话里指少数几个在一起活动的土匪。由土匪强盗骚扰造成的灾乱，被称为匪灾。这种灾乱给百姓生活造成很大的伤害。人们为了躲避匪灾，常常背井离乡。到 20 世纪 50 年代初，经过大规模的剿匪斗争，中国国内才基本平息匪患，社会秩序得以安定。

诽

小篆	唐楷书	宋赵构书	元草书
[illegible]	[illegible]	[illegible]	[illegible]

古代“诽”字的不同写法

《说文》:“诽，谤也。从言非声。”“诽”和“谤”的本义并不是以不实之辞诋毁他人，而是批评、指责他人过失，并无贬义。《墨子·经上》中说:“诽，明恶也。”“明恶”就是指明邪恶。《管子·法法》:“故法之所立，令之所行者多，而所废者寡，则民不诽议。”“诽议”指批评指责。诽应该是由“非”派生出来的词。“非”是过错，指责他人过错就是诽，所以“非”既是声符又是意符。王力《同源字典》(商务印书馆 1982):“‘非’是不对，‘诽’是认为不对，故得同源。”事实上诽原本就写作非。《荀子·解蔽》:“百姓怨非而不用。”唐杨倞注:“非，或为诽。”《汉书·晁错传》:“非谤不治。”“非谤”即“诽谤”。段玉裁解释说:“诽之言非也，言非其实。”将诽的本义视为诋毁，恐怕是不对的。张舜徽《说文解字约注》云:“非与飞实一字，诽从非声，乃受义于飞，谓飞散其过恶也。……今俗称‘流言诽语’，流与诽对举，以其义近耳。”此说也未为稳妥。一般说“流言蜚语”或“流言飞语”，未见写作“流言诽语”的，不知张氏何所据而云然。

相传尧舜之时为了让百姓们有个表达意见的地方，便竖立一木柱，让人们在上面书写意见，此木称为“诽谤之木”。《吕氏春秋·自知》：“尧有欲谏之鼓，舜有诽谤之木，汤有司过之士，武王有戒慎之鞀（táo 一种有柄的小鼓），犹恐不能自知也。”东汉高诱注：“书其过失以（于）表木也。”《史记·孝文本纪》：“古之治天下，朝有进善之旌，诽谤之木，所以通治道而来谏者。”唐司马贞索隐引三国吴韦昭曰：“虑有阙失，使书于木，此尧时然也。”从情理上来推断，人们的意见不大可能直接写在“诽谤之木”上，如果那样的话，前人写了之后后人就很难再写了，虽然古有削刮的办法，但反复削刮是不行的。估计“诽谤之木”只是张挂“诽谤”书的地方，相当于今天的意见栏，人们有什么意见写在简牍上，然后把简牍挂在诽谤木上。这种意见栏立在什么地方呢？有人说是在朝廷。《后汉书·杨震传》：“臣闻尧舜之时，谏鼓谤木，立之于朝。”有人说是在十字路口。晋崔豹《古今注》卷下《问答释义》：“程雅问曰：‘尧设诽谤之木，何也？’答曰：‘今之华表木也。以横木交柱头，状若花也，形似桔槔，大路交衢悉施焉。或谓之表木，以表王者纳谏也。亦以表识衢路也。秦乃除之，汉始复修焉，今西京谓之交午木。’”按照崔豹的说法，后世的华表就是古代诽谤木的遗存。对华表，今天的中国人并不陌生，因为天安门前至今仍矗立着一根汉白玉雕刻的华

天安门前的华表

表，已成为中华文明的象征，常常被书刊作为装饰图案。但对它以前曾是百姓意见栏的身世，如今知道的人就不是很多了。

诽谤木上古时期可能确实存在过，因为我们在后世民俗中能找到实证。《清实录》卷七《太祖实录》（中华书局 1986 年影印本）：“上谕曰：‘凡有下情欲诉者，恐不得上闻，可树二木于门外，其有欲诉之言，书而悬之于木，俾朕览其辞，晰其颠末而按问焉。’由是事无巨细，悉得上达，睿照所及，民无隐情。”这是清太祖努尔哈赤在天命五年（1620 年）下的诏谕，其时清人还没有入关。尧舜之时正是父系氏族社会时期，百姓们享有较大的民主权力，诽谤之木的设立是他们行使民主权力的表现。“书而悬之于木”的记载为我们对诽谤木使用情况的推测提供了佐证。

进入奴隶社会和封建社会后，政治上实行专制独裁统治，统治者大都拒谏饰非，不愿听取批评意见。《国语·周语上》中记载了这样一件事：周厉王暴虐无道，都城的百姓们私下予以指责，厉王为了堵住百姓们的嘴，便让一些巫婆神汉“监谤者，以告则杀之”。封建统治者对待群众批评的态度于此可见一斑。在这种政治形势下，下层的批评意见往往被统治者视为无中生有的诋毁，于是褒义的批评便成了贬义的诋毁，批评之义渐渐消失了。诽谤之木自然也就成了一种摆设。诽的诋毁义先秦已经出现。如《韩非子·难言》：“大王若以此不信，则小者以为毁訾诽谤，大者患祸灾害死亡及其身。”这是说君王如果认为你说的不真实，那么小则说你是诋毁诽谤，大则会招致灾祸，乃至死亡。

费

战国金文	战国简牍古文	小篆
[illegible]	[illegible] [illegible]	[illegible]

古代“费”字的不同写法

费是个从贝弗声的形声字（简牍中有从弼声的写法），从“贝”表明这个字的意义跟钱财有关。《说文》中解释说：“费，散财用也。”也就是花去钱财的意思。后来引申为“消耗、耗费”，但所指的不一定是钱财，在物品、人的精力等方面也可以用费。汉代贾谊的《过秦论》中有这样两句话：“秦无亡矢遗镞之费，而天下诸侯已困矣。”意思是说秦国没有耗费半点兵器，天下的诸侯就已经无路可走了。这里耗费的不是钱财，而是兵器。费还可以作名词，指费用。西汉桓宽的《盐铁论》中有“足军旅之费”的话，意思是说“使军队的费用充足”。

在费的诸多义项中，“耗费、花费”是最常用的。汉代韩婴的《韩诗外传》记载了孔子弟子曾子的一则故事，说孔子的学生子夏路过曾子的住处，曾子叫他进来吃饭，子夏说：“这不是让您破费了吗？”曾子回答说：“对君子来说，有三种耗费是无价值无意义的，但不包括饮食。”子夏问他是哪三种耗费，曾子说：“少而学，长而忘，此一费也；事君有功，而轻负之，此二费也；久交友，而中绝之，此三费也。”曾子所指的“三费”是做事有始无终、半途而废的意思，即“小时学过但长大忘记”、“事奉国君立有功劳，但后来背弃了国君”、“朋友交了很久但后来绝交”，前功尽弃，等于白干，无疑是很遗憾的事。后人以“曾子三费”警戒人们做事要善始善终、切勿前功尽弃。宋代夏元鼎有绝句云（清厉鹗《宋诗纪事》卷九十）：“崆峒访道至湘湖，万卷诗书看转愚。踏破铁鞋无觅处，得来全不费功夫。”后两句诗在今天已经成为熟语，其中的费也是“耗费、花费”的意思。意思是说为了寻找所需要的东西，把铁制的鞋都磨穿了，就是找不到，却在无意中毫不费力地得到了。

“费”也是一个姓氏。费作为姓氏本来有两个读音，一个读 fèi，一个读 bì，其来源各不相同。读 fèi 的姓氏源出于嬴姓，是以封地为姓。夏朝的伯益辅佐大禹治水有功，禹将费这一地方分给伯益，赐姓为嬴。后来伯益的二儿子在费国继承君位，子孙便以费为姓。读 bì 的姓氏也是从封地得来的，但跟伯益的封地不是同一个地方。春秋时期鲁庄公在大夫党氏的住宅旁筑了一个高台，经常去那里游玩。党氏的女儿孟任长得十分漂亮，鲁庄公便去求亲，并赌咒发誓要立孟任为正夫人。不想庄公的母亲坚决反对，强迫庄公娶哀姜作正夫人。哀姜嫁过去后没有生儿子，庄公便打算立孟任生的儿子公子般为继位人。庄公的四弟季友愿意辅佐公子般，并在庄公死后，立公子般为国君。有野心的二弟庆父（fǔ）却派人刺杀了公子般，立哀姜陪嫁的妹妹叔姜所生的儿子开为国君，并赶走了季友。第二年，庆父又杀死了开，打算自立为君。庆父连杀二君，引起了公愤，所以当季友带着开的弟弟申回国以后，国人便组织起来围攻庆父，庆父无奈自杀。于是季友便立申为国君，申为了奖励季友的功劳，便把费（bì）这个地方分给了他，他的子孙便以此邑为姓氏。可见，我们今天的费姓至少是由两个原不相干的姓氏合流而成的，现在读音上已无区别，一般都读作费（fèi）。在费氏家族里有一个人物不能不提，那就是东汉时期的费长房，世人常把他和民间传说“八仙过海”中的八仙之一吕洞宾并称为“费吕”，因为两个人都是道家所尊崇的仙人。《后汉书》中记载说：费长房曾跟随仙人学道，能够用符驱鬼，医治百病，还能分身千里，谙熟缩地法术，是个本领高超的仙人，历史上影响很大，相传重阳登高的习俗因他而起。南朝梁代的吴均在《续齐谐记》一书中纪录的一个故事说，汝南郡（治所在今河南平舆县）有个叫桓景的人跟随费长房学习法术。有一天，费长房对桓景说：“九月九日你家将有灾难，这一天不能呆在家里。你们全家每人应该做一个绛囊（红色的小袋子），里面装上茱萸，挂在手臂上，然后外出登高饮酒，这样就可以避免灾难。”桓景听从师傅的话，九月九日这一天带全家去登山了。晚上回到家里，看到家里养的鸡犬牛羊全都暴死了。桓景把家畜暴死的事告诉了费长房，费长房说：“这些牲畜代你们全家受了灾难。”吴均讲了这个故事后说：“今世人九日登高饮酒，妇人带茱萸囊，盖始于此。”这当然只是个传说，并非重阳登高的真正起源，因为重阳登高习俗在费长房之前就已经存在了。

粉

小篆	汉隶	东晋纪瞻书	清黄自元书
粉	粉	粉	粉

古代“粉”字的不同写法

粉一般认为是一个形声字。许慎在《说文》中解释说：“粉，傅面者也。”傅是涂抹的意思。从这一解释我们知道，粉的本义指搽脸用的细粉。这种细粉最常见的是将米研成粉末制成的，所以用米字旁表示意义。东汉学者刘熙在《释名·释首饰》中解释说：“粉，分也，研米使分散也。”意思是说粉是因分散而得名的，将米弄碎分散而制成粉，所以叫粉。可知古人搽脸用的粉最常用的就是米粉。根据刘熙的解释，“粉”的“分”旁不仅表示读音，也有表义作用，所以“粉”应该是一个形声兼会意的字。

搽粉的作用可使脸面显得白皙，看上去好看。战国时期的文学家宋玉在《登徒子好色赋》中塑造了一位天姿丽质的美女形象。他说这位女子“增之一分则太长，减之一分则太短；著（zhuó）粉则太白，施朱则太赤”。意思是说这位美女的身材不高不矮，恰到好处；她的脸面天生白皙，搽上粉反而显得太白；她的嘴唇天生红润，抹上口红反而显得太红。总之是天女下凡，根本用不着人为的打扮。只可惜这位美女是宋玉想象出来的。不过现实中确有一些女子对自己的美丽非常自信，所以不用脂粉化妆自己，唐代的虢（guó）国夫人就是这样一位美女。虢国夫人是杨贵妃的三姐，杨贵妃得宠于唐玄宗，她的姐妹们也因此很受皇帝的宠幸。《太真外传》中说：“虢国不施妆粉，自衒美艳，常素面朝天。”意思是说虢国夫人自恃美丽，从不化妆，常常就以天然面目去见皇帝。今天的报刊上常把不加化妆的女子说成“素面朝天”，这种用法是不对的。“朝天”是朝见天子的意思，难道今天的素面女子还有“朝天”的事吗？唐代诗人张祜是这样描写虢国夫人的：“虢国夫人承主恩，平明骑马入宫门。却嫌脂粉污颜色，淡扫蛾眉朝至尊。”意思是说虢国夫人承蒙皇帝的恩准，大白天可以骑着马直入宫门。她嫌脂粉遮盖了自己的天生丽质而从来不用，只是淡淡地描一下蛾眉就去见皇帝。

女子有天生丽质，男子也有天生丽质。三国时期魏国有个人叫何晏，肤色白皙。魏明帝怀疑何晏如此白皙是不是搽了粉，就想验证一下。在一个炎热的夏天，魏明帝请何晏吃饭，他给何晏上了一碗热汤面。何晏吃得汗流满面，不时用袖子擦拭，一擦之后脸色反而更显洁白。魏明帝这才相信何晏是天然美白。后人就把何晏称为“粉郎”，意思是抹粉郎君。如宋代柳永的《甘草子》词云：“却傍金笼教鹦鹉，念粉郎言语。”这是说一个女子思念她的心上人，就让鹦鹉学说心上人的话，权当与心上人交流。这里的“粉郎”是借代的用法。

何晏并不搽粉，却得了“粉郎”这样一个雅号。事实上古代搽粉的男子有的是，有些人的名气比何晏大得多，却没人称他们为粉郎。《汉书》中记载说，汉惠帝的时候，宫中担任郎、侍中等职的男子都涂脂抹粉。《后汉书·李固传》中记载说太尉（类似于公安部部长）李固“胡粉饰貌，搔头弄姿”。三国时期魏国鱼豢的《魏略》中记载说，曹操的儿子曹植常

"自澡讫，傅粉"。意思是说每次洗澡后都要在脸上搽粉，这才是典型的"粉郎"。北齐颜之推的《颜氏家训》中说，梁朝兴盛时期，那些纨绔子弟无不"傅粉施朱"，不但搽粉，还要涂口红。可见脂粉并不是女子的专利。

除米粉外，还有用铅制成的粉，叫铅粉。晋代张华的《博物志》中有"纣烧铅锡作粉"的记载（《太平御览》卷七百一十九）。纣是商朝的最后一个帝王，他生活荒淫，纵情声色，因为他好色，所以后人说他研制出了铅粉，这自然是想当然的说法。事实上先秦典籍中未见有铅粉的记载，铅粉大约是汉代以后才出现的，这跟汉代追求长生而盛行炼丹有关。由于铅粉比米粉难得，所以最初是富贵人家使用的化妆品，普通百姓大多用的是米粉。唐代薛能的《吴姬》诗中描写宫中美女说："冠剪黄绡帔紫罗，薄施铅粉画青蛾。"铅粉有毒，这一点古代一些医学家及炼丹的道士们是知道的。唐人编的《黄帝九鼎神丹经诀》就有"杀铅毒法"，试图用一些方法将铅毒化解掉，恐怕未必有效。我们今天的化妆品大部分也都含有铅，因为铅有特殊的美白功效。

2009 年在河南安阳县安丰乡西高穴村发掘的曹操墓中出土有铭文的石牌 59 块，其中一块上写着"胡粉二斤"（见下页图）。胡粉有多种。有的呈糊状，类似今天的雪花膏。《释名·释首饰》中解释说："胡粉，胡，糊也，脂合以涂面也。"这是将米粉或铅粉用油脂调和成糊状。有的是粉末状，粉末状的胡粉就是铅粉。晋代葛洪《抱朴子内篇·论仙》中有"胡粉是化铅所作"的话。唐代医学家孙思邈的《千金要方》卷十四有"治小儿疳疮方"："以猪脂和胡粉傅之，五六度。"胡粉既然要用猪油拌和，说明原本是粉状的。明末科学家宋应星在《天工开物·五金·铅》中对胡粉的制作是这样介绍的："凡造胡粉，每铅百斤，镕化，削成薄片，卷作筒，安木甑内，甑下、甑中各安醋一瓶，外以盐泥固济，纸糊甑缝。安火，四两养之七日。期足启开，铅片皆生霜粉，扫入水缸内。未生霜者，入甑依旧再养七日，再扫，以质尽为度。其不尽者留作黄丹料。每扫霜一斤，入豆粉二两、蛤粉四两，缸内搅匀，澄去清水，用细灰按成沟，纸隔数层，置粉于上。将干，截成瓦定形，或如磊块。待干收货。此物古因辰、韶诸郡专造，故曰韶粉（俗误朝粉）。”这里所说的胡粉是固体块状的，使用时要研磨，就像使用墨锭一样。孙思邈《千金翼方》卷十一提供的一种药方中就有“研胡粉少许”的话，可见胡粉是要研磨的。曹操墓中的胡粉大约指的是粉状的，不知这是否意味着曹操也像他儿子一样，脸上常常涂脂抹粉。

曹操墓出土的石牌

如果在白粉中加入红色颜料，白粉就变成了红粉，也叫赪（chēng）粉。红粉主要涂在脸颊上。《释名·释首饰》：“赪粉，赪，赤也，染粉使赤，以着颊上也。”所以美女就叫“红粉佳人”。北宋欧阳修《浣溪沙》词：“红粉佳人白玉杯，木兰船稳棹歌催。”语言中也直接用“红粉”指代美女。《水浒传》第二十一回：“手到处青春丧命，刀落时红粉亡身。”

过去那些演戏的演员没有不化妆的，化妆离不开搽脸的白粉和描眉的黛墨，所以演员登台表演就被称为“粉墨登场”。清宣鼎《夜雨秋灯录·丐癖》：“村人赛会，生亦粉墨登场，歌喉一声，诸伶拜下风，观者呼绝调矣。”今天“粉墨登场”多用来比喻登上政治舞台，含有讥讽的意味。“粉饰”这个词原本是傅粉妆饰的意思。《史记·滑稽列传》：“巫行视小家女好者，云是当为河伯妇，即娉取……共粉饰之，如嫁女床席，令女居其上，浮之河中。”但在今天，“粉饰”却多用于贬义。如鲁迅《作文秘诀》一文中说：“有真意，去粉饰，少做作，勿买弄。”成语有“粉饰太平”，指作一些表面文章，装点出太平盛世的样子，实际并非如此。另外，人们用“油头粉面”形容打扮轻浮的人。粉饰打扮是为了漂亮，漂亮是好事，为什么却用于贬义呢？这是因为中国文化崇尚纯真自然。苏轼《再和杨公济梅花十绝》之七："洗尽铅华见雪肌，要将真色斗生枝。"这是赞美白梅，说它洗尽铅华，用天然的冰肌玉肤傲霜斗雪。清代有一位著名画家叫胡慥（字石公），清秦祖永在《桐阴论画二编》上卷中品评说："胡石公慥精于写菊，洗尽铅华，独存冰雪，备极香艳之致。"洗尽铅华，反而极香艳之致，正体现了崇尚天然的审美观。化妆之美是虚假的，这就是"粉墨登场""油头粉面"等词语用于贬义的文化原因。

由于粉有白有红，所以"粉"在语言中既有白色的意思，也有红色的意思。北宋梅尧臣《送胥平叔太博通判湖州》诗："东风欲粉絮，相逐江上头。""粉絮"指白色的柳絮。清沈复《浮生六记·闺房记乐》："芸卸妆尚未卧，高烧银烛，低垂粉颈，不知观何书而出神若此。""粉颈"指白嫩的脖子。今天还有"粉嫩"的说法。但我们今天说的"粉色"指的是粉红色。又如冰心《寄小读者》十一："朝阳出来的时候，四周山中松梢的雪，都映出粉霞的颜色。""粉霞"是红色的云霞。

讽

小篆	汉隶	三国皇象书	敦煌

古代“讽”字的不同写法

《说文》中解释说：“讽，诵读诗书也。”就是背诵文章的意思。在古代，讽和诵是有区别的，抑扬顿挫地读或背称为“诵”，而普通的背书称为“讽”。

古代书籍难得，所以古人读书讲究背诵，对过目不忘的人尤为崇尚。《梁书·昭明太子传》中记载说：“太子美姿貌，善举止，读书数行并下，过目不忘。”这是说昭明太子英俊潇洒，举止优雅，读书时几行一起读，而且读过的东西都不会忘记。他这种过目不忘的功夫就是讽书的典型。《后汉书·延笃传》中说：东汉时有个叫延笃的人在唐溪典门下学习历史著作《左传》，他想把《左传》抄下来，但是当时纸张很贵，他没有钱买纸，“唐溪典以废笺记与之。笃以废笺记不可写《左氏传》，乃借本讽之”。意思是说，唐溪典给了延笃一些废纸，延笃认为废纸上抄《左传》不太好，于是他就借来《左传》背了下来。延笃的意志和毅力实在让人敬佩。

讽在古代还有用含蓄委婉的语言暗示、劝告或指责的意思。如《后汉书·李云传》中记载说："礼有五谏，讽为上。五谏谓讽谏、顺谏、窥谏、指谏、陷谏也。"这是说，臣子向君主进谏有讽谏、顺谏、窥谏、指谏、陷谏五种不同的态度方式，而讽谏位居第一。讽谏就是用含蓄委婉的语言向君主进谏；顺谏就是用顺着君主的心意进谏；窥谏就是观察君主的神色，利用时机，找准机会向君主进谏；指谏就是直截了当地向君主陈述利害；陷谏就是为了避免国家陷入灾难之中，冒着被杀的危险，勇敢地规劝君主。古代礼法认为，如果臣子连续进谏三次，君主都不听，就算是达到了一个适宜的程度，应停止进谏，不能再无休止地去说，否则将引火烧身。

伴君如伴虎，历代谏官虽然知道明哲保身这个道理，但是为了国家的兴衰存亡，他们敢于犯颜直谏，不顾自己的生死。比干剖心就是一个典型的例子。比干是商纣王的叔叔，纣王生活荒淫，残暴无道，国家就要灭亡了，为了拯救国家，比干以死上谏，劝纣王为国家着想，检点自己，修善行仁。他的话激怒了纣王，纣王对比干说："我听说品德高尚的人，心都有七个孔，我想证明一下你是不是一个品德高尚的人。"于是下令杀死比干，剖腹验心。纣王的暴行令人发指，比干的遭遇令人同情。与比干相比，唐朝名臣魏徵却因屡次进谏而获美名，魏徵被唐太宗视为一面镜子。他在职期间，先后向太宗进谏两百多件事，他反复用隋朝灭亡为鉴戒提醒太宗，他强调说："君，舟也；民，水也。水能载舟，亦能覆舟。"他把君主比作船，把人民比作水，认为水能让船浮着，也能使船侧翻。他要求君主应该居安思危，广泛听取、采纳臣子的意见，轻徭薄赋，躬行俭约，让人民过上安居乐业的生活。他的犯颜直谏对唐太宗的行动及政策措施产生了重要的影响。魏徵死后，唐太宗慨叹说："以铜为镜，可以正衣冠；以古为镜，可以见兴替；以人为镜，可以知得失。魏徵死，朕亡一镜矣！"这是说用铜作镜子，可以整理衣帽；借鉴历史，可以看清一个王朝兴衰的原因；把人当作镜子，可以知道自己的得失。现在魏徵死了，我失去了一面镜子。

良药苦口利于病，忠言逆耳利于行。这句格言说的是，好药喝起来虽苦，却有利于治好疾病，所以病人不感到苦；直言劝告虽然不顺耳，却有利于处世为人，所以明理的人都乐意接受。昏庸的君主刚愎自用，导致国家败亡；而圣明的君主能听忠言直谏，所以国家得以昌盛。

由“用含蓄的语言进行劝告、批评”的意思加以引申，讽就有了“讽刺、讥讽”的含义。成语“借古讽今”指假借古人古事来影射、讽刺、攻击今人今事。讽还有一个不为人知的义项“赞美、颂扬”，它与讽刺、讥讽的意思刚好相反。比如“讽德诵功”是指赞美、颂扬功德。

佛

《说文》中解释说："佛，见不审也。"佛是一个从人弗声的形声字，"见不审"是说人对事物看不清楚。佛的这个意思古代就很少使用，现在也只有在"仿佛"这个词中还可以看到一点踪迹。仿佛就是好像、似乎，这一意义是由看不清楚引申而来的。现代作家艾芜在他的《人生哲学的一课》中写道："昆明这都市，罩着淡黄的斜阳，伏在峰峦围绕的平原的周围，仿佛发着寂寞的微笑。"这里的仿佛就是好像的意思。这一意义的佛读 fú。

佛还有一个常见的读音 fó，即佛教的佛。佛是佛陀的简称。佛陀是由古代印度语 Buddha 音译过来的，也翻译成"浮屠"、"浮图"、"勃驮"等。俗话说："救人一命，胜造七级浮屠。"这里的"浮屠"已借指佛塔了。佛是佛教徒对它的创始人释迦牟尼的尊称。释迦牟尼也就是通常所说的如来佛。公元前六至前五世纪，释迦牟尼创立了佛教，它反对婆罗门教的种姓，主张"众生平等"，以超脱生死为理想境界，受到广大贫苦人民的拥护，很快便发展成为有世界影响的宗教。相传东汉明帝时传入中国，到魏、晋、南北朝得到发展，隋唐时期达到鼎盛，形成了天台宗、律宗、法相宗、净土宗、华严宗、禅宗、密宗以及三阶教等中国佛教宗派，对我国的文学、艺术、哲学以及社会的风俗习惯等都产生了深远的影响。

宋代释道原的《景德传灯录》中讲了一个“佛头著（zhuó）粪”的故事，说的是有一位姓崔的相公到一所寺院里游玩，看见佛头上有鸟粪，就问和尚：“这些鸟雀还有一点佛性没有？”和尚回答说：“当然有！”“那它们怎么竟在佛头上拉屎？”和尚反问说：“那它们怎么不到老鹰头上去拉屎呢！”鸟雀敢于在佛头上拉屎，却不敢得罪老鹰，比喻圣洁的人被玷污，善良的人受到侮辱，也比喻很好的东西上面添加了不好的东西，有亵渎的意思。宋代文学家欧阳修写了一本《新五代史》，相传有人给它写了序言，王安石看见后说：“佛头岂可著粪！”意思是说：序言写的不好，玷污了《新五代史》这部好作品。

佛还特指佛像。俗话说：“佛是金妆，人是衣妆。”也说成“佛靠金妆，人靠衣妆”。意思都是佛的庄严要靠金粉装点，人的模样要靠衣服打扮。为了让佛像显得十分庄严，人们常在佛像的外面镀上一层金粉，远看金灿灿的，气势非常的雄伟。可是有些惟利是图的小人，为了得到金子，竟把主意打到了佛像身上，从佛像的脸上刮取金粉，从而产生了“佛面刮金”这个成语，比喻人非常贪婪，为了获取私利不择手段。

佛教徒主张“众生平等”，所以佛还引申为慈悲为怀的人，也就是好人。宋代吕祖谦在《吕氏家塾记》中写道：宋代的余崇作九江太守的时候，秋天不下雨，于是他就带领全家吃素，为百姓祈祷。后来天果然下雨，秋天农民获得了好收成，人们为了感谢他，都“举手加额，呼余为佛”。意思是大家把手放在额头上，尊称余崇为佛。“以手加额”是佛教徒的一种额手礼，表示欢欣庆幸。这个故事说明了余崇是个慈悲为怀的人。

我们在劝人改过向善时，常说“放下屠刀，立地成佛”，意思是放下手中的屠刀，马上便可以成佛。用来比喻作恶的人立志悔改，不再为非作歹，就能成为好人。“成佛”指的是成为好人，而不是非得成为佛教徒才行。

否

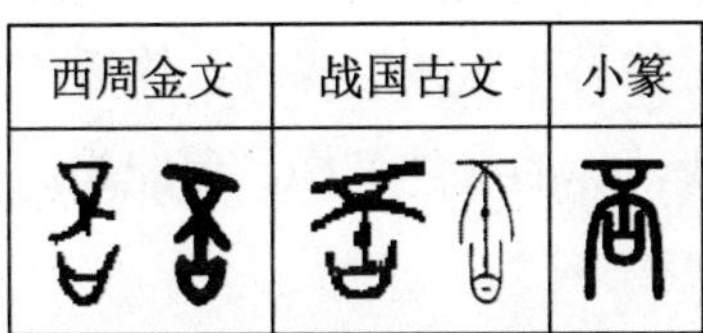

西周金文	战国古文	小篆

古代“否”字的不同写法

否是个会意字，表示用“口”说“不”，加以否定。古人常用“否”来做应答，表示不同意别人的说法。《战国策》中记载了这样一个故事：战国时期秦王想以换地为借口，得到一个叫安陵的小国的土地，安陵国君不同意，秦王就很不高兴地对安陵的使者唐且（jū）说：“安陵君违背我的旨意，是轻视我吗？”唐且回答说：“否，非若是也。”意思是说：“不，不是这样的。”唐且向秦王解释说，那是安陵君的祖先留给他的地，是不能换的。秦王大怒，威胁唐且说：“天子一怒，伏尸百万，流血千里。”意思是说，天子一发怒，天下将尸横遍野，血流千里。唐且毫不畏惧地回敬说：“若士必怒，伏尸二人，血流五步，天下缟素。”意思是说，如果让勇士发怒，将倒下两具尸体，在五步之内鲜血四溅，天下臣民都要穿上白色孝服。说着，他拔出剑向秦王冲过去，吓得秦王脸色发白，赶快收回了换地的要求。

否还可以用在句子的末尾表示疑问。南宋著名词人辛弃疾在《永遇乐·京口北固亭怀古》一词中这样写道："凭谁问，廉颇老矣，尚能饭否？""尚能饭否"就是"饭量还好吗"的意思。廉颇是战国时期赵国的名将。《史记》中记载说：赵王派使者去探访退休在家的廉颇，廉颇当着使者的面吃了一斗米，十斤肉，并披甲上马，以表示自己还可为国效力。但使者受了小人的贿赂，回去在赵王跟前贬毁廉颇说："廉将军虽然年事已高，但饭量还不错；然而他只和我坐了一会儿，就上了三趟厕所。"频繁上厕所，表明身体已经衰弱。赵王听了使者的报告，便认为廉颇已老，不再任用他了。辛弃疾在词中引用这个典故，以廉颇自比，意思是：像我这样的抗金老将，本来还能替国家效力疆场，恢复中原，可惜朝廷一味屈膝，没有人来问一问我，你的身体怎样，还能为国家出力吗？表达了自己怀才不遇的忧愤心情。

否又有闭塞、阻隔不通的意思，这一意义上要读 pǐ。清代政治家郑观应在他的著作《盛世危言》中说道："官司益多，否塞益甚。"这是说一个国家官僚机构设得越多，社会的运作就越不通畅，越容易受到阻隔。看来，我们的先辈早就明白"精兵简政"的道理了！

"否"还是《周易》六十四卦中的一个卦名。《周易》是中国古代的一部与占卜有关的书，它通过象征天、地、风、雷、水、火、山、泽的八种卦式，推测自然界和社会的变化，提出"阴"、"阳"、"否"、"泰"等具有朴素唯物辩证法思想的概念。"否"的卦象是这样的：䷋，上部为乾，表示天，下部为坤，表示地，天地不交，上下隔阂，闭塞不通，所以叫做"否"。"泰"是与"否"相对的卦名，卦象是这样的：䷊，上部为坤，下部为乾，天地相交，表示顺利、通畅。后来人们用否和泰分别表示坏运和好运。古人认为否和泰可以相互转化。成语中有"否极泰来"、"否终斯泰"等说法，比喻坏运发展到了极点，好运就会到来，这与英国诗人雪莱那句著名的诗"冬天已经来了，春天还会远吗"有异曲同工之妙。

《孔雀东南飞》是中国古代篇幅最长的叙事诗，讲述了一个感人的爱情故事：汉代末年，有个小官员叫焦仲卿，他的妻子叫刘兰芝。刘兰芝温柔贤惠，却得不到婆婆的喜欢，夫妻俩被婆婆强行拆散。刘兰芝回到娘家，兄长逼她改嫁，她投水而死，焦仲卿也上吊自尽，二人化作鸳鸯，夜夜悲啼。刘兰芝的兄长逼她改嫁时说了这样一句话："先嫁得府吏，再嫁得郎君，否泰如天地，足以荣汝身。"意思是说，你刘兰芝以前嫁的是一个小官员，现在有机会嫁给太守的公子，坏运和好运的差别大得就像天地之别一样，足够你一辈子享尽荣华了！可惜刘兰芝重情义不重荣华，表面上答应改嫁，却在洞房之夜投水自尽了。

还有一个词叫"臧否"，"臧"是好，"否"是不好，组合到一起有多种含义。有善恶的意思。《诗经·大雅·抑》："於呼小子，未知臧否。"这是说不知道善恶。有品评、褒贬的意思。三国诸葛亮《前出师表》："宫中府中俱为一体，陟罚臧否，不宜异同。"意思是说皇宫和朝廷是一个整体，奖惩褒贬不应该有差异。季羡林《西谛先生》："我们经常高谈阔论，臧否天下人物，特别是古今文学家，直抒胸臆，全无顾忌。"这里的"臧否"是品评的意思。

浮

《说文》:“浮，氾也。从水孚声。”氾应为汎，是漂浮的意思。浮为并母幽部，漂为滂母宵部，古音相近，故王力《同源字典》认为漂、浮为同源词。漂浮的东西必须比水轻，常见的是木头，但古人偏有“浮石沉木”的说法，与常识相反。如西汉陆贾《新语·辨惑》:“夫众口之毁誉，浮石沉木，群邪所抑，以直为曲。”原来这是批评那些小人们混淆是非，颠倒黑白，他们可以说得让石头漂浮在水面，而让木头沉在水底。这一说法要比“颠倒黑白”之类的说法显得形象生动。恋人们在发誓赌咒时也常用这种不可能出现的事情表达自己对爱情的忠贞不渝。如敦煌曲子词《菩萨蛮》:“枕前发尽千般愿，要休且待青山烂，水面上秤锤浮，直待黄河彻底枯，白日参辰现，北斗回南面，休即未能休，且待三更见日头。”“秤锤”就是秤砣，它是不可能浮在水面的，以此表明爱情的改变也是不可能的。

农历三月三日是中国的传统节日上巳节，这一天人们从四面八方会集到水边，洗浴嬉戏，从事“浮枣”“浮卵”“浮杯”等活动，就是将红枣、鸡蛋、酒杯放到水上任其漂流，漂到谁的跟前谁就拿起来吃喝。东汉杜笃《祓禊赋》:“浮枣绛水，酹酒醲川。”梁萧子范《家园三日赋》:“洒玄醪于沼沚，浮绛枣于泱泱。”这是写浮枣于流水。“绛水”即红色的水，水不可能是红色的，其实际意思是说水中漂浮的红枣很多，把流水都给映红了。晋张华《洛禊赋》云：“浮素卵以蔽水，洒玄醪于中河。”这是写浮卵于水，鸡蛋是白色的，故云“素卵”。素卵都把水面给遮蔽了，可以想见游人的众多。上面这些记叙中酒是直接洒在水中的，这是一种比较原始的做法，目的在于祭祀水神。在有些地方则是浮杯于水，人们自己取饮。如唐孟浩然《上巳日涧南园期王山人陈七诸公不至》诗：“上巳期三月，浮杯兴十旬。”这种雅事晋代就很流行。晋代书圣王羲之在《兰亭集序》中写道：“永和九年，岁在癸丑，暮春之初，会于会稽山阴之兰亭，修禊事也。群贤毕至，少长咸集。此地有崇山峻岭，茂林修竹，又有清流激湍，映带左右，引以为流觞曲水。”“流觞曲水”就是让酒杯在曲曲折折的流水中漂浮。上巳节原本是一个以祈求子嗣为主旨的节日，枣和鸡蛋都是生殖崇拜物，直到今天仍然用于婚嫁活动中，所以这一天人们用浮枣、浮卵的方式欢度节日。酒则是祭神娱乐不可或缺的东西，原本洒在水中，浮杯流觞的做法大约是受浮枣浮卵影响的结果。

“浮杯”还有饮满杯酒或罚饮满杯酒的意思。如晋潘岳《闲居赋》：“浮杯乐饮，丝竹骈列。”唐代恒超《辞郡守李公恩命》诗：“虚著褐衣老，浮杯道不成。”浮的这一意义是怎样形成的？漂浮则处于上面，在某物之上就是超过了某物，故浮引申有超过之义。《书·泰誓中》：“惟受（殷纣王名）罪浮于桀。”孔安国传：“浮，过。”成语有“人浮于事”，即人多于事之意。斟酒溢出杯子自然就是满杯，故称斟酒满杯为浮杯，浮犹如今天斟酒时所说的“满上”。

与“浮杯”意思相同的还有一个说法是“浮白”。南朝梁沈约《郊居赋》：“或升降有序，或浮白无算。”“浮白无算”是说满杯饮酒不计其数。这种说法最早见于西汉。刘向《说苑·善说》：“魏文侯与大夫饮酒，使公乘不仁为觞政（主持行酒），曰：‘饮不釂（jiào 喝干）者浮以大白。’文侯饮而不尽釂，公乘不仁举白浮君，君视而不应。侍者曰：‘不仁退，君已醉矣。’公乘不仁曰：‘《周书》曰：前车覆，后车戒。盖言其危，为人臣者不易，为君亦不易。今君已设令，令不行，可乎？’君曰：‘善。’举白而饮。”这里的“浮”古来释为罚。《淮南子·道应》：“蹇重举白而进之曰：‘请浮君。’”东汉高诱注：“浮，罚也。以酒罚君。”这一解释固然是对的，但须明白这一意义是从斟满义引申来的，因为自古以来让人满杯饮酒就是惩罚人的一种方式。章太炎在《成均图》中认为浮训为罚是“浮借为罚”，这种看法恐怕未妥。浮之罚义只用于罚酒，这是假借说难以解释的。浮若为罚之假借，则其他可以用罚的地方理当亦可用浮，可惜从无此例。而且“浮白”有时只是满杯饮酒，与罚无关，这更能说明浮之罚义来自斟满义。今天人们仍用“浮一大白”表示非常高兴、非常痛快。如欧阳予倩《渔夫恨》第四场：“好极了，好极了，可以浮一大白。”

“浮以大白”的白该怎样理解也是一个迄今没有解决的问题。唐代学者就已搞不清楚“白”的确切含义了。《汉书·叙传》：“设宴饮之会，及赵、李诸侍中皆引满举白，谈笑大噱。”唐颜师古注：“谓引取满觞而饮，举觞告白尽不也。一说白者罚爵之名也，饮有不尽者，则以此爵罚之。”颜师古提供了两种解释，一是将“白”释为告诉，一是将“白”释为罚酒用的酒杯。从文意来看，“举白”只能理解为举起“白”，“白”不可能是告诉的意思。晋左思《吴都赋》：“里宴巷饮，飞觞举白。”“白”与“觞”对文，“白”的意思肯定是酒杯。“罚爵”之说失之偏颇，“白”不一定用于罚酒。“白”的酒杯义可能来自“杯”的借用。“白”的古音是并母铎部，杯是帮母之部，帮、并邻纽，古音相近。又“浮杯”的说法与“浮白”同义，亦可证明“白”就是“杯”的借字。

膏

商代甲骨文	战国古文	小篆	汉隶

古代“膏”字的不同写法

膏字的形体构造从甲骨文到今天变化不大，一直是从肉高声，其本义是肥肉。《说文》中解释说：“膏，肥也。”从高得声的字有“白”的语素义，如“翯”（hè）是洁白而有光泽；“皜”（hào）是洁白、明亮；“缟”（gǎo）是白色的丝织品；“稾”（稿）是禾类植物干枯的茎秆，枯茎呈白色；“蒿”是蒿类植物，《尔雅·释草》：“蘩之醜，秋为蒿。”晋郭璞注：“醜，类也。春时各有种名，至秋老成，皆通呼为蒿。”蒿类植物到秋天干枯变白，故称为蒿。膏从高声，是因肥肉的白色而得名的。《国语·晋语七》：“夫膏粱之性难正也，故使惇惠者教之，使文敏者导之。”三国吴韦昭注：“膏，肉之肥者。”肥肉不仅味美，而且耐饥，在食物匮乏的年代是人们渴求的佳肴美食。有句俗语说，“人怕出名猪怕壮”，猪肥壮了就要被宰杀，这正是人们追求肥肉的生活写照。因为膏是美食，所以用来比喻财富，如将百姓的财富称为“民脂民膏”。古代有财力常吃肥肉的是富贵人家，所以富贵人家被称为“膏腴”，腴也是指肥肉。《梁书·王承传》：“时膏腴贵游，咸以文学相尚，罕以经术为业。”“贵游”指喜欢游山玩水的人，这种人自然也是富贵人家的。富贵人家的子弟被称为“膏腴子弟”。柯灵《香雪海·小浪花》：“卖糖小孩在我面前的地位，正如我在膏腴子弟面前的地位一样。”也叫“膏粱子弟”，粱指上等小米，是古代的美食。元刘祁《归潜志》卷七：“此曹皆膏粱子弟，惟以妆饰体样相夸。”

引申开去，膏也指土地的肥沃。《战国策·赵策》：“今媪尊长安君之位，而封之以膏腴之地，多予之重器，而不及今令有功於国。”《史记·齐太公世家》：“太史公曰：吾适齐，自泰山属之琅邪，北被于海，膏壤二千里。”膏壤即肥沃的土壤。

膏在古代曾被用作照明的油料。蜡烛大约是东汉时期才发明的，当时属于豪华照明用具，一般只在富贵人家使用，直到唐代，蜡烛才进入寻常百姓家。在蜡烛成为流行照明用具之前的漫长岁月里，人们用火把和脂膏照明。动物的油脂叫“膏油”。唐代韩愈《进学解》：“焚膏油以继晷，恒兀兀以穷年。”晷指日晷，是古代利用阳光下影子的移动来记时的工具，相当于今天的钟表。“焚膏油以继晷”是说点上膏油灯接替日光来照明，形容夜以继日的学习工作，这句话后来凝结为成语“焚膏继晷”。膏油的灯叫“膏烛”。《淮南子·原道》：“是以天下时有盲妄自失之患，此膏烛之类也，火逾然而消逾亟。”脂肪在点燃后消溶为油，火越大，消溶得越快。膏烛的灯火叫“膏火”。《庄子·人间世》：“山木自寇也，膏火自煎也。”“自煎”就是自己烧自己。膏烛这种自我焚毁的形象古人常用于积极和消极两个方面的比喻。积极的喻意是赞美膏烛焚毁自己而造福他人的精神。如晋代潘尼《赠御史王元贶》诗：“膏兰孰为销？济治由贤能。”唐吕向注：“膏兰为物，以明烛暗，以香变臭，自致销烁，不辞其劳，贤能济理亦犹是也。”兰是一种香草，古人用来点燃薰香。今天我们常把教师比喻为蜡烛，这是继承了古人的积极喻意。消极喻意是伤感或劝戒因有才能或财富而招致灾祸，上引《庄子》“膏火自煎”的说法就是用于这一喻意。又如《汉书·龚胜传》：“薰以香自烧，膏以明自销。”这是说薰草因有香气而招致焚烧，膏脂因能照明而招致销毁。这跟“象齿焚身”的说法如出一辙。

“膏火”也是古代很常用的一个词。可以用来比喻一个人内心遭受的痛苦煎熬。如明陈汝元《金莲记·重贬》：“相逢顷刻时，离情又催，心如膏火有谁知？”也可用来指代勤学苦读，因为勤学者往往点灯夜读。如清代蒲松龄《聊斋志异·念秧》：“三年膏火，冀博一第，不图竟落孙山。”这是说苦读三年，希望能考中，没想到竟名落孙山。

肥肉味美，故膏引申而有味道甘美之义。《山海经·海内经》：“（都广之野）爰有膏菽、膏稻、膏黍、膏稷。”“菽、稻、黍、稷”前加上“膏”是说这些粮食很好吃。北齐颜之推《神仙》诗：“朝游采琼实，夕宴酌膏泉。”“膏泉”犹言“甘泉”。宋代苏轼《李氏山房藏书记》：“（李氏山房）藏书凡九千余卷，公择（人名）既已涉其流，探其源，采剥其华实，而咀[illegible]（嚼）其膏味以为己。”可见凡是美味都可用“膏”来修饰，这反映了古人对膏的崇尚。

肉在水中煮的时候脂肪会溶化为油漂浮在上面，冷却后会凝结在一起，这种凝结的油脂也叫膏，它跟肥肉是有所不同的，它要比肥肉稀糊，所以唐代孔颖达在解释《礼记·内则》“脂膏以膏之”的话时说：“凝者为脂，释者为膏。”这种稀释的膏是古人常用的化妆品，用来润泽头发和皮肤。早在《诗经》中就已提到膏的这种用途。如《卫风·伯兮》：“自伯之东，首如飞蓬。岂无膏沐，谁适为容？”常言说：“士为知己者死，女为悦己者容。”这首诗的主人公是一位女子，她的心上人（伯）奔赴前线打仗去了，她没有心思梳妆打扮，头发乱得像蓬草一样，并不是她没有化妆品，打扮了给谁欣赏呢？宋代的朱熹解释说：“膏，所以泽发者。

沐，涤首去垢也。”对膏的解释是正确的，对沐的解释是不合适的。“膏沐”并列作“无”的宾语，应该都是化妆品。沐是一种洗发液。《文选·曹植〈求通亲亲表〉》：“妃妾之家，膏沐之遗，岁得再通。”唐吕延济注：“膏，脂也。沐，甘浆之属。”颜之推《颜氏家训·归心》：“梁世有人常以鸡卵白和沐，云使发光。”这是说将蛋清搀和到沐液中。这些例子表明沐有洗发液的意思。膏为糊状油脂，涂抹在头发上不仅使头发光亮，而且使头发粘连在一起，不易散乱。《周礼·考工记·弓人》“凡昵之类不能方”唐贾公彦疏：“若今人头发有脂膏者则谓之膱。”宋代陆游在《老学庵笔记》卷十中记载说：“今妇人发有时为膏所黏，必沐乃解者，谓之膱。”膱（zhí）就是粘连的意思。明唐顺之《弟妇王氏之墓志铭》：“后五六年，竟无子，乃更为置妾，至亲为之膏发整容。”这里的“膏”是动词，指把膏涂抹到头发上，读gào。在二十世纪八十年代以前的乡村里，女子用猪油润发的现象仍时有所见。

膏也可用于擦脸，使脸面油光。北宋梅尧臣《和刘永叔内翰戏答》：“便归膏面染髭须，从今宴会应频数。”“膏面”即脸上涂膏。《后汉书·吕强传》：“群邪项领，膏唇拭舌，竞欲咀嚼，造作飞条。”唐李贤注：“膏唇拭舌，谓欲谗毁故也。”“项领”是无所顾忌，不听使唤的意思。“飞条”指匿名信。“膏唇拭舌”的字面意思是嘴唇上涂上膏，将舌头擦干净，这里是用来形容极力用话语打动人，一般指诋毁他人。这虽然是一句形容的话，大约也反映了人们用膏涂抹嘴唇的现实，正如今天人们使用唇膏一样。其实“唇膏”之膏正是古代化妆品之膏的沿用。

化妆品之膏多呈浓稠的糊状，引申泛指糊状之物，如“雪花膏”“洗发膏”“牙膏”“膏药”等。

脂膏也用来润滑车轴。唐代韩愈《送李愿归盘谷序》：“膏吾车兮秣吾马。”后人用“膏车秣马”指准备起程。今天仍有“膏油”“膏车”的说法。

绠

《说文》:“绠,汲井绠也。从糸更声。”张舜徽《说文解字约注》云:“玄应《一切经音义》卷二、慧琳《音义》卷二十六绠字下并引《说文》‘汲井绳也’,盖许书原文如此。今二徐本误绳为绠,不合绠下以绠为释也。”张说可从。绠的本义是汲水用的绳子,故字从糸(mì)。至于绠之得名,张舜徽解释说:“汲井必用长大之索,绠与縆(gēng)双声,语之转耳。”意思是说绠来源于縆,这种解释是值得商榷的。縆《说文》训为“大索”,“大索”主要是说绳子粗大,并不一定长。绠则一般用细绳,无须粗大,而且也不一定很长。原始人类一般傍河而居,这样取水方便。但河水在暴雨季节容易泛滥成灾,这又给河边的居民造成威胁;加之随着人口的增多人们不可能都住在河边,因此人们只好到远离河流的地方去生活。远离河流后怎样解决用水问题呢?通常只能凿井。古代社会植被丰富,大地的蓄水能力强,地下水位高,因此挖井并不需要多深就可见水。《庄子·天地篇》中讲了这样一则寓言故事:

子贡南游于楚。反于晋,过汉阴,见一丈人方将为圃畦,凿隧而入井,抱瓮而出灌,搰(kū)搰然(吃力地样子),用力甚多而见功寡。子贡曰:“有械于此,一日浸百畦,用力甚寡而见功多,夫子

> 不欲乎？”为圃者仰而视之，曰：“奈何？”曰：“凿木为机，后重前轻，絜（提）水若抽，数如溢汤，其名为槔。”

汉阴老人挖个隧道到井下取水，说明井不会很深，否则汉阴老人是挖不成深入井底的隧道来的。即便挖成，那也远不如用绳子提水来得省事。子贡向汉阴老人推荐的取水设备就是桔槔，这是利用杠杆原理制作的取水设备。杠杆的一端拴上石头，另一端拴上水桶，两端一下一上即可取出井水（见图）。桔槔是古人常用的取水设备，这种设备适宜在较浅的井中取水，如果井太深则不如直接用手提拉便捷。这也说明汲井绳子无须很长。所以，说绠因长大而得名不符合古人的生活实际。

山东嘉祥东汉武氏祠画像石上的桔槔图

我们认为绠可能得名于埂。《说文》：“埂，秦谓坑为埂。从土更声。读若井汲绠。”《玉篇》引《苍颉》：“埂，小坑也。”《说文》的“读若”有不少反映的是典籍用字的通假现象。埂读若绠，表明埂在典籍中有当绠字用的情况。埂作绠字用实际上是绠源于埂的反映。埂为水坑，绳子用来汲水于埂，故称绳子为绠。最初人类的凿井能力有限，当时所谓的井大约不过是个水坑而已。《庄子·秋水》中也给我们提供了这样的例证：

子独不闻乎埳井之蛙乎？谓东海之鳖曰："吾乐欤！出跳梁乎井干之上，入休乎缺甃（用砖砌的井壁）之崖。赴水则接掖持颐，蹶泥则没足灭跗。还虷、蟹与科斗，莫吾能若也。且夫擅一壑之水而跨跱，埳井之乐，此亦至矣！夫子奚不时来入观乎？"东海之鳖左足未入而右膝已絷矣。

"埳井"一般解释为浅井，这固然没错，但埳的直接意义并不是浅。《说文》："埳，陷也。"桂馥义证："陷也者，当为臽。本书：'臽，小井也。'"埳异体作坎。《礼记·檀弓下》："其坎深不至于泉。"王力《同源字典》认为"埂、坑、坎、陷"同源。"埳井"即坑井，坑井浅，所以人多释为浅井。居延汉简 127.6 中有这样的记载："卅井水五十步，阔二丈五，立泉二尺五，上可治田，度给吏卒。"大意是说每隔五十步有一水井，井宽二丈五尺，深二尺五寸，井水可用来灌溉田地，还可供给官吏和士兵使用。这都表明古代的水井大都不是很深。

当然，随着技术的进步，人们凿井的水平也在不断提高。原先只能在高水位的地方打出水来，后来也能在低水位的地方打出水来，自然也就有了深井。《庄子·至乐》中有这样的话："昔者管子有言……褚小者不可以怀大，绠短者不可以汲深。"后一句话隐约流露了当时有深井存在。《荀子·荣辱》云："短绠不可以汲深井之泉。"这里说的很明白。由于管仲的那两句话用通俗形象而又简练的语言说明了生活中永世长存的哲理，受到人们的喜爱，《庄子》《荀子》的使用就是喜爱的表现。后来人们将它简缩为"褚小怀大""绠短汲深"两个成语，比喻浅学不足以明白深理，或用来比喻能力小，难以胜任艰巨的工作，至今仍在常用。

绠的本义为汲井绳，引申泛指绳索。《三国志·吴志·吾粲传》："值天大风，诸船绠绁断绝，漂没著岸，为魏军所获。"这里的"绠绁"指船上的缆绳。

寡

古代“寡”字的不同写法

《说文》云：“寡，少也。从宀从颁。颁，分赋也，故为少。”颁有分发的意思，分则少，所以许慎认为寡的本义是少。但西周金文寡并不从颁，小篆字形已经讹误，所以许慎的解释是不对的。金文寡字从宀从见，像一人在室内顾视之形，其本义当为顾视。典籍中寡有顾视义的用例。《礼记·缁衣》：“故君子寡其言而行，以成其信。”东汉郑玄注：“寡当为顾，声之误也。”《墨子·明鬼下》：“恶来、崇侯虎指寡杀人。”高亨《诸子新笺》：“寡借为顾。指顾杀人，谓手指目顾以杀人也。顾、寡古通用。”其实寡本来就是顾的意思，说成顾的假借是不合适的。寡和顾的上古音都是见母鱼部，它们应该是一对同源词。

寡在古代更多的是用于“少、孤单”之义，这一意义与顾视义看不出有什么联系，应视为假借用法。王力《同源字典》认为寡和孤同源，可以信从。寡大约是从孤分化出来的一个词，因本无其字，故依声托事，借顾视义之寡来表示。

寡的基本意义是孤单，用来指人既可指女性，也可指男性。《小尔雅·广义》："凡无妻无夫通谓之寡。"所以古代不但有"寡妇"，也有"寡夫"。《墨子·辞过》："宫无拘女，故天下无寡夫。"也叫"寡汉"。明陆采《怀香记·缄书愈疾》："女孩儿家不该与寡汉往来。"古人所说的寡夫指到了婚配年龄而没有妻子的男子，包括未曾婚配的单身汉及妻子亡故或离婚的男子。同样地，寡妇原本指到了婚配年龄而没有丈夫的女子，包括未曾婚配的单身女子及丈夫亡故或离婚的女子，甚至丈夫长期不在身边的女子也叫寡妇。汉袁康《越绝书·越绝外传记地传》："独妇山者，勾践将伐吴，徙寡妇致独山上，以为死士，示得专一。"这里的"寡妇"指单身女子。东汉陈琳《饮马长城窟行》："边地多健少，内舍多寡妇。作书与内舍，便嫁莫留住。"这里的"寡妇"指丈夫长年在外的女子。但宋代以后，"寡妇"专指离婚或丈夫亡故的女子，其他的女子都不在"寡妇"之列了。发生这种词义变化的原因是什么呢？

在唐代以前，"寡夫"与"寡妇"在婚姻权利上虽有差别，但远不像后世那么悬殊。寡夫可以再娶，寡妇也可以自由再嫁，这都是很正常的。《孔雀东南飞》中的刘兰芝被婆婆逼迫与丈夫分离，回到娘家才十几天，就有县令派媒人找上门来，给他的"第三郎"求婚。不久又有媒人登门，为太守的儿子求婚。这表明当时寡妇并不受社会歧视。宋代以后，理学家主张"存天理，灭人欲"，鼓吹"饿死事极小，失节事极大"的教条，政府也为矢志不嫁的寡妇立贞节牌坊加以表彰，于是寡妇改嫁成了可耻的事，成了社会舆论指责的对象。从此寡妇们便自愿或不自愿地戴上了精神枷锁，寡妇成了一种引人注目的社会现象。正是在这种社会文化背景下，"寡妇"一词由泛指的单身女子向婚后失去了丈夫的女子集中，于是便有了我们今天的意思。《现代汉语词典》（第5版）"寡"下释为："妇女死了丈夫：守寡，寡居。""寡妇"下释为："死了丈夫的女人。"这一解释并不准确，我们今天所说的“寡妇”也包括离了婚的妇女。

古代君王常自称寡人。《孟子·梁惠王上》：“寡人之于国也，尽心焉耳矣。”君王为何自称寡人呢？古来有两种相反的解释。

一种观点认为“寡人”是寡德之人的意思，是君王的谦称。《老子》三十九章：“故贵以贱为本，高以下为基。是以侯王自谓孤、寡、不榖，此非以贱为本耶？”《吕氏春秋·君守》：“君民（名之误）孤寡而不可障壅。”高诱注：“孤寡，人君之谦称也。能自卑谦名誉者，不可防障。”《礼记·曲礼下》：“诸侯见天子，曰臣某臣某，其与民言，自称曰寡人。”郑玄注：“寡，谦也。”孔颖达疏：“寡人者，言己是寡德之人。”

有些人认为“寡人”不是谦称，而是自尊自大之称，这种观点的提出比前一种要晚得多。清龚自珍《最录尚书古文序写定本》：“寡者，无二无匹最尊之词，孤亦无二无匹最尊之词，人君称君与夫人曰寡君、寡小君，皆非谦词。如曰谦词，‘毋坏我高祖寡命’（引者按：《尚书·顾命》中语）亦谦词乎？‘予一人’亦谦乎？”当代一些学者还进一步论证说，古代最高统治者自认为是“天命所归”，很难设想他们能够谦虚到口口声声自称“寡德之人”的地步。而且将“寡人”释为寡德之人，这是添字为训，故不可取①。

孤立地看，两种说法似乎都有道理，难分轩轾，所以不少词典将两说并存。但若结合“寡人”称谓出现的时代加以具体分析，谦称说应该是符合历史实际的。

“寡人”大约是春秋时期出现的称谓。周人在推翻殷王朝的社会实践中切身感受到民心向背的重要作用。殷纣王暴虐无道，众叛亲离，周武王大兵逼近之时，纣王的部队倒戈反击，殷王朝很快就灭亡了。所以周人夺得政权后吸取殷王朝覆灭的教训，提出了敬德保民的政治主张，认

① 参夏渌《孤、寡、不谷新诠》，《中国语文》1983年第4期。

识到帝王只有注重品德修养，关心百姓疾苦，才能赢得百姓拥护，才能坐稳江山，而上天是不可靠的。《尚书·君奭》中说："天不可信。"《召诰》云："惟王其疾敬德，王其德之用。"自我谦卑就是品德修养的一个重要方面，所以《尚书·大禹谟》中提出了"满招损，谦受益"的至理名言。这种思想体现在称谓上，就是自称时多用谦称。《尚书·大诰》中周公旦对各国诸侯及执事之臣讲话时说："洪惟我幼冲人，嗣无疆大历服。"（我周公小子继承了前辈留下的远大长久的事业。）"冲"是幼小的意思。幼冲人，周公自指，相当于"小子"，这当然是谦称。《诗经·周颂·闵予小子》："维予小子，夙夜敬止。"这是周成王自称"予小子"。还有像"冲子"、"冲人"等都是君王们的谦称。《尚书·洛诰》："公明保予冲子。"又《金縢》："惟予冲人弗及知。"

春秋战国时期，王纲解纽，诸侯之间众暴寡，强陵弱，严峻的社会现实使得民本思想空前高涨。《孟子·尽心下》中说："民为贵，社稷次之，君为轻，是故得乎丘民（广大百姓）而为天子。"一些进步的政治家甚至认为："夫民，神之主也。是以圣王先成民而后致力于神。"（《左传·桓公六年》）把民看得高于一切。民本思想反过来对君王的敬德意识提出了更高的要求，敬德成了一切工作的首要问题。《左传》上记载的一件事情很能说明这一点。鲁僖公五年，晋侯向虞国借路，实际上想借机灭掉虞国。虞国大夫宫之奇看穿了晋侯的阴谋，力谏虞公不可借道。虞公竟说："吾享祀丰絜（洁），神必据（保佑）我。"宫之奇反驳道："臣闻之，鬼神非人实亲，惟德是依。故周书曰：'皇天无亲，惟德是辅。'又曰：'黍稷非馨，明德惟馨。'又曰：'民不易物，惟德繄物。'如是，则非德民不和，神不享矣。神所冯依，将在德矣。若晋取虞，而明德以荐馨香，神其吐之乎？"左一个德，右一个德，德俨然是赢得鬼神和百姓支持的唯一准则。谦恭作为美德的一个重要组成部分，表现在称呼上就是他称一般用敬称，自称则用谦称。国君之妻在诸侯面前谦称“寡小君”。《礼记·曲礼下》：“夫人自称于天子曰老妇，自称于诸侯曰寡小君。”孔颖达疏：“君之妻曰小君，而云寡者，亦从君为谦也。”大夫对诸侯谦称“寡大夫”。《左传·昭公元年》：“若野赐之，是委君贶（kuàng赐赠之物）于草莽也，是寡大夫不得列于诸卿也。”臣下对别国谦称本国国君为“寡君”。《国语·鲁语上》：“寡君不佞，比能事疆埸之司，使君盛怒，以暴露于弊邑之野，敢犒舆师。”

国君虽有至尊的地位，但在这敬德重民的时代也不得不常常表现出恭谦的风度，自称时使用谦称就是其中的一种表现。《左传·宣公十一年》：“文王犹勤，况寡德乎？”这是君王自称“寡德”。后世帝王仍沿用这一谦称。《魏书·咸阳王禧传》：“高祖曰：‘伊洛南北之中，此乃天地氤氲，阴阳风雨之所交会，自然之应，非寡德所能致此。’”国君还自称为“寡臣”。《史记·扁鹊仓公列传》：“先生过小国，幸而举之，偏国寡臣幸甚。”司马贞索隐：“虢君自谦，云己是偏远之国，寡小之臣也。”在有凶事时候诸侯自称为“孤”。《左传·庄公十一年》：“秋，宋大水，公使吊焉。曰：‘天作淫雨，害于粢盛，若之何不吊？’对曰：‘孤实不敬，天降之灾，又以为君忧拜命之辱。’臧文仲曰：‘……列国有凶称孤，礼也。’”《集韵·模韵》：“孤，侯王谦称。”凶事期间称孤可能来自孤儿之义。凶事最常见的就是丧事。君父死，嗣位之子就成了孤儿，所以自称为孤。《礼记·杂记》：“孤某使某请事。”孔颖达疏：“孤，谓嗣子也。”后来移用于其他凶事，再后来一般情况下也都可以自称为孤了。另外，君王还自称“不穀”，是“不善”的意思，也是谦称。《管子·枢言》中说：“釜鼓（古代量米器具）满则人概（刮平）之，人满则天概之，故先王不满也。”由上可知，至少在自称这一点上先王们确实表现出了不自满的风范。

由此看来，说君王只有自大，不会自谦，这是主观想象的说法，并不符合历史事实。从“寡人”产生时代盛行的敬德意识来考虑，从当时普遍使用谦称的情况来考虑，从君王直接自称“寡德”的现象来考虑，我们认为前人将“寡人”释为寡德之人是没有什么问题的，释为自大之称是缺乏根据的。

海

西周金文	战国简牍	小篆

古代“海”字的不同写法

《说文》：“海，天池也，以纳百川者。从水每声。”古人认为海洋是上天造的水池，故称天池。在现代汉语里，海和洋是有区别的，海指大洋靠近陆地的部分，洋指海以外的广大水域。但在古代，海和洋都统称为海，海包括洋。也就是说，在古人心目中海和洋是一个整体，并没有像今天这样分成两部分。洋字虽然很早就有了，但按照《说文》的解释，它本来是一条河的名字。古籍中一般作形容词用，是盛多、广大的意思。如《诗经·卫风·硕人》：“河水洋洋，北流活活。”毛传：“洋洋，盛大也。”“活活”指流水声。成语有“洋洋大观”“洋洋自得”“洋洋洒洒”等，“洋洋”就是盛多的意思。《庄子·秋水》中讲了一个“望洋兴叹”的故事。故事说：“秋水时至，百川灌河，泾流之大，两涘渚崖之间不辩牛马。于是焉河伯欣然自喜，以天下之美为尽在己。顺流而东行，至于北海。东面而视，不见水端。于是焉河伯始旋其面目，望洋向若而叹曰：

‘野语有之曰：闻道百以为莫己若者，我之谓也。且夫我尝闻少仲尼之闻而轻伯夷之义者，始吾弗信。今我睹子之难穷也，吾非至于子之门则殆矣，吾长见笑于大方之家。’”黄河之神河伯起初为自己的广大而得意，等见到海洋的博大后才知道自己的渺小，于是惘然若失地向海神若发出慨叹。“望洋”是眼白上翻往上看的意思。有些人把“望洋兴叹”理解为望着海洋发出慨叹，这是不对的，“洋”在唐代以前没有海洋的意思。

由于海洋广大，所以海引申为极多、极大的意思。《玉篇》：“海，大也。”如很大的酒量或肚量叫“海量”，特大的碗叫“海碗”，说大话叫“夸海口”，人人都参加的选举叫“海选”，普遍告知的招贴叫“海报”（“海报”的海与“广告”的广相当），等等。

远古时期人们的地理知识比较落后，他们看到中国大陆东面和南面都有无边的海洋，便以为天下只有中国及其周边地区那么大，四周被海洋包围。他们把四周的海称为“东海”“南海”“西海”“北海”，总称“四海”。事实上中国的西面及北面是没有海的，但“四海”这一基于错误知识的词从古到今一直在使用着，用来泛指天下、到处。《论语·颜渊》云：“司马牛叹曰：‘人皆有兄弟，我独亡。’子夏曰：‘商闻之矣：死生有命，富贵在天。君子敬而无失，与人恭而有礼，四海之内皆兄弟也，君子何患乎无兄弟也？’”子夏用他老师孔子的仁爱精神解除了司马牛孤独的忧患，“四海之内皆兄弟”也成了一句有名的格言，至今仍在使用。

从大陆四周有海的观念出发，有海的地方就是陆地的边缘，所以海又引申指荒远之地。《尔雅·释地》：“九夷、八狄、七戎、六蛮谓之四海。”《荀子·王制》：“北海则有走马吠犬焉，然而中国得而畜使之。”唐杨倞注：“海谓荒晦绝远之地，不必至海水也。”《左传·僖公四年》载：“四年春，齐侯以诸侯之师侵蔡。蔡溃，遂伐楚。楚子使与师言曰：‘君处北海，寡人处南海，唯是风马牛不相及也。不虞君之涉吾地也，何故？’”有的注本对“北海”“南海”解释说：“齐临北海（古人称为北海），楚境不到南海，这里只是甚言其远。”注者将“海”理解为大海，其实这里的“海”直接解释为偏远之地就可以了，无须扯到大海上去。

关于海还有一则典故值得一谈。宋代苏轼的《东坡志林》中有一个《三老语》故事，说：“尝有三老人相遇，或问之年。一人曰：‘吾年不可记，但忆少年时与盘古有旧。’一人曰：‘海水变桑田时，吾辄下一筹，尔来吾筹十间屋。’一人曰：‘吾所食蟠桃弃其核于昆仑山下，今已与昆仑齐矣。’”这三位老人都是满嘴跑舌头，大夸海口，不过是开心逗乐而已。后人则将“海屋筹添”作为向老人祝寿的用语。如元代沈禧《一枝花·寿人八十》套曲：“庄庭椿老枝偏盛，海屋筹添数倍增。”“庄庭椿老”是出自《庄子·逍遥游》的一个典故：“上古有大椿者，以八千岁为春，八千岁为秋。”后世用“椿”比喻长寿的老人。这两句话是说年事虽高但身体强健，将会非常长寿。旧时祝寿的对联云：“瑶池桃熟三千岁，海屋筹添九十秋。”也可说成“海屋添筹”。有祝寿联云：“海屋添筹欢开桃宴，莱衣戏彩庆集萱庭。”春秋时期有个孝子叫老莱子，年已七十，为了让父母开心，穿着花衣服在父母跟前跳舞逗乐，此即所谓“莱衣戏彩”。“萱庭”指母亲住的地方。这是向母亲辈老年妇女祝寿的对联，上联是说设宴庆祝高寿，下联是说孝顺的儿女们欢聚一堂。

最后我们来谈一谈海的得名之由。张舜徽《说文解字约注》云：“海之言骇也，惊异之辞也。今人骤见广大无涯之物而讶叹之，辄曰海。初民称水之纳百川者为海，犹斯义耳。”此臆测之辞，不足据信。《释名·释水》：“海，晦也，主承秽浊，其色黑而晦也。”晋张华《博物志》引《尚书考灵曜》云：“海之言昏晦无所睹也。”这都是说海因昏晦而得名，可以信从，这一点可拿溟作为佐证。《广韵·青韵》：“溟，海也。”《庄子·逍遥游》：“北冥有鱼。”隋陆德明《经典释文》：“北冥，本亦作溟，北海也。”海又叫溟，溟即因其色冥暗而得名，正与海相同。盖古人极目望海，唯见一片青暗昏晦，故称之为溟，又称之为海。战国楚帛书云："山川四晦。"（甲 34）晦即海之假借。进而言之，海、溟二词当同出一源。从后世读音来看，海、溟虽然韵部之、耕对转，但声母则海读晓母，溟读明母，相去较远，这大约是后世发生的分化，它们的声母原本应该是相同的。

害

西周金文	战国简牍	小篆

古代“害”字的不同写法

《说文》：“害，伤也。从宀从口，宀口，言从家起也。丯（jiè，与丰是两个字）声。”段玉裁注：“言为乱阶，而言每起于衽席。”许慎的意思是说，害是个形声字，本义为言语伤人，伤人之语往往起于家中，故害字从宀从口。西周金文中害字并不从丯，可知小篆已是讹误了的字形，许慎据讹误之形说解字义，自然是不可靠的。

金文的字形该怎样分析，学者们也莫衷一是。有人认为与舍字类似，是房屋的象形；有人认为是咳的异体；有人认为从宀古干会意，表示干犯传统家法之义；还有人认为像矛形，是䂒（kài）的初文，䂒是古代的一种矛。这些说法中䂒之初文的看法较为合理。金文害字上部像矛头，中间为柄，下部的“口”形只是为了字形的平衡美观而加的一种装饰。

害本义是一种矛，矛可以造成伤害，大约这种矛古代很常用，故引申为伤害义。这一意义的使用范围很宽，伤害的程度可轻可重，不仅指有形的伤害，也指无形的伤害。如成语有“谋财害命”，这里的害指杀害，伤害程度很重。古有“害盈”一词，语出《易经·谦卦》：“鬼神害盈而福谦。”意思是鬼神给骄傲自满者以祸害，而给谦虚谨慎者以福报。后来就用“害盈”表示骄傲自满者招致祸害。晋潘岳《河阳县作》诗：“福谦在纯约，害盈犹矜骄。”这也是程度重的伤害。俗语说：“害人之心不可有，防人之心不可无。”这里的“害”是损害的意思，程度比祸害要轻。

成语有“害群之马”，比喻危害集体的人。为什么不说“害群之羊”或“害群之狼”呢？这个成语的形成过程有些曲折。最早《庄子·徐无鬼》中有“害马”的说法：“夫为天下者，亦奚以异乎牧马者哉？亦去其害马者而已矣！”意思是说治理天下的人跟牧马的人一样，就是消除有害于马的天性的事物而已。后来人们就用“害马”比喻有危害性的事物。唐高适《饯宋八充彭中丞判官之岭外》诗：“若将除害马，慎勿信苍蝇。”语言中又有“害群”一词，指危害公众的人。如唐岑参《饯王崟判官赴襄阳道》诗：“害群应自慑，持法固须平。”大约在宋代，人们在“害马”和“害群”两个词的基础上组合成了“害群之马”的说法。宋李焘《续资治通鉴长编》卷二十六：“若小得志，即复结朋植党，恣其毁誉，如害群之马。”由于这个成语是在已有的“害马”一词的基础上创造出来的，所以就没有“害群之羊”或“害群之狼”之类的说法。

妇女因怀孕而食欲异常叫“害口”，人的肚子出了毛病叫“害肚”，这里的害伤害程度就很轻。宋代有“害肚历”的趣事。宋朝有昭文馆、史馆、集贤院三馆和秘阁、龙图阁等阁，分掌图书经籍和编修国史等事务，通称为“馆阁”。宋朝规定，馆阁官员每晚要轮流值夜班，如因故不能值宿，则在值班表中自己的名字下写上“肠肚不安”就可以作为不去值班的理由，因官员们常以此为借口而不去值班，所以人们将值班登记簿戏称为“害肚历”。宋陈鹄《耆旧续闻》卷十：“馆阁每夜轮校官一人直宿。如有故不宿，则虚其夜，谓之豁宿。故事：豁宿不得过四。遇豁宿，名下书‘肠肚不安’，免宿。故馆阁宿历相传谓之害肚历。”“害肚历”现象今天仍然存在，请假条中“害肚”可能是最常见的理由。

最轻微的伤害就是妨碍，所以害又有妨碍的意思。《尚书·旅獒》：“不作无益害有益，功乃成。”这是说不做无益之事，不妨碍有益之事，就能获得成功。宋欧阳修《笔说·诲学说》：“玉不琢，不成器；人不学，不知道。然玉之为物，有不变之常德，虽不琢以为器，而犹不害为玉也。”这是说玉即使不雕琢成器物，仍然不妨碍玉的品质。

如果一个人感到某人的才能功业对他的利益有妨害，就会产生妒忌心理，由此害引申为妒忌之义。《汉书·张禹传》：“根由是害禹宠，数毁恶之。”这是说曲阳侯王根妒忌张禹得宠，多次诋毁张禹。如果一个人感到某人某事对他有危害，就会产生惧怕心理，由此害引申为害怕之义。《史记·魏世家》：“魏相田需死，楚害张仪、犀首、薛公。”这是说楚国害怕张仪、犀首、薛公三人，而不是楚国加害这三个人。元关汉卿《四春园》第二折：“小姐约我赴期，不知什么人将梅香杀了，我害慌也，家中见父亲去。”“害慌”谓害怕慌张。其他如“害臊”“害羞”就是怕羞的意思。“害怕”一词是同义并列。

和

周代金文	战国简牍	小篆	汉隶
𥝌		咊	和

古代“和”字的不同写法

和字《说文》中写作咊，解释说：“相应也。从口禾声。”意思是说和是个形声字，本义是应和（hè）。但和的早期写法由“木”“口”组成，从禾的写法是后来发生的讹变。从木从口大约是表示鸟在树上互相和鸣。《易经·中孚》：“鸣鹤在阴，其子和之。”这是说有一只鹤在树阴下鸣叫，她的孩子跟着应和。成语“一唱一和”、“随声附和”的和也都是应和的意思。

应和是互相之间的默契配合，由此引申为协调、和谐、和睦等意思，这些意义今天读 hé。常言说“和气生财”，“家和万事兴”，“和”是中华文化中一个重要的处世原则。《论语·学而篇》中说：“礼之用，和为贵。先王之道，斯为美。”意思是说：礼的应用，以和谐为贵。古代君主的治国方法，可宝贵的地方就在这里。“和”是儒家所倡导的伦理、政治和社会原则，他们主张礼的推行和应用要以和谐为贵。在一个集体里，和睦能凝聚力量，是事业取得成功的重要条件。中国古代哲学著作《周易》中有这样几句名言：“二人同心，其利断金。同心之言，其臭（xiù）如兰。”意思是说两人同心同德，其力量可以斩断金属。同心同德之人说出来的话，对方听了感觉跟兰草一样芳香。形象地说明了和睦、和谐的重要意义。

司马迁在《史记·廉颇蔺相如列传》中给我们讲述了一个“将相和”的动人故事。战国时候，秦国最强大，常常进攻别的国家。赵王得了一件叫“和氏璧”的无价之宝，秦王写信给赵王，说愿意拿十五座城换这块璧。这使赵王很为难，答应了吧，很可能是个骗局；不答应吧，又怕秦国借口来攻打。正在左右为难的时候，蔺相如站了出来，他说：“我愿意带着和氏璧到秦国去。如果秦王真的拿十五座城来换，我就把璧交给他；如果他不肯交出十五座城，我一定把璧送回来。那时候秦国理屈，就没有动兵的理由。”蔺相如到了秦国，进宫见了秦王，献上和氏璧。秦王双手捧璧，边看边称赞，绝口不提十五座城的事。蔺相如看这情形，知道秦王没有拿城换璧的诚意，就对秦王说：“这块璧有点儿小瑕疵，让我指给您看。”蔺相如一拿到璧，往后退了几步，靠着柱子站定，说：“我看您并不想交付十五座城。现在璧在我手里，您要是强逼我，我的脑袋和璧就一块儿撞碎在这柱子上！”说着，他举起和氏璧就要向柱子上撞。秦王怕他把璧真的撞碎了，连忙说一切都好商量，就叫人拿出地图，把允诺划归赵国的十五座城指给他看。蔺相如说和氏璧是无价之宝，要举行个隆重的典礼，他才肯交出来。秦王只好跟他约定了举行典礼的日期。蔺相如一回到宾馆，就叫手下人化了装，带着和氏璧抄小路先回赵国去了。到了举行典礼那一天，蔺相如说：“我已经让人把和氏璧送回赵国了。您如果有诚意的话，先把十五座城交给我国，我国马上派人把璧送来，决不失信。不然，您杀了我也没有用，天下的人都知道秦国不讲信用。”秦王没有办法，只得客客气气地把蔺相如送回赵国。蔺相如“完璧归赵”，立了大功，赵王封他做上大夫。后来蔺相如在赵国与秦国的外交斗争中又立了功，赵王封他为上卿，职位比廉颇高。廉颇很不服气，他对别人说：“我廉颇南征北战，屡建奇功，他蔺相如就靠一张嘴，反而爬到我头上去了。我碰见他，得给他个下不了台！”这话传到了蔺相如耳朵里，蔺相如就请病假不上朝，免得跟廉颇见面。有一天，蔺相如坐车出去，远远看见廉颇骑着高头大马过来了，他赶紧叫车夫把车往回赶。蔺相如的手下问蔺相如：为什么怕廉颇像老鼠见了猫似的？蔺相如对他们说：“诸位请想一想，廉将军和秦王比，谁厉害？”他们说：“当然秦王厉害。”蔺相如说：“秦王我都不怕，还怕廉将军吗？大家知道，秦王不敢进攻我们赵国，就因为有廉将军和我，如果我俩闹不和，就会削弱赵国的力量，秦国必然乘机来打我们。我之所以躲避廉将军，为的是我们赵国啊！”廉颇听到这话，才知道自己心胸狭窄。他脱下战袍，背上荆条，到蔺相如门上请罪。蔺相如见廉颇来负荆请罪，连忙热情地出来迎接。从此以后，他俩成了好朋友，同心协力保卫赵国。

城市里的《将相和》雕塑

如果内部不和，同室操戈，会给自己及他人甚至国家带来极为不利的影响。汉文帝和淮南王刘长是亲兄弟，淮南王自以为与皇上最亲，就傲慢不驯，经常违法乱纪。文帝因为他是至亲，常常宽赦他。文帝三年，淮南王入朝，态度极为骄横。他跟随文帝进皇家园林狩猎，和文帝同车，常称文帝为“大兄”。在他的封国内，淮南王就更加肆无忌惮，他自定法令，把自己和天子相比。文帝六年，淮南王命他的儿子刘但等七十人联合其他诸侯王密谋反叛朝廷，还派人出使闽越、匈奴等地进行联络。汉文帝知道这一消息后，派使臣召淮南王。淮南王应召到了长安。众大臣向文帝上奏说："刘长不奉行汉廷法度，不听天子诏令，暗中聚集党徒谋反，图谋不轨，臣等认为应当按法令给他定罪。"文帝赦免了刘长的死罪，将他废除，发配边疆。淮南王不堪抑郁，绝食而死。当时百姓当中流传着这样一首歌谣："一尺布，尚可缝；一斗粟，尚可舂。兄弟二人不能相容。"意思是说，一尺布破了还可以缝补，一斗粟虽然分散，还可以舂成面使其融合，兄弟二人却不能相容。文帝听后，感慨万千，下令按照诸侯王的礼仪为淮南王设置陵园，还将淮南王的三个儿子也封为王，这是为了消除"兄弟二人不能相容"的舆论批评而采取的弥补措施。后来"尺布斗粟"成了人们讥讽兄弟不和的典故。

通过这两则历史故事，相信我们对"和为贵"有了更深刻的理解。它告诉我们，只要不违反社会规范，我们凡事都应该坚持"和为贵"的原则，做到人与人之间的和睦相处。大到国家之间的和平共处，小到乡邻之间的互相问候。在"礼之用，和为贵"的指导之下，共同创造出一个和平、美好、其乐融融的生活环境！

褐

古代“褐”字的不同写法

《说文》对褐字的解释是：“褐，编枲袜。一曰粗衣。从衣曷声。”对褐的本义提出了两种解释。我们先来看看这两种解释的具体含义及其可信程度。

什么是“编枲袜”呢？段玉裁解释说：“取未绩之麻编之为足衣，如今草鞋之类。”枲（xǐ）是大麻的雄株，只开雄花，不结子。典籍中枲通常泛指麻。“编枲袜”是指用麻的未经纺绩的表皮纤维手工编成的袜子，这样的袜子当然是非常粗糙的，以至段玉裁将它比方成后世的草鞋之类。这一意义现存典籍中未见有用例，但汉代语言中褐可能有这么一个义项。早在许慎之前，西汉史游编的《急就篇》卷二中说：“靸鞮卬角褐袜巾。”唐颜师古注：“袜，足衣也，一曰褐，谓编枲为袜也。”我们知道，《急就篇》的编排特点是把意义相同或相关的词排列在一起。靸（sǎ）是古代的拖鞋，鞮（dī）是古代的皮鞋。卬（即仰的初文）角是一种鞋底有齿的木屐。颜师古注："卬角，屐上施也，形若今之木屐而下有齿焉。欲其下不蹶，当卬（仰）其角，举足乃行，因为名也。"巾是裹足用的布。颜师古注："巾者，一幅之布，所以裹头也。一曰裹足之巾，若今人裹足布也。"将巾理解为裹头之巾，与同组的其他词不一致，故不可取，应理解为裹足之巾。褐与袜、布等词排在一起，可知褐在汉代确有袜子的意思。

《说文》对褐的本义所作的第二种解释"粗衣"是不难理解的，凡是质地比较粗糙的衣服都可称为粗衣，这一解释要比"编枲袜"宽泛得多，而且典籍中也有大量用例。如《孟子·公孙丑上》："视刺万乘之君若刺褐夫。"《史记·平原君虞卿列传》："君之后宫以百数，婢妾被绮縠，馀粱肉，而民褐衣不完，糟糠不厌。""褐夫"是穿粗布衣服的贫贱之人，"褐衣"就是泛指质地粗糙的衣服。甚至质量不好的皮衣也可称为褐。曹植《赠徐幹》诗："薇藿弗充虚，皮褐犹不全。"

那么褐的本义究竟是"编枲袜"还是"粗衣"呢？从语源上来看，这两个义项其实都不是褐的本义。我国古代的纺织原料除了麻、兽毛、蚕丝之外还有葛。葛是一种多年生草本植物，它的根块含有淀粉，可供食用（如今天常见的"葛根粉"），茎皮剥下来可以织布，是为葛布。我国上古时期，葛在纺织品原料中的比重可能不亚于麻，《诗经》中提到葛的诗句要比提到麻的诗句多。《周南·葛覃》中说："葛之覃兮，施于中谷，维叶莫莫。是刈是濩，为絺为绤，服之无斁。"这几句诗简要叙述了葛的生产及加工过程。所谓"施于中谷，维叶莫莫（茂盛貌）"是说葛在山坡谷地也可种植，而且长得很茂盛。"刈"是收割。"濩"有两种不同的解释。一说是煮的意思。毛传："濩，煮之也。"但濩并没有煮的意思，所以学者们认为是镬的假借字。孔颖达疏引三国魏孙炎曰："煮葛以为絺绤，以煮之于濩，故曰：濩，煮，非训濩为煮。"马瑞辰《毛诗传笺通释》："濩即镬之假借。镬所以煮，因训镬为煮。"另一种解释是濩为沤泡之义。唐陆德明《经典释文》："《韩诗》云：濩，瀹也。"瀹就是沤泡的意思。

从情理上来讲，将茎长二三丈的葛用锅中熬煮的办法来脱皮，恐怕不胜其繁，理解为像沤麻那样在水中沤泡可能更符合事实。如果说葛需要熬煮的话，那也应当是将皮剥下来以后的工序。东汉杨孚《异物志》中对芭蕉纤维的加工方法有如下记载（《齐民要术·五谷果蓏菜茹非中国物产者》引）："芭蕉，叶大如筵席。其茎如芋，取，濩而煮之，则如丝，可纺绩，女工以为绨绤，则今之交阯葛也。""濩而煮之"是说先沤泡脱皮，然后再将所脱之皮锅中熬煮，使之进一步脱胶软化。葛的加工方法大约与此相同。值得注意的是，这里将用芭蕉纤维织成的布也称为绨绤，称为交阯葛，说明芭蕉布与葛布非常相似，于此似可推知其加工工艺的雷同。

葛的纤维经过软化工艺后就可以纺线织布了。所织之布，精细的叫絺（chī），粗疏的叫绤（xī），比絺更精细的叫绉（zhòu），这三种布料是上古时期人们夏季常穿的布料，上至天子，下至普通百姓，大家都穿，这在典籍中多有记述。《韩非子·五蠹》中说："尧之王天下也……冬日麑裘，夏日葛衣。"《庄子·让王》云："善卷曰：'余立于宇宙之中，冬日衣皮毛，夏日衣葛絺。'"《礼记·月令》云：孟夏之月，"天子始絺。"《葛覃》中说人们对葛布"服之无斁（yì 厌倦）"，表达了当时的人们对葛布的喜爱之情。人们甚至把葛衣视为夏季的美服。《公羊传·桓公八年》："士不及兹四者，则冬不裘，夏不葛。"东汉何休注："四者，四时祭也。……裘葛者，御寒暑之美服。士有公事，不得及此四时祭者，则不敢美其衣服，盖思念亲之至也。"说明夏季穿葛衣比较爽身舒适。

对有教养的人来说，暑天是不能光穿一件絺绤之衣就外出活动的。《诗经·鄘风·君子偕老》中这样描写一位贵妇人的衣着："瑳兮瑳兮，其之展也。蒙彼绉絺，是绁袢也。""瑳"（cuō）的本义是"玉色鲜白"（《经典释文》引《说文》），这里形容展衣的洁白鲜明。展衣是用素纱制作的外衣。绁袢（xièfán）是夏天穿的贴身内衣。这是说贵妇人内穿绉絺做的绁袢，外罩洁白的展衣。绉絺因为薄细，光穿一件未免有亵露之嫌，所以外出时还得再罩上一层衣服。这在其他文献中有明确记载。《论语·乡党》："当暑，袗絺绤，必表而出之。"袗（zhěn）是穿单衣的意思。《太平御览》卷八一九引郑玄注云："暑月单衣葛，为其形亵也，必有以表之，若今单衣也。"清刘宝楠《论语正义》曰："絺绤近身之衣，形或露见，故言亵也。""单衣即裼（xī）衣，裼衣在絺绤外，故称表其衣。"《礼记·曲礼下》中也说："袗絺绤，不入公门。"也是不能光穿絺绤外出之意。不少注者将《君子偕老》中的那几句话释为贵妇人穿着三层衣服，最外是展衣，中层是绉絺之衣，最里是绁袢，这不但与《论语》《礼记》的记载不合，而且也不合情理，哪有大暑天穿这么多衣服的？

褐与葛可能有同源关系[①]。从古音上来看，褐是匣母月部，葛是见母月部，读音是非常相近的。从使用情况来看，褐与葛有通用现象。《穀梁传·昭公八年》："置旃（zhān，一种旗子）以为辕门，以葛覆质以为槷（niè）。"晋范宁注："葛或为褐。"《经典释文》即作褐。又褐异体作䙊。又《集韵·曷韵》："褐，粗衣。或从葛。"或从葛的写法反映了褐最早以葛为材料从而从葛得名的实情。《孟子·滕文公上》记载，农家学派的许行主张人所消费的一切东西都应通过自己的劳动获得，孟子质问道："许子必织布然后衣乎？"许行的弟子陈相回答说："否。许子衣褐。""布"最初指麻织品。《说文》："布，枲织也。"许行穿的是以葛为面料的褐，不是布，所以对孟子的质问作了否定性的回答。有些注本解释说："褐是未经纺织的麻做的粗布衣，所以不是'织布然后衣'。"[②]这种理解是有问题的。不经纺织怎能成布？下文孟子进一步问许行戴什么冠时，陈相答曰："冠素。"素是未经染色的帛，也是从布料的角度来回答的。古籍中提到衣褐的事例不少，若说那些人穿的都是未经纺织的布（手工编的渔

① 参见黄金贵《"褐"指什么衣服》，收入辞书研究编辑部编《疑难字词辨析集》，上海辞书出版社1986。

② 《古代汉语》，天津教育出版社1996。

网之类的材料？），恐怕说不过去。

褐虽然源于葛，但二者意义并不相同。葛是一种纺织原料，褐则是用葛布做成的衣服。褐衣有三个特点。

一是做褐的葛布质地粗糙，所以古注中常释为粗布衣。东汉赵岐在解释《孟子》中的“许子衣褐”时提供了三种说法：“褐，以毳（cuì，兽毛）织之，若今之马衣也。或曰枲衣也。一曰粗布衣也。”尽管这些说法未合《孟子》之意，但可说明褐有布料粗糙的特点。这种葛布的质量当然比绤还要差。由粗葛布之衣引申开去，凡是粗糙的衣服都叫作褐。兽毛织的布一般都很粗糙，所以注解家们常常将褐释为毛布衣。

褐衣的第二个特点是做工简陋。《墨子·尚贤中》：“傅说被褐带索，庸筑乎傅岩。”索当是指褐衣上的绳索，褐衣没有纽扣，只用绳索系束，其简陋可想而知。

褐衣的第三个特点是没有染色。汉徐幹《中论·治学》：“夫听黄钟之声，然后知击缶之细；视衮龙之文，然后知被褐之陋。”褐没什么花色，故称之为陋。其色呈本色黄黑色，故引申而有黄黑色之义。《篇海类编·衣服类·衣部》：“褐，黄黑色，俗名茶褐色。”白居易《新竹》诗：“皮开坼褐锦，节露抽青玉。”“褐锦”指黄黑色的锦。至今褐的这一意义仍在使用。《辞海》（1979 年版）认为褐用于黄黑色之义是鹖的假借，这种看法是不对的。褐引申出黄黑色之义，正如麻引申出栗褐色之义一样（如“麻雀”因毛色似栗褐色之麻而得名，方言中说天色似亮非亮为“麻麻亮”，天色昏暗为“麻麻黑”）。不仅如此，我们认为鹖之所以叫鹖，是由于毛色似褐的缘故（《辞海》“鹖”下云“羽毛黄黑色”）。褐在古代是常见的东西，用它来说明颜色一听即懂；鹖非常见之鸟，用来说明颜色的可能性是不大的，因为听者并不明白。

褐衣的粗糙简陋决定了它是贫贱者常穿之衣，所以褐也用来指代贫贱之人。《左传·哀公十三年》：“旨酒一盛兮，余与褐之父睨之。”杜预

注："褐，寒贱之人。"贫贱之人一旦作官就被称为"释褐"，当了官当然再也不会穿褐衣了。西汉扬雄《解嘲》："夫上世之士，或解缚而相，或释褐而傅。"

从粗布衣引申开去，凡粗布也称为褐。《诗经・豳风・七月》："无衣无褐，何以卒岁？"郑玄笺："褐，毛布也。"这里的"褐"与"衣"相对而言，应指布料。上引《穀梁传》中所说的"以褐覆质以为槷"是说用粗布覆盖木砧作为门槛。又西汉刘向《列女传・鲁黔娄妻》："黔娄既死，妻独主丧。曾子吊焉，布衣褐衾。""褐衾"是粗布做的被子。

豢

商代甲骨文	西周金文	战国古文	小篆

古文字中的“豢”字

甲骨文和金文中的豢是个会意字，像双手奉豕之形，表示豢养。甲骨文有的豢字，豕的肚子里还有子，大约是表示怀孕的猪更得小心豢养。战国古文及小篆中已变成了从豕季（juàn）声的形声字。《说文》：“豢，以谷圈养豕也。从豕季声。”从语源上来讲，豢（匣母元部）与圈（群母元部）同源，豢是因圈养而得名的。

古人的肉食最初主要来自狩猎，狩猎来的禽兽未必能及时食用得完。上古时期动物很多，狩猎所得也非常可观。《逸周书·世俘解》中记载说：“武王狩，禽虎二十有二，猫二，麋五千二百三十五，犀十有二，牦七百二十有一，熊百五十有一，罴百一十有八，豕三百五十有二，个貉十有八，麂十有六，麝五十，麇三十，鹿三千五百有八。”这不知是一次狩猎所得还是数次狩猎的合计，即便是数次合计，数目也是非常惊人的。殷墟卜辞中也有不少狩猎的记载。如《丙》87 反：“允获麋四百五十一。”

《后》下41·12:“丙戌卜，丁亥王阱麋，禽。允禽三百又四十八。”《馀》12·3:“获鹿二百。”这都是一次狩猎所得的记录。一次能获得二三百只动物，数目也是相当可观的。一次猎获这么多动物，如果全部宰杀，吃不了，没几天就腐烂变质了，造成很大浪费。如果圈起来喂养，需要的时候再来宰杀，可做到细水长流，于是渐渐发展起了畜牧业。畜牧业的兴起是人类在肉食生产上的一次革命，它可以使肉食的产量大量增加，而且也更为稳定。

古人在畜牧实践中认识到有些动物适宜于牧养，如牛马羊等，有些动物则适宜于圈养，如鸡犬豕等。圈养的动物中豕是最典型的，鸡和犬不一定要圈起来，所以豢字从豕。

需要注意的是豢字从豕并不意味着它的本义专指养猪，正如逐字从豕并不意味着逐的本义就是追猪一样。造字只能通过个别来表现一般，通过具体来表现抽象，所以我们在理解字的本义的时候不能就字论字，而应结合文献用例来考虑。比如圂，从豕在囗（wéi）中，其本义正如字形所表现的，就是“豕所居也”（《玉篇·囗部》），因为古代文献中圂没有用于其他动物圈的情况。牢字在构造上虽然与圂相同，但我们不能认为其本义就是牛圈，因为在上古文献中牢既可以是牛圈，也可以是羊圈（成语有“亡羊补牢”）或猪圈（《诗经·大雅·公刘》中有“执豕于牢”的话），所以《说文》中解释说：“牢，闲，养牛马圈也。”豢的本义应该是牲畜被圈起来喂养。《周礼·地官·槁人》：“掌豢祭祀之犬。”郑玄注：“养犬豕曰豢。”《荀子·荣辱》：“豢之而俞瘠者，交也。”清王先谦集解：“以利交者，利尽则绝，故曰豢养之而瘠也。”这是说豢养的目的是为了肥硕，但酒肉交情则越喂养越瘦。这是对豢的本义的比喻性用法。引申为泛指供养利用。《左传·哀公十一年》：“吴人皆喜，唯子胥惧，曰：‘是豢吴也夫！’”杜预注：“豢，养也。若人养牺牲，非爱之，将杀之。”我们今天的“豢养”多用于比喻收买利用，是古义的沿用。

悔

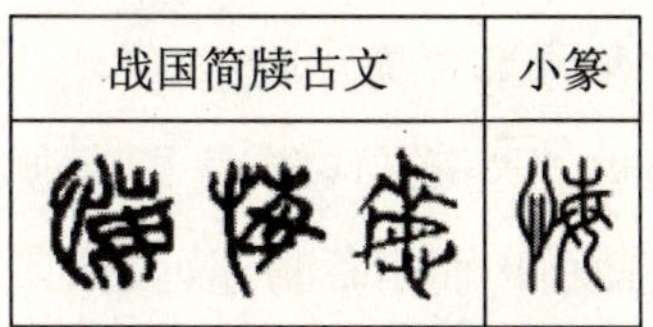

古代“悔”字的不同写法

《说文》：“悔，悔恨也。从心每声。”本义是悔恨。悔恨是一种心理活动，故意符为心，这很好理解。“每”的读音上古时期与“悔”相近，故用“每”作声符。悔恨是悔从古到今最常用的意义。例如明冯梦龙《醒世恒言·一文钱小隙造奇冤》：“事不三思终有悔，人能百忍自无忧。”

除悔恨之义外，悔还有灾祸、过失的意思。《公羊传·襄公二十九年》：“饮食必祝曰：‘天苟有吴国，尚速有悔于予身。’”东汉何休注：“悔，咎。”《诗经·大雅·生民》：“后稷肇祀，庶无罪悔。”“罪悔”犹言“罪过”。《论语·为政》：“言寡尤，行寡悔，禄在其中矣。”“悔”与“尤”对举，指过失。前人多将这里的“悔”理解为懊悔，恐不确切。这一意义最早见于殷墟卜辞，只是写作“每”。徐中舒主编《甲骨文字典》（四川辞书出版社 1989）“每”下云：“读为悔。”于省吾主编《甲骨文字诂林》（中华书局 1996）“每”下按语云：“卜辞累见‘其每’、‘弗每’，均用作悔。”

例如《甲骨文合集》27925："弗每无灾，弘吉。"又27946："丁酉卜：马其先，弗每。""弗每"即弗悔，义为无咎、无灾。

每有黑暗的意思。《庄子·胠箧》："故天下每每大乱，罪在于好知。"唐成玄英疏："每每，昏昏貌也。"《汉语大词典》认为"每通昧"，《古汉语通用字字典》（福建人民出版社1988）认为"每"通"霾"，都认为"每"的这一意义来自假借，但各自认定的本字不同。从一些同源词来看，"每"的这一意义是十分古老的。晦的本义为农历每月的最后一天，这一天没有月亮，天色黑暗，故从每得声。霉是东西发霉，生出黑斑。侮是污辱，亦即玷污对方，使对方蒙黑。《释名·释水》："海，晦也。主承秽浊，其色黑而晦也。"《广雅·释水》："海，晦也。"海古亦称为溟。《庄子·逍遥游》："南冥者，天池也。""南冥（溟）"即南海。溟、海都因晦暗而得名。海有晦暗的特点，故引申而指荒晦偏远之地。《荀子·王制》："北海则有走马吠犬焉，然而中国得而畜使之。"唐杨倞注："海谓荒晦绝远之地，不必至海水也。"《论语·颜渊》中说"四海之内皆兄弟也"，"四海"义为四方荒僻之地，并不是说四边有海。《周礼·秋官·布宪》："及其都鄙，达于四海。"唐贾公彦疏："海之言晦，晦漫礼仪也。"《左传·僖公四年》："君处北海，寡人处南海，唯是风马牛不相及也。"有些注释说："齐国虽临北海（即今之渤海），但楚国边境不到南海。故非实指，只是说齐楚两国相距甚远。"其实"北海""南海"指遥远的北方和南方，与大海无关。梅作为植物名，上古有二义，一指楠木，一指酸梅树。哪一个是本义呢？《说文》认为是楠木，恐怕不妥。梅当以梅子青黑而得名，其本义应为酸梅树。青与黑在颜色上有交叉。《尚书·禹贡》："厥土青黎。"孔颖达疏引三国魏王肃云："青，黑色。"故黑发称为"青丝"，黑眼珠称为"青眯"。由此可知，如果说"每"的黑暗义来自假借的话，那也是很早以前的事。

德国学者利普斯在《事物的起源》一书中说：黑色是"夜的颜色，

是一切不如意、恐怖的颜色”。[1]黑色往往跟肮脏、恐怖、死亡等事物联系在一起，带给人的是不祥或厌恶之感。《左传·昭公十五年》：“梓慎曰：‘禘之日，其有咎乎？吾见赤黑之祲，非祭祥也，丧氛也。’”“赤黑之祲”指红黑色的云气，预示着不祥。又哀公十三年：“肉食者无墨，今吴王有墨，国胜乎？”杜预注：“墨，气色下。”面孔发黑，预示着灾难就要降临。《太平御览》卷 877 引《赵书》曰：“石虎建武四年，东南卒（猝）有云黑（当作‘黑云’），相去数十丈，其间有白云如鱼鳞。虎子韬曰：‘当有刺客。’后果为太子宣所杀。”这是说天上有黑云，预示着将有灾难发生。

这种文化观念反映到语言当中，黑就带上了“不好”的语义色彩。如“黑心、黑手、黑帮、黑道凶日、背黑锅、脸上抹黑”等。古代有一种刑罚叫墨刑，就是在犯人额头上用刀刺划后涂上墨作为永久性的标记，其实就是“脸上抹黑”的做法。英语中 black-letter day 是倒霉的日子，black art 是妖术，black tidings 是坏消息，black book 是记人罪过的书，blackguard 是恶棍。

每有黑暗之义，故引申而有灾祸、过错的意思。悔恨这一意义应该是从过错义引申来的。过错为悔，自责其过错就是追悔、悔恨。类似的例子如：“尤”“咎”有罪过、过错义，引申而有指责、追究过错的意思，成语有“怨天尤人”、“既往不咎”。“咎责”有罪过义。韩愈《寄崔立之》诗：“欢华不满眼，咎责塞两仪。”引申而有责备义。《后汉书·度尚传》：“尚人人慰劳，深自咎责。”“悔吝”（亦作“悔悋”）既有灾祸义，又有悔恨义。东汉应劭《风俗通·正失·孝文帝》：“文帝时政颇遗失，皆所谓悔悋小疵耶。”此灾祸义。《后汉书·马援传》：“出征交阯，土多瘴气，援与妻子生诀，无悔吝之心。”此后悔义。“悔咎”一词也是如此。《后汉

---

① 汪宁生汉译本第 41 页，四川民族出版社 1982。

书·清河孝王庆传》："庶望上遵策戒，下免悔咎。"这是灾祸义。宋苏辙《为兄轼下狱上书》："轼感荷恩贷，自此深自悔咎，不敢复有所为。"这是追悔义。也说成"咎悔"。清陈梦雷《绝交书》："年兄不自咎悔，对人反责不孝以十四年纪纲到省，不与回书。"

综上所述，悔这个词的词义引申过程是这样的：黑暗→灾祸、过错→悔过。"悔"这个字是为悔过义而造的。

家

商代甲骨文	商代金文	周代金文	战国简牍	小篆
[illegible]	[illegible]	[illegible]	[illegible]	[illegible]

古代“家”字的不同写法

家字的形体构造是很清楚的，即房子里面有一头猪，商代金文中还直接画出了猪的形象。但这样的构形表示什么意义，古来却是众说纷纭，迄今莫衷一是。概而言之，凡有两派，一派认为是形声字，一派认为是会意字。

形声说主要有两种观点。一种观点认为家所从之豕为豭（jiā，公猪）省声。《说文》：“家，居也。从宀，豭省声。，古文家。”古文字中没有从豭的家字，省声说缺乏依据。有些人认为甲骨文中有的家字，其中的豕字作，腹下一道为生殖器，表示此猪为公猪，所以此字就是豭字。[illegible]和豭形体上没有继承关系，说[illegible]就是后世的豭字缺乏根据。公猪古代还有豵（zòng）、豨（xióng）等名，何以见得就是豭字？商代金文中的家字，豕身上还画了鬣毛，能否认为画了鬣毛的就是后世的豪字（《说文》：“豪，豕鬣如笔管者”）或是豱（liè，豕长毛）字？另有一些人认为家字所从之豖为彖（chǐ）省声，理由是《说文》古文从彖，彖的古音与家接近。清钮树玉《说文段注订》："从彖省声，古文不省，可证也。蠡从彖得声，刘向、扬雄以与嵯、峨、它为韵，《广韵》蠡亦收《戈》，与家字古读合。"其实《说文》古文所从根本不是彖字，而是豖的异体（参清顾蔼吉《隶辨·纸韵》），所以彖省声说同样没有直接的证据。

会意说的观点很多。宋戴侗《六书故》、元周伯琦《六书正讹》及段玉裁等认为家从宀从豖，本义为猪圈。商承祚进而认为"家与训豖厕之圂为一字，故家《毛公鼎》一作圂。先民假豖厕为家者，因豖生殖蕃衍，人未有不欲大其族，故取蕃殖之意，而家以名也。"[①]有些人认为家的本义就是居家。我国古代一些少数民族的住房为干栏式构造，上层住人，下层圈养牲畜，他们认为家字就是这种居住习俗的反映。清闵叙《粤述》记瑶族房屋云："瑶人住屋似楼而非楼，盖茅作两层，内架以竹或版，人民居其上，则猪圈牛栏皆在卧榻之下矣。按《说文》家字由（当作'宀'）下从豖，可会此义。不然则家字从豖既非谐声，从何会意乎？"清吴大澂在《窸斋集古录》中认为："凡祭，士以上羊豖。古者庶人无庙，祭于寝，陈豖于屋下而祭也。"由于普通人用豖在家中祭祖，故家字从豖。还有人认为古人以豖代表财富，故家从宀从豖[②]。

清代以前的学者由于受古文字资料匮乏的限制，往往在《说文》的范围内考虑问题，不免眼界狭窄，难明真谛。今天我们探求一字的构形及意义，可以将视野扩展到殷周的甲骨文和金文，这样有些前人议而不决的是非我们有可能予以判明。从家的构形出发，结合殷墟卜辞用例来看，家的本义应为宗庙。如《拾》1·7："其侑报于上甲家。"叶玉森说："上甲家，疑指上甲之庙。"此说可信。又《甲》2779："卿（飨）父庚、父甲家。"《前》1·30·7："仔于母辛家。""侑"、"报"、"卿"、"仔"统

① 商承祚《说文中之古文考》第69页，上海古籍出版社1983。

② 邵君朴《释家》，《历史语言研究所集刊》五本二分。

而言之都指祭祀，其后的“上甲”、“父康”、“母辛”等都是祭祀的对象，早已去世，“上甲家”理解为上甲的居家是讲不通的，“家”只能是祭祀的地方，即宗庙。

猪是我国驯养最早的家畜之一。从河北武安磁山、甘肃秦安大地湾、河南新郑裴李岗以及浙江余姚河姆渡等遗址出土的猪骨骼来看，在距今七千年以前便已由野猪驯化为家猪，并在各地普遍饲养。猪的饲养的普遍性决定了古人祭神时常以猪为牺牲。《说文》：“豚，小豕也。从古文豕，从又持肉以给祠祀也。”豚在古代特指祭祀用的小猪。《墨子·鲁问》：“鲁祀以一豚祭，而求百福于鬼神。”《淮南子·氾论》：“世俗言曰：飨大高者，而彘为上牲。”高诱注：“大高，祖也，一曰上帝。”从前满族每逢祝神祀祖等活动时，要举行跳舞降神的“跳神”仪式。黄石在《满洲的跳神》一文中介绍说：“跳神时所用的祭品以猪为主，而猪又以黑毛者为贵。祭神时缚活豕至神前，以酒灌其耳与鬣，若耳鬣动，便视为神喜悦接纳的吉兆。”[①]这些记载表明祭神献牲以猪为多。家的本义既为宗庙，是经常陈献豕牲的地方，故家字从豕。

古人祭祀时讲究用牡牲。《吕氏春秋·孟春纪》：“命祀山林川泽，牺牲无用牝。”高诱注：“无用牝，尚蠲洁也。”《礼记·月令》“牺牲毋用牝”郑玄注则认为不用牝的原因是“为伤妊生之类”。春季不用牝牲大概这两种动机都有，但在不是孕育的季节里古人也喜欢用牡牲，大约主要是雄性比雌性洁净且味美的缘故。《淮南子·时则》：“祷鬼神，牺牲用牡。”《诗经·周颂·雝》：“相维辟公，天子穆穆，于荐广牡，相予肆祀。”后两句是说进献肥大的牡牲，帮我陈列这些祭品。《墨子·兼爱下》载商汤祷雨辞曰：“惟予小子履，敢用玄牡告于上天后土。”《左传·昭公四年》：“黑牡秬黍，以祀司寒。”《礼记·明堂位》：“以禘礼祀周公于大庙，牲用白

① 《民俗学集镌》影印本，上海文艺出版社 1989。

牡。”这些记载表明古人祭祀确实讲究用牡牲。如果以猪为牲，那就自然多用公猪。公猪古称豭。《左传·哀公十五年》：“舆豭从之，迫孔悝于厕，强盟之。”又哀公十六年：“使五人舆豭从己，劫公而强盟之。”《韩非子·内储说下》：“郑桓公将欲袭郐，先问郐之豪杰、良臣、辩智、果敢之士，尽与（举，记录）姓名，择郐之良田赂之。为官爵之名而书之，因为设坛场郭门之外而埋之。衅之以鸡豭，若盟状。”《礼记·杂记》：“凡宗庙之器，其名者，成则衅之以豭豚。”《春秋繁露·求雨》：“取三岁雄鸡与三岁豭猪，皆燔之于四通神宇。”可见祭神多用公猪，这就是甲骨文家字也有从[illegible]写法的原因。

家的本义为宗庙，凡祭于同一宗庙之人即属同一宗族或家族，故引申为宗族、家族之义。《楚辞·大招》：“永宜厥身，保寿命只。室家盈廷，爵禄盛只。”东汉王逸注：“言己既保年寿，室家宗族，盈满朝廷，人有爵禄，豪强族盛也。”解“室家盈廷”为“族盛”。《诗经·周颂·桓》：“桓桓武王，保有厥士（土），于以四方，克定厥家。”“克定厥家”并非指武王个人的小家庭，而是说武王使他的整个家族（即周族）得以安定。《左传·襄公二十七年》：“子木问于赵孟曰：‘范武子之德何如？’对曰：‘夫子之家事治，言于晋国无隐情。’”“家事”指家族内的事务。司马迁《报任少卿书》：“李陵既生降，隤其家声。”“家声”指家族的声誉。

家族是由一个个家庭组成的，家庭是家族的细胞，由此家引申出家庭义。《孟子·梁惠王上》：“百亩之田，勿夺其时，八口之家可以无饥矣。”家庭由一夫一妻组成，所以家有时特指夫，有时特指妻。《国语·齐语》：“罢士无伍，罢女无家。”三国吴韦昭注：“夫称家也。”这是说无能的男子找不到同伴，无能的女子找不到丈夫。《左传·桓公十八年》：“女有家，男有室，无相渎也，谓之有礼。”“女有家，男有室”是说女子有丈夫，男子有妻子。“家”指丈夫。《晏子春秋·外篇下十》：“田无宇见晏子独立于闺内，有妇人出于室者，发斑白，衣缁布之衣，而无里裘。田无宇讥之曰：‘出于室为何者也？’晏子曰：‘婴（晏子名）之家也。’”“婴之家”意为我的妻子。

总之，家是个会意字，本义为宗庙。后人大都将后起义家庭认作本义，所以对字形的分析不得要领。

剪

剪字最早见于晋代，东晋王羲之的书帖中就有剪字（见唐代怀仁《集字圣教序》）。最初为剪这个词造的字是前。《说文》中解释说：“前，齐断也。从刀歬声。”“齐”是剪的意思，“齐断”就是剪断。歬才是前进的前字，但人们一般不用这个字，而是借用剪断义的前字表示前进的意思，前的剪断义又借用本义为羽毛初生的翦字来表示。如《礼记·内则》：“三月之末，择日翦发为鬌。”鬌（duǒ）是给儿童剪的一种发型。历史上从先秦到唐代剪断之义主要用翦字。唐代颜元孙的《干禄字书》中说：“剪翦，上俗下正。”意思是说剪是俗字，翦是正字，可见在唐代剪字还没有取得正统的地位。杜甫《戏题王宰画山水图歌》诗中说：“焉得并州快翦刀，翦取吴松半江水。”还是用翦字。传世典籍中《墨子·公孟篇》已有剪字：“昔者越王句践剪发文身，以治其国。”这应该是后人改换的结果，不能据此认为先秦已有剪字。

剪刀是何时发明的，文献中没有明确的记载。《吕氏春秋·顺民》中说：“昔者汤克夏而正天下，天大旱，五年不收。汤乃以身祷于桑林，曰：‘余一人有罪，无及万夫。万夫有罪，在余一人。无以一人之不敏，使上帝鬼神伤民之命。于是翦其发，鄜其手，以身为牺牲，用祈福于上帝。民乃甚说，雨乃大至。”商王汤剪发祈雨，说明商代就应该有剪刀了。

目前考古发现最早的剪刀是西汉时期的。早期的剪刀都是交股式的，使用方法类似镊子。大约唐末五代时期出现了支轴式剪刀。1953 年，在长沙市郊一座五代时期的墓葬中出土了一把铁剪，两股分离，刀刃与刀把之间有轴眼，并用铆钉作支轴。这种剪刀比交股式剪刀便于操控，一直沿用至今。

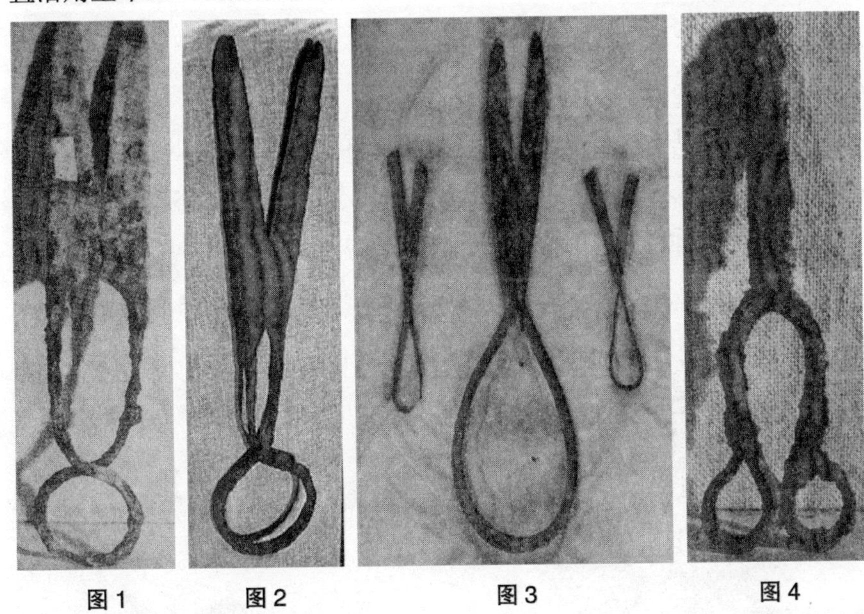

图 1　　图 2　　图 3　　图 4

图 1　1934 年宝鸡西汉墓出土铁剪

图 2　河南博物院藏东汉铁剪

图 3　2008 年杭州余杭区出土的汉代铁剪

图 4　1953 年长沙五代墓出土铁剪

说到剪刀，不能不提风靡全球的猜拳游戏“石头、剪子、布”。该游戏英语中一般称为 rock-paper-scissors，简称 RPS。维基百科（Wikipedia）中介绍说这一游戏起源于中国，18 世纪传到日本，20 世纪风行欧美世界。这只是诸多说法中的一种，并非定论。对一个流行世界各地、又缺乏文献记载的游戏，要想弄清它的起源是很困难的。1842 年，英国人在伦敦成立了“石头、剪子、布俱乐部”（The Paper Scissors Stone Club），随着来自世界各国会员的增多，1918 年改名为“国际石头、剪子、布俱乐部”（World RPS Club），与此同时，总部也从伦敦搬到了加拿大的多伦多市。1925 年又改名为“国际石头、剪子、布协会”（The World RPS Society）（见 http://www.worldrps.com）。该协会从 2002 年开始每年举办石头、剪子、布国际比赛，吸引了来自五湖四海的选手，引起国际媒体的广泛关注。

值得注意的是，中国“布”的手势一般是五指分开，西方国家的习惯大多是四指或五指平行并拢。维基百科中对“布”（paper）的手势的解释是：represented by an open hand, with the fingers connected (horizontal). 意思是用展开手掌、水平并拢手指来表示。如下二图所示：

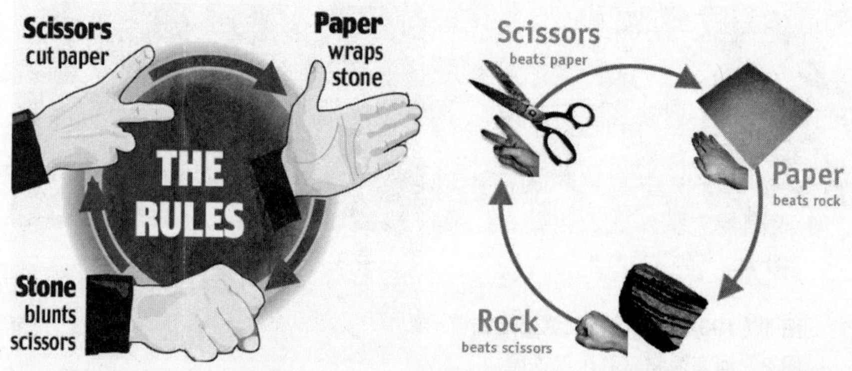

由剪组成的词很多，值得一说的是“剪彩”一词的由来。今天在建筑物动工落成、展览会开幕、道路桥梁首次通车等庆祝仪式中，常可看到一些领导人手持剪刀将彩带剪断，这一仪式就是剪彩。剪彩是中国古老的节日习俗。在一些传统节日里，人们用彩绢或彩纸剪成各种各样的形状，悬挂张贴在门窗上，或是佩带在身上，人们认为这样可以求吉避邪。南朝梁宗懔的《荆楚岁时记》中记载说：“正月七日为人日……剪彩为人，或镂金薄为人，以贴屏风，亦戴之头鬓。”又：“立春之日，悉剪彩为燕戴之。”清富察敦崇《燕京岁时记》云：“端阳日用彩纸剪成各样葫芦，倒粘于门阑之上，以泄毒气。至初午后则取而弃之。”今天的剪彩就是古代以求吉避邪为目的的剪彩习俗的延续和发展，只是其原有的内涵已鲜有人知了，人们只知道这是一种庆祝方式而已。

唐代贺知章的《咏柳》诗堪称家喻户晓的名篇，深得世人称赏。若问其引人入胜处何在，大都归结为“不知细叶谁裁出，二月春风似剪刀”这一比喻的新奇。例如《新选唐诗三百首》（人民文学出版社 1980）中说：“这一首《咏柳》，用碧绿的色彩，新鲜的比喻，描绘了春柳生气勃勃的葱茏景象。……构思很新巧。”刘树勋《唐宋诗选讲》（中国少年儿童出版社 1979）中说：“妙就妙在第三四两句的一问一答。凭空想来，出人不意，问得奇怪，答得有理，使人读了以后，觉得意趣盎然。”但很少有人知道《咏柳》诗的比喻是以当时流行的裁剪迎春花树的习俗为背景的。

古代每当春天来临之时，人们有一系列的迎春活动，其中有一种很流行的习俗就是用彩绢剪制迎春花树，叫做“彩花树”或“宜春花”。唐宋之问《奉和立春日侍宴内出剪彩花应制》诗：“金阁妆仙杏，琼筵弄绮梅。人间都未识，天上忽先开。蝶绕香丝住，蜂怜艳粉回。今年春色早，应为剪刀催。”唐赵彦昭《奉和圣制立春日侍宴内殿出剪彩花应制》：“剪彩迎初候，攀条故写真。花随红意发，叶就绿情新。嫩色惊衔燕，轻香误采人。应为薰风拂，能令芳树春。”这两首诗中所说的仙杏、绮梅、蜂蝶、绿树等都是指用彩绢剪制而成的工艺品。杜甫云“漏泄春光有柳条”（《腊日》诗），柳树自然是迎春花树中少不了的题材。唐刘宪《和立春日内出彩花树》诗：“禁苑韶年此日归，东郊道上转青旗。柳色梅芳何处所，风前雪里觅芳菲。开冰池内鱼新跃，剪彩花间燕始飞。欲识王游布阳气，为观天藻竞春辉。”唐韦庄《立春》诗：“雪圃乍开红菜甲，彩幡新剪绿杨丝。”古汉语中常常杨、柳混称，这里的“杨丝”就是柳丝。又宋方岳《立春日装成宜春花》诗：“青幡碧胜缕金文，柳色梅花逐指新。却笑尚为儿女态，宝刀剪彩强为春。”由此可见，现实生活中确实存在用碧绿的彩绢“装成”的“万条垂下绿丝绦”的柳树，而且这柳树是用剪刀裁制出来的，贺知章不过是用大家习见的彩树来比喻真的柳树罢了，好比画家画了风景，而文人却说“风景如画”一样，说成“凭空想来，出人不意”，未免不切实际。对唐宋时期的读者来说，这样的比喻恐怕没什么太新奇的感觉，正如大家都知道火很热，你说一句“骄阳似火”或者“赤日炎炎似火烧”什么的，能引起听者多大的新鲜感呢？后世之所以感到新奇，是因为立春日剪制宜春花树的习俗消失了，人们不知有剪裁柳树之事，所以一听到“不知细叶谁裁出，二月春风似剪刀”的比喻，便心旌摇曳，叹为妙想。

弄清了《咏柳》诗的民俗背景，再来看我们今天的一些赏析，总有一种隔靴搔痒的感觉。《唐诗鉴赏辞典》（上海辞书出版社 1983）中分析说：“《南史》说刘悛之为益州刺史，献蜀柳数株，‘条甚长，状若丝缕’。齐武帝把这些杨柳种植在太昌云和殿前，玩赏不已，说它‘风流可爱’。这里把柳条说成‘绿丝绦’，可能是暗用这个关于杨柳的著名典故。”“绿丝绦”来自现实中的彩树，与典故无关。

剪彩是吉庆美好的活动，但“剪荷包”“剪绺”就不是什么光彩的事了。明代无名氏《临潼斗宝》杂剧楔子中云：“我如今烧了山寨，散了贼兵，我也不作贼了，我去羊市角头学剪荷包去也。”这里的“剪荷包”可不是裁制荷包到市场上去卖，而是偷窃钱物的意思。荷包是古人装钱的小包，一般佩带于身上，小偷用剪刀将荷包的带子剪断，从而窃得荷包，故称偷窃钱物为“剪荷包”。与此意思相同的还有“剪绺”一词。《醒世姻缘传》第九十三回：“原来这人是剃头的待诏，又兼剪绺为生，专在渡船上乘着人众拥挤之间，在人那腰间袖内遍行摸索。”绺指系物的带子。唐沈佺期《七夕曝衣篇》：“上有仙人长命绺，中看玉女迎欢绣。”“剪绺”即剪断钱包的带子。因人们不明白绺为何义，所以绺字也写作柳。元无名氏《渔樵记》:“或是跳墙蓦圈，剪柳搠包儿。”“搠包”跟“剪柳”意思一样，也是偷窃的意思。由于剪是偷窃常用的方式，所以语言中又有“剪窃”一词。如鲁迅《书信集·致黎烈文》:“尤其是剪窃问题，往复二次，是非已经了然，再为此辈浪费纸墨，殊无谓也。”这里的“剪窃”是剽窃的意思。

上面提到的“搠包”一词流行的解释与我们的说法有所不同，在此顺便澄清一下。顾学颉、王学奇《元曲释词》(中国社会科学出版社 1988)的解释是:“犹云掉包，指小偷流氓，乘人不防，暗换物品(以假换真，以贱换贵),以图财货者。”《汉语大词典》释为:“调包。暗易人之物以骗财。”这一解释的依据大约是下面的材料：明陆容《菽园杂记》卷七:“京师有妇女嫁外京人为妻妾，初看时以美者出拜，及临娶，以丑者换之，名曰戳包儿。”由于“戳包”也有偷窃的意思，如元郑廷玉《金凤钗》杂剧第三折:“我想那戳包儿贼汉，栽培下不义之财。”于是“搠包”“戳包”都统一解释成了调包。但搠和戳从来没有调换的意思，“搠包”“戳包”何以有调包之义，难以解释。搠和戳都有戳刺的意思，“搠包”“戳包”的本义应该是刺破包囊探囊取物或使物自己掉出，从而窃为己有，这也是今天的小偷惯用的伎俩。引申泛指偷窃。因调包也是偷窃的方法之一，故亦用泛指之“戳包”来指称。所以调包义应该是“搠包”“戳包”的引申义，词典中应设立两个义项，这样“搠”“戳”的意思就有了着落，也不至于误导读者将所有的“搠包”“戳包”用例都理解为调包。

粳

我国是水稻的原产地。江苏无锡锡山公园、浙江吴兴钱山漾、余姚河姆渡、湖北京山屈家岭、河南洛阳西高崖等多处六七千年前的新石器时代遗址中曾发现过稻米、稻壳和稻草，品种有粳米和籼（xiān）米。九十年代在河南舞阳县贾湖遗址中发现了八千多年前的稻壳印痕和炭化米粒，经鉴定，主要为粳稻，其次是籼稻（参孔昭宸等《河南舞阳县贾湖遗址八千年前水稻遗存的发现及其在环境考古学上的意义》，《考古》1996年12期）。可知粳稻在我国有悠久的栽培历史。

但从传世典籍来看，粳字的出现却是比较晚的。《史记·滑稽列传》："荐以木兰，祭以粳粮。"似乎西汉已有粳字。但这里的"粳粮"有的版本写作"粮稻"，从西汉其他典籍中不见粳字的情况来推断，原文当是作"粮稻"。比较可信的是东汉杜笃《论都赋》中的用例："渐泽成川，粳稻陶遂。"这是说低湿之地形成河流，粳稻旺盛地生长。但当时粳可能是一个出现不久的俗字，所以《说文》没收。《说文》中有"秔"字，释云："秔，稻属。从禾亢声。秔或从更声。"《尔雅·释草》"稌，稻"下陆德明《经典释文》曰："稉与粳皆俗秔字也。"米部与禾部常常互通，故秔或作杭（见《晋书·惠帝纪》），稉或作粳。后世粳字通行，其他几种写法渐被淘汰。亢和更古音相同（都是见母阳部），所以作声符时可以互换。

粳是一种什么样的稻呢？前人有不同的说法，其中以段玉裁的解释最为精审。他说："稻有至黏者，糯是也。有次黏者，稉是也。有不黏者，稴（xián）是也。稉比于糯则不黏，比于稴则尚为黏。稉与稴为饭，糯以酿酒，为饵餈，今与古同矣。散文稉亦称稻，对文则别。"粳米是跟糯米相对而言的。《尔雅·释草》"稌，稻"下《经典释文》引晋吕忱《字林》曰："糯，黏稻也。秔，稻不黏者。"《经典释文》又云三国魏"李登《声类》亦以秔为不黏稻"。《玉篇·米部》也说："粳，不黏稻。"糯与耎、懦、儒（软弱之人）、软等词同源，都有柔软的词义特征，所以糯是因柔软而得名。糯既得名于柔软，则与之相对的粳当是得名于坚硬。《本草纲目·谷部·粳》："黏者为糯，不黏者为粳。糯者，懦也；粳者，硬也。""硬"大约是南北朝时期才出现的一个词，它的产生时代晚于"粳"，所以说"粳"源于"硬"不免颠倒了父子关系，但说它们有同源关系是可以成立的。"粳"可能得名于"刚"。"粳"和"刚"上古都是见母阳部字，读音相同。刚是柔的反义词，有坚硬的意思。《素问·气交变大论》："肃杀而甚，则刚木辟著（干枯不落）。"唐王冰注："刚，劲硬也。""硬"是疑母耕部字，与"刚"音近，大约是从"刚"分化出来的一个词。稴即后世所说的籼米，字亦作秈。《广雅·释草》"秈，稉也"王念孙疏证："今江北呼秈稻声如宣。……秈之为言宣也，散也，不相黏箸之词也。秈从禾山声，山、宣、散三字古声义相近。"看来糯、粳、籼是根据它们的黏性来划分的，最软的是糯，比糯硬的是粳，米粒散而不黏的是籼。直到今天，我们仍在使用这种三分法。

但前人对粳还有另外的解释。《广雅·释草》："秈，稉也。"似乎粳指籼米。又《周礼·天官·食医》"牛宜稌"郑玄注引郑司农云："稌，稉也。"稌（tú）即糯米。《说文》："稌，稻也。"朱骏声《说文通训定声》："古专谓黏者为稌，吾苏所谓糯米也。"晋崔豹《古今注·草木》："稻之黏者为黍，亦谓稌为黍。"稌当与塗同源。《广雅·释诂三》："塗，泥也。"

稌得名于柔软，这跟糯的得名之义是相同的。郑司农释稌为粳，似乎粳又指糯米。我们该怎样看待前人的这些训释呢？从得名之由来看，粳最早指我们今天所说的粳米应该是没什么可疑的。但语言使用有这样一种现象，即用同类事物中影响大的事物指代影响小的事物。如“羹”本指一种汁中带肉的菜肴，但为了说起来好听，人们也将汁中带菜而无肉的菜肴称为羹，于是羹也指菜羹。“羊肉串”本指烧烤的一串羊肉，但现在不少所谓的羊肉串实际上是猪肉或是鸡肉，是一种“挂羊头卖狗肉”的做法。羊肉的价格高，所以就以羊肉为招牌。我国古代的三类稻米中，糯米多用于酿酒，日常食用的则是籼米和粳米。粳米润泽清香，是食用米中的上品，古代诗文中多有称道。《艺文类聚》卷八五引郑氏《婚礼谒文赞》：“秔米馥芬，婚礼之珍。”曹丕《与朝臣论秔稻书》：“江表惟长沙名（拥）有好米，何得比新城秔稻邪？上风炊之，五里闻香。”晋葛洪《抱朴子内篇・诘鲍》中有“稉粱嘉旨”的说法。正因如此，粳米或称之为“香粳”。东汉张衡《南都赋》：“若其厨膳，则有华芗重秬，滍（zhì）皋香秔。”或誉之为“珠秔”。苏轼《水龙吟》词：“但丝蓴（chún）玉藕，珠秔锦鲤，相留恋，又经岁。”《陈书・徐孝克传》载：“（徐孝克）家道壁立，所生母患，欲粳米为粥，不能常办。母亡之后，孝克遂常啖麦，有遗粳米者，孝克对而悲泣，终身不复食之焉。”宋洪迈《夷坚丙志・谢七嫂》中提到这样一件事：“信州玉山县塘南七里店民谢七妻，不孝于姑（婆婆），每饭以麦，又不得饱，而自食白秔饭。”从这些记述不难看出，在人们的心目中粳米是美食，普通人不是想吃就能吃得到的。粳米的这种社会影响，使它获得了泛指稻米的意义，所以既可以指籼米，又可以指糯米。

绢

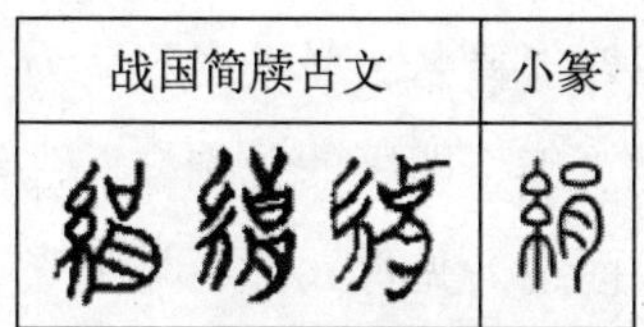

古代“绢”字的不同写法

《说文》对绢的解释存在多种异文，迄今莫衷一是。大徐本作：“绢，缯如麦稍（juān）。从糸肙声。”《原本玉篇残卷》（中华书局 1985）绢下引《说文》作：“生霜如陵稍也。”《太平御览》卷八百一十七引《说文》作：“绢如霜。”段玉裁《说文解字注》作：“缯如麦色。”段氏解释说：“色字今补。色讹也，而俗删之耳。……稍者，麦茎也，缯色如麦茎青色也。”《汉语大字典》取段氏之说，将绢的本义释为“麦青色丝织品”。段氏补的色字既缺乏根据，又没什么必要。没有色字照样可以理解为缯如麦稍色，为什么要凭空补个色字呢？张舜徽《说文解字约注》综合各种异文说：“合诸书比缉之，疑许书原本当云：‘生缯也，色如麦稍。’唐写本《玉篇》所引缯讹作霜，麦稍讹作陵稍，也字又误倒在下矣。”这一说法主观改动过多，未必合乎许氏之旧。

那么说绢色“如麦稍”又是什么意思呢？麦稍即麦秸，小麦的茎秆。

段玉裁认为指青色，没有根据。凡草皆青，何必非要说成小麦茎秆的青色呢？于理难通。王筠《说文句读》云："麦既熟，其稍色黄而明，绢自有此色，不待染而成也。"认为指黄色，张舜徽亦主此说，然而同样说不出多少道理来。绢是生丝织品。《玉篇·糸部》："绢，生缯也。"《广雅·释器》："绡谓之绢。"《说文》："绡，生丝也。"生丝是白色的，所以《急就篇》第二章颜师古注云："绢，生白缯，似缣而疏者也"。《太平御览》引《说文》作"绢如霜"，原本《玉篇》引《说文》也有"生霜"二字，都是说绢由生丝织成，其色为白，霜恐非缯字之讹。比较而言，《御览》所引虽有省略，当是许书本意，"麦稍"云云恐为后人所改。

绢是因何得名的呢？《释名·释采帛》认为得名于"坚"："绢，絙也，其丝絙厚而疏也。""絙"即坚的分别文。生丝未经煮练，质地要比经过煮练的熟丝坚挺，而绢（见母元部）与坚（见母真部）古音相近，故《释名》认为绢得名于坚。《释名》的说法固然不无道理，不过我们也可以提出另外的可能。绢是与缣相对而言的。《说文》："缣，并丝缯也。"意为用双丝线织的缯。《释名·释采帛》亦云："缣，兼也，其丝细致，数兼（倍）于绢，染兼五色，细致不漏水也。"绢用单丝织成，质地稀疏。从肙得声的字有细小的涵义。《说文》："肙，小虫也。""涓，小流也。""鋗，小盆也。"单丝比双丝细，故谓之绢。既然绢字从肙得声，说它与肙同源要比说与坚同源更为可信。

说到绢，我们自然想到那有名的"黄绢幼妇"的故事。据南朝宋刘义庆《世说新语·捷悟篇》记载："魏武（即曹操）尝过《曹娥碑》下，杨修从，碑背上见题作'黄绢幼妇外孙齑臼'八字，魏武谓修曰：'解不？'答曰：'解。'魏武曰：'卿未可言，待我思之。'行三十里，魏武曰：'吾已得。'令修别记所知。修曰：'黄绢，色丝也，于字为绝。幼妇，少女也，于字为妙。外孙，女子也，于字为好。齑臼，受辛也，于字为辞。所谓绝妙好辞也。'魏武亦记之，与修同，乃叹曰：'我才不及卿，乃觉

(jiào 相差）三十里。'”后人便将优美的诗文称为“黄绢词（辞)”。唐任华《杂言寄杜拾遗》诗：“昨日有人诵得数篇黄绢词，吾怪异奇特借问，果然是杜二之所为。”元耶律楚材《继平陶张才美韵》：“援毫欲继清新句，笑我却无黄绢辞。”

曹娥是东汉时期上虞县的孝女，其父溺水，年仅十四的曹娥投江寻父，五天后抱着父亲的尸体浮出水面。为了表彰曹娥的孝行，东汉桓帝元嘉元年（151 年)，上虞县令度尚在曹娥的家乡为她建庙立碑，碑文为邯郸淳撰写。由于碑文美妙，凭吊观赏者络绎不绝。著名书法家蔡邕路过上虞，夜访《曹娥碑》，在碑阴（碑的背面）题写了“黄绢幼妇，外孙齑臼”八字。原碑早已不存，现存最早的《曹娥碑》系宋元祐八年（1093年）由王安石的女婿蔡卞重书。

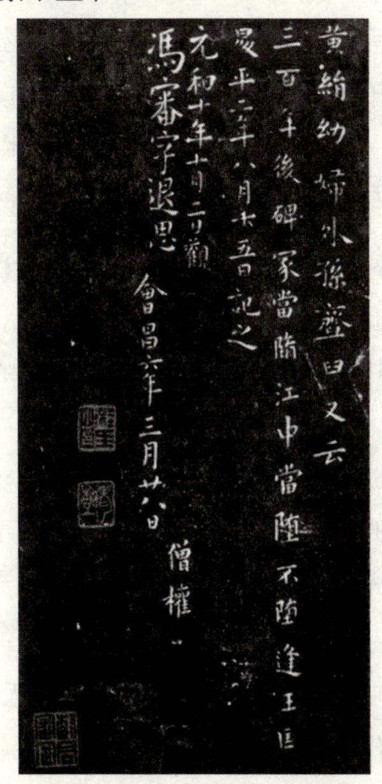

宋蔡卞重书《曹娥碑》碑阴

绢在古代用途很广泛。首先是衣着的时尚材料。《墨子·辞过》："治丝麻，捆（织）布绢，以为民衣。"绢是丝织品，普通百姓一般是穿不起的，大约到垂垂老矣之时才有可能穿上绢衣享受一下。《礼记·王制》中说殷人"缟衣而养老"，孔颖达疏："缟，白色生绢。"《孟子·梁惠王上》中把百姓们"五十者可以衣帛矣"当作生活目标。从这些话语中不难看出古代老百姓想穿上绢帛衣服是很不容易的。

尽管如此，绢在丝织品中只能算是低档产品，跟那些经过煮练染色的缎、练、绫、锦之类相比不免逊色。古代染色不易。古称平民为"白衣"，就是因为平民常穿未经染色的白布做的衣服的缘故。绢是未经染色的帛，是丝织品中最常见的，因而引申泛指丝织品。《南齐书·裴叔业传》："再战，斩首万级，获生口三千人，器仗驴马绢布千万记。"

绢是平纹织物，坚挺光洁，是题诗作画的好材料。宋王安石《阴山画虎图》："堂上绢素开欲裂，一见犹能动毛发。"这是说虎图画在绢素上。宋米芾《画史》："唐人摹绢本在刘季孙家。""绢本"指绢帛上的书画。米芾《书史》："张颠绢帖一卷，七八帖乃少时书。""绢帖"指写在绢帛上的书帖。明高濂《遵生八笺》卷十五："古画不可卷紧，恐伤绢地。"绢质地比较硬，所以卷紧容易损伤绢。

古人还常用绢制作绢扇和绢花，这也是绢材料坚挺的缘故。《晋书·安帝纪》："（义熙元年）五月癸未，禁绢扇及摴（chū）蒱（古代一种色子类的博戏）。"《宋史·礼志十六》："乾道八年十二月……又行门、禁卫诸色祗应人，依绍兴例，并赐绢花。"绢扇和绢花今天仍很常见，折叠各式各样的绢花是餐厅服务人员的基本功。

绢也常用来制作手绢。《红楼梦》第二十八回："只见黛玉登着门槛子，嘴里咬着绢子笑呢。""绢子"就是手帕。今天将手帕称为"手绢"就是来自古人用绢制作手帕的习惯，尽管今天的手帕不一定是用绢做的。

课

小篆	汉简	汉代墓碑	明宋克书
課	課	課	课

古代“课”字的不同写法

《说文》云：“课，试也。从言果声。”本义是考核、考查。考核何以从言呢？我们今天的考核一般采用答卷的方式，上古时期没有我们今天的这种考核制度。那时考查对象比较少，加之没有纸，简牍又笨重不便，所以考核一个人往往采用面对面问答的方式，相当于今天的口试，故课字从言，正如试字从言一样。《论语》中多处记载了孔子和他弟子问答的情况，其中有些问答就有考试的性质。如《公冶长篇》：

子曰：“以吾一日长乎？尔毋吾以也。居（平时）则曰：‘不吾知也。’如或知尔，则何以哉？”子路率尔而对曰：“千乘之国，摄（夹）乎大国之间，加之以师旅，因之以饥谨，由也为之，比及三年，可使有勇，且知方也。”夫子哂之。“求，尔何如？”对曰：“方六七十如（或）五六十，求也为之，比及三年，可使足民。如其礼乐，以俟君子。”“赤，尔何如？”对曰：“非曰能之，愿学焉。宗庙之事如会同，端章甫，愿为小相焉。”

孔子逐一提问，弟子们按照自己的想法如实回答，一场考试就这样结束了。在科举制度出现以前口试是考查人才的常用方法。秦汉以降多将口试称为“策”。《汉书·杜钦传》：“其夏，上（汉成帝）尽召直言之士诣白虎殿对策。策曰：‘天地之道何贵？王者之法何如？六经之义何上？人之行何先？取人之术何以？当世之治何务？各以经对。’”《后汉书·和帝纪》：“帝乃亲临策问，选补郎吏。”《北齐书·儒林传·马敬德》：“敬德请试方略，乃策问之。所策五条，皆有文理。”直到今天，口试仍然是笔试的补充手段。

古代朝廷对官吏定期进行考核，以评定其优劣，奖优罚劣。政绩最好的称为“课最”。《晋书·贺循传》：“刺史嵇喜举秀才，除（授予）阳羡令，以宽惠为本，不求课最。”政绩最差的叫“课殿”，殿是最后之义。《汉书· 兒宽传》：“后有军发，左内史以负租课殿，当免。”

后来课试的范围扩大，考核对象不限于人，考核方式自然不再是口问了，课就有了泛指的考核义。《管子·七法》：“成器不课不用，不试不藏。”这是说新做的器具未经检验，不能使用。这也许是我国产品检验的最早记录。

对今天的人来说，用“课”最多的莫过于“课本”“课文”“课程”“上课”等这样一些跟教学有关的词了。这些词中的“课”是什么意思呢？它与课的本义又有什么联系？课的本义是考查，引申而有推求研讨之义。南朝梁刘勰《文心雕龙·指瑕》：“《雅》《颂》未闻，汉魏莫用，悬领似如可辩，课文了不成义。”这里的“课文”就是推敲文字的意思。由推敲研讨引申为学习之义。《梁书·沈峻传》：“与舅太史叔明师事宗人沈麟士，在门下自课。”“自课”谓自己学习。白居易《与元九书》：“苦节读书，二十已（以）来，昼课赋，夜课书，间又课诗，不遑寝息矣。”这里的“课”也是学习的意思。我们今天的“课文”等词中的课正是学习之义，“课文”指学习的文章，“课本”指学习的书本，“课程”指规定的学习进度。不过今天意义上的“课文”等词出现较晚。“课本”一词较早的例句如清成瓘《(道光）济南府志》卷五十五：“（王允熙）尝著《七古平仄论》，为家塾课本。”清陈衍《石遗室文集》卷八《与唐春卿尚书论存古学堂书》：“有书贾编纂纰缪百出之课本，为教育之具耳。”所以有些人认为这些教育名词来自日语。如《汉语外来语词典》(上海辞书出版社 1984）就把“课程”列为日语外来词。汉语中的日语借词情况比较复杂，目前研究得很不够，这些词是不是日语借词，有待进一步研究。如宋陈鹄《耆旧续闻》卷二：“后生为学，必须严定课程，必须数年劳苦。”这里的“课程”跟今天“课程”的含义已很接近，这表明“课程”一词未必来自日语。

孔

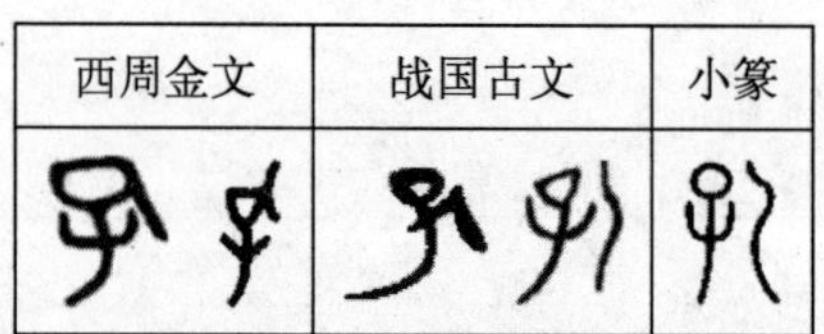

古代“孔”字的不同写法

“孔”字最早见于西周金文，其构形究竟表示什么意思，学者们有多种解释。有人认为像婴儿以口就乳之形，会乳房孔穴之意，所以本义是孔穴。以口就乳让人联想到哺乳、吮吸是很自然的，但很难叫人意识到表示孔穴，所以此说不足采信。有人认为“子”旁那一撇是指示符号，指示婴儿头上有孔穴。从外表看，婴儿头上的囟门也只是头顶骨未合缝的一点痕迹，并非有什么明显的孔穴，用囟门泛指孔穴不合情理。更能说明问题的是，在西周时期的文献中“孔”没有孔穴的意思，“孔”的孔穴义大约是战国时期才有的，所以把孔穴看成本义不符合词义发展的历史。

《说文》中解释说：“孔，通也。从乙从子。乙，请子之候鸟也。乙至而得子，嘉美之也。古人名嘉字子孔。”“通也”是声训，并不是在直接解释“孔”的本义，下面的“嘉美之”才是解释“孔”的本义。在许慎看来，“孔”的本义是嘉美，他还用古人名与字的联系来证明这一意义的存在。古人的名与字意义往往相同或相关。春秋时期楚国成嘉字子孔（见《左传·文公十二年》），郑国公子嘉字子孔（见《左传·襄公九年》），宋国也有名嘉字孔父的人（见《左传·桓公二年》，此人是孔子祖先，孔子氏孔就是来自孔父），这都表明孔有嘉美的意思。西周金文中有“用乃孔德”的话，“孔德”即美德。《汉书·礼乐志》：“令问在旧，孔容翼翼。”这是说美名长久流传，美容令人肃然起敬。《楚辞·东方朔〈七谏·谬谏〉》：“鸾皇孔凤，日以远兮。”东汉王逸注：“孔，孔雀也。”孔雀称为孔可能是因美丽而得名的，孔雀开屏的美丽是很吸引眼球的。结合“孔”的早期意义来考虑，西周金文中的“孔”应该是像婴儿以口就乳之形，是以哺育婴儿为幸福美满之事，故其本义为嘉美。

那么，《说文》中“乙至而得子”的说法是怎么回事呢？原来孔字在演变过程中乳房形变成了“乙”形，并与“子”分开写，这种演变的发生不是无缘无故的，而是有民俗根源的。这里的“乙”不是天干之乙，而是燕子的别称，字也写作鳦。《诗经·邶风·燕燕》“燕燕于飞”毛传：“燕燕，鳦也。”燕子是黑色的，所以也叫玄鸟。燕子每当秋风萧瑟、草木凋零的时候就飞走了，到第二年春天万物复苏的时候又回到人家，所以古人认为燕子是春天的使者，是主司孕育的神鸟。每年春天燕子飞来的时候，古人要举行祈子活动。《礼记·月令》中记载说：仲春二月，“玄鸟至，至之日以太牢祠于高禖。天子亲往，后妃帅九嫔御，乃礼天子所御，带以弓韣、授以弓矢于高禖之前”。郑玄注：“玄鸟，燕也。燕以施生时来，巢人堂宇而孚乳，嫁娶之象也，媒氏之官以为候。”高禖是主管婚育的神。燕子飞来之日，天子要带领后妃们到高禖庙里去祈子。《竹书纪年》中记载说：远古时期有个帝王叫高辛氏，高辛氏有个妃子叫简狄，“以春分玄鸟至之日，从帝祀郊禖，与其妹浴于玄丘之上。有玄鸟衔卵而坠之，五色甚好。二人竞取，覆之以二筐。简狄先得而吞之，遂孕。胸剖而生契”。契（xiè）就是殷人的始祖。卵古代也叫“子”，今天有些方言中仍把鸡蛋叫“鸡子”。由于殷人是燕卵所生，故姓子。在秦人的祖源传说中，也是始祖母女修吞食了玄鸟掉下来的卵而怀孕，生下了大业（《史记·秦本纪》）。古代有“玄降”一词，指帝王的降生，就是源于玄鸟遗卵生子的古老传说。宋曾巩《进奉熙宁八年同天节银绢状》：“元命在躬，方启龙兴之运；鸿图集祉，爰开玄降之祥。”春秋时期鲁国有个人叫“展喜”（见《左传·僖公二十六年》），字为乙，乙至得子，为可喜之事，故名喜字乙。这是燕子赐子观念在古人名字中的反映。

不光帝王在春天祈求燕子，民间也有迎玄鸟的习俗。宋葛天民《迎燕》诗云：“咫尺春三月，寻常百姓家，为迎新燕入，不下旧帘遮。”《昌黎县志》载：“三月三日曰蟠桃会。……男女俱簪柏叶，若门前插柳，以迎玄鸟。”《滦州志》三月条载：“旧志谓男女簪柳为饰，做面燕插檐，以迎玄鸟。”迎燕子就是迎接春天的到来，就是为了人及动植物的繁殖。

有了这样的文化背景知识，我们就不难理解孔字为什么在后来的演变中变成了从子从乙，原因就在乙鸟在民俗观念中与生子有关，生子是喜美之事，与孔的本义相关。因此，就金文而言，许慎对孔字构形的解释固然是错误的，但就小篆而言，许慎的说法还是符合实际的。

孔的本义是嘉美，由此引申为程度副词甚的意思。如《诗经·郑风·羔裘》的“孔武有力”就是很威武、有力量的意思。美好的意思容易引申出“甚”义。类似的例子如“良”“雅”“好”等词都是既有美好义，又有“甚”义。《汉书·冯唐传》：“上既闻廉颇、李牧为人，良说。”王先谦补注引宋刘攽曰：“良说者，甚喜也。”西汉杨恽《报孙会宗书》：“家本秦也，能为秦声。妇赵女也，雅善鼓瑟。”这是说很会弹瑟。唐赵嘏《江上逢许逸人》诗：“清秋华发好相似，却把钓竿归去来。”“好相似”即很相似。今天还有“好好玩”的说法。

那么，孔的孔穴义是从何而来的呢？这一意义应该是“空”的借字。

“空”有孔穴的意思。《周礼·考工记·函人》：“凡察革之道，视其钻空。”隋陆德明释文：“空，音孔。”“音孔”是说“空”在这里是孔的意思。《汉书·鲍宣传》：“今贫民菜食不厌，衣又穿空。”唐颜师古注：“空，孔也。”因空、孔读音相同，所以孔穴义借用了孔字。

前面说了，殷王室姓子，孔子是殷王室的后裔，所以孔子姓子。战国以前，姓和氏是有区别的。姓是家族的称号，个人是不能选择的。氏是个人的称号，个人可以自由选择，一个人一生中可能有多个氏。孔子的六世祖名嘉字孔父，其子孙就以孔为氏。因此，孔是孔子的氏，而非姓。战国以后姓、氏合一，说一个人姓某或氏某就没什么区别了。于是“姓氏”也就合为一词了。

骊

甲骨文	小篆

古代“骊”字的不同写法

骊字是个从马丽声的形声字。从丽得声的字有黑色之意。西汉扬雄《方言》卷八：“自关而西谓之鹂黄。”晋郭璞注：“其色黧黑而黄，因名之。”鹂黄就是黄鹂，因毛色有黑有黄，故称黄鹂。《说文》：“癰，痈也，从疒丽声。一曰黑瘦。”从丽得声，本义应为黑瘦。骊从丽得声，其本义为黑色的马。《说文》：“骊，马深黑色。从马丽声。”《诗经·鲁颂·駉》：“有骊有黄，以车彭彭。”毛传：“纯黑曰骊。”这是说有黑色的马，有黄色的马，用来驾车强壮有力。

骊本义为黑色的马，引申指黑色。《列子·说符》中讲了一个九方皋相马的故事。故事说，秦穆公让伯乐推荐一个人给他去找好马，伯乐推荐了九方皋。三个月后九方皋相马回来了。“穆公曰：‘何马也？’对曰：‘牝而黄。’使人往取之，牡而骊。穆公不悦，召伯乐而谓之曰：‘败矣，子所使求马者！色物牝牡尚弗能知，又何马之能知也？’伯乐喟然太息曰：‘一至于此乎？是乃其所以千万臣而无数者也。若皋之所观，天机也。得其精而忘其粗，在（察）其内而忘其外。见其所见，不见其所不见。视其所视，而遗其所不视。若皋之相者，乃有贵于马者也。’马至，果天下之马也。”这里的“骊”不是马，而是指颜色。后世就用“牝牡骊黄”比喻事物的表面现象。宋陈亮《祭潘叔度文》：“叔度独略其牝牡骊黄而友其人，关其休戚，悯其不自容于世。”也说成“骊黄”“骊牝”。明李贽《三大士像议》：“像之面目有些不平整，和尚每见，辄叹以为好，岂非以其人乎？抑所叹在骊黄之外也？”明谢肇淛《五杂组·事部一》：“好书之人有三病：其一，浮慕时名，徒为架上观美，牙签锦轴，装潢炫耀，骊牝之外，一切不知，谓之无书可也。”《庄子·列御寇》中说：“河上有家贫恃纬萧（编织萧草）而食者，其子没于渊，得千金之珠。其父谓其子曰：‘取石来锻之！夫千金之珠，必在九重之渊而骊龙颔下，子能得珠者，必遭其睡也。使骊龙而寤，子尚奚微（机会）之有哉！’”“骊龙”指黑色的龙。后用“探骊得珠”或“探珠”“探骊”比喻应试中考或做文章抓住了关键。清陈其元《庸闲斋笔记·蒋振声书法论》：“其书法论一篇，聚古人大旨于数百言中，如探骊得珠，觉前贤纷纷议论均为饶舌矣。”用“骊珠”或“骊龙珠”比喻珍贵的人或物。唐元稹《赠童子郎》诗：“杨公莫讶清无业，家有骊珠不复贫。”

廉

《说文》中解释说："廉，仄也。从广兼声。"段玉裁注："此与广为对文，谓偪仄也。廉之言敛也，堂之边曰廉。""偪仄"是狭窄的意思，跟堂的侧边意义不同，段玉裁模棱两可，没有说明廉的本义究竟是什么。《汉语大字典》认为廉的本义为狭窄。事实上段玉裁及《汉语大字典》的编者未能理解许慎训廉为仄的确切含义。仄有侧边的意思。《尔雅·释水》："穴，仄出也。"晋郭璞注："从旁出也。"释文："仄，本亦作侧。"西汉贾谊《吊屈原赋》(《汉书·贾谊传》)："仄闻屈原兮，自湛汨罗。"颜师古注："仄古侧字""仄闻"即侧闻，侧面听说，《文选》作"侧闻"。《说文》训廉为仄应该是取侧边义，而非狭窄义，因为廉字从广（yǎn），广的本义是依山崖建造的房屋，故从广之字多与房屋有关，如府、库、庙、庐、庭等。朱骏声《说文通训定声》云："堂之侧边曰廉，故从广。"这一看法是正确的。

那么堂的侧边具体指什么呢？这牵扯到中国古代的房屋构造问题。人类最早居住在天然形成的洞穴里，随着生产能力的提高，开始在地面上建造房屋。在距今六千多年的西安半坡遗址中，曾发掘出四十多座房屋，这些房屋可分为两种。一种是先从地面向下挖一个土坑，有圆形的，也有方形的，深约 0.4～0.8 米不等，坑的周围用草泥木柱砌上一道围墙，然后在围墙上架上椽子，铺盖起屋顶，考古学家们将这种房屋称为“半地穴室”。另一种房屋直接建在地面上。前一种是早期洞穴基础上的发展，但还没有摆脱穴居的影响。后一种就是后世平房的雏形。无论是半地穴室还是地面上的房屋，夏季难免潮湿，而且一旦遇上暴雨，很容易灌进雨水。为了克服这些缺点，人们在建房前先筑一个平台，房屋建在平台上，这样房屋高出了地面，既干燥又亮堂。上古时期常见的房屋构造是前堂后室格局。其平面图大致上是这样的：

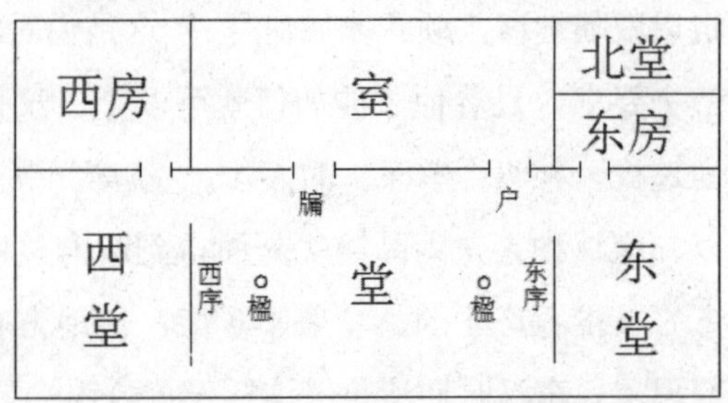

堂前面没有墙壁，是平时行礼待客的地方。堂的地面南端与台的侧面相交的边棱叫廉。廉者，兼也，兼并两面也。《礼记·丧大记》：“君将大敛……卿大夫即位于堂廉楹西。”孔颖达疏：“堂廉，即堂上近南霤为廉也。”看了上面的图，我们就知道“堂廉楹西”的确切位置了。《汉书·贾谊传》中说：“人主之尊譬如堂，群臣如陛，众庶如地。故陛九级上，廉远地，则堂高。陛亡级，廉近地，则堂卑。高者难攀，卑者易陵，理势然也。”廉是堂的边棱，台子高，台阶多，廉就离地远，反之则离地近。后来人们就用“廉远堂高”比喻帝王位高势尊。如清陈康祺《壬癸藏札记》卷六：“自古君臣定分，廉远堂高，即轸念贤劳，推恩勋旧，亦必无纶音恺恻，浃沁心脾，至于此极者也。”这是说自古君尊臣卑，君王即使悯怀昔日贤能及有功勋的臣子，也决无言辞如此恳切、感人肺腑的情况。由堂的边棱引申泛指棱角。《老子》五十八章中说：“是以圣人方而不割，廉而不刿。”这是说圣人虽有棱角，但不会将人划伤。中国古代算术开方中，边为廉，角为隅。有些人把“侧边”理解为堂的台基的侧面，这是讲不通的。台基的侧面与地面相连，不存在“廉远地”的问题。

边棱是一条线，由此引申为细小的意思。韩愈《晚晴》诗："廉纤晚雨不能晴，池岸草间蚯蚓鸣。""廉纤晚雨"指夜晚下的细雨。晋代挚虞《疾愈赋》中说："馈食纤纤而日鲜，体貌廉廉而转损。"这是说因生病而身体细弱。我们今天常用的物价低廉的含义就是从细小的意义引申出来的。

堂廉的另一特点是正直，所以古代常用来比喻人的品性，有"廉正""廉直""廉隅"等词。如宋代苏洵《御将》一文中说："况为将者又不可责以廉隅细谨，顾其才如何耳。"这是说对将帅不能以品性端正之类的小节去要求，只看他才能如何就可以了。汉代的时候，国家定期从全国各地选拔一种叫"孝廉"的人才，"孝廉"就是孝顺廉正的意思，从命名可以知道这种人是因品德优秀而得到政府奖励的。但由于"孝廉"是由地方官员推荐产生的，孝廉不孝廉，由地方官员说了算，这样难免就有腐败现象。东汉时期流传着这样一首童谣："举秀才，不知书。举孝廉，父别居。寒素清白浊如泥，高第良将怯如鸡。"汉代的秀才也是推荐产生的。童谣的意思是说：推举出来的秀才不识字，推举出来的孝廉跟父母不和而分开居住，声称是贫寒清白的人污浊得跟污泥一样，声称是富家良将的人胆小如鸡。这是对汉代人才选拔制度的辛辣讽刺。

从正直的意思出发，廉又引申出清白的意思，如"廉洁""清廉""廉明"等词中的廉就是清白的意思。南宋大臣孙楙曾跟宋高宗讨论"公生明"的问题，"上问：'何以生公？'曰：'廉生公。'又问：'何以生廉？'曰：'俭生廉。'上称善。"（明凌迪知《万姓统谱》卷二十一）"公生明，廉生公，俭生廉"成了后来执政者喜欢张挂的座右铭。《孟子·万章下》中说："故闻伯夷之风者，顽夫廉，懦夫有立志。"伯夷是商朝末年著名的廉洁之士，听到他高风亮节的事，贪婪的人会变得廉洁，懦弱的人会有自立的志气。后来从这几句话产生了两个成语，一为"廉顽立懦"，一为"顽廉懦立"。如宋蔡正孙《诗林广记后集》卷十："子陵钓台，赋者甚众，如文正公（范仲淹）此诗，真足以廉顽立懦。”宋李之仪《姑溪居士文集》前集卷十三《贺致政太傅》：“幸功成名遂之遇，激顽廉懦立之心。”清代学者钱大昕在《十驾斋养新录》卷三中对《孟子》中的那几句话提出疑议，他说：“廉与贪对，不与顽对。按《论衡》《率性篇》《非韩篇》、《后汉书》《王畅传》《丁鸿传》所引皆作‘贪夫廉’，然则两汉本是贪字。《论衡·知实篇》引《孟子》作‘顽夫廉’，此浅人妄改。”钱氏的说法有失慎重。汉代的赵岐解释说：“后世闻其风者，顽贪之夫更思廉洁。”赵岐将“顽夫”释为“顽贪之夫”，显而易见，《孟子》原文就是作顽。顽有贪的意思，赵岐注中的“顽贪”是同义连文。又《吕氏春秋·慎大》：“桀为无道，暴戾顽贪。”亦“顽贪”连文。朱骏声《说文通训定声》认为贪婪义的顽是忨的假借，其说可从。《说文》：“忨，贪也。”

由清白再引申为察清楚、弄明白。《史记·秦始皇本纪》：“诸生在咸阳者，吾使人廉问，或为訞言以乱黔首。”“廉问”就是察问的意思。古来的学者大都以为察问义的廉是覝（lián）的借字。《汉书·高帝纪下》：“且廉问，有不如吾诏者，以重论之。”唐颜师古注：“廉，察也。廉字本作覝，其音同耳。”《说文》：“覝，察视也。”南唐徐锴《说文系传》：“《汉书》多言‘廉得其情’，廉，察视也，当作此覝。”《汉语大词典》也认为察问义的廉本字为覝。这种看法是不妥当的。廉的察问义从其词义引申的角度可以得到合理的说明，用不着求助于假借。覝字典籍中未见使用，倒有可能是为廉的察问义而造的后起本字。

粮

战国古文	小篆	汉隶

古代“糧”字的不同写法

粮是糧的异体字。糧字最早见于战国简牍。粮字字典中最早见于南朝梁顾野王的《玉篇·米部》：“糧，谷也。粮，同糧。”现存典籍中最早见于《墨子·鲁问》：“攻其邻家，杀其人民，取其狗豕食粮衣裘。”清毕沅校云：“粮，糧字俗写。”但考虑到今本《玉篇》经唐宋学者增改，传世典籍也屡经后人刻印抄写，皆难以据信为原貌。不过汉代碑刻如《韩敕碑》、《礼器碑》以及敦煌汉简等文献中已有粮字，可以确信粮字作为糧的异体汉代已流行于世。二十世纪五十年代简化汉字时选用笔画少的粮作为正体，糧在现代汉语中被废止。以下行文中涉及糧字时若无分辨的必要，一概写作粮。

粮的本义就是粮食。《说文》：“糧，谷也。”徐锴《说文解字系传》作“谷食也”，比仅仅释为“谷也”确切，故段玉裁《说文解字注》从之。粮用于泛指粮食的例子如《诗经·大雅·公刘》：“度其隰原，彻（治）

田为粮。”《左传·哀公十三年》：“吴申叔仪乞粮于公孙有山氏。”先秦时期由于粮食加工成面粉的技术非常落后，所以人们很少吃面粉，粮食的吃法主要是煮粥、蒸干饭或炒成干粮，而以吃干粮的情况居多，这在古籍中多有反映。《诗经·小雅·伐木》：“民之失德，干糇（hóu）以愆。”这是说老百姓因干粮而发生争斗，造成过失。糇就是干粮。《孟子·尽心下》：“舜之饭糗（qiǔ）茹草，若将终身焉。”东汉赵岐注：“糗，饭干糒（bèi）也。”糗、糒都指干食。典籍中常常饮食并提，食指干食，故每食须有饮料相佐。《论语·雍也》：“一箪食，一瓢饮，在陋巷，人不堪其忧，回也不改其乐。”箪是竹篾编织的盛食器具，所盛自然是干食。又《述而》：“饭疏食，饮水，曲肱而枕之，乐亦在其中矣。”《孟子·梁惠王下》：“箪食壶浆以迎王师。”《礼记·檀弓下》：“有饿者蒙袂辑屦，贸贸然来，黔敖左奉食，右执饮，曰：‘来食。’”这些材料反映了古人以干粮为常食而以饮料佐餐的饮食习惯。古来“饮食”并举，原因正在于此。

离家远行，更是只能携带干粮，古籍中常说的“赢粮”就是携带干粮的意思。《庄子·胠箧》：“某所有贤者，赢粮而趋之。”《荀子·议兵》：“赢三日之粮，日中而趋百里。”《战国策·楚策一》：“于是赢粮潜行。”不少词典将这里的粮释为“粮食”，不太准确。光有干粮而无水是难以下咽的。古代有不少靠卖浆为生的人，浆就是米汤之类的饮料，他们的顾客主要就是那些赢粮远行者。《庄子·列御寇》中说：“吾尝食于十浆，而五家先馈。”这是说列御寇曾在途中到一个有许多卖浆者的摊点去买浆，有多家摊主抢先送上浆来。卖浆虽然利薄，但也能发财。《史记·货殖列传》：“卖浆，小业也，而张氏千万。”可以想见古代饮浆者之多。

常吃干食的习惯使粮有了特指干粮的含义。《诗经·大雅·公刘》：“乃裹糇粮，于橐于囊。”陆德明《经典释文》：“粮，糇也。”《周礼·地官·廪人》：“凡邦有会同师役之事，则治其粮与其食。”郑玄注：“行道曰粮，谓糒也。止居曰食，谓米也。”这里将粮与食分开说，粮特指干粮。《论语·卫灵公》："在陈绝粮，从者病，莫能兴。"《庄子·逍遥游》："适百里者夜舂粮，适千里者三月聚粮。"这里所说的粮指外出时带的粮，显然也是干粮。古籍中所说的"粮食"一词有多种含义，除我们今天的粮食之义外，还有以干粮为食或干粮之食的含义。《孟子·梁惠王下》："师行而粮食。"朱熹《四书集注》："粮，谓糗糒之属。"这是说军队出行时以干粮为食。《左传·襄公八年》："楚师辽远，粮食将尽。"这里的"粮食"指军中所带的干粮之食。后世常说"兵马未动，粮草先行"，而不说"食草先行"，原因就在军中所带一般为干粮。

古代官员的报酬是实物报酬，直接发粮食。西汉初期有个官员叫石奋，人称"万石君"。汉朝规定，郡守、诸侯相、太子太傅等官员的年薪为粮食二千石（一石约三十公斤），石奋和他的四个儿子都位至二千石，加起来一年有一万石的收入，故称万石君（见《史记·万石张叔列传》）。因此粮又引申出了薪俸的意思。《新唐书·食货志五》："又诏得上下考，给禄一年，出使者廪其家，新至官者计日给粮。""计日给粮"是说按实际工作天数发粮薪。

旒

旒字古文字中未见，但先秦典籍中偶见使用。如《诗经·商颂·长发》："受小球大球，为下国缀旒。"郑玄笺："旒，旌旗之垂者也。"《国语·齐语》："遂下拜，升受命，赏服大辂，龙旗九旒，渠门赤旂，诸侯称顺焉。"不过这些旒字都有异文，《玉篇》"畷"字下引《诗经》作流，《管子·小匡》也有《齐语》中的那几句话，"九旒"作"九游"。结合《说文》不收旒字情况来考虑，先秦典籍中的个别旒字当是后人改换的结果，旒字大约是汉代产生的一个俗字。

从构形来讲，旒是从㫃（yǎn）流省声的形声字。㫃字商代金文作，像旗杆上有飘带飘动的样子，本义为旌旗上飘带之类的装饰物，所以从㫃的字一般都跟旗子有关。《玉篇》："旒，旌旗垂者。"在旒字出现之前，"旌旗垂者"的意义用斿（liú）字来表示。这个字甲骨文中作，像一人手执旌旗的样子。《玉篇》："斿，旌旗之末垂者。或作游。"斿大约得名于"流"，飘带的飘动与水的流动类似，故称为斿，斿也写作游正是这种类似联想的反映。斿因流而得名，所以人们也直接写作流。《礼记·乐记》："龙旗九流，天子之旗也。"《经典释文》："流，本又作旒。"《说文》："游，旌旗之旒也。"清钮树玉《说文校录》："宋本及初印本旒作流，《系传》及《韵会》作'旌旗斿也'。"看来《说文》原本作流或斿，作旒是后人改换的结果。由于流字从水，字形上看不出跟旗子的关系；斿字则用得较少，一般写作游，同样看不出跟旗子的关系，于是人们把斿和流组合起来，将跟表意关系不大的“子”和“水”省去，造成了旒字。

旒有两种类型。一种附缀于旗子的边缘。《尔雅·释天》：“纁帛縿(shān)。”郭璞注：“縿，众旒所著。”縿是旗子的正幅。《国语·齐语》“龙旗九旒”三国吴韦昭注：“龙旗，画交龙于縿也。正幅为縿，旁著属为旒。”有的像旗子的飘带（见图 1)，有的像穗子（见图 3)，也称为旒苏。《北史·薛琡传》：“自制丧车，不加雕饰，但用麻为旒苏，绳网络而已。”这里的旒苏指丧车旗子上的垂饰。慧琳《一切经音义》卷十四引唐张戬《考声》云：“旒苏，旗脚也。”“旒苏”后世多写作“流苏”。另一种旒直接系于旗竿（见图 2)，是旗子的飘带。

旒的多少不是随意的，它是由人的地位决定的，地位越高，旒数越多。按通常的说法，周代之时，天子之旗十二旒，公爵为九旒，侯伯七旒，子男五旒。《周礼·春官·巾车》：“王建大常，十有二斿。”大常是周天子的帅旗，有十二旒。但从考古发现的图像资料来看，旒的数目并不像前人所说的那么规整。

由于旒附缀于縿，故用“缀旒”一词表示君主或官员为下属所摆布，不能自主。《汉书·五行志下之下》：“后为溴梁之会，诸侯在而大夫独相与盟。君若缀斿，不得举手。”颜师古注：“应劭曰：‘斿，旌旗之旒，随风动摇也。’言为下所执，随人东西也。”《后汉书·张衡传》：“夫战国交争，戎车竞驱，君若缀旒，人无所丽（依从)。”也作“赘旒”。《公羊传·襄公十六年》：“君若赘旒然。”何休注：“旒，旂旒。赘，系属之辞，若今俗名婿为赘婿矣。以旂旒喻者，为下所执东西。”也说成“旒缀”。杜甫《送樊侍御赴汉中判官》诗：“使者纷星散，王纲尚旒缀。”此言王权旁落。又附赘的意思又引申泛指赘馀。清陈廷焯《白雨斋词话》卷七：“本原既得，不独《蓉渡》为糟粕，即《乌丝》《载酒》亦成旒缀。”

图1 战国车马猎纹钫上的车马图

图2 江苏淮阴高庄战国墓出土的铜器残片上的车马狩猎图

图3 西汉贝壳彩绘狩猎图

龙

商代甲骨文	商代金文	周代金文	战国简牍	小篆	汉隶	汉印

古代“龙”字的不同写法

从甲骨文的记载来看，龙在商代就已经是一个想象中的动物。如甲骨文中有这样的记载：“其乍（作）龙于凡田，又（有）雨，吉。”（《甲骨文合集》29990）古代祈雨时用泥土做一条龙，以此来祈求降雨。《淮南子·地形篇》中说：“土龙致雨。”东汉高诱注：“汤遭旱，作土龙以象龙，云从龙，故致雨也。”意思是商王汤在位的时候遭遇到大旱，商汤做了土龙来祈雨。甲骨文的记载就是做了土龙到凡田求雨的意思。向龙求雨时需要制作一条龙，这说明现实当中并没有真实的龙，否则直接找到真龙祈求就是了，何必做个假的呢？殷人崇拜龟，所以他们向龟卜问的时候直接用真龟，这反过来表明龙在商代就已经是虚幻的动物。

从商代的甲骨文和金文来看，龙字应该是根据二十八宿中的龙宿的形象而造的。

古人以为地球是不动的，太阳、月亮等天体都是围绕地球运转。他们把太阳在天空中的周年运动轨道称为黄道。黄道实际上是地球公转所产生的“周年视运动”轨道，也就是地球公转轨道面在天球上的投影。需要说明的是这里的黄道跟迷信的人所说的“黄道吉日”的黄道不是一个概念。黄道吉日的黄道是跟黑道相对而言的。迷信的人认为天空中每天都有一个神在值日，十二天一个轮回，青龙、天德、玉堂、司命、明堂、金匮六个神为吉神，他们值日的日子就是黄道吉日；白虎、天刑、朱雀、天牢、玄武、勾陈六个神为恶神，他们值日的日子就是黑道凶日。这些说法当然是没有什么科学道理的。

古代天文学家把太阳运行的轨道划分为二十八个区间，称为“二十八宿”。每宿包含若干颗恒星，恒星在天空中的位置是相对不动的，所以古人用二十八宿来说明日月星辰在天空中的位置，以此判断季节。如苏轼在《前赤壁赋》中说：“少焉，月出于东山之上，徘徊于斗牛之间。”借助“斗”“牛”二宿说明了月亮在天空中的具体位置。《夏小正》：“正月初昏参中，五月初昏大火中。”意思是说正月黄昏的时候参宿出现在正南方，五月黄昏的时候心宿（又叫大火）出现在正南方。这是用二十八宿说明季节。“宿”是居住的意思，意思是说日月等星运行到每个宿可以歇脚住宿。二十八宿再按照东南西北四个方位分为“四象”，每个象有七个宿。这四象的名称及各象包括的宿是：

东方苍龙七宿：角、亢、氐、房、心、尾、箕

南方朱雀七宿：井、鬼、柳、星、张、翼、轸

西方白虎七宿：奎、娄、胃、昴、毕、觜、参

北方玄武七宿：斗、牛、女、虚、危、室、壁

1978年，湖北随县战国初期的曾侯乙墓中出土了一只黑漆朱绘的衣箱，箱盖中心书写一“斗”字，绕“斗”字一周写有二十八宿的名称。盖面一头绘青龙，另一头绘白虎。说明二十八宿和四象的星象体系在春秋战国时期十分流行。

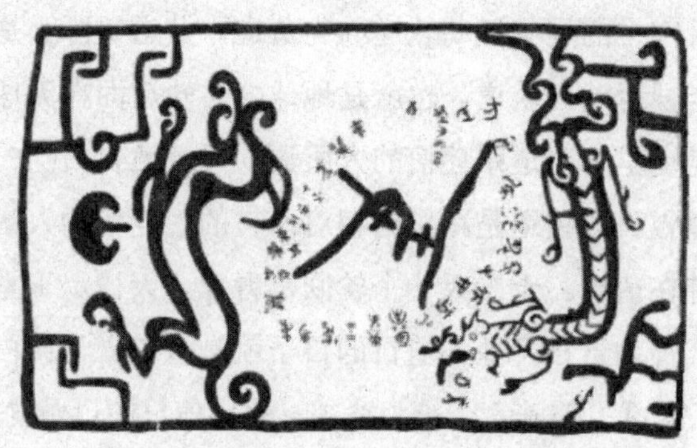

战国曾侯乙墓衣箱盖二十八宿图摹本

如果我们把东方七宿角、亢、氐、房、心、尾、箕的各个星星用线条连接到一起，就构成了下面的形状：

拿甲骨文中的龙字一对照，不难看出龙字与此非常相似，可见龙字就是龙星的描绘。甲骨文中“龙”就有龙星的用例。如《合集》28022：“龙惟今日丁出。”这是说龙星在今天丁时出现。《合集》13002：“乙未卜，龙亡其雨？”这是问天龙会不会降雨。东汉许慎在《说文解字》中解释说：“龙，鳞虫之长，能幽能明，能细能巨，能短能长。春分而登天，秋分而潜渊。”这说的就是苍龙七宿一年在天空中的隐现变化。“春分而登天”是说春分的时候东方苍龙在天空中初露头角，“秋分而潜渊”是说秋分以后苍龙七宿又逐渐隐没在地平线之下，人们就看不见了。龙字与龙星的对应表明，四象的观念在商代就已经存在。

中华文化中把农历二月初二称为“龙抬头日”，民间流行着“二月二，龙抬头”的谚语，二月二还被称为“青龙节”、“春龙节”。那么“龙抬头”是什么意思呢？有一则民间传说中解释说：东海龙王有一个如花似玉的女儿，生于二月初二。有一天，小龙女悄悄溜出龙宫来到人间，正赶上人间大旱，草木都干枯了。龙女见此情景，顿生怜悯之心。于是她从随身带的锦囊里取出一把红豆，向田里一撒，天空中立刻浓云密布，电闪雷鸣，下起了大雨。雨后，方圆几百里的庄稼全都长得绿油油的。龙王得知此事后非常恼怒，认为龙女私自降雨，大逆不道，便将龙女逐出龙宫，永不相认。龙母非常思念她的女儿，每到小龙女生日二月初二这一天，她总要浮出水面，抬头眺望，痛哭一场。她的哭声变成了雷声，她的眼泪变成了大雨，春雨给大地带来了生机，于是就有了庆贺二月二龙抬头的习俗。

二月二.龙抬头

这当然不是“龙抬头”的真正含义。真正的含义是每年二月初，黄昏时分角宿就从东方地平线上出现了。这时整个苍龙的身子还隐没在地平线以下，只是角宿初露，所以称为“龙抬头”。

“龙”可能是由轰隆隆的雷声而得名的。龙登天以后就有了打雷现象，古人认为雷声是天龙发出的吼声，因此根据其声音给它取了一个“龙”

的名字，正如“猫”“鸭”“鹅”等都根据其叫声命名一样。巨大的雷声可以把耳朵震聋，所以《淮南子·说山》中有“视日者眩，听雷者聋”的说法。为了避免雷声把耳朵震聋，打雷时人们往往用手捂住耳朵，故有“迅雷不及掩耳”之语。所以“聋”跟“龙”有同源关系。

天上“龙抬头”的同时，人间万物复苏，大地返青，春耕生产全面展开。一年之计在于春。春耕是关系到国计民生的大事，所以古代上上下下都很重视，由此形成了一系列的民俗活动。

皇帝在这一天要率百官出宫，举行隆重的“御耕”仪式，皇帝亲自扶一下犁，耕地松土，以示重视农业。过去有一幅年画，叫《天子耕地》，画中一位头戴王冠、身穿龙袍的皇帝正手扶犁把耕田，身后有一位宫女为他举着屏扇，耕牛的旁边有三位身穿长袍的官员在赶牛，远处是挑篮送饭的皇后和宫女。上面还题诗一首：

二月二，龙抬头，天子耕地臣赶牛。
正宫国母来送饭，五谷丰登太平秋。

民间流传的谚语说：“二月二，龙抬头；大仓满，小仓流。”有些乡村这一天要举行“画仓”仪式，由家里年长的人手端一簸箕灶灰在谷场和庭院撒出谷仓，先撒仓顶，再撒仓肚，随后撒仓门；撒完后，让儿孙们抓些五谷杂粮放在仓里，上面盖上纸，再用砖块或石板压严，表示仓粮完好，不会损坏。这是为了祈祷新的一年风调雨顺，五谷丰登。可以说二月二的大多数活动都是围绕农业丰产而展开的，唐代出现的迎富习俗其实就已经蕴涵了乞求农业丰产的因素。

春耕时节最需要的是雨水，所以有“春雨贵如油”的说法。雨水是由龙王掌管着的，要老天下雨，就得在龙身上作文章。为了让龙降雨，古人可以说是费尽心机，想了不少招数。

天子耕地，清代年画

画仓（民国时期老照片）

古人认为龙在每年秋分以后就沉潜到水中不出来。清孙奇逢《孙征君日谱录存》卷十九：“龙抬头口号：俗传此日龙抬头，犹恐龙眠尚未休。欲乘风云难得便，澄潭深处且藏修。”想要龙降雨，就得设法让它回到天空中去。使用最普遍的招数是引龙出水。前引宋末元初欧阳玄的《渔家傲》词中已提到用白灰（灶灰或石灰）“引龙”之俗，

安徽省巢湖市二月二举行舞龙活动

这种引龙方法后世很流行。如明人沈榜《宛署杂记》卷十七：“宛人呼二月二日为龙抬头。乡民用灰自门外委蜿布入宅厨，旋绕水缸，呼为引龙回。”清咸丰《武定府志》：“以二日为春龙节，取灶灰围屋如龙蛇状，名曰引钱龙，招福祥也。”有些地方则用洒水的办法引龙。清彭兆荪《小谟觞馆诗文集·诗集》卷一《楼烦风土词六首》自注：“二月二日为龙抬头日，自外汲水由大门引洒，谓之引龙。”不少地方二月二早晨起来以后，家人要拿起长竿敲击房梁，目的是把“龙”唤醒，再用谷糠或黄土从井台向水缸引回一条“金龙”，意味着龙降雨后就会有一个金灿灿的丰收年。

有些地方则通过舞龙表演让龙清醒，让龙兴奋，以达到行云降雨的目的。甲骨文中记载的做龙祈雨很可能就是舞龙祈雨。后世主要在正月和二月舞龙，因为春耕最需要雨水。可知舞龙习俗源远流长。

为了让龙高高兴兴地降雨，人们对龙小心翼翼，生怕有所触犯。如二月二人们不能从井里打水，要在此前就把自家的水缸挑得满满当当的，否则就会触犯了“龙头”。妇女在这一天忌做针线活，以防针扎坏龙眼、扎伤龙身，所以已婚女子这一天纷纷回娘家探亲，民间有“二月二，家家接女儿”的谚语。按照民间习俗，正月里“姑奶奶”是不能住在娘家的，初二到娘家拜了年后也必须当天赶回婆家。但到了二月初二，娘家人就来接女儿回去住上几天，过几天轻松快活的日子。所以二月二也可以说是我国古代的妇女节。

龙在中华文化中最常见的含义是比喻国君。春秋时期晋国公子重耳流亡国外十九年，有五个人一直忠心耿耿地追随着他。当重耳返回晋国当了国君后，对追随他的人大加封赏，唯独遗漏了介子推。介子推赋诗说：“有龙于飞，周徧天下，五蛇从之，为之丞辅。龙反其乡，得其处所，四蛇从之，得其露雨。”（《吕氏春秋·介立》）东汉高诱注：“龙，君也，以喻文公。”这里的龙就是比喻晋文公重耳。龙也用来比喻才能出众的人士。《三国志·蜀志·诸葛亮传》中说：“诸葛孔明者，卧龙也。”这是把诸葛亮比作龙。

龙在中华文化中也是威猛的象征。成语有“龙行虎步”，比喻威仪庄重，气度不凡。《宋书·武帝纪上》：“刘裕龙行虎步，视瞻不凡。”明凌蒙初《虬髯翁》第一出：“遇着俺张兄虬髯翁，他龙行虎步，是个王者之相。”李小龙主演的一部功夫片叫《龙争虎斗》（英文名 Enter The Dragon），“龙争虎斗”也是个成语，比喻争斗或竞赛非常激烈。又有“龙飞凤舞”的说法，形容气势奔放雄壮或姿态生动活泼。如刘鹗《老残游记》第九回：“草书写得龙飞凤舞，出色惊人。”秦牧《艺海拾贝·菊花与金鱼》：“它们有的端雅大方，有的龙飞凤舞。”

漏

《说文》:“漏，以铜受水，刻节，昼夜百刻。从水屚声。”许慎认为漏的本义是漏壶，这是不对的。漏是屚的累增字。《说文》:“屚，屋穿水下也。从雨在尸下。尸者，屋也。”段玉裁注:“今字作漏，漏行而屚废矣。”《玉篇·雨部》:“屚，屋穿水入也。与漏同。”屚以雨入屋内会意，表示漏水之义。《睡虎地秦墓竹简·效律》:“仓屚朽禾粟。”这是说粮仓漏雨而导致粮食腐烂。屚即用作本义。漏与屚的关系如同采与採、益与溢的关系，是重复增加意符的结果，所以漏的本义就是漏水，而非漏壶，漏壶义应该是从漏水义引申而来的。

我们知道，西方的机械钟表是明朝末年才传入我国的，那么在此之前的漫长历史时期内我国是怎样计时的呢?主要用两种工具，一是圭表，一是漏壶。圭表立一标杆，通过日影的长短及方向的不同来计算时间，这种时钟在阴天和夜晚是无法使用的。漏壶用水的滴漏量来表示时间，不受天气的影响，因而成为古代使用最为广泛的计时工具。

漏壶在我国具有悠久的历史。《初学记》卷二十五引梁《漏刻经》云:“漏刻之作，盖肇于轩辕之日，宣乎夏商之代。”《隋书·天文志上·漏刻》中亦云:“昔黄帝创观漏水，制器取则，以分昼夜。”都认为漏壶出现于黄帝时代。尽管这只是一种传说，但它说明漏壶问世渊古。《周礼·

夏官·挈壶氏》中对漏壶已有明确的记载（见下文），可知漏壶在周代已大行于世。

漏壶可分为单壶和复壶两种类型。从考古发掘及文献记载来看，西汉以前的漏壶都是单壶。单壶只有一个贮水壶，壶中立一箭杆，叫漏箭，漏箭上刻有横道。壶的底部有一小嘴。使用时壶中注入一定量的水，漏箭便漂浮起来。随着水从壶嘴不断滴漏，漏箭逐渐下沉，漏箭刻度的变化便显示了时间。图 1 是内蒙古伊克昭盟杭锦旗的沙丘中发现的西汉初期的漏壶。壶盖上有双层提梁，壶盖和双层提梁的正中有上下对称的三个方孔，用来安插漏箭并使漏箭垂直。图 2 是陕西兴平县出土的西汉中期的铜漏壶，单曾提梁。由于这种漏壶是通过漏箭的下沉来显示时间的，所以也称为沉箭漏。

图 1

图 2

图 1　西汉千章漏壶，高 47.9，口径 18.4 厘米，重 8250 克，容量 6384 立方厘米。1976 年内蒙古伊克昭盟杭锦旗出土，现藏中国历史博物馆。

图 2　西汉中期铜漏壶，高 32.8，径 10.6 厘米，1958 年陕西省兴平县出土，现藏陕西兴平茂陵博物馆。

单壶的缺点是当壶中水满时滴漏得快，随着水量的减少，滴漏变慢，这样同是“一刻”，前后的时值并不相等。为了克服这一缺点，人们又发明了复壶。复壶由一个受水壶和若干个贮水壶组成，各壶由上而下，分级承接。最早记载复壶的文献是东汉张衡的《漏水转浑天仪制》，文中记述说（《初学记》卷二十五引）：“以铜为器，再叠置差，实以清水，下各开孔，以玉虬吐漏，水入两壶。右为夜，左为昼。”所谓“再叠置差”是指贮水壶分两级放置。“右为夜，左为昼”指受水壶有左右两个，右壶指示夜晚的时间，左壶指示白天的时间。这就是说这套漏壶由四个壶组成，分为三级。第一级壶的作用是不断为第二级壶补充水源，使第二级壶的水位始终处于同一高度，以保证第二级壶能够均匀地滴水，从而大大提高了第三级壶（受水壶）显示时间的精度。当第二级壶中的水滴入受水壶时，受水壶中的漏箭逐渐上浮，显示出时间的流逝。由于这种漏壶是通过漏箭的上浮表示时间的，所以也叫浮箭漏。图 3 是宋代杨甲《六经图》卷三收录的唐代吕才设计的五级复壶。图 4 是元代延祐三年（1316）制造的四个一套的四级复壶。

复壶的形制多种多样。晋孙绰《漏刻铭》云：“累筒三阶，积水成渊。”“筒”指贮水壶和受水壶，“三阶”指分三级放置。这是三个壶一套的复壶。有的各贮水壶大小相同。如《初学记》卷二十五引殷夔《漏刻法》云：“为器三重，圆皆径尺，差立于水舆踟蹰之上。为金龙口吐水，转注入踟蹰经纬之中。盖上铸金为司辰，具衣冠，以两手执箭。”这是四个壶一套的四级复壶。说“圆皆径尺”，可知三个贮水器大小相同。有的复壶各贮水器大小不一。晋陆机《漏刻赋》中说：“拟洪杀于编钟，顺卑高而为级。”南朝梁陆倕《新漏刻铭》中说：“洪杀殊等，高卑异级。”“洪杀”是大小的意思。这是说漏壶由高到低呈阶梯形放置，大小不一，依次递减，与编钟相似。

图3　唐代吕才设计的五级复壶　　图4　元代延祐三年制造的四级复壶

漏壶也不一定都是壶的形状。为了美观，有的也设计或装饰成动物造型，常见的是龙和蛤蟆。张衡《漏水转浑天仪制》所说的“以玉虬吐漏”就是饰有玉龙。陆机《漏刻赋》中描写说：“伏阴虫以承波，吞恒流其如挹。”孙绰《漏刻铭》云：“灵虬吐注，阴虫承泻。”北周王褒《漏刻铭》：“箭水无绝，灵虬长注。”灵虬指龙的造型，阴虫指蛤蟆。漏水从龙口滴出，下有蛤蟆张口承接，造型生动精巧。梁元帝《漏刻铭》中说：“飞流五色，涓涓靡绝。龙首傍注，仙衣俯裂。”不但有龙，而且还有指示刻度的仙人，与殷夔所说的漏壶相似。正因复壶中有龙和蛤蟆的造型，所以漏壶也称为“铜龙”和“蟾壶”。唐徐彦伯《同韦舍人元旦早朝》诗：“夕转清壶漏，晨惊长乐钟。透迤纶禁客，假寐守铜龙。”唐李约《岁日感怀》诗：“曙气变东风，蟾壶夜漏穷。”《汉语大词典》“蟾壶”条云：“古代计时器。一种蟾蜍形的漏壶。”这种解释是不确切的。蟾蜍形器只是复壶中的承水器，并非整个漏壶都是蟾蜍形的。

陆倕《新漏刻铭》的说法则恰好相反：“灵虬承注，阴虫吐噏。”龙和蛤蟆调换了位置，不知是流传过程中文字发生了错乱，还是真有这种一反常规的设计。

殷夔《漏刻法》中所说的“踟蹰”《汉语大词典》释为“古代刻漏器，用以承水”，《汉语大字典》释为“古刻漏承水器”，释义虽然不误，但承水器何以称为“踟蹰”则付阙如。其实，这里的“踟蹰”（中古音皆为澄母）是“蟾蜍”（中古音皆为禅母）的音转。王国维在《〈尔雅〉草木虫鱼鸟兽名释例下》（《观堂集林》卷五）中说：“蝍蛆（jíjū 蟋蟀，一说蜈蚣）、次蟗（qiū 蛤蟆）、蜘蛛、鼀䵶（qùqiū 蛤蟆）、蟾诸（即蟾蜍）亦皆缓行之意。”这是说蜘蛛、蟾蜍等动物都因行走缓慢而得名。“踟蹰”亦作“踟跦”，也有缓行之义。《文选》晋成公绥《啸赋》：“逍遥携手，踟跦步趾。”唐李周翰注：“踟蹰，缓行貌。”“踟蹰”的常用义迟疑、犹豫与缓行义相通。可知“踟蹰”与“蟾蜍”音义相通，为同源词。从上引资料可知，龙吐漏水、蛤蟆承接是常见的设计造型。所以这里“踟蹰”的确切含义是古代漏壶上蛤蟆形或饰有蛤蟆的受水器。

多级漏壶虽然精度较高，但装置不免复杂笨重，于是人们又设计出一些装置简易的漏壶。唐李肇《唐国史补》卷中载：“初，惠远以山中不知更漏，乃取铜叶制器，状如莲花，置盆水之上，底孔漏水，半之则沉，每昼夜十二沉，为行道之节。虽冬夏短长，云阴月黑，亦无差也。”这种漏壶将铜叶制作成莲花形，浮于一盆水中。因莲花底部有孔，盆水漏入，及莲花之半则莲花下沉，每两个小时下沉一次，一昼夜下沉十二次。时人将这种漏壶称为莲花漏。唐张乔《寄清越上人》诗：“远公独刻莲花漏，犹向空山礼六时。”佛教崇尚莲花，而惠远是个僧人，所以漏壶制成了莲花形。惠远的莲花漏虽说简易准时，但每两个小时要重放一次莲花，使用反而不如多级漏壶方便。北宋燕肃也设计了一种莲花漏，见图5。杨甲《六经图》卷三有较为详细的介绍，兹转录如下：

今制有二匮（柜）、二渴乌、一石壶、四十八箭、竹注筒一、铜节水小筒一、减水盎一、退水盆一。匮二，漆木为之，深一尺二寸，径三尺二寸五分。壶以石为之，深二尺一寸五分，径一尺三寸二分，内围四尺一寸。渴乌二，铜为之。上者长三尺二寸，受水口径三分，出水口一分半；下者长二尺八寸，受水口径二分，出水口一分。箭以漆桐为之，长四尺，径六分，重四两有半，刻莲花为首饰。上一尺六寸刻节候；中一尺五寸分二十五刻，每刻六分；下九分安在莲心。减水盎、竹注筒、铜节水小筒三物设在下匮之旁，以平水势。退水盆设于壶窍之下，以受退水。称漏水法：昼夜计十二时，每时八刻二十分，每刻六十分，计水二斤八两。箭四十八，二箭当一气（按：指二十四节气），岁统（共）二百一十六万分，悉刻于箭上。铜乌引水而下注莲心，浮箭以上登。至于昼夜之别，分至之候，冬夏长短，昏晓隐见，与周官水臬晷影无差。

这种漏壶虽然只用了两个贮水壶，但由于上一个渴乌要比下一个渴乌粗，这样流入第二级贮水壶的水要比它滴漏掉的多。为了不致水位增高，设计者给第二级贮水壶安装了分水管，当水位超过分水管时多余的水就从分水管中流走，这就保证了第二级贮水壶的水位始终处于同一高度，解决了滴速不均的问题。这一设计在不影响精度的条件下将贮水壶的数量减省到了最低的限度，堪称别具匠心。正因如此，燕肃的莲花漏广为流行，影响很大。苏轼在《徐州莲花漏铭序》中说：“故龙图阁学士、礼部侍郎燕公肃以创物之智闻于天下，作莲花漏，世服其精。凡公所临，必为之。今州郡往往而在。虽有巧者，莫敢损益。”

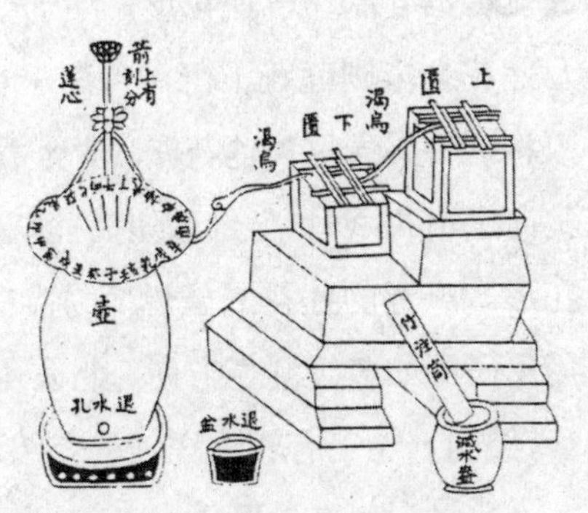

图5　北宋燕肃设计的莲花漏

此外，北魏道士李兰还发明了秤（称）漏。《初学记》卷二十五引李兰《漏刻法》云：“以器贮水，以铜为渴乌，状如钩曲，以引器中水，于银龙口中吐入权器。漏水一升，秤重一斤，时经一刻。”这种漏壶将受水器挂于秤钩，通过漏水的重量来计算时间，水重一斤（北魏 1 斤合今 440 克）为一刻。秤漏把表示时间的方式复杂化了，但并没有因此而提高精度，不如漏箭简单明了，所以未能流行开来。

时间在军事中具有十分重要的作用，何时出发，何时会合，何时进攻，何时撤离，等等，都离不开具体的时刻，因此军事活动中也常带着漏壶。《周礼·夏官·挈壶氏》中说：“凡军事，县（悬）壶以序聚柝。”这是说凡有军事行动，挈壶氏要悬挂漏壶管好时间，以保证击柝报更井然有序。《魏书·奚斤传》载：“自魏初，大将行师，唯长孙嵩拒刘裕、（奚）斤征河南，独给漏刻及十二牙旗。”这也是军中带漏壶的例证。军中若用多级漏壶，那是很不方便的。《隋书·天文志·刻漏》云：“（耿询）作马上刻漏，以从行（队伍）办时刻。”马上刻漏军中使用最为适宜。但这马上刻漏形制如何，不得而知。

《后汉书·律历志下》中说：“孔壶为漏，浮箭为刻。”由于这种计时工具以水的滴漏为特征，所以称为漏。又因它用刻度表示时间，所以也叫“漏刻”或“刻漏”。典籍中谈及时间时常常提到漏壶。《史记·司马穰苴列传》中说，齐景工派司马穰苴抵御燕国和晋国的进犯，并派宠臣庄贾前往监军。“穰苴既辞，与庄贾约曰：‘旦日日中会于军门。’穰苴先驰至军，立表下漏待贾。贾素骄贵，以为将已至军，而己为监，不甚急。亲戚左右送之，留饮。日中而贾不至，穰苴则仆表决漏。”“表”指圭表，“漏”就是漏壶。“下漏”是说让漏壶中的水开始下滴，表示开始计时。“决漏”是说将漏壶中的水放掉，表示不再计时。南朝宋鲍照《拟阮公夜不能寐》诗：“漏分不能卧，酌酒乱繁忧。”“漏分”指半夜、深夜。李白《乌栖曲》：“银箭金壶漏水多，起看秋月坠江波。”“漏水多”表示夜深更阑。“漏刻”除表示漏壶外，也指漏壶之一刻，跟“顷刻”同义。《资治通鉴·汉王莽地皇二年》:“莽只问群臣擒贼方略，皆曰:‘此天囚行尸，命在漏刻。’”胡三省注：“言得罪于天，死在须臾。”

古代官府中有专门掌管漏壶的人。《周礼·夏官》中的挈壶氏，其职责主要就是掌管漏壶，给人们报时。《汉书·佞幸传·董贤》：“贤传漏在殿下，为人美丽自喜。”“传漏”就是报时的意思。晋有漏刻史，隋有漏刻生，唐有漏刻博士，都是负责漏壶的官员。宫廷传漏的人称为鸡人，意思是像公鸡报晓那样报时的人。陆倕《新漏刻铭》：“属传漏之音，听鸡人之响。”传漏报时有的敲漏板。李贺《宫娃歌》：“七星挂城闻漏板。”有的击漏鼓。《水经注·谷水》：“城上西面列观，五十步一睥睨，屋台置一钟，以和漏鼓。”漏板和漏鼓声音不是很大，所以在敲击漏板漏鼓的同时又用大钟接力，使报时信号传得更为遥远。我们今天将能够鸣响的计时工具称为“钟”就是从这儿来的。

掌管漏壶并不轻松。水滴完了要及时添注，夜晚要点上火把守候。《周礼·夏官·挈壶氏》中说：“以水火守之，分以日夜。及冬，则以火爨鼎水而沸之，而沃之。”所谓“水火守之”是说漏尽后要及时注水，夜晚点燃火把守候，以看清刻度。东汉郑玄解释说：“分以日夜者，异昼夜之漏也。漏之箭昼夜百刻，冬夏之间有长短焉。”贾公彦疏引东汉马融曰：“漏凡百刻，春秋分昼夜各五十刻，冬至昼则四十刻，夜则六十刻，夏至昼六十刻，夜四十刻。”到了冬天，一旦壶水结冰，还要烧水化冰。东汉蔡邕《独断》卷下云：“夜漏尽，鼓鸣则起。昼漏尽，钟鸣则息也。”漏尽分为昼夜，可知漏壶中的水平均十二小时要注一次。由于四季里昼夜的长短并不相同，挈壶氏要注意分别，否则会出现夜漏未尽而天已大亮，或昼漏已尽而日落尚早的情况，不利于人们的作息。更重要的是，古代在昏旦之时观测中星，以此为据制定历法，所以何时为昏、何时为旦就具有重要的意义，历代都很重视。秦汉以前一般以日没后三刻和日出前三刻为昏旦，秦汉以后改为二刻半。《隋书·天文志·漏刻》云：“日未出前二刻半而明，既没后二刻半乃昏。减夜五刻，以益昼漏，谓之昏旦。”由于漏壶计时有误差，所以掌管者还要随时用圭表、星宿等进行校正。东汉桓谭《新论》中说（《太平御览》卷二）：“漏刻燥湿寒温辄异度，昼日参以晷景（影），暮夜参以星宿，则得其正。”《隋书·天文志上·漏刻》云：“开皇十四年，鄜州司马袁充上晷影漏刻。充以短影平仪，均布十二辰，立表，随日影所指辰刻以验漏水之节。”这都说明漏壶要常用圭表等工具进行校正，以保证计时准确。司马穰苴既下漏，又立表，就是为了保证时间的准确。

古代一昼夜的刻度，不同时代多少不一。汉哀帝以前为一百刻。《说文》：“漏，以铜受水，刻节，昼夜百刻。”与昼夜百刻制并行的还有一昼夜分为十二辰的制度，但100刻不能被12整除，两者难以配合。因此汉哀帝建平二年（公元前124年）改为昼夜一百二十刻。《汉书·哀帝纪》：“漏刻以百二十为度。”颜师古注：“旧漏昼夜共百刻，今增其二十。”梁武帝天监六年（507年）又以九十六刻为一昼夜，大同十年（544年）又改为108刻，但都使用了数十年，唐宋以来仍用百刻制。燕肃的莲花漏“每时八刻二十分，每刻六十分”，一昼夜就是百刻。每刻的分制各代也不尽相同。晋陆机《漏刻赋》：“笼八极于千分，度昼夜乎一箭。抱百刻以骏浮，仰胡人而利见。”“笼八极于千分”指漏箭共一百刻，每刻十分。燕肃的莲花漏每刻则为六十分。

明朝末年，西洋的自鸣钟和时辰表传入我国，不仅小巧方便，而且走时准确，迫使古老的漏壶退出了历史舞台。明谢肇淛《五杂组·天部二》：“西僧利玛窦有自鸣钟，中设机关，每遇一时辄鸣。”清赵翼《檐曝杂记·钟表》：“自鸣钟，时辰表皆来自西洋，钟能按时自鸣，表则有针随晷刻指十二时，皆绝技也。”西方的钟表采用的是九十六刻制，跟梁武帝时定的刻制一致。不过西方的一刻是十五分，古代的一刻分制不定。比较而言，晋代的每刻十分制计算起来要比十五分制方便，但由于西方的钟表技术先进，我们既用其钟表，也只好接受其时刻制度，正如在计算机上我们不得不接受他们的设计一样。

鲁

商代甲骨文	周代金文	战国简牍	小篆

古代“鲁”字的不同写法

《说文》：“鲁，钝词也。从白鲝（zhǎ）省声。《论语》：‘参也鲁。’”许慎认为鲁是个形声字，本义为言词笨拙，故从道白之白。事实上小篆字形已经发生了讹变，所以许慎对字形的分析是不对的。甲骨文中的鲁字从鱼从口。清代学者阮元认为“鲁本义为嘉，从鱼入口，嘉美也”。盖以为鱼为美食，故以鱼入口中会嘉美之义。于省吾《甲骨文字释林·释鲁》也认为鲁的本义为嘉美，只是将鲁所从之口理解为器皿，认为以鱼在器皿之中会嘉美之义，此说似不如阮说理顺。

鲁在卜辞中即有嘉美之义。如《乙》7781：“王占曰：吉鲁。”“吉鲁”犹言吉利、吉祥。后世亦有用例。《史记·周公世家》：“周公受禾东土，鲁天子之命。”《史记·鲁周公世家》又作“嘉天子命”，此同义词换用，谓赞美天子之命。古以高大为嘉美，故美字由羊大会意，大有赞美之义。《史记·匈奴列传》：“昔齐襄公复九世仇，《春秋》大之。”此谓《春秋》

赞美之。《公羊传·隐公元年》："何言乎王正月？大一统也。""大一统"谓赞美、崇尚天下一统，与后世称全国高度统一为"大一统"者有别。《广雅·释诂一》："皇、佳、夸、都，大也。"这些词又都有美的意思。《广雅·释诂一》："皇，美也。"《淮南子·修务》："曼颊皓齿，形夸骨佳。"此谓形体优美，"夸""佳"对文。夸后世作姱。《战国策·齐策四》："妻子衣服丽都。""丽都"同义连文，谓衣服漂亮。古称美人为"硕人"，硕即高大之义。《诗经·卫风·硕人》："硕人其颀。"郑玄笺："硕，大也。言庄姜仪表长丽俊好，颀颀然。"鲁本义为嘉美，故引申而有大义。《庄子·庚桑楚》："越鸡不能伏鹄卵，鲁鸡固能矣。"隋陆德明《经典释文》："鲁鸡，大鸡也，今蜀鸡也。""蜀鸡"而称"鲁鸡"，知"鲁"非地名。鲁有大义，故大盾谓之橹。《说文》："橹，大盾也。"大桨亦谓之橹。《正字通》："长大曰橹，短小曰桨。"凡物大则笨重，故引申为笨拙、迟钝之义。《左传·文公十五年》："鲁人以为敏。"唐孔颖达疏："鲁人，鲁钝之人。"大则粗壮，故又引申为粗鲁、粗俗之义。元尚仲贤《单鞭夺槊》第一折："量尉迟恭只是一个粗鲁之夫，在美良川多有唐突，乞元帅勿罪。"

鲁又是周王朝的一个封国。鲁国因何得名，不是很清楚。东汉刘熙《释名·释州国》中解释说："鲁，鲁钝也。国多山水，民性朴鲁也。"认为鲁国因百姓朴鲁而得名，可备一说。《史记·鲁周公世家》云："鲁公伯禽之初受封之鲁，三年而后报政周公。周公曰：'何迟也？'伯禽曰：'变其俗，革其礼，丧三年然后除之，故迟。'"伯禽是鲁国的始封国君，他到鲁国后花了三年的时间变革鲁地的风俗，使鲁国成为礼仪之邦，这说明鲁地在成为封国之前多有鄙野之风，民性朴鲁自有可能。不过自伯禽推行教化以后，鲁国在诸侯国中文化空气最浓。从精神文明来看，鲁国有柳下惠坐怀不乱的风流高格，成为后世光辉的道德典范。还有一位没有留下姓名的人，世称"鲁男子"，可与柳下惠相媲美。据《诗经·小雅·巷伯》"成是南箕"毛传记载："鲁人有男子独处于室，邻之釐（嫠）妇又独处于室。夜暴风雨至而室坏，妇人趋而托之，男子闭户而不纳。妇人自牖与之言曰：‘子何为不纳我乎？’男子曰：‘吾闻之也，男子不六十不间居（与人共居）。今子幼，吾亦幼，不可以纳子。’妇人曰：‘子何不若柳下惠然？妪不逮门之女，国人不称其乱。’男子曰：‘柳下惠固可，吾固不可。吾将以吾不可，学柳下惠之可。’孔子曰：‘欲学柳下惠者未有似于是也。’”后世将拒绝接近女色的人称为“鲁男子”。如明沈受先《三元记·秉操》：“我是柳下惠至晓不迷，只不如鲁男子闭户无求。”清李渔《风筝误·梦骇》：“夜奔来蔽斋，硬坐中怀，破我鲁男淫戒。”“鲁男子”虽未曾留下姓名，但与柳下惠同样不朽。

就物质文明而言，鲁国也有不少物产闻名于世。《周礼·考工记序》：“郑之刀、宋之斤（斧子）、鲁之削、吴粤之剑，迁乎其地而弗能为良，地气然也。”削是一种小刀子，用来在简牍上写字或是刮削简牍上写错的字。宋代王应麟《困学记闻·周礼》云：“古未有笔，以书刀刻字于方策，谓之削。鲁为诗书之国，故《考工记》以鲁之削为良。”鲁国的削之所以质量好是因为国家重视文化教育。如果让鲁国制造斧斤，而让燕国去制造削，质量就难以保证，所以后世用“鲁斤燕削”比喻由于地域条件的限制学习模仿达不到原来的水平。清李斗《扬州画舫录·虹桥录下》：“其《京舵子》《起字调》《马头调》《南京调》之类，传自四方，间亦效之，而鲁斤燕削，迁地不能为良矣。”

鲁国生产的酒以味薄闻名，这也是礼仪之邦的特点。酒厚则易致失礼，故鲁国不讲究厚酒。后人用“鲁酒”泛指薄酒。北周庾信《哀江南赋序》：“楚歌非取乐之方，鲁酒无忘忧之用。”鲁国的薄酒还曾在外交上为鲁国带来过好处。《庄子·胠箧》云：“鲁酒薄而邯郸围。”唐陆德明《经典释文》：“许慎注《淮南》云：‘楚会诸侯，鲁、赵俱献酒于楚王，鲁酒薄而赵酒厚。楚之主吏求酒于赵，赵不与。吏怒，乃以赵厚酒易鲁薄酒奏之。楚王以赵酒薄故，围邯郸也。’”赵以酒厚而反遭侵伐，这个故事与“象齿焚身”说法有些类似。不过人们用“鲁酒薄而邯郸围”比喻事情往往互有牵连。唐刘知几《史通·惑经》：“《春秋》捐其首谋，舍其亲弑，亦何异鲁酒薄而邯郸围，城门火而池鱼及。”

鲁国生产的缟以轻细闻名。《淮南子·说山》：“矢之于十步贯兕甲，于三百步不能入鲁缟。”刘文典集解：“《史记·韩长孺传》注引《汉书音义》曰：‘缟，曲阜之地俗善作之，尤为轻细，故以喻之。’”《史记·韩安国列传》中也有“强弩之极，矢不能穿鲁缟”的说法。成语“强弩之末”就是从这里来的。

西汉时期，鲁恭王刘馀在曲阜建了一座宫殿叫灵光殿，历史上也很有名。东汉王延寿《鲁灵光殿赋序》云：“鲁灵光殿者，盖景帝程姬之子恭王馀之所立也。初恭王始都下国，好治宫室，遂因鲁僖基兆而营焉。遭汉中微，盗贼奔突，自西京未央、建章之殿，皆见隳坏，而灵光殿岿然独存。”西汉末年爆发农民起义，帝王宫殿大都毁坏，只有鲁灵光殿岿然独存，这不能不说是一个奇迹。所以后世用“鲁灵光殿”或“鲁殿灵光”比喻硕果仅存的人或事物。如明王思任《留别山僧》诗序：“诸僧俱已隔世，无复存者，独幻林上人如鲁灵光殿也。”柳亚子《六月一日初谒白石老人》诗：“缶庐不作茫夫逝，鲁殿灵光白石翁。”

麻

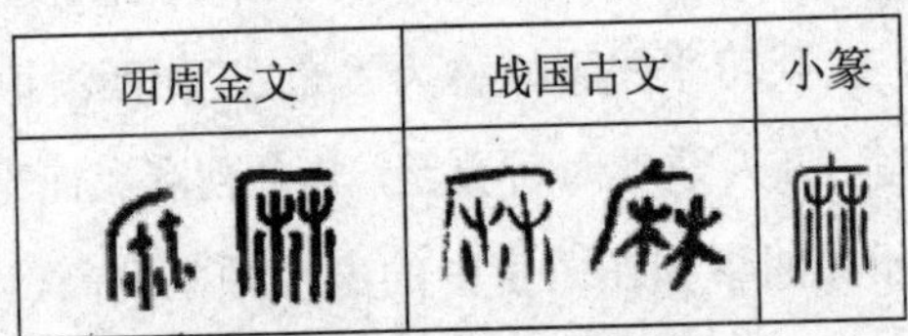

古代“麻”字的不同写法

《说文》：“麻，与𣏟（pài）同。人所治，在屋下。从广（yǎn）从𣏟。”麻所从之林与树林之林是两个不同的字，树林之林小篆作林，与𣏟字有区别，楷书中𣏟字混同于林字。《说文》：“𣏟，葩之总名也。”段玉裁改葩为萉（fèi），这是正确的，萉就是麻。𣏟字从二朩（pìn）。《说文》：“朩，分枲茎皮也。”谓剥取麻茎之皮，字像从有枝叶的麻茎上剥离麻皮之形。从二朩表示众多剥取茎皮之对象，也就是麻，故《说文》云“麻，与𣏟同”。广像檐部前伸的敞屋之形，故从广之字与房屋有关。剥麻者常坐于敞棚或屋檐下，故麻字从广。广、厂（hǎn）二字古代常常通用，所以古文字中麻也从厂。

麻是我国古代最重要的纺织品原料，早在新石器时代就已广泛种植。新石器时代的陶器上曾发现麻布的编织纹，而且有纺轮、骨针和梭等纺织工具出土。北方地区的郑州大河村曾出土大麻种子，距今已有六七千年的历史。南方地区的浙江吴兴县钱山漾曾出土几块苎麻布，距今约有四五千年。我国最早的诗歌总集《诗经》中有不少诗篇提到麻。如《王风·丘中有麻》："丘中有麻，彼留子嗟。"《陈风·东门之池》："东门之池，可以沤麻。"《陈风·东门之枌》："不绩其麻，市也婆娑。"《曹风·蜉蝣》："麻衣如雪。"人们穿麻衣，吃麻子，用麻绳，烧麻秸，麻与人们的生活关系太密切了。我国古代所说的"布"一般情况下就是指麻布。缯帛价值昂贵，普通人穿不起。战国时期的孟子曾向齐宣王建议说："五亩之宅，树之以桑，五十者可以衣帛矣"（《孟子·梁惠王上》）。将五十岁的人能穿上帛衣作为生活的奋斗目标，可知平民百姓通常穿的布料就是麻布。正因如此，古代将平民百姓称为"布衣"。西汉桓宽《盐铁论·散不足》中说："古者，庶人耋老而后衣丝，其余则麻枲而已，故命曰布衣。"

跟生活密切相关的事物在语言中的出现频率就高，麻正是如此。人们从各种不同的角度在语言中使用"麻"。

麻的外观特征是挺直，所以语言中用麻的生长环境比喻正直良好的生活环境。《荀子·劝学》："蓬生麻中，不扶而直。白沙（纱）在涅，与之俱黑。"蓬草虽然性本卷曲，但如果生长在麻之中，就会自然挺直。白纱虽然本来是白色的，但放在黑色的涅中，也就跟涅变得一样黑了。这几句话形象地说明了环境对人的重要作用。孟子的母亲为了让孟子生活在一个良好的生活环境当中，曾三次搬家，这是古人重视儿童生长环境的著名事例。

麻是古人制绳的重要原料，制绳时两三股线缠绕在一起，根据这种生活经验人们创造了"麻缠"一词，就是纠缠的意思。如柳青《创业史》第一部第十一章："他重新捉住挣脱的袖子，一个劲地麻缠。"我们今天常吃的油炸食品"麻花"也是因拧成麻绳状而得名的。

生长在田野中的麻稠密而众多，因此语言中就用麻来比喻众多。如《汉书·天文志》："后秦遂以兵内剪六国，外攘四夷，死人如乱麻。"这是说死了很多人。李白《蜀道难》:“磨牙吮血，杀人如麻。”唐代韩愈《进撰平淮西碑文表》:“今词学之英，所在麻列。”《水浒传》第五十七回:“那几条路上，麻林般摆着梁山泊旗号。”这些例子中的麻都是比喻众多。“麻烦”一词今天很常用，大家都知道是烦琐、费事的意思，但烦琐为什么叫麻烦，不一定都清楚。这里的“麻”也是繁多的意思,“麻烦”同义连文。事多则费事，故有费事之义。

物多则杂乱，所以麻又有纷乱的意思。如柳青《创业史》第一部题叙:“我心里麻乱得慌。”“麻乱”就是烦乱。又今天常说“心里乱麻麻的”。

剥麻一般要经过沤泡，沤泡过的麻晒干后呈浅黑色，因此人们就把跟麻一样的颜色称为麻。如“麻雀”就是因毛色似麻而得名的。又天色似亮非亮叫“麻麻亮”，似黑非黑叫“麻麻黑”，也是用麻的颜色来说明天色。

似亮非亮、似黑非黑就是朦胧模糊，所以麻又有模糊不清的意思。唐代李涉《题宇文秀才樱桃》诗:“今日颠狂任君笑，趁愁得醉眼麻茶。”“眼麻茶”就是眼睛模糊不清。“马虎”“马马虎虎”的说法大家很熟悉，是草率、随便的意思，但这一意思与“马虎”的写法实在看不出有什么关系。其实如果要写本字的话，应该写成“麻麻糊糊”。如清代小说《二十年目睹之怪现状》第九十二回:“还有那六十万，值得了多少，麻麻糊糊拿了出来，好歹顾全个大局。”又朱自清《古诗一首》:“这两句单从文义上看，只是说麻麻糊糊办完了公事，上快阁看晚晴去了。”“麻麻糊糊”的原义是模糊不清。如《西游记》第七十八回:“那老军猛然惊觉，麻麻糊糊的睁开眼，看见行者。”由模糊不清引申为含糊其事、不认真。若不细加考索，很难意识到作为植物的麻会有草率敷衍的意思，也很难说清“马虎”“马马虎虎”的理据。

视觉上的模糊又进一步引申为感觉上的模糊，因而有“麻木”“酥麻”“麻醉”等词。

说到“麻醉”我们自然想起东汉末期著名的医生华佗发明的麻醉药“麻沸散”，这是有史记载的世界上最早研制出来的用于全身麻醉的药物，可惜配方失传，今已不得而知。不光配方失传，连“麻沸散”这个名称是什么意思，也没有一个明确的解释。“散”大约指粉末状的药，这一点大家的理解想来是一致的。“麻”通常会理解为麻醉的意思，然而难以成立，因为东汉时期“麻”还没有麻醉的含义。至于“沸”是什么意思恐怕就更不好猜测了，理解为沸腾显然讲不通。上面说了，麻有纷乱的意思。沸也有纷乱的意思。晋左思《吴都赋》：“惊透沸乱，牢落翚散。”这是说鸟惊慌混乱，飞散而去。唐张鷟《游仙窟》：“十娘失声成笑，婉转入怀中。当时腹里颠狂，心中沸乱。”《新唐书·张行成传》：“有隋失道，天下沸腾。”这里的“沸腾”是动乱的意思。根据《说文》，沸的本义为泉水喷涌。喷涌则水翻滚，故开水翻滚也叫沸。翻滚则水动乱，故沸有混乱义。《玉篇》：“弗，不正也。”五代徐锴《说文系传》：“弗者，违也。”“不正”即不顺，“违”即背逆，皆含乱意，故从弗得声之绋《说文》训“乱系”，玄应《一切经音义》卷十二引作“乱麻”，是，传本讹误。《玉篇》：“绋，乱麻。”从弗得声的拂也有乱义。《孟子·告子下》：“故天将降大任于是人也，必先苦其心志，劳其筋骨，饿其体肤，空乏其身行，拂乱其所为，所以动心忍性，曾益其所不能。”“拂乱”就是搞乱的意思。唐樊宗师《绛守居园池记》：“莎靡缦萝蔷，翠蔓红刺相拂缀。”赵仁举注：“言藤萝之翠蔓，蔷薇之红刺，相乱连缀。”“拂乱”谓杂乱缠绕。由此可知沸当因水乱而得名，故亦引申而有乱义。知“麻”“沸”皆有乱义，则“麻沸”为同义连文。《汉书·王莽传下》：“江湖海泽麻沸，盗贼未尽破殄。”颜师古注：“麻沸，言如乱麻而沸涌。”颜注未确，乱麻怎能沸涌？“麻沸”即混乱扰攘。药以“麻沸”名者，盖取搅乱人之神智之义，神智乱则无所知觉矣。

馒

敦煌写卷	宋本玉篇	集韵
[illegible]	䊡	饅 [illegible]

古代“馒”字的不同写法

馒字最早写作曼，后来专门造了一个䊡字表示馒头。《玉篇·米部》：“䊡，䊡头。”唐代又出现馒字。如唐代蒋贻恭《咏安仁宰捣蒜》诗：“安仁县令好诛求，百姓脂膏满面流。半破磁缸成醋酒，死牛肠肚作馒头。”不过古代的“馒头”与今天的“馒头”含义不同。古代的“馒头”指包子，是有馅的，所以上面这首诗中说“死牛肠肚作馒头”，意思就是用死牛的肠肚作馒头的馅。南宋吴自牧的《梦粱录》中提到“糖肉馒头”、“羊肉馒头”、“笋肉馒头”、“波菜果子馒头”、“辣馅糖馒头”等，都是指有馅的包子。直到元代，“馒头”一词指的仍然是包子。如《西厢记》二本楔子《叨叨令》：“万余斤黑面从教暗，我将这五千人做一顿馒头馅。”但到清代，北方地区所说的“馒头”一般指无馅的馒头了。清人编的《正音撮要》卷二“馒头”下有“无馅之包”的说明，“正音”指北京话，可知当时北方话中的“馒头”已跟“包子”分了家。

作为包子义的馒头大约是三国时期出现的面食。北宋高承《事物纪原》卷九《馒头》条记载说：“稗官小说云：诸葛武侯之征孟获，人曰：‘蛮地多邪术，须祷于神，假阴兵一以助之。然蛮俗必杀人以其首祭之，神则向之，为出兵也。’武侯不从，因杂用羊豕之肉而包以面，象人头，以祠（祀），神以向焉，而为出兵。后人由此为馒头。”相信这一传说的人进而提出馒头最早叫蛮头的说法。明郎瑛《七修类稿·事物·馒头青白团》：“蛮地以人头祭神，诸葛之征孟获，命以面包肉为人头以祭，谓之蛮头，今讹而为馒头也。”馒头最初叫蛮头的说法查无实据，是后人因不明馒头的得名之由而作的附会。不过这个传说有三条信息基本上是可靠的。

其一，馒头出现于三国时代，因为我们在晋代文献中可以看到不少有关馒头的记述，说明馒头在晋代已较流行，晋代既在流行，说它诞生于三国时期，八九不离十。

其二，早期的馒头主要用作祭品。晋卢谌在《祭法》中说：“春祠用曼头（即馒头）、饧饼、髓饼、牢丸，夏秋亦如之。”晋荀氏《四时列馔传》中也说：“春祠有曼头、饼。”直到今天，北方农村祭奠先人时馒头仍是最常见的供品，可谓一脉相承。

其三，馒头最初就是包子，面中有馅。馒头最早写作“曼头”。“曼”有包裹的意思，所以包人在内的帐子叫幔，涂裹墙壁的工具叫镘，用砖石等铺裹地面叫墁，水淹没某物叫漫，都因包裹而得名。今天甘肃临夏方言中有“曼上一层皮”的说法，就是裹上一层皮的意思。所以“馒头”的字面意思是包裹了馅的像头一样的食品，与蛮人无关。“馒头”的头今天已经虚化为没有实在意义的词尾，但在古代“馒头”的头是人头的意思，有实在意义。正因如此，“馒头”有些地方也叫“馒首”。如《续儿女英雄传》第二回：“大家吃了馒首，又添了菜，吃了一个酒空菜净。”

有些方言中管馒头叫馍。从“莫”得声的字也有包裹之义。有包裹遮蔽作用的帐子叫幕，包裹死者的地方叫墓，包裹器具的模型叫模，包裹大地的夜色叫暮，都有包裹的含义，可知馍也因包裹而得名，可资与“馒”比证。

今天在大多数北方方言中，馒头和包子一般分得很清楚，馒头无馅，包子有馅。北方地区以面食为主，而且馒头和包子是人们常吃的两种食品，有加以区分的需要，所以人们渐渐把无馅的叫馒头，而把有馅的称为包子。类似的例子如游牧民族将牲畜的种类分得很细，有各种各样的名称，像一岁的牲畜叫什么，三岁的牲畜叫什么，黑色的叫什么，有花纹的叫什么，等等（请参《尔雅·释畜》），而农耕民族往往只有一个统称，因为没有细分的必要。需要是词语产生的前提。不过在个别北方地区如河北涿县、易县等地，也有把馒头称为“包子”的现象，这是将古代的“馒头”换了个名称。

南方地区以稻米为主，面食吃得较少，吃馒头的情况更少，没有细加区分的生活需要，所以馒头和包子两种食品大都混为一谈。如上海话和苏州话中的“馒头”一词既指无馅的馒头，也指有馅的包子。温州人管包子叫馒头，而把馒头叫“实心包”。日语中的マソトゥ（饅頭）一词是从汉语借去的，也是既指馒头又指包子。

今天的包子一般有褶子，但古代的“馒头”没有褶子，形状跟今天的馒头一样，上圆下平，这样子跟坟堆有些相似，所以古代也把坟墓比喻为“土馒头”。如唐代王梵志诗 318 首：“城外土馒头，馅草在城里。一人吃一个，莫嫌没滋味。”这是说城里人死了就埋葬在城外，城里人是城外土馒头的草馅，谁也免不了一死。宋代范成大《重九日行营寿藏之地》诗：“纵有千年铁门限，终须一个土馒头。”大意与王梵志诗类似。

《汉语大字典》收有“饙”字，解释说“音义未详”。我们认为“饙”当是“馒”的异体。“曼”“莔”二字古常通用。如“谩”字异体作“譱”。《正字通·言部》：“譱，同谩。”徒然义的“漫”也写作“满”。如王梵志

《差着即须行》诗："进退不由我，何须满忧惧。"欺骗义的"瞒"也写作"瞞"。如元代张养浩《朝天子·述世情》曲："造物瞞人，谁曾省悟，功名心无厌足。"故"馒"亦写作"饅"。明沈德符《万历野获编补遗·内监》："而乾清宫内，则有汤局、荤局、素局、点心局、手盒局、冰膳局、饅膳局、面觔局……所役殆数万人。"从文意可知，"饅膳局"大约就是皇宫中专门制作馒头和包子的机构。

至于无馅的发面馒头，文献中最早见于晋代。不过当时不叫"馒头"，而叫"蒸饼"。《晋书·何曾传》中说，何曾在生活上非常奢侈，"蒸饼上不坼作十字不食"。蒸饼坼十字就是我们今天所说的"开花馒头"。

满

满繁体作滿。《说文》："滿，盈溢也。从水㒼（mán）声。"满为形声字，本义为水盈满。

中华文化讲究谦虚，贬斥自满。人们在日常生活中看到，水满则溢，月盈则亏，满盛的结果总是招致亏损。古人注重师法自然，追求天人合一，大自然的现象昭示人们为人处世要谦虚谨慎，不可自满，因此他们对自满心理加以贬斥。《荀子·宥坐》中记载了这样一件事：

孔子观于鲁桓公之庙，有欹（qī）器焉。孔子问于守庙者曰："此为何器？"守庙者曰："此盖为宥坐之器。"孔子曰："吾闻宥坐之器者，虚则欹，中则正，满则覆。"孔子顾谓弟子曰："注水焉。"弟子挹水而注之，中而正，满而覆，虚而欹。孔子喟然叹曰："吁！恶有满而不覆者哉？"子路曰："敢问持满有道乎？"孔子曰："聪明圣知，守之以愚；功被天下，守之以让；勇力抚（盖）世，守之以怯；富有四海，守之以谦。此所谓挹（退）而损之之道也。"

欹器是古人设计的一种盛水器，没水的时候是倾斜的，有一半水的时候是正立的，水满的时候则翻倒。古代国君把欹器放在居室里以此来警戒自满心理的滋长。孔子让弟子注水观其正立倾覆，是在随机实施品德教育，要弟子们以谦虚处世，从中可以看到儒家对自满的贬斥。

山东曲阜的圣迹殿里有 120 块石刻，形象生动地展示了孔子一生中主要的事迹。其中有一幅被称为《观器论道》的圣迹图，宽 38 厘米，长 60 厘米。图中孔子用手指着旁边的欹器给三名弟子做着讲解。欹器悬挂于一个框架之上，像个水桶，上粗下细。应该说绘图者对欹器不太了解，他把悬挂欹器的绳索系在桶口，这样的欹器是不可能“中而正，满而覆，虚而欹”的。

圣迹殿里的《观器论道》图

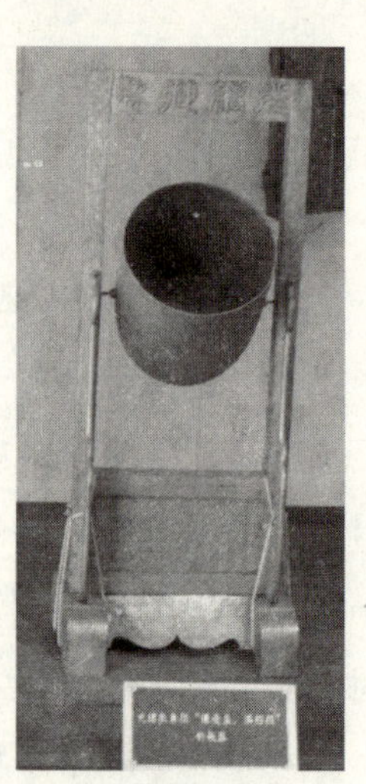

光绪御制欹器

北京故宫博物院里陈列着一种架子上题有“光绪御制”的欹器，它是光绪皇帝用来自警的，后来末代皇帝溥仪把它摆放在自己房间的桌子上。该欹器直径 12 厘米，高 14.7 厘米，欹器与框架采用转轴连接，这种悬挂方式的欹器才有可能根据注水的多少发生转动。

欹器的原形应该是原始文化中汲水用的尖底陶瓶。瑞典斯德哥尔摩东方博物馆收藏着一件我国仰韶文化的汲水瓶，该器出土于河南省河阴县，口直径 8.8 厘米，口内径 5 厘米，高 89 厘米，瓶身上有一对用来系绳的“耳朵”。打水者将空瓶放在水中，水瓶口会倾斜地浸入水中。当水装到一半的时候，水瓶就会自动的立起来。如果水盛满了，将水瓶提起来时，水瓶又会倾斜，把一部分水倒出来。

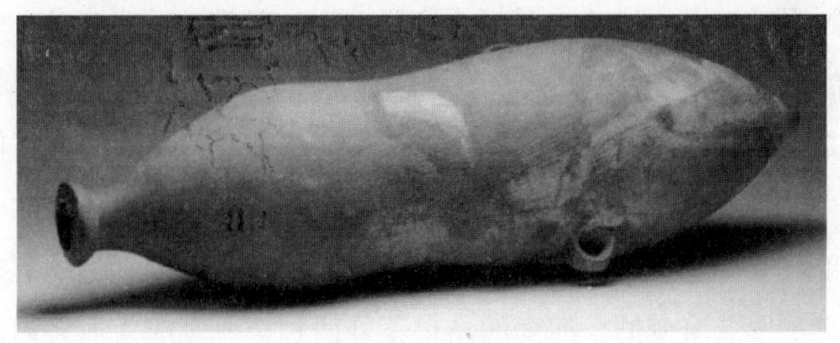

仰韶文化汲水瓶

与欹器的象征意义类似的还有“扑满”。我国早在先秦时期就有存钱罐。最初叫缿（xiàng）。《说文》：“缿，受钱器也。从缶后声。古以瓦，今以竹。”《睡虎地秦墓竹简·秦律十八种》：“为作务及官府市，受钱必辙入其钱缿中。”后来叫扑满。东晋葛洪《西京杂记》卷五：“扑满者，以土为器，以蓄钱具，其有入窍而无出窍，满则扑之。”五代齐己《扑满子》诗云：“到头须扑破，却散与他人。”钱放进扑满后是无法拿出来的，只有放满后将扑满摔破才能拿出钱来。扑是摔的意思。扑满的命运不正是“满招损”的很好注脚吗？

老子的哲学更看重谦虚。老子哲学的核心思想就是虚无，谦虚就是虚无的一个方面。老子说：“物或损之而益，或益之而损。”（《老子》四十二章）意思是说事物你贬低它，它反而得到抬高；你抬高它，它反而遭到贬低。又说：“道冲，而用之或不盈。”（四章）“大盈若冲，其用不穷。”（四十五章）“冲”是虚无的意思。老子崇尚山谷。他认为“上德若谷”（四十一章），他甚至把“道”称为“谷神”，认为是产生万物的总根源。

儒家道家的这些观点对中华民族的心理品格都有深远的影响。中国文化中之所以崇尚竹子，一个重要原因就是竹节是空虚的，是“虚心”

的象征。跟西方文化相比较，更能显出中华民族谦逊的特点来。中国人受到别人赞扬的时候往往要用“哪里哪里”“不敢当”之类的话作为回应，西方人则用“thank you”向赞扬人表示感谢，对赞扬坦然接受。中国人用丰盛的饭菜招待客人的时候常常谦虚地说成“粗茶淡饭，不成敬意”，西方人是不会这样自我贬抑的。中华文化的这种贬斥自满的特点使得汉语中的“满”很早就有了骄傲的意思。《尚书·大禹谟》中所说的“满招损，谦受益”，是中国人非常熟悉的格言，其中的满就是骄傲的意思。

词义是发展演变的，演变的结果不外两种，一是成为多义词，一是派生出新词，这两种情况并没有截然的分别，但如果某个引申义有了新的书写形式，人们一般就把它当新词来看了。但新的书写形式本身并不能告诉我们它与原词之间的同源关系，因此人们很容易误将新词视为本字，而将原词看成借字。满就存在这种情况。满本义为水满外溢，外溢则漫出容器之外，蒙蔽容器，由此引申为隐瞒、欺诈之义。《汉书·谷永传》：“欲末杀灾异，满谰诬天。”颜师古注：“满谰，谓欺罔也。”朱骏声《说文通训定声》、《汉语大字典》、《汉语大词典》等都以为满用于欺诈之义乃谩之假借，这种看法是不对的。满由水满外溢引申为欺诈，犹漫由水满外溢引申为欺诈。《荀子·儒效》：“行不免于汙漫，而冀人之以己为修也。”杨倞注：“汙，秽也。漫，欺诳也。”满之欺诈义后来多作瞒，犹漫之欺诈义后来多作谩。满、漫、瞒、谩实为同源词。满又由充满引申为心中胀满，郁闷。《汉书·佞幸传·石显》：“显与妻子徒归故郡，忧满不食，道病死。”颜师古注：“满读曰懑。”满懑是古今字。不少字词典将郁闷义之满释为懑之假借，这也是不对的。

另外还需要说明的是，今天南方方言中常用的“蛮好”“蛮不错”的蛮本字应该是满。满为充足，引申为很、非常之义。有些作者就用本字。如赵树理《福贵》：“福贵和银花是从小就混熟了的，两个人很合得来，福贵娘觉着满高兴。”但现在用蛮的人比较多，借字行而本字废矣。

慢

《说文》："慢，惰也。从心曼声。一曰：慢，不畏也。"这里对慢的本义提供了两种解释，一是怠惰，一是不畏惧。我们认为本义应该是怠惰，不畏惧是怠惰义的引申。怠惰就是轻忽、轻视，轻视则无所畏忌。《释名·释言语》云："慢，漫也，漫漫无所限忌也。""无所限忌"即"不畏"之义。《管子·中匡》中说："举贤良，而后可以废慢法鄙贱之民。""慢法"即轻视法令，也就是不畏法令。可见"不畏"就是怠惰的引申义。清代学者王筠在《说文释例》卷十《一曰》条下说："此二字为许君本文者盖寡。"他认为大部分的"一曰"是后人加上去的。"慢，不畏也"的解释大约就属于这种情况。怠惰是人的一种品性，故字从心。怠惰不但是慢的本义，也是上古最常用的意义。《周易·系辞上》："慢藏诲盗，冶容诲淫。"这是说怠慢于藏放东西就等于开导小偷来偷，打扮得过于妖冶就等于引诱奸淫。

怠惰的人做事拖沓缓慢，所以慢又引申出缓慢之义。《公羊传·隐公三年》："葬者曷为或日或不日？不及时而日，渴葬也。不及时而不日，慢葬也。"这是说《春秋》一书记载国君安葬时有的标明安葬的日期，有的没有标明安葬的日期。凡是未按期安葬而标明了日期的，是仓促的葬礼；未按期安葬而没有标明日期的，是拖拖拉拉的葬礼。这里的慢虽然还是怠慢的意思，但也包含了缓慢的意思，可见由拖沓引申为缓慢是十分自然的。慢的缓慢义先秦已经出现。《诗经·郑风·大叔于田》："叔马慢忌（矣），叔发罕忌。"毛传："慢，迟。"这是写一个青年猎手（叔）打猎结束时的情景。意思是说小伙子的马跑得很慢，他也不再频频发箭。

跟慢有关的俗语很多。如明凌蒙初《二刻拍案惊奇》卷三十三："（富家子）急走出门，望着杨抽马家里乱乱撺撺跑将来，擂鼓也似敲门，险些把一双拳头敲肿了，杨抽马方才在里面答应，出来道：'是谁？'富家子忙道：'是我，是我，快开了门，有话讲。'此时富家子正是急惊风撞着了慢郎中。抽马听得是他声音，且不开门。"急惊风是小儿常见的一种急性病。宋刘昉《幼幼新书》卷九："惊风者，由气血不和，夙有实热，为风邪所乘，干于心络。心者，神之舍，主血脉，热甚血乱，则气并于血。气血相并，又风邪所抟，故惊而不安。其候壮热涎壅，四肢拘挛，筋脉抽掣，项背强直，牙关紧急。"慢郎中指慢性子的医生。孩子得了急惊风，需要赶快治疗，却碰上一个慢性子的医生，当然叫人着急，所以人们就用"急惊风遇到慢郎中"比喻办紧急事情时偏偏遇上了处理慢的人。"慢郎中"也可以泛指性子慢的人。如："她在感情路上总遇到慢郎中，感情上比较被动的她，宁愿错过恋爱也不愿主动求爱。"其他俗语如：

慢工出细活。

慢工出巧匠。

不怕慢,就怕站。

交友慢,失友快。

急雨易晴,慢雨不开。

好饭不怕晚,好话不嫌慢。

一天不练手脚慢，两天不练丢一半，三天不练门外汉，四天不练瞪眼看。

有些人认为慢当缓慢讲是趨的假借。《大叔于田》中的慢字唐代陆德明的《经典释文》作嫚，云："本又作慢。"清代陈奂《诗毛氏传疏》："古侮嫚作嫚，惰慢作慢，其义皆不训迟。慢、嫚皆趧之假借字。《说文》：'趧，行迟也。'因之凡迟皆可谓之趧。"这种认识是不对的。我们上面已作过分析，慢的缓慢义是从本义引申来的。这一意义在上古虽不常用，但说上古慢"不训迟"则与事实不符。毛传是汉初人作的，而且师承于先秦，它把慢训为迟说明先秦已有这样的意义。又《礼记·乐记》："是故志微、噍杀之音作，而民思忧；啴（dǎn 舒缓）谐慢易、繁文简节之音作，而民康乐。""慢易"意为缓慢平易。《大戴礼记·廛言》："征敛于百姓，非以充府库也。慢怛（dá）以补不足，礼节以损有馀。"清王聘珍解诂："慢，宽缓也。怛，忧伤也。慢怛谓君心广大，忧民之忧也。"《淮南子·道应》："卢敖游于北海，经乎太阴，入乎玄阙，至于蒙谷之上，见一士焉……轩轩然方迎风而舞，顾见卢敖，慢然下其臂，遁逃乎碑。"高诱注："慢然，止舞也。""慢然下其臂"是说慢慢地放下手臂，不再跳舞了。这些慢都是缓慢之义。事实上趧是后世专为慢的缓慢义而造的一个字，它是一个后起字，而且没有行得通，说慢是趧的假借不免本末倒置。

怠慢从思想根源上来看，主要是由两种原因造成的。一是将问题简单化，从而予以轻视，由此慢引申为简单、闲散之义。《孔子家语·儒行》："其大让如慢，小让如伪。"三国魏王肃注："慢，简略也。"这是说大的礼让好像很随便，小的礼让好像很虚伪。宋王禹偁《制除工部郎中出内署》诗："莫嫌工部官曹慢，杜甫才名是外郎。"这是说不要嫌弃工部郎中这个官职清闲，杜甫任的只是工部员外郎而名满天下。怠慢的另一思想根源是骄傲自大，由此引申为骄傲之义。《周易·系辞上》："上慢下暴，盗思伐之矣。"孔颖达疏："小人居上位必骄慢，而在下位必暴虐。"今有"傲慢"一词。

慢因与曼同音，所以有时也借作曼，义为美好。南朝梁刘遵《繁华应令》诗："鲜肤胜粉白，慢脸若桃红。"五代李煜《菩萨蛮》词："慢脸笑盈盈，相看无限情。""慢脸"义为妩媚的脸蛋。

煤

煤是个从火某声的形声字，本义指烟气凝积而形成的黑灰，即烟尘，故字从火。《说文》虽然没有收煤字，但煤字见于先秦典籍。如《吕氏春秋·任数篇》："孔子穷乎陈、蔡之间，藜羹不斟，七日不尝粒，昼寝。颜回索米，得而爨之。几熟，孔子望见颜回攫其甑中而食之。选间（过了一会儿），食熟，谒孔子而进食。孔子佯为不见之。孔子起曰：'今者梦见先君，食洁而后馈。'颜回对曰：'不可。向者煤室入甑中，弃食不祥，回攫而饭之。'孔子叹曰：'所信者目也，而目犹不可信。'"这是说孔子误以为颜回先偷吃了米饭，其实是因烟尘掉进米饭中，颜回把被烟尘沾污的米饭抓出来自己吃了。这里的"煤"就是指烟尘。

煤是因黑色而得名的。煤与霉、墨、黑、晦、谋等词同源，它们都有"黑暗"的源义素。霉、墨、黑有黑暗的含义不用多说。晦是农历每月的最后一天，这一天没有月亮，天色黑暗，所以称为晦。谋的特点是心中谋划。《尔雅·释言》："谋，心也。"《论衡·超奇》："心思为谋。"心中谋划就是暗中谋划，所以谋有"暗中"的词义特征。如《墨子·号令》："诸吏卒民有谋杀伤其长者，与谋反同罪。""谋杀伤"指暗中策划杀害，"谋反"指暗中图谋反叛。其他像"谋财"、"谋害"、"谋陷"、"谋算"等，都有"暗中"、"秘密"的含义。正因如此，语言中有"阴谋"、

“密谋”的说法。

我国古代的墨主要是以烟熏的黑灰为原料而制成的，有漆烟、油烟、松烟等，其中以松烟为大宗，故曹植诗云：“墨出青松烟，笔出狡兔翰。”（《太平御览》卷六〇五《墨》）明宋应星《天工开物》卷下《墨》中说：“凡墨烧烟凝质而为之。取桐油、清油（菜子油）、猪油烟为者居十之一，取松烟为者居十之九。”北宋沈括则曾用石油黑灰造过墨。《梦溪笔谈·杂志一》：“鄜（fù）延境内有石油……余疑其烟可用，试扫其煤以为墨，黑光如漆，松墨不及也。”

松木燃烧后凝结的烟灰称为松烟或松煤。晋卫铄《笔阵图》：“其墨取庐山之松烟、代郡之鹿胶十年以上强如石者为之。”明陶宗仪《辍耕录》卷二九《墨》：“上古无墨，竹挺点漆而书，中古方以石磨汁，或云是延安石液。至魏晋时始有墨丸，乃漆烟、松煤夹和为之。”由于松墨是由松煤制作而成的，所以墨也称为松煤。欧阳修《石篆》诗：“山中老僧忧石泐，印之以纸磨松煤。”“磨松煤”就是磨墨的意思。煤字单用也可表示墨。唐韩偓《横塘》诗：“蜀纸麝煤沾笔兴，越瓯犀液发茶香。”“麝煤”指散发着麝香气的墨。又因墨是由烟灰制成，故墨也称为“烟墨”。梁简文帝《与湘东王书》：“烟墨不言，受其驱染；纸札无情，任其摇襞。”

烟煤也是古代妇女画眉的颜料。明陈汝元《红莲债》剧第三折：“一壁厢轻调金粉，一壁厢细和烟煤，点点的露滴蔷薇匀玉脸，淡淡的云横杨柳画青眉。”清和邦额《夜谭随录·梁生》：“眉修矣，烟煤之所画也。眼媚矣，黑白不甚分也。”

说到固体燃料的煤，我国是世界上最早发现并利用煤的国家。辽宁新乐新石器晚期遗址曾发现过煤制饰物。陕西宝鸡茹家庄西周墓葬中曾出土煤雕制品二百余件，据鉴定系用煤玉制成，而煤玉多夹生于岩层之中，不是偶然能得到的，可能当时已有煤的开采。汉代已将煤用于炼铁，河南巩县铁生沟等西汉冶铁遗址中曾发现过煤饼和煤屑。欧洲对煤的开发和利用则比我国晚了一千多年。元代时期，意大利旅行家马可·波罗来到我国（从1275年至1291年，住留17年），看到用煤作燃料，感到非常新奇。他在《马可·波罗游记》第二卷中描述说："契丹省的各地都发现了一种黑石。它从山中掘出，其矿脉横贯在山腰中。这种黑石像木炭一样容易燃烧，但它的火焰比木材还要好，甚至可以整夜不灭。这种石头，除非先将小小的一块燃着，否则，并不着火，但一经燃烧，就会发出很大的热量。"（梁生智译本，中国文史出版社 1998）可见他对煤还很陌生。

但燃煤古代并不叫煤，而是称为石涅、石炭、石墨、石薪等名。文献中最早记载煤的是成书于战国时期的《山海经》。其《西山经》中记载："西南三百里，曰女床之山，其阳多赤铜，其阴多石涅。"北魏郦道元《水经注》卷十《浊漳水、清漳水》中记载说，曹操在邺县建造冰井台，"高八丈，有屋百四十间，上有冰室，室有数井，井深十五丈，藏冰及石墨焉。石墨可书，又燃之难尽，亦谓之石炭"。这一记载是有根据的。三国时期魏国的陆云在《与兄机书》（《陆士龙集》卷八）中也提到此事："一日上三台，曹公藏石墨数十万片，云烧此消，复可用然烟。中人不知，兄颇见之不？今送二螺。"这说明当时的王室已主要用煤作燃料。南朝宋雷次宗《豫章记》中说："丰城县葛乡有石炭二百顷，可燃以炊爨。"北宋曾巩《冬至雪》诗之二："黍酝盈瓢终寡味，石薪供灶信奇功。"可知南北朝以来有些地方民间也用煤作燃料。

燃煤古代也当墨来使用。上引《水经注》中说"石墨可书"，《辍耕录》中所说的"以石磨汁"也是指将煤研成墨汁。又《太平御览》卷六〇五引晋顾微《广州记》："怀化郡掘堑得石墨甚多，精好，可书写。"《说文》："墨，书墨也。"桂馥《说文解字义证》："古者漆书之后，皆用石墨以书，《大戴礼》所谓'石墨相著则黑'是也。汉以后松烟、桐烟既盛，故石墨遂湮废，并其名人亦罕知之。"燃煤之所以称为石墨就在于它原本就是制墨的原料。《辞源》（修订本）“石墨”条：“古用石炭（煤）作墨，故称石墨。”

“煤”是什么时候开始指燃煤的呢？一般认为始于明代。《汉语大词典》“煤”下云：“我国古代称为石涅、石炭或石墨，明代始称煤或煤炭。”最早书证出清吴敬梓《儒林外史》。《汉语大字典》也说“从明代开始称煤或煤炭”，最早书证出《天工开物》。《中国大百科全书·矿业卷》（中国大百科全书出版社 1984）“石涅”条中认为：“‘煤’是石煤的简化，大约出现于宋元之际。写作石煤的，有丘浚《大学衍义补》，陈聂恒《边州见闻录》等书。”丘浚（1420—1495）是明朝人，陈聂恒是清初的人（书名应为《边州闻见录》），他们的用例怎么能证明“煤”指称煤炭出现于宋元之际呢？

我们认为“煤”在唐代可能已经有了燃煤义。法藏敦煌文献中有一件编号为 P.2641 的《丁未年六月归义军都头知宴设使宋国清等诸色破用请凭牒》，其中有这样的话：“午时各胡饼两枚，供两日食断，〔又〕煤油壹合。”这里的“煤油”指石油，当因燃烧如煤、液态如油而得名。《元史·食货志二·额外课》载：“元有额外课。谓之额外者，岁课皆有额，而此不在其额中也。……课之名凡三十有二……十二曰煤炭。”元朝还设有叫“煤木所”的机构。《元史·百官志一》：“煤木所，提领一员，从八品；大使一员，从九品；副使一员。至元二十二年始置。”煤木所是“煤炭课”税的主要缴纳者。据《额外课》记载，元朝一年的“煤炭课，总计钞二千六百一十五锭二十六两四钱”，其中煤木所上缴的税金多达二千四百九十六锭二十四两五钱。所以“煤木所”之煤显然也是指煤炭。《元史》虽然是由明初宋濂等人编撰的，但“煤炭课”、“煤木所”的名目无疑是元王朝所定。我们知道，《元史》的《食货》《百官》等志取材于元虞集主持修撰的《经世大典》（成书于 1331 年，今佚），这更使我们确信“煤炭课”和“煤木所”是元代词汇。明代的例证就比较多了。崔铣《彰德府志》(1522年刊行):“安阳县龙山出石炭，入穴取之无穷。取深数百丈，必先见水，水尽然后可取也。炭有数品，其坚者谓之石，软者谓之烸。”(《日知录》卷三二《石炭》条引）烸即煤的异体。《集韵·海韵》:“烸，燥也。”音许亥切（今读 hǎi)。这个烸跟煤炭义之烸没有关系，它们是不同时代造的同形字。明沈榜《宛署杂记·会试》:“煤炸三万三千七百二十斤。”“煤炸”指小煤块。明陆嘘云《世事通考》是一部日用词汇类编性质的书（万历年间刊行，收入日本长泽规矩也编的《明清俗语辞书集成》),该书下卷《杂货类》中列有“煤炭”一词。又明张自烈《正字通》:“石炭曰煤。”看来“煤”虽然唐代就已用来指称煤炭，但到明代才普遍流行开来。

那么“煤”是怎样获得燃煤之义的呢？《本草纲目》卷九《石炭》中解释说:“石炭即乌金石，上古以书字，谓之石墨，今俗呼为煤炭，煤、墨音相近也。”认为是音近假借的结果。顾炎武《日知录》卷三二《石炭》条云:“今人谓石炭为墨。……北人凡入声字皆转为平，故呼墨为煤，而俗竟做煤字，非也。……煤乃梁上烟煤之名，非石炭也。”认为燃煤称“煤”是“墨”的音转，是北方话中入声消失的结果，这与假借说类似。《中国大百科全书》中解释说:“煤又称石煤，这个名称是从石涅演变而来的。‘涅’在六朝以前的读音与泥相似，有时也读如密，后来音转为‘煤’。”认为“煤”是“涅”的音转。我们认为假借说和音转说是缺乏说服力的。假借一般只在其他方法无法解释的情况下才可考虑。音转字变也只是特殊现象，一般情况下一个词的读音发生变化后依托于它的书写形式的各个义项是不会随之消失的，否则汉字将混乱不堪。墨本来就有燃煤义，入声消失后何以不能继续表示燃煤义了呢？至于说煤是涅的音转，更是无稽之谈。涅和煤从古至今声韵皆异，不存在音转关系。再说，“石涅”一词除上古偶见使用外，后世基本上不用，而“煤”是元代才有燃煤之义的，二者之间有一千多年的断层，是不可能发生转承关系的。

煤的燃煤义应该是词义引申的结果。通过已知认识未知是人类认识事物的一般规律。如当人们最初看到飞机时，便跟自己熟悉的鹰产生联想，称之为“铁鹰”；当人们初次看到拖拉机时，便根据自己熟悉的驴称之为“铁驴”。“煤”的本义是烟尘，由于粉末状的燃煤跟人们熟悉的烟尘相似，所以人们把燃煤也叫煤。

媚

商代甲骨文	商代金文	小篆

古代“媚”字的不同写法

《说文》：“媚，说也。从女眉声。”段玉裁注：“说，今悦字也。”许慎认为媚是个形声字，本义为喜爱。这种认识未必恰当。媚除了喜爱的意思外还有美好的意思。《小尔雅·广诂》：“媚，美也。”《广雅·释诂一》：“媚，好也。”《诗经·大雅·思齐》：“思媚周姜，京室之妇。”“思”为发语词，媚即可爱、漂亮。诗句意谓那漂亮可爱的周姜是王室的贵妇人。又《周颂·载芟》：“思媚其妇，有依其士。”这是说女子们长得很漂亮，男子们长得很强壮。《楚辞·大招》“宜笑嗎（xiān）只”王逸注：“嗎然而笑，又媚好也。”“媚好”即娇媚漂亮。从读音上来看，“媚”与“美”上古都是明母脂部，古音相同，所以媚与美当是同源词，媚之本义应为漂亮。

从字形构造来看，漂亮的意义以“女”为意符是汉字中很常见的，如妍、姹、姝、姣等。这是因为汉字是进入父系氏族社会以后才创造出来的，在男权意识的支配下，漂亮是社会向女子提出的要求，要求她们为男子的欣赏和愉悦而梳妆打扮，所谓“女为悦己者容”就是这种意识的反映。男子不修边幅可能被认为是一种优雅的风度，女子不修边幅就会受到世人的耻笑。正是在这种观念的支配下，造字者一听漂亮就想到女人，所以表示漂亮意义的字多用女字作意符。

眉虽然是声符，但选择眉字作声符恐怕并非偶然。我们知道，眉毛是体现女性美的重要部位，自古以来就受到人们的关注。《诗经·卫风·硕人》中就有“螓首蛾眉，巧笑倩兮”的描写，“蛾眉”就是像蚕蛾触须那样细长弯曲的眉毛。“蛾眉”甚至还成了“漂亮”的同义词。如《楚辞·离骚》：“众女嫉余之蛾眉兮，谣诼谓余以善淫。”这是说一群女子嫉妒我的漂亮，造谣说我善于淫媚。为了漂亮，女子们在眉毛的妆饰上可以说是费尽了心思。她们通常要把天然的眉毛剃掉，然后用黛色描画上各种各样的眉毛。《释名·释首饰》中解释黛字的得名之由时说：“黛，代也，灭眉毛去之，以此画代其处也。”原来黛是因代替眉毛而得名的。真正的眉毛因难以出巧翻新而被女子们剃掉。宋代陶谷的《清异录·胶眉变相》中记载说：“莹姐，平康妓也。玉净花明，尤善梳掠，画眉日作一样。”每天要画一个不同的眉毛，则世人对眉毛的讲究可想而知。西汉宣帝时期有个叫张敞的人，时任京兆尹之职，是京城长安的最高官员，他常为妻子描画眉毛，当时长安城中流传着“张京兆眉怃”的说法（《汉书·张敞传》），意思是说张敞画的眉妩媚可爱。“眉”字还可以指代美女。宋苏轼《苏州闾丘江君二家饮酒》诗：“五纪归来鬓未霜，十眉环列坐生光。”“十眉”指众多美女。由于眉跟美丽密切相关，所以造字者在为语言中表示漂亮意义的词造字时选用了读音相同、意义相关的“眉”作为声符，可以说是一举两得。

媚的本义为娇媚、漂亮，漂亮为人所喜爱，故引申为喜爱之义。《左传·宣公三年》：“以兰有国香，人服媚之如是。”杜预注：“媚，爱也。”

“服媚之”是说人们佩带兰花、喜爱兰花。三国魏繁钦《定情》诗：“我既媚君姿，君亦悦我颜。”“媚君姿”即喜爱你的身姿。

喜爱是主体对客体的主动行为，引申之，客体主动地讨主体喜爱也叫媚，即奉承讨好之义。《孟子·尽心下》：“阉然媚于世也者，是乡原也。”此谓设法取悦于当世的人就是好好先生。后世多言“媚世”或“媚俗”。宋朱彧《萍州可谈》卷三：“书传载弥子瑕、闳籍孺以色媚世。”其他如阿谀奉承的品性叫“媚骨”，奉承人的笑叫“媚笑”，谄谀的样子叫“媚态”，阿谀奉承的话叫“媚辞”，等等。

媚还有缓慢的意思。《吕氏春秋·不屈》：“人有新取妇者，妇至，宜安矜，烟视媚行。”高诱注：“媚行，徐行。”这是说新娘子初至婆家，应该安稳矜持，眯眼看视，缓慢行走，作出一副腼腆害羞的样子。“烟视媚行”后来成了形容腼腆害羞的成语。金代董解元《西厢记诸宫调》卷六：“闷打孩（烦闷）似吃着没心草，越越（悄悄）的哭到月儿落，被头儿上泪点知多少，媚媚不干，抑也抑得着。”“媚媚不干”是说眼泪缓缓流淌，总也不干。媚的缓慢义是从何而来的呢？杨树达在《吕氏春秋拾遗》中认为“媚当读微”，将媚视为微的借字。其实媚的缓慢义应该是从其原有意义中引申出来的。媚有奉承讨好之义，奉承讨好则必显出柔顺的样子，故又有柔顺之义。北宋王安石《赠曾子固》诗：“挟才乘气不媚柔，群儿谤伤均一口。”“媚柔”同义连文。柔顺则言行缓慢，故引申为缓慢之义。此可与柔字相比观。柔为柔软，引申为迟缓之义，成语有“优柔寡断”。今甘肃临夏方言亦谓动作迟缓为柔，如：“这个人做事太柔。”可知柔弱义引申为缓慢义乃十分自然之事。

蜜

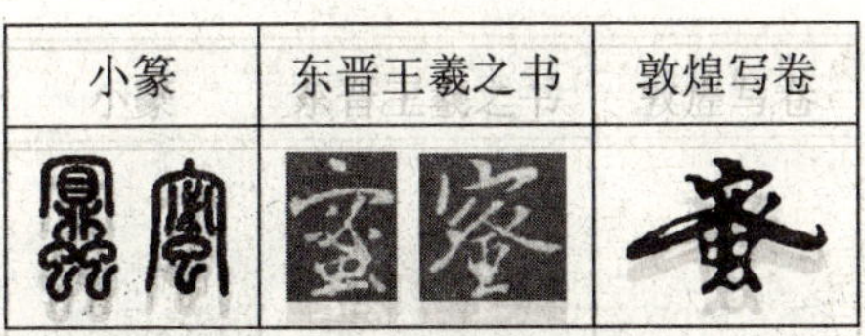

古代“蜜”字的不同写法

蜜字原有两种写法。《说文》：“𧖴，蜂甘饴也。……从䖵（kūn）鼏（mì）聲。蜜，𧖴或从宓。”许慎以𧖴为正体，而以蜜为异体，但社会上流行的是蜜字，𧖴字则很少使用，大约是笔画太繁的缘故吧。

蜜是因何而得名的呢？张舜徽《说文解字约注》云：“密之言溯也，谓其味甘美，小饮含之，不欲遽吞下也。”认为蜜得名于溯。溯是抿含的意思，蜜因甘美，人们不想马上吞咽下去，抿含于口，故称为蜜。这种解释猜想的成分过多，缺乏证据，难以令人信从。李时珍在《本草纲目》卷三十九《虫部·蜂蜜》中解释说：“蜜以密成，故谓之蜜。”这话的意思不是很清楚，是密闭而成，还是秘密而成？两种理解都看不出多少道理。我们认为蜜是因味道香而得名的。首先，必声有馨香之义。《说文》：“苾，馨香也。”“飶，食之香也。”其次，与汉语有亲属关系的藏缅语族中表示“味道香”之义的词与汉语的“蜜”可能同源，如傈僳语的 mi^{33}，

碧卡哈尼语的 me^{55}，豪白哈尼语的 $mɛ^{55}$，拉祜语的 $mɛ^{31}$，纳木义语的 $mʐɛ^{53}$，喜德彝语的 mbo^{21}，景颇语的 mu^{33}，浪速语的 $mjɔʔ^{55}$，碧江白语的 $ji^{44}meɹ^{33}$（《藏缅语语音和词汇》1265 页，中国社会科学出版社 1991），蜜的上古音为*miet，跟上列亲属语言读音接近。喜德彝语读复辅音 mb，汉语的“必”读帮母，而从它得声的“蜜”则读明母，反映了二者之间的联系。由此看来，说蜜因味香而得名不是没有道理的。大约第一个品尝蜂蜜的人尝后连呼 miet miet（真香，真香），于是人们就把蜂蜜称作蜜了。

人类大约在童年时期就已在享用天然蜂蜜了，这一点从熊喜欢吃蜂蜜的事实中不难类推而知，人毕竟要比熊聪明得多。西班牙东部的瓦仓西亚山区有一个叫蜘蛛洞的岩洞，洞内有一幅公元前 7000 年前的岩画，画上有一个人一手提着容器，一手伸进石洞中的蜂巢内取物，他的周围有许多小蜜蜂在盘旋飞翔，这分明告诉我们此人正在掏取蜂蜜①。我国先秦典籍中已有食用蜂蜜的记载。《楚辞·招魂》：“粔籹蜜饵，有餦餭些。瑶浆蜜勺，实羽觞些。”粔籹（jùnǚ）是一种用蜜拌和米面油煎而成的圆饼，蜜饵也是一种放了蜜的糕饼，餦餭(zhānghuáng)就是麦芽糖。“瑶浆蜜勺，实羽觞些”是说在美味饮料中加入蜂蜜，斟满羽觞。古人在喝饮料时有添加蜂蜜的嗜好。《海内十洲记·元洲》（旧题汉东方朔撰，实出六朝人伪托）：“元洲在北海中，地方三千里，去南岸十万里，上有五芝元涧，涧水如蜜浆。”《三国志·魏志·袁术传》“发病道死”裴松之注引三国吴韦昭《吴书》云：“袁术还至江亭，时盛暑，欲得蜜浆，又无蜜，坐棖窗上，叹息良久。”“蜜浆”即调和了蜂蜜的饮料。

早期的蜜多采自岩石上的蜂巢，故有“岩蜜”、“崖蜜”、“石蜜”等名称。也有采自树木蜂巢的，称为“木蜜”，采自地面蜂巢的叫“土蜜”。

① 乔廷昆《蜂王浆》第 55 页，科学普及出版社 1986。

《本草纲目》卷三十九《虫部·蜂蜜》："生岩石者名石蜜、石饴、岩蜜。"又引梁陶弘景曰："石蜜即崖蜜也，在高山岩石间作之，色青赤，味小瞼（liǎn 酸），食之心烦。其蜂黑色，似虻。又木蜜悬树枝作之，色青白。土蜜在土中作之，色亦青白，味瞼。人家树空作者亦白，而浓厚味美。今出晋安檀者多土蜜，云最胜。出东阳、临海诸处及江南向西者多木蜜，出于潜、怀安诸县者多崖蜜，亦有树木及人家养者。"又引唐陈藏器之说云："北方地燥，多在土中，南方地湿，多在木中，各随土地所宜，其蜜一也。崖蜜别是一蜂，如陶所说出南方崖岭间，房悬崖上，或土窟中，人不可到，但以长竿刺令蜜出，以物承取，多者三四石，味瞼色绿，入药胜于凡蜜。"史书中对野生蜂蜜的开采时有记述。《梁书·傅昭传》载："（临海）郡有蜜岩，前后太守皆自封固，专收其利。昭以周文之囿与百姓共之，大可喻小，乃教勿封。"《南史·任昉传》载：任昉当新安太守的时候，"郡有蜜岭及杨梅，旧为太守所采。昉以冒险多物故（死亡），即时停绝，吏人咸以百馀年未之有也。"石蜜一般在悬崖绝壁上，而小蜜蜂又会誓死捍卫它们的家园，所以采蜂蜜是有生命危险的。唐诗中也有记述。孟浩然《疾愈过龙泉寺精舍呈易业二公》诗："入洞窥石髓，傍崖采蜂蜜。"杜甫《秋野》诗之三："风落收松子，天寒割蜜房。"蜂蜜多在秋天采集。

蜂蜜不仅是美味食品，而且具有医疗保健的功效。《汉武故事》中把蜂蜜视为最好的药品（《太平御览》卷八七五）："西王母曰：'太上之药有中华紫蜜，云山朱蜜。'"东汉刘珍等撰的《东观汉记·朱祐传》有卖蜜合药的记载："上在长安时，尝与祐共买蜜合药，上追念之，即赐祐白蜜一石，问：'何如在长安时共买蜜乎？'"东晋郭璞的《蜜蜂赋》中也说："百药须之以谐和，扁鹊得之而术良。"《本草纲目》中说蜂蜜有五大功效："清热也，补中也，解毒也，润燥也，止痛也。"

人们既然认识到了蜂蜜的重要价值，它的社会需求量就很大，而天然蜂蜜是供不应求的，于是就出现了人工饲养的行当。我国是何时开始养蜂的，没有确切的记载。晋皇甫谧《高士传》卷下中说：“姜岐，字子平，汉阳上邽人也。……其母死，丧礼毕，尽让平水田与兄岑，遂隐居，以畜蜂豕为事。教授者满于天下，营业者三百馀人。”姜岐是东汉时期的人，他以养蜂为事，并且把养蜂技术传给许多人，表明东汉时期人工养蜂已很流行，其出现当远在东汉之前。西晋张华在《博物志》卷十中记载了捕养蜜蜂的方法（清《指海》本）：“远方诸山出蜜蜡处，其处人家有养蜂者。其法以木为器，或十斛五斛，开小孔，令才容蜂出入，以蜜蜡涂器，内外令遍，安著檐前或庭下，春月此蜂将作窠生育时来过人家园垣者，捕取两三头，便内著器中，数宿出蜂，飞去寻将伴来还，或多或少，经日渐益，不可复数，遂停器中，所滋长甚众。至夏开器取蜜蜡，所得多少，随岁丰俭。”养蜂技术已很成熟。《晋令》（《御览》卷八五七）中有这样的规定：“蜜工收蜜十斛，有能增煎二升者，赏谷十斛。”“蜜工”即专门从事养蜂收蜜的人员。

由于蜂蜜价值不菲，搀杂造假者便应运而生。《梁四公记》云（《御览》卷八五七）：“高昌国遣使贡刺蜜，帝命杰公迓之。谓其使曰：‘刺蜜是盐城所生，非南平城者。’使者曰：‘其年风灾，刺蜜不熟，故尔。’帝问杰公何得而知。对曰：‘南平城羊刺无叶，其蜜色明，白而味甘。盐城羊刺叶大，其蜜色青，而味薄，以是知蜜之伪耳。’”连给皇帝的贡品也敢造假，假蜜之泛滥可想而知。李时珍在《本草纲目》中教了这样一个简便的鉴别真假蜂蜜的方法：“凡试蜜，以烧红火箸插入，提出起气者是真，起烟者伪。”不知此法是否可靠。

《汉语大词典》“刺蜜”条解释说：“草名，可入药。”引《本草纲目·草五·刺蜜》集解：“陈藏器曰：‘交河沙中有草，头上有毛，毛中生蜜，胡人名为给勃罗。’梁四公子记云：‘高昌贡刺蜜。’杰公曰：‘高昌即交河，在西番，今为火州。’”“刺蜜”有两个含义，一是指一种草，二是指采自这种草的蜂蜜。《梁四公子记》中所说的“刺蜜”指蜂蜜，而非刺蜜草。《大词典》当在“刺蜜”条下补上蜂蜜的义项。另外《大词典》的引文标点也有问题，正确的标点应该是：《梁四公子记》云：“高昌贡刺蜜。杰公曰：‘高昌即交河，在西番，今为火州。’”

前人对蜂蜜的酿造过程有一种很有趣的说法。《本草纲目》引陶弘景说：“凡蜂作蜜，皆须人小便以酿诸花乃得和熟，状似作饴须蘖也。”李时珍也相信这一说法，他说：“蜂采无毒之花，酿以小便而成蜜，所谓臭腐生神奇也。”这种说法恐怕是没有什么根据的。蜂蜜将花蜜采来以后用自己的唾液加以拌和，唾液中有酶素，跟花蜜产生水解化学反应，使花蜜的双糖变成单糖，这就成了蜂蜜。

冥

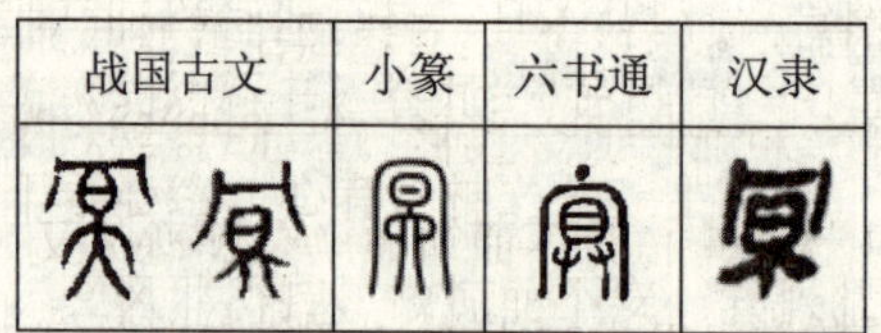

古代“冥”字的不同写法

冥字的造字意图是什么，不是很清楚。《说文》解释说：“冥，幽也。从日从六，冖声。日数十，十六日而月始亏幽也。”认为冥是个形声字，本义是幽暗，造字意图是每过十六天月亮开始亏缺，夜晚日渐幽暗，以此表示幽暗之义。这种分析是无法令人满意的。小篆中冥的构造明明是“六日”，却解释成十六日；而且月亮过了农历十六仍然很亮，直到二十九、三十才幽暗无光，说造字者用十六日会幽暗之义，实在叫人丈二和尚摸不着头脑。所以《说文》的解释是不可信的。在其他古文字字形中，冥的下部或从“大”，或从“廾”（gǒng，双手），说明目前看到的古文字已发生讹变，难以据此考索造字意图。

不管字形如何分析，冥很早就有幽暗之义是没有问题的。《老子》第二十一章：“窈兮冥兮，其中有精。”这是说深远幽暗之中蕴涵着道的精气。由幽暗引申为夜晚。东汉蔡琰《悲愤诗》之二：“冥当寝兮不能安，饥当食兮不能餐。”成语有“冥行擿埴”擿（tī）是摸索的意思，埴（zhí）是土地。原意是说盲人拿着拐杖摸索着地面行走，虽然是在白天，也跟夜行一样。后来就用冥行擿埴比喻研求学问不识门径，暗中摸索。如清阮元《周礼汉读考序》：“自先生此言出，学者凡读汉儒经子、《汉书》之注，如梦得觉，如醉得醒，不至如冥行擿埴。”

冥由幽暗又引申指阴间。在古人看来，所谓死亡就是到另一为活人看不见的世界去生活，因此他们通常在死者墓葬中埋放一些器具财物，让死者在阴间享用，谓之冥器。在我国迄今发现的最早的墓葬旧石器时代晚期山顶洞人（距今一万八千多年）的墓室里，就有石器工具及石珠、兽牙等装饰品。钱币问世后墓葬中就有了埋放钱币的现象，叫瘗（yì）钱。《史记·酷吏列传·张汤》：“会人有盗发孝文园瘗钱。”有些人据此认为瘗钱现象兴起于汉世。其实钱财作为财富的象征，从它出现之日起就被用于随葬。据学者们研究，我国最早的货币贝币出现于夏代，而作为夏代文化遗存的河南偃师县二里头的墓葬中就有随葬的贝币出土。安阳殷墟的武官大墓及河北藁城台西的商代墓葬中也都发掘出货币。殷墟妇好墓中出土的货币多达 6880 馀枚，显示了墓主妇好奢靡的生活和崇高的地位。1937 年，河南汲县山彪镇发掘的战国魏墓中出土空首币 600 馀枚。汉代因袭前代风习，墓葬中也用瘗钱。如甘肃武威市雷台发掘的东汉墓葬中，随葬铜钱竟达 28000 馀枚之多。可以说自钱币问世以来，历代墓葬中都有随葬瘗钱的现象。

大约出于以下三个原因，人们逐渐以没有实用价值的仿制品代替真品用来随葬。

其一，在宗教观念上，人们认识到人鬼异道，人间的东西鬼神是无法享用的。《礼记·檀弓下》：“孔子谓：‘为明器者，知丧道矣，备物而不用也。哀哉！涂车刍灵，自古有之，明器之道也。’”郑玄注：“神与人异道则不相伤。”“明器”就是冥器，意思是说能够被鬼神所明了而使用的器物。人鬼既然异道，所用器物自当有别。

其二，为避免盗墓。《吕氏春秋·安死》中说：“自古及今，未有不亡之国也。无不亡之国，是无不扣之墓也。……是故大墓无不扣也。而世皆争为之，岂不悲哉？”墓葬采用冥器，可起到抑制盗掘的作用。

其三，为了节俭。厚葬对普通人家来说意味着“殆竭家室”（《墨子·节葬下》），对富贵人家来说也是一笔不小的开支，而厚葬的目的“则心非为死者虑也，生者以相矜尚也”（《吕氏春秋·节葬》），真所谓“死要面子活受罪”，造成财富的巨大浪费。冥器则制作简便，花费较少，既可寄托孝心，又可减轻负担，故渐为人们采用。

代替真钱的仿制钱币叫冥钱或冥币。冥钱的演变可分为两个阶段。从战国到西汉是泥质冥钱为主的阶段，魏晋以后是纸质冥钱为主的阶段。

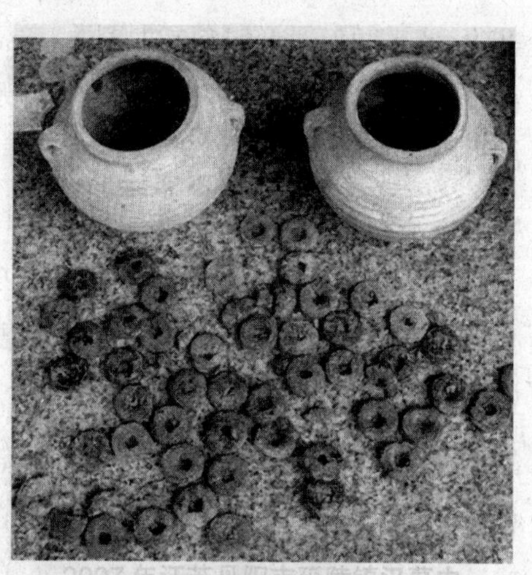

2007年江苏丹阳市延陵镇汉墓中出土的陶制五铢冥币

战国时期的楚墓中发现的仿郢爰的泥版和包金银箔的铅饼是迄今所知最早的冥钱。西汉前期随葬的冥钱以泥半两和泥郢称为最多，此外还有泥郢爰、泥郢爯、“两”字泥版、“郢”字泥版、“金”字泥版、“鄟”字泥版及无字泥版等类型。泥半两与汉初的八铢半两及四铢半两相仿。泥版的形制与金版相仿，版面分成四、六、九、十二等方格，有的甚至多达二十四个方格。金版是楚国通行的黄金货币，它的仿制品出现在西汉前期的墓葬中，说明这是沿袭了战国时期的丧葬习俗。长沙西汉后期的墓葬中随葬泥质冥钱的现象十分普遍，与前期不同的是泥半两和泥郢版近乎绝迹，代之而起的是泥五铢和泥金饼。另外，湖南、广西、上海等地的西汉墓葬中还曾发现陶质的半两和五铢，但不及随葬泥钱那样普遍，这大约是陶钱比泥钱费用要高的缘故，而且泥钱因易碎融土而被认为是鬼神享用了。东汉时期的墓葬中很少有冥钱，这也许跟纸的出现有关。

纸质冥钱出现于何时，前人说法不一。北宋高承《事物纪原》卷九《寓钱》、南宋王应麟《困学纪闻》卷十四都认为丧祭用纸钱始于唐代王玙。唐封演《封氏闻见记》卷六《纸钱》认为纸钱是魏晋以来出现的，但没有说明根据。《法苑珠林》卷七十八《祭祠篇第六十九之馀》所引南齐王琰《冥祥记》中见到如下文字："宋齐僧钦者，江陵人也。……宋景平末得病危笃，家斋祈弥厉，亦淫祀求福，疾终不愈。时有一女巫云：'此郎福力猛盛，魔魉所不能亲，自有善神护之。然病久不差（愈），运命或将有限。世有探命之术，少事天神，颇晓其数，当为君试效之。'于野中设酒脯之馈，烧钱，经七日七夕，云始有感见。"这段材料表明六朝时期确已有焚烧纸钱的习俗，封演说"魏晋以来始有其事"是可信的。

现实生活中使用的纸币出现于北宋，而此前代替真钱的纸钱流行已久，那么纸币的诞生很可能受了纸钱的启发和影响。

纸钱的使用方法与泥钱不同，泥钱是墓中的随葬品，纸钱则在墓外使用。焚化是纸钱常见的使用方法。上引《冥祥记》中的事例即用焚化法。宋高翥《清明》诗云："南北山头多墓田，清明祭扫各纷然。纸灰飞作白蝴蝶，血泪染成红杜鹃。"写清明祭祖焚烧纸钱颇为警策传神。纸钱之所以要焚化，是因为化作烟气可入幽冥，从而得为鬼神所用，人间的真钱币鬼神是无法使用的。

悬挂也是广为流行的使用方法。悬挂的地方大都在坟墓上，也有悬挂在墓边的树上、灵柩经过的路边、死者门前或房子周围的树上等，还有在庙堂悬挂的。有的地方焚烧一部分，留一部分用土块压在坟顶。闽粤一带则将纸钱用石块压在墓碑上，俗称"压纸"。

凌空抛撒也是纸钱常见的使用方法，一般在出殡时沿途抛撒，目的在于讨好野鬼，让灵柩顺利通过，故称“撒买路钱”。墓祭有时也用抛撒法。张籍《北邙行》：“寒食家家送纸钱，乌鸢作窠衔上树。”乌鸢衔来作巢的纸钱应该是指抛撒于地的纸钱。

现代冥币

纸钱的形状也是形形色色的。有的用金属钱模凿成。《封氏闻见记》中说：“今代送葬，为凿纸钱。”有的用雕版印成。宋陶谷《清异录》卷下《丧葬门》：“显德六年，（周）世宗庆陵攒土。发引之日，百司设祭于道。翰林院楮泉大若盏口，馀令雕印字文文之，黄曰泉台上宝，白曰冥游亚宝。”最简便的当然是裁成正方形的空白黄纸，仅用黄色来象征钱财。这些纸钱今天仍在流行。不过随着印制技术的进步，现代冥钱多仿照真币，有些人在祭祖扫墓时喜欢购买仿真冥钱用焚化的方式送给已故亲人。

磨

磨字《说文》中写作䃺，释为："石硙（wèi）也。从石靡声。"这个字典籍中曾使用过。如《淮南子·修务》："砥砺䃺坚，莫见其损。"磨是䃺的省略写法。磨的本义是石硙，也就是石磨，为名词。䃺从靡声，实从靡得名。靡有细碎义。《小尔雅·广言》："靡，细也。"《汉书·景十三王传·广川惠王越》："今欲靡烂望卿，使不能神。"唐颜师古注："靡，碎也。"磨的作用是使粮食细碎，故称为䃺。不过长沙阿弥岭七号西汉墓出土的滑石明器磨上刻有"磨"字，可知磨字西汉已在流行，大约由于是俗字，故《说文》未收。

有人认为汉语的"磨"和英语的 mill（名词磨兼动词磨）及 millet（黍粟）有同源关系。英语的 mill 来自古英语 mylen，古英语 mylen 来自中古德语 maleu，中古德语 maleu 来自拉丁文 molina，拉丁文 molina 来自希腊语 mule。mill 在古俄语作 mlinu 或 blinu，都与英语德语共同追溯到希腊语这个源头。欧亚大陆自古种植黍（millet，Panicum milliaceum），黍在中古英语作 milet，古法语作 mil，拉丁语作 milum，和 mill 同源，即 mill（石磨）上所磨为 millet。这个 millet 是当时主要粮食，它可能已经人工栽培，但早先有很长的采集历史，故 millet 和 mill 必是采集时期产生的词。黍可能是从欧亚大陆传播过来的，黍在北方一些地方的口语和古籍上又称“糜”或“麋”（méi），都是唇音。在俄语中称磨坊为мельца，称面粉及各种粉末为мука，都是唇音同源[①]。此说难为定论，聊供参考。

古代史书《世本》上记载说：“公输班作硙。”认为石磨是由鲁班发明的，这是后人想当然的说法。从考古发掘来看，距今约一万年（此为中国科学院吕厚远研究员最新测定的年代）的磁山文化遗址中已有加工粮食的石磨盘和磨棒。2010年3月，磁山文化博物馆研究员张海江在巡察磁山遗址的保护情况时，发现在遗址北侧断崖处的土层中有白色粉块状物体，表面可清晰见到植物颗粒，为淀粉类物质的可能性较大。目前中国科学院的有关专家正在对白色块状物进行鉴定。如果是面粉的话，这将改写人类食用面食的历史。此外，在距今八千年左右的贾湖遗址（位于河南省舞阳县舞渡镇贾湖村）也曾出土过石磨盘和石磨棒。不过当时的磨盘只是一扇，用磨棒在上面研磨，非常费力，估计难以大量加工面粉。另一种粉碎粮食的方法是用杵在臼中舂捣，这种方法比磨盘还要原始，但汉代仍很常用。《后汉书·吴祐传》载：“公沙穆来游太学，无资粮，乃变服客佣，为祐赁舂。祐与语，大惊，遂共定交于杵臼之间。”富贵人家仍用杵臼舂粮，说明石磨当时还不是很普及。磨盘要用人力转圈推动，并不比舂杵省力多少。

河北武安市磁山村磁山遗址出土的石磨盘和磨棒

磨真正显示出它的优势是在畜力用于推磨之后。河北满城西汉墓曾

① 游修龄《谈谈石磨棒和石磨》，http://economy.guoxue.com/article.php/5267

出土石磨，磨旁有马骨架一具，据推测马可能是用来推磨的牲畜。南朝宋刘敬叔《异苑》卷二云：“上党侯亮之于都城下获一石盘，下有铜马。”也是磨和马在一起。《三国志·蜀志·许靖传》云：“（许靖）少与弟劭俱知名，并有人伦臧否之称，而私情不协。劭为郡功曹，排摈靖不得齿叙，以马磨自给。”这是说弟弟许劭凭借权势排挤许靖，许靖开了个用马推磨的磨房，靠为他人加工粮食谋生。这是典籍中见到的用畜力推磨的最早记载。

汉代陶磨，河南三门峡出土

用马推磨未免大材小用，所以人们渐渐改用驴。驴的价格比马要便宜许多，而工作效率基本上是一样的。为了让驴不停地走下去，必须把驴的眼睛蒙住，有的还在驴的鼻端抹上点油，使驴感到前面有好吃的饲料，乐于不停地去寻找。俗语有“卸磨杀驴”的说法，比喻当某人不再有利用价值时就将他弃置不顾或是除掉，跟“过河拆桥”的说法比较类似。

也有用牛来推磨的。晋嵇含《八磨赋》：“外兄刘景宣作为磨，奇巧特异，策一牛之任，转八磨之重。”用一头牛推动八盘磨同时工作，这确实是一个了不起的发明。然而在语言中人们却用“磨牛”即推磨之牛比喻愚笨之人。清李慈铭《越缦堂读书记·容斋随笔》：“此书予于癸丑、丁巳、庚申三次阅之，今年甲申已四遍，余年亦五十六矣，隙驹不留，磨牛如故，曷胜黯怅。”

晋代陆翙《邺中记》中说：“解飞者，石虎时工人，造作旃檀车，左毂上置硙，右毂上置碓，每行十里，磨麦一石，舂米一斛。”这是一种行路磨面两不误的节能方法，大约适合在战争中使用。

后来又有了利用水力推动的水磨。宋代叶适《财总论二》中已提到“水磨”之名。水磨的发明应该早在宋代之前，因为三国时期人们已经发明了利用水力舂米的器械“水碓”（见《三国志·魏志·张既传》），水磨的出现也不会很晚。直到今天，一些偏僻的乡村仍在用水磨磨面。

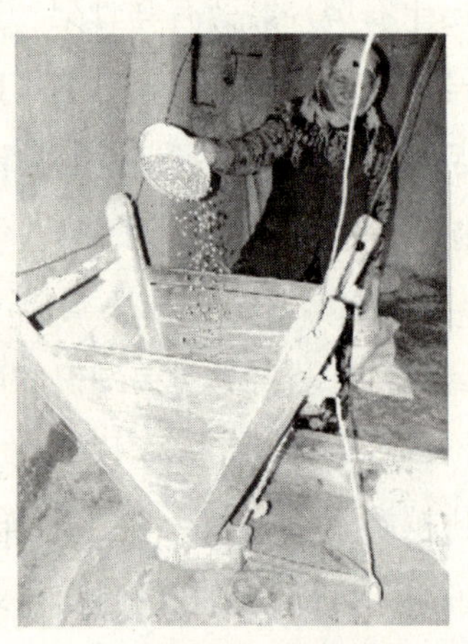
今天还在使用的水磨

磨盘是圆形的，有上下两扇，故人们用“磨盘两圆”比喻做人圆滑，双方都不得罪。明徐渭《翠乡梦》第一出：“俺如今不添别缘，老实说磨盘两圆。”

磨的工作原理是上下两盘石块相互摩擦而将粮食粉碎，因此引申为摩擦、磨砺等义，这些意义都要读 mó。如《论语·阳货》云：“不曰坚乎？磨而不磷。不曰白乎？涅而不缁。”磷（lìn）意思是薄，涅指用黑色染料染色。这几句话的意思是说磨也磨不薄，不是很坚硬吗？染也染不黑，不是很洁白吗？后人用“磨涅”比喻考验人的环境。清王晫（zhuó）《今世说·赏誉》：“故能居磨涅之中而无淄磷之损。”用“磨而不磷，涅而不缁”比喻不受不良环境的影响，经得起考验。明李贽《史纲评要·唐纪·中宗皇帝》：“如狄公者，真所谓磨而不磷，涅而不缁。”

磨平山崖石壁镌刻文字图画叫磨崖，也写作“磨厓”或“摩崖”。清顾炎武《浯溪碑歌》：“真卿作大字，笔法名天下。磨厓勒斯文，神理遗来者。”“磨崖”又引申指山崖石壁上镌刻的文字图画。宋叶绍翁《四朝闻见录·南屏兴教磨崖》：“今南屏山兴教寺磨崖，《家人》卦，《中庸》、《大学》篇，司马公书，《新图经》不载。”今称为磨（摩）崖石刻。

宋祝穆《方舆胜览·眉州·磨针溪》云：“（磨针溪）在象耳山下，世传李白读书山中，未成弃去，过是溪，逢老媪方磨铁杵，问之，曰：‘欲作针。’太白感其意，还，卒业。”这是“铁杵磨成针，功到自然成”的故事，后世用来比喻只要有毅力，任何事情都能做得成。也说成“磨杵成针”。铁杵虽粗，毕竟最终能磨成针。与此表面上类似的一个典故叫“磨砖成镜”，但喻意刚好相反，因为砖无论怎么磨也不可能磨成镜子。宋道原《景德传灯录·慧能大师》：“开元中，有沙门道一住传法院，常日坐禅，师知是法器，往问曰：‘大德坐禅图什么？’（道）一曰：‘图作佛。’师乃取一砖于彼庵前石上磨。一曰：‘师作什么？’师曰：‘磨作镜。’一曰：‘磨砖岂得成镜邪？’师曰：‘坐禅岂得作佛邪？’”后世用“磨砖成镜”或“磨砖作镜”比喻徒劳无功。如梁启超《新民说》十六：“而此三者在今日之中国能有之乎？吾有以知其必不能也。不能而犹云欲以新道德易国民，是所谓磨砖作镜，炊沙求饭也。”

研磨东西要反复做同样的动作，要花很长时间，所以磨又引申有拖延时间的意思。如“磨蹭”“磨洋工”等。“蘑菇”一词也跟磨的拖延义有关。“蘑菇”一般有三个含义。一是指食用菌。二是指拖延时间，如：“不要蘑菇了，赶快走吧。”三是指纠缠，如：“你别跟我蘑菇了，我还有要紧事呢。”第一个义项跟后两个义项没有什么关系，后两个义项有引申关系，所以这是两个词。“蘑菇”的写法从草字头，自然是“食用菌”这一义项的本字，就后两个义项而言是假借用法。那么本字是什么呢？蘑的本字应该是磨。事实上就有写作磨的。如柯岩《娃娃店》：“别磨菇啦，回头唱歌的听见，一生气也不愿意跟咱们去了呢。”菇的本字应该是固，由顽固的意思引申为缠磨。有些书中写作估，也非本字。如艾芜《一个女人的悲剧》三：“该不是拿跟陈家驼背子拖着，估住要账吧！”这是说缠着要账。甘肃临夏方言中“估”（姑且用此字）也有纠缠的意思，如：“这个娃我估着要买雪糕。”（这孩子缠着我要买雪糕。）所以“磨菇”是同义连文，只因本字不明，而读音与大家熟悉的“蘑菇”一词相同，所以大都写成了“蘑菇”。

难

周代金文	战国简牍古文	小篆	汉隶
[illegible]	[illegible]	[illegible]	鷬 難

古代“难”字的不同写法

难字《说文》作鷬，释为：“鸟也。从鸟堇声。難，鷬或从隹。”鸟《说文》释为“长尾禽总名也”，隹《说文》释为“鸟之短尾总名也”，本义有别，但作为意符使用的时候鸟和隹泛指鸟，不再有长尾短尾之别，常常通用，所以难字或从鸟，或从隹。堇异体作英，故難或作難。金文难字都从英，英即熯（hàn）的初文，与难读音相近。堇是由英下加土的写法讹变来的，添加土字只是为求字形平稳的一种装饰。简化字的难大约是元代出现的。

难的本义《说文》释为鸟名，究竟是什么鸟，不得而知，典籍中也从来没见过难用于鸟名的例证。尽管如此，我们还是不能轻率地否定许慎的解释，因为汉字是表意文字，难字既然从鸟从隹，其本义自然应该跟鸟有关。因此，难的困难等义我们只好说是文字的假借现象。近人张行孚认为“乃为难之本字，而难为借字矣”。乃《说文》训为“曳词之难也，象气之出难”，张氏据此认为难是乃的借字。这种看法是有问题的。所谓“曳词之难”就是副词乃，是“才是、便是”的意思，这种“难”与困难的意义差别很大，很难扯到一起。而且乃也未必就是“曳词之难”的本字。有些学者认为古文字中的乃像乳房之形，认为乃是奶的初文，这比《说文》的解释更为可取，因为“曳词之难”这种抽象的意义是没法据以造字的。所以难作为假借字还是归于“六书”中本无其字的假借比较合适。

典籍中出现过的难的词义大多数都是由困难义引申出来的。有些意义猛一看似乎跟困难义没有关系，但如果细加考查，我们还是不难发现义项间的内在联系。比如难古有“驱逐鬼疫”的含义。《周礼·春官·占梦》：“遂令始难驱疫。”郑玄注：“难，谓执兵以有难却也。”郑玄的意思是说，手执兵器以驱逐鬼疫叫难。这一意义与困难义好像没什么联系，所以有些人认为这里的难是傩的假借。这种认识其实是不对的。难是傩的初文，傩是由难派生出来的。难的本义是困难，引申为给人制造困难加以阻拦，也就是阻隔、拒斥的意思。《集韵·换韵》：“难，阻也。”《书·舜典》：“柔远能迩，惇德允元，而难任人，蛮夷率服。”孔安国传：“难，拒也。”“难任人”是说拒斥奸佞小人。驱逐鬼疫的意义正是由拒斥义引申来的。

傩是古代社会官方和民间都要举行的驱鬼活动。《周礼·夏官·方相氏》中记载说：“方相氏掌蒙熊皮，黄金四目，玄衣朱裳，执戈扬盾，帅百隶而时难，以索室驱疫。”方相氏是周代驱鬼的官员。驱鬼的时候，方相氏头戴熊皮面具，面具上有用黄金做的四只眼睛，表示能够明察秋毫，洞幽烛微，鬼怪逃不过方相氏的眼睛。相传造字的仓颉也是四只眼睛，古人认为造字需要仰观天文，俯察地理，善于分辨鸟兽之迹，所以要有极好的视力。方相氏能看出一般人看不见的鬼怪，所以也得有极好的视力。方相氏的上身穿的是黑色的衣服，下身穿的是红色的裙子，手里拿着戈戟盾牌之类的武器，率领仆人们在屋子里一边到处敲打，一边高声呼喊，经过这样的活动，人们相信恶鬼已被赶走，可保一时平安。从《吕氏春秋》等典籍的记载来看，傩逐仪式一年要举行好几次，并非一劳永逸。其中规模最大的一次是在即将跨入新年的腊月，称为大傩。《吕氏春秋·季冬纪》云：季冬之月，“命有司大傩，旁磔，出土牛，以送寒气”。高诱注：“大傩，逐尽阴气为阳导也。今人腊岁前一日击鼓驱疫，谓之逐除是也。”《后汉书·礼仪志中》亦云：“先腊一日大傩，谓之逐疫。”直至近世，这种习俗仍然存在。沈从文在《从文自传·我所生长的地方》中写道：“岁暮年末，居民便装饰红衣傩神于家中正屋，捶大鼓如雷鸣。”傩神指用来驱鬼疫的神。不愿将旧的不好的东西带入一个新的环境这是人之常情，所以新年来临之际家家户户都要清扫房屋，洗涤衣物，驱鬼其实就是为了精神的清洁，为了精神的安宁。

说到难字，“难兄难弟”这个成语的由来值得一谈。这一成语源出《世说新语·德行篇》，原文是这样的：“陈元方子长文有英才，与季方子孝先各论其父功德，争之不能决。咨之太丘。太丘曰：‘元方难为兄，季方难为弟。’”太丘指陈寔，是元方、季方的父亲，因曾任太丘（今河南永城县一带）县长，故称太丘，用做官的地方指代官员是古人的一种习惯。近人严复指出：“此记者述太丘语意耳，古无父字其子之事。”[①]元方、季方都是字，字是同辈人或是晚辈称呼用的，父亲一般不会称儿子的字，所以严复的说法还是有道理的。这里想说的是，“元方难为兄，季方难为弟”这两句话具体该怎么理解。《汉语大词典》在“难兄难弟”条下解释说：“意谓元方卓尔不群，他人难为其兄；季方也俊异出众，他人难为其弟。”如此说来，太丘是将元方和季方与他人比长量短，而孙子问的则是元方和季方谁的功德更高，与他人无涉，太丘岂不是在玩“王顾左右而言他”的游戏？说“他人难为其兄”，这好理解，表示他人很难超过元方；

① 转引自徐震堮《世说新语校笺》，中华书局 1984。

但说“他人难为其弟”就不好理解了。如果理解为他人比季方差，字面上讲不过去，不能说“难为兄”表示不如，“难为弟”也表示不如。那么是不是说他人比季方强？这在字面上说得过去，但文意不通，太丘的意思显然是兄弟两个难分高下，而非元方高于季方。

刘孝标在注中说这两句话有异文作“元方难为弟，季方难为兄”，古来校注者都只是指出有此异文，对其是非则不置一辞。我们认为当以异文为是。“难为”是“使为难”的意思。《礼记·杂记上》：“孔子曰：‘管仲镂簋而朱纮，旅树而反坫，山节而藻棁（梁上短株，音 zhuō），贤大夫也，而难为上也。晏平仲祀其先人，豚肩不掩豆，贤大夫也，而难为下也。君子上不僭上，下不偪下。”这几句话简缩一下就是“管仲难为上，晏平仲难为下”，意思是说管仲身为大夫而享用诸侯的礼仪，使诸侯感到为难；晏平仲身为大夫而降格用庶人的礼仪，使庶人感到为难。“元方难为弟，季方难为兄”是说元方使弟弟感到为难，季方使兄长感到为难，言下之意是两人都感到对方对自己有压力，难分高低。

难分高低意义上的“难兄难弟”，难字读 nán。后来人们又将这一成语用来形容彼此曾共患难或同处困境的人。如元张可久《折桂令·湖上饮别》：“难兄难弟俱白发相逢异乡，无风无雨未黄花不似重阳。”这是一种推陈出新的用法，有其积极意义，不要以为是误用。这一意义上的难读 nàn。

汉语中还有一个成语叫“排忧解难”，其中的难有些人读 nàn，有些人读 nán。读 nàn 是把难理解为危难，读 nán 是把难理解为困难。两种读法意义有别，都有存在的理由。不过这个成语在现实中更多的用于“解除忧愁，排除困难”，所以读 nán 更为合理。另外，汉语中还有“排除万难”的说法，“万难”的难读 nán，“排忧解难”之难读 nán 就跟“排除万难”协调一致了。

能

甲骨文	周代金文	战国简牍古文	小篆

古代“能”字的不同写法

《说文》：“能，熊属。足似鹿，从肉目声。能兽坚中，故称贤能，而强壮称能杰也。”许慎认为能是个形声字，本义是熊类动物，它的足与鹿足相似，有“坚中”的特点。甲骨文中的能画的是一头熊的样子，所以能最早是象形字，本义就是熊。《集韵·东韵》：“熊，《说文》：‘兽，似豕，山居，冬蛰。’亦姓。或作能。”可见熊、能原本一字。周代以后字形发生讹变，熊的头部变成了“月”(肉)，身躯变成了“目”(以的异体)。身躯之所以变成“目”是因为目与能古音相近。典籍中能有时写作“以”或“台”。如《老子》十四章：“能知古始，是谓道纪。”帛书《老子》甲本和乙本“能”皆作“以”。《史记·天官书》：“魁下六星，两两相比者，名曰三能。”南朝宋裴骃集解引苏林曰：“能音台。”《春秋元命苞》作“魁下六星，两两相比，曰三台。”有时能被借作“胎”。如《素问·阴阳应象大论》：“阴阳者，万物之能始也。”清孙诒让《札迻》卷十一：“能为胎之借字。”“台”以“目”为声符，而“胎”是以“台”为声符。这表明能与目的上古音是相同或相近的。所以《说文》将小篆的能字分析为形声字还是正确的，但足似鹿的说法是有问题的，熊类动物的足没有像鹿的。

能兽有“坚中”的特点。“坚中”是什么意思呢？南唐徐锴《说文解字系传》：“坚中，骨节实也。”《尔雅·释兽》：“貘，白豹。”东晋郭璞注：“似熊，小头，庳脚，黑白驳，能舐食铜铁及竹骨，骨节强直，中实少髓。”古人认为骨节充实少髓的动物坚强有力，这应该是从远古狩猎时代流传下来的生活经验。因此，能兽之能引申为能力、力量之义。《吕氏春秋·见长》：“君知我，而使我毕能西河，可以王。”东汉高诱注：“能，力也。尽力为之，可以致君于王也。”在古代社会，人们主要靠体力为生，打猎靠体力，跟敌人打仗也要靠体力，在这种社会状况下体质强健的人无疑受到社会的尊崇，被认为是贤能之士，所以能又引申指有才能的人。《周礼·天官·大宰》：“以八统诏王驭万民：一曰亲亲，二曰敬敬，三曰进贤，四曰使能。”郑玄注：“能，多才艺者。”《礼记·礼运》：“大道之行也，天下为公，选贤与（举）能。”孔颖达疏：“能者，有道艺者。”多才艺者为能应该是后起的观念。

这种以坚强为贤能的价值观念在其他字词中也可得到印证。《说文》：“臤，坚也。……古文以为贤字。”臤（qiān）本义是坚固，引申为贤能义。汉《潘乾校官碑》：“亲臤宝智。”宋洪适《隶释·汉国三老袁良碑》：“优臤之宠，于斯盛矣。”洪适注：“臤即贤字。”杨树达《积微居小学金石论丛·释贤》：“人坚则贤，故即以臤为贤。……加臤以贝，则以财为义矣。盖治化渐进，则财富渐见重于人群，文字之孳生，大可窥群治之进程矣。”贤也有强、超过之义。《仪礼·乡射礼》：“若右胜，则曰右贤于左。若左胜，则曰左贤于右。”郑玄注：“贤，犹胜也。”《战国策·赵策四》：“老臣窃以为媪之爱燕后，贤于长安君。”这是说赵太后对燕后的爱超过长安君。贤的强胜义也是从坚固义引申来的。坚固则强壮，强壮则被视为贤能。又如豪杰的豪本义是鬣毛刚硬的猪。杨树达《释贤》云："豪豕以毛鬣坚刚如笔管，故引申为豪杰之豪。"豪也有强壮义（"豪强"同义连文），这跟贤有强胜义是一致的。

坚强的东西能忍耐外力的击打，因此能兽又引申为忍耐之义。《说文》："忍，能也。"这里的能就是忍耐的意思。《汉书·赵充国传》："今虏朝夕为寇，土地寒苦，汉马不能冬。"唐颜师古注："能读曰耐。"这是说汉朝的马忍受不了边地冬天的严寒。由于"能"、"耐"古音相同（都是泥母之部），所以"能"也写作"耐"。耐的本义指古代的一种刑罚，即剃去犯人的胡须。胡须对古代男子而言，犹如秀发之于女子，剃去胡须是一种羞辱性的惩罚，正如女子被剃去秀发一样。不少人认为能用于忍耐义是耐的假借，这恰好本末倒置。《礼记·礼运》："故圣人耐以天下为一家。"郑玄注："耐，古能字。"这种认识是不对的。后来能和耐的读音变得不一样了，但都有能力的意思，于是二者便走到一起组成了一个双音词"能耐"。

能古代还指一种三只脚的鳖。《尔雅·释鱼》："鳖三足，能。"古称三台星为三能（见上引《史记》文）。三台星共六颗星，其特点是两个为一组（所谓"两两相比"），共为三组，而能有三足，故称三能。三台星取名三能，表明三足能的传说古代颇为流行，人们耳熟能详，所以取名时才易于发生联想。夏人的图腾大约就是这种三足的能[①]。《国语·晋语八》："昔者鲧违帝命，殛之于羽山，化为黄能，以入于羽渊。"梁任昉《述异记》卷上："尧使鲧治洪水，不胜其任，遂诛鲧于羽山，化为黄能，入于羽泉。今会稽祭禹庙不用熊，曰黄能即黄熊也。陆居曰熊，水居曰能。昉按：今江淮中有鲛名熊，熊，蛇之精。"说黄能入于羽渊，可知是水生

① 参龚维英《周族先民图腾崇拜考辨——兼说黄帝族、夏族的图腾信仰》，收入向仍旦编《中国古代文化史论》，北京大学出版社 1986。

动物，理解为三足鳖两相契合。能或作熊，熊当是熊字之误。《史记·夏本纪》“乃殛鲧于羽山以死”唐张守节正义：“鲧之羽山，化为黄熊，入于羽渊。熊音乃来反，下三点为三足也。束皙《发蒙纪》云：‘鳖三足曰熊。’”可知鲧之所化为三足鳖之能，非四足兽之熊。熊应是能的后出分别文，据晋代束皙《发蒙纪》，知晋代已有熊字，然典籍中皆讹作熊字，以致鲧所化是熊是鳖历史上一直纠缠不清。

黄能在古人心目中也是龙一类的动物，所以任昉说“江淮中有鲛名熊，熊，蛇之精”，鲛、蛇与龙你中有我，我中有你，都可视为龙族。黄能也称为黄龙，更是能即龙类的明证。《左传·昭公七年》：“昔尧殛鲧于羽山，其神化为黄熊。”《水经注》引作“其神化为黄龙”（见清洪亮吉《春秋左传诂》昭公七年“梦黄能入于寝门”注）。又《山海经·海内经》郭璞注引《开筮》（即《归藏·启筮篇》）：“鲧死三岁不腐，剖之以吴刀，化为黄龙。”可知黄能即黄龙。鲧化为黄龙后仍时时在冥冥之中佑助其子治水，大禹治水成功，乃父之功不可抹杀。《吕氏春秋·知分》：“禹南省，方济乎江，黄龙负舟。”前秦王嘉《拾遗记》卷二：“禹尽力沟洫，导川夷岳，黄龙曳尾于前，玄龟负青泥于后。”后一例中“黄龙”与“玄龟”对举，黄龙即三足鳖。《本草纲目》卷十七下有毒草曰“石龙芮”，又名“石能”，“能”、“龙”义同互换。董必武《游厓门返舟中望凤山龙子塔》诗自注：“龙子塔，地方人又呼为熊子塔。熊子塔的‘熊’下面是三点，不是四点。”能子塔又称龙子塔，正如黄能又称黄龙。这也是能即龙族的力证。

除鲧化黄能的传说外，还有禹化为熊的传说。《汉书·武帝纪》“见夏后启母石”颜师古注引《淮南子》（今本无）云：“禹治鸿水，通轘（huán）辕山，化为熊。谓涂山氏曰：‘欲饷，闻鼓声乃来。’禹跳石，误中鼓，涂山氏往，见禹方作熊，惭而去。”这里的熊也当是熊字之误。能是夏人的图腾，故父亲化为能，儿子也化为能。“黄”古常通“皇”。《庄子·齐物论》："是皇帝之所听荧也。"《经典释文》："皇帝本又作黄帝。"皇有大的意思。《诗经·大雅·皇矣》："皇矣上帝。"毛传："皇，大也。"黄能即大能，大三足鳖。禹《说文》训为"虫"，顾颉刚曾主张禹是龙虬一类的水神（见《古史辨》第一册《讨论古史答刘胡二先生》），今天看来这种观点仍不失为有价值的一说。父化黄能，子称大禹，适资比照。

年

商代甲骨文	商代金文	春秋金文	小篆	西汉帛书	北齐墓志	干禄字书拓本

古代“年”字的不同写法

“年”字在历史上的演变见上面的图。小篆中上面是“禾”，下面是“千”，所以楷体化后写作“秊”。许慎《说文》中解释说：“年，谷孰也。从禾，千声。”认为“年”是一个形声字，本义是谷物成熟。但在商代的甲骨文和金文中，“年”字上面是“禾”，下面是“人”，像人头上顶着禾的样子，表示谷物成熟后收割了下来，顶在头上拿回家。中国古代有用头顶物的习俗，就像今天的朝鲜族一样，年字就是根据这一习俗创造的。头上顶着禾，“人”又只画一条腿，看上去头重脚轻，不大平稳，于是仓颉们便在“人”的腿上加了一横或两横作为装饰，这样字形就平稳美观了。“人”上加一横就是“千”，加两横就是“壬”。小篆继承了加一横的写法。南北朝时期出现了跟我们今天的“年”字基本相同的写法，到了唐代这种写法成了最通行的字形。唐代颜元孙的《干禄字书》是一部专门辨析字形正俗的书，书中对“年秊”二字辨析说：“上通下正。”意思是说“年”是当时最通行的写法，“秊”是正体。宋代以后刻版印刷盛行于世，刻字时竖画要比点画方便，点就被刻成了竖，于是便有了我们今天的“年”字。

“年”的本义为谷物成熟，这在古代文献中是有用例的。如殷墟卜辞中有“东土受年”的记载，这是在卜问东方的土地神是否赐予丰收。后世既有“年景”的说法，也有“岁景”的说法，但含义有所区别。“年景”多指农作物一年的收获情况，“岁景”则指一年四季的景色。如北宋梅尧臣《读吴正仲〈重台梅花〉》诗：“常惜岁景尽，每先春风开。”这是说每当一年的美好景色都消失了时候，梅花却在春风之前开放，独自装点着景色。

古代北方基本上没有复种，一年就种一次庄稼，谷物从这次成熟到下次成熟就是一年的时间，因此，表示谷物成熟的“年”就有了时间单位的含义。早在商代“年”已有时间单位的用法。如卜辞中有“十年有五”、“年四月”之类的说法，这里的“年”就是指年岁。

“年”和“岁”虽然都可以用于计算年龄，但用法有别。“年”指抽象的年龄概念，“岁”才是具体的计数单位。《战国策·赵策》中大臣触龙拜见赵太后，希望太后照顾一下他的小儿子舒祺，在王宫里安排个职务。“太后曰：‘敬诺！年几何矣？’对曰：‘十五岁矣。虽少，愿及未填沟壑而托之。’”“年几何”不能说成“岁几何”，“十五岁”不能说成“十五年”。其他如《史记·秦本纪》：“当是时，百里傒年已七十馀。”《史记·老子列传》：“盖老子百有六十馀岁，或言二百馀岁，以其修道而养寿也。”“年”和“岁”各不相混。我们今天说“年方二八”，不说“岁方二八”，问年龄只能问“几岁了”，不能问“几年了”，都是继承了古代的用法。

“年”还有一个重要含义就是年节，也就是我们今天所说的春节。年节的观念无疑是由年岁义引申来的。但“年”为什么会成为节日，民间流传着各种起源故事。有一种传说是，“年”原本是一种凶猛的怪兽，每年腊月三十便走村串户，觅食人肉，残害生灵。有一年腊月三十晚上，“年”到了一个村庄，适逢两个牧童在比赛谁的鞭子响声大，“年”听到“啪啪”的鞭声，吓得仓皇而逃。它窜到另一个村庄，看见一家门口晒着件大红衣裳，它不知其为何物，吓得赶紧掉头逃跑。接着它又来到一户人家，只见家里灯火辉煌，刺得它头昏眼花，只好又夹着尾巴溜了。由此人们知道“年”有怕响、怕红、怕光的弱点，便在腊月三十前后用放鞭炮、穿红袄、点灯笼的办法驱赶“年”，于是便形成了过年的风俗。这是百姓们根据过年时放鞭炮的习俗编出来的故事，自然不是过年习俗的真正起源。

学者们对过年的由来也有不同的解释。

较为流行的说法是过年源于上古时期的腊祭，腊祭是古代每年岁末祭祀众神的活动，过年习俗由此演变而来。有些学者认为过年源于古代的巫术仪式。所谓巫术仪式，就是原始人相信，通过人本身的意志和力量可以调整和控制自然事物的发展。春节期间的各种活动，如饮食、祭祀、装饰、娱乐、游艺，以及春节期间的种种禁忌，包括语言、行为、饮食等禁忌，都是围绕着避邪祈吉而展开的。人们希望通过自己的行为、语言和表演等来驱赶或避开邪恶，并得到平安和幸福。随着社会的发展，春节逐渐失去了其巫术的内涵而演变成一种庆祝活动。还有一种观点认为年节源于鬼节。古时候人们由于科学知识的贫乏和生产力的低下，抵御自然灾害的能力很差，常为冬天的寒冷所侵扰，又为粮食的匮乏而忧心忡忡，早春更是青黄不接、生命受到严重威胁的时候，老人和儿童首先会因饥饿、寒冷及其他各种恶劣的原因而相继死去。看到这种情景，人们会恐惧，以为是鬼神在作祟。一旦人们跨越了这样具有神秘色彩、使人战栗的节气，才会深感庆幸，欢呼雀跃，相互道贺，久而久之，成为一种习俗而固定下来了。

为了便于说明问题，我们首先得明确作为节日的“年”这个概念，如果人人心中各有一把衡量“年”的尺子，是非是很难说清的。“年”的内涵应该是：华夏族旧历的新年年节。按照这一理解，过年源于腊祭的观点就不大能站得住，因为无论是夏历、殷历还是周历，腊祭都不在新年举行。腊祭是秋收之后庆祝丰收、报答众神之恩的祭祀活动，周代在夏历十月举行，这应该是继承了夏商的传统。汉武帝以后采用夏历，将腊祭改在十二月，这又是受周代传统影响的结果，因为夏历的十月是周历的十二月，这使人们形成了腊祭为岁终之祭的观念，所以汉代也将腊祭安排在岁末。年节是迎接新年的节日，至少在周代它与庆祝丰收的腊祭是没有什么关系的。

年节源于古代巫术仪式的说法不免过于宽泛笼统。远古时期的人但凡举行重要活动时几乎都有巫术仪式，所以巫术仪式说并没有切实解决问题。

鬼节说将人与自然的矛盾斗争作为春节形成的根源，可以解释一些习俗的由来，像放爆竹、贴门神、饮屠苏酒等，无疑都是旨在驱邪求吉。但若将年节放到人类文化的大背景中加以观照，就会认识到驱邪还算不上是年节发生的动因。世界上凡是有“年”的时间概念的民族无不具有过新年的习俗。塔吉克族在农历三月过新年，土家族在农历七月初一过新年，畲族在农历十月底过新年，四川凉山彝族在农历十月和十一月之间过新年，普米族在农历十二月初六过新年，伊朗人的年节一般在公历3月21日，柬埔寨人的年节在公历4月13日，尼泊尔人的年节在公历4月份，埃塞俄比亚人的年节在公历9月11日，印度的年节在公历10月底，可见无论哪个季节，只要是新年，人们都有送旧迎新的庆祝活动。《简明不列颠百科全书》“新年”条中说：

庆祝新年是古老而普遍的传统，庆祝活动中往往包括斋戒、涤罪、振奋以及迎新送旧等仪式。复始更新是新年节日的本质，借创世周年纪念之机，重温创世的故事，祝福神灵，振兴宇宙，鼓舞人群，这种含义在世界各民族的习俗中都可发现，仅有较明显或较隐晦之区别而已。

年作为时序循环的一个周期，在新的周期开始之际，人们祭祀善神，祈求风调雨顺，驱避恶神，预防灾害发生，这是人的生存本能的自然要求，并不需要什么特殊背景的触发才会形成过新年的习俗。公历的元旦在世界各国都被定为节日，它的根据仅仅就是新的一年的开始而已。二十一世纪到来的时候，世界各国都举行了隆重的世纪庆典，何以故？无他，新的世纪开始而已。年节的出现与此同理。

那么年节是何时出现的呢？由于文献不足，很难得出一个确切的结论。不过作一些推论也未尝不可。年节的出现不能早于人们有“年”的时间概念。年的时间周期比较长，人们要掌握它的循环规律不像“日”“月”那么容易。《尔雅·释天》中说：“夏曰岁，商曰祀，周曰年，唐虞曰载。”“唐虞”即尧舜。照此说来，早在夏代之前我国就已有了年的时间概念了。《尚书·尧典》中说，尧命羲氏与和氏观测天象，“敬受民时”。羲氏与和氏将一年测定为“三百有六旬有六日，以闰月定四时，成岁”。这大约是后世的传说之辞，尧舜时代恐怕历法还做不到这么精确，但说尧舜之时已有年的时间概念则是无可置疑的。为什么这么说呢？我国的农业起源很早，考古资料表明，早在七八千年前我国先民已有比较发达的农业生产。距今七千多年的河北武安县磁山遗址曾发现八十个有粮食堆积的窖穴，堆积的厚度有的竟达两米以上，充分说明当时的经济以农业为主。农业生产与季节密不可分，播种过早或过晚都会造成歉收甚至绝收，直接威胁着人们的生存，所以先民们不得不想方设法确定季节的变化。人类最早用来确定季节的标志应该是易于察觉的物候，“载”就是由物候而来的年名。“载”的本义《说文》释为“乘也”，即乘载之义，与年岁义无关。“载”用作年岁义当是“兹”的假借。“兹”的本义《说文》训为

“草木多益”，确切地说是指草木开始滋生。《素问·五藏生成论》：“五藏之气，故色见青如草兹者死。”唐王冰注：“兹，滋也，言如草初生之青色也。”草木一岁一枯荣，草木开始滋生意味着新的一年的开始，所以“兹”引申而指年岁。《孟子·滕文公下》：“今兹未能，请轻之，以待来年。”《吕氏春秋·任地》：“今兹美禾，来兹美麦。”高诱注：“兹，年也。”“载”与“兹”古音相同，故“兹”也写作“载”。“年”是根据农业生产周期确立的岁名，它作为岁名的时间可能比“载”要略晚一些，因为人们对自生草木变化的认识要早于对庄稼生长周期的认识。

总之，我国早在夏代之前已有“年”的时间概念是不成问题的，有“年”自然就有过年的习俗，所以春节可以说是一个极其古老的节日。

诺

《说文》："诺，膺也。从言若声。"膺就是应的异体字。诺的本义是答应之声，相当于我们今天的"嗯"。《论语·阳货》中阳货希望孔子出来为政府做事，孔子回答说："诺，吾将仕矣。"这里的"诺"就是答应之声。

诺虽然以若为声符，实际上是若的累增字（又叫增累字）。《战国纵横家书》十八："大（太）后曰：'若，次（恣）君之所使之。"《马王堆汉墓帛书·经法名理》："若者，言之符也；已者，言之绝也。已若不信，则知（智）大惑矣。已若必信，则处于度之内也。""若"是答应，"已"是不答应，"已、若"是一对反义词。若字西周金文作（毛公鼎），从口从叒（ruò），叒亦声。叒是顺的意思，有些学者认为甲骨文和金文中的叒像人用双手梳理头发使之顺畅之形，可备一说。应诺是顺人之意，故字从口从叒。小篆中讹变成了从艸从右的若。《说文》据讹变之形解释说："若，择菜也。从艸；右，右手也。"这自然是错误的。由于若字义项较多，为了分化字义，人们又在若上增加言旁，形成了诺字，这样从言与从口意符相重，跟"溢、燃、憾、採"等字累加意符是一样的，是为累增字。诺也写作喏，从口与从言表意相同。

诺是答应之声，如果表示连声答应，则曰"诺诺"。《韩非子·八奸》：

“优笑侏儒，左右近习，此人主未命而唯唯，未使而诺诺，先意承旨，观貌察色，以先主心者也。”这是说君主跟前的那些侍奉之人一味顺从，不敢违逆。“唯”也是答应之声，但在表义上与诺略有差异，“唯”比“诺”要恭敬一些。《礼记·曲礼上》：“父召无诺，先生召无诺，唯而起。”郑玄注：“应辞唯恭于诺。”张舜徽《说文解字约注》：“盖应答之声，唯速而礼恭，诺缓而意慢，此二者析言自有分也。故《礼记·玉藻》云：‘父命呼，唯而不诺’也。”“唯唯诺诺”后来成了一个成语，表示卑恭顺从。《醒世恒言·三孝廉让产立高名》：“他思念父母面上，一体同气，听其教诲，唯唯诺诺，并不违拗。”

古代官员在审阅完公文后如表示同意，就在末尾批一“诺”字，相当于今天审批时写“同意”二字。这种做法早在汉代就已存在。《后汉书·党锢列传序》：“后汝南太守宗资任功曹范滂，南阳太守成瑨亦委功曹岑晊，二郡又为谣曰：‘汝南太守范孟博，南阳宗资主画诺。南阳太守岑公孝，弘农成瑨但坐啸。’”这是说汝南太守宗资把大权交给手下功曹范滂（字孟博），自己只是在文件上签署诺字。南阳太守成瑨把一切交给手下功曹岑晊（字公孝）处理，自己只是坐着吹口哨。后来将为官清闲无事或不理政事称为“画诺坐啸”。清陈康祺《郎潜纪闻》卷十三：“康祺官京师十年……乃画诺坐啸，目击狐鼠之横行，而噤不一诘。”后世许多朝代都沿袭此俗。《三国志·吴书·黄盖传》：“两掾所署，事入诺出，若有奸欺，终不加鞭杖。”“事入诺出”是说请示公文送上去总是写个诺字予以同意。《梁书·陈伯之传》：“伯之不识书（字），及还江州，得文谍辞讼，惟作大‘诺’而矣。”《唐六典》卷二十六：左庶子之职，“凡令书下于左春坊，则与中允、司议郎等覆启，以画诺，及覆下，以皇太子所画者留为案（留下来存档），更写令书印署，注令诺，送詹事府。”到宋代才改为签“准”字。《续资治通鉴长编》卷三十八：“太宗至道元年八月，以寿王元侃为皇太子，礼官议唐制凡东宫处分论事之书，皇太子并画诺，诏改诺为准。”

因官员们几乎每天都要签署诺字，所以有些帝王就让他们的孩子从小练好诺字，这对当官的人来说是一个门面问题，正像今天经常签字的人很想练好自己的名字一样。《南史·齐江夏王锋传》载：南齐高帝萧道成之子萧锋五岁时，“高帝使学凤尾诺，一学即工。高帝大悦，以玉麒麟赐之，曰：‘麒麟赏凤尾矣。’”凤尾诺是诺字的一种特殊写法，据说是因诺字字尾写得形如凤尾而得名。宋王楙《野客丛书》卷二十二《凤尾虎头》条：“晋帝批奏，书诺字之尾如凤尾之形，故谓之凤尾诺。”但具体是怎么个写法不得而知。唐代人就已弄不清凤尾诺为何物。唐陆龟蒙《说凤尾诺》（《文苑英华》卷三六二）云：

> 或问予曰：“凤尾诺为何等物？图耶？书耶？”对曰：“余之所闻，自晋讫于梁陈以来，藩邸之书也，凡封子弟为王，则开府群僚属敢（按：取之误）当时士有学行才藻者，中是，选其所下书，东宫则曰令，上书则曰笺，诸王下书则曰教，上书则曰启，应和文章则曰应，应令教下，其制一等故也。其事行则曰诺，犹汉天子肯臣下之奏曰可也。凤尾则所诺笺之文也。缡缕褵褷，然织与绘莫的知。既肯其行，必有褒异之辞，若今之批答案耳。晋元帝为琅琊王时，帝美其才，令通习外事，常使批凤尾诺。”

说了半天还是莫知其详，看来只有等出土文物来解答了。

古代还有“凤尾诏”一词。唐陆龟蒙《江南书情二十韵》：“君批凤尾诏，我住虎头岩。”凤尾诏指什么呢？《汉语大词典》说“指诏书”，未确。《野客丛书》卷二十二中说：“诺字与诏字相似，而又有‘凤诏’之语，故观者往往以为凤诏焉，如《陆龟蒙集》所刊是也。”原来“凤尾诏”是“凤尾诺”之误，理解为诏书是不对的。

古人十分重视许诺，讲究做不到的事不能随便答应，答应了事一定要做到，所谓“言必信，行必果”就是这个意思。《老子》六十三章：“夫轻诺必寡信，多易必多难，是以圣人犹难之，故终生无难矣。”这是说随便允诺必然难以兑现，把事情看得过于容易往往遇到困难，因此圣人看重允诺和问题，正因看重，所以最终没有困难。《荀子·王霸》中认为夺取天下的关键在于“刑赏已诺信乎天下”，“上下相信，而天下莫之当”。《礼记·表记》中说：“口惠而实不至，怨灾及其身。是以君子与其有诺责也，宁有已怨。”这是说君子与其因不能兑现允诺而被人指责，宁可不答应而被人怨恨。《史记·游侠列传》中司马迁对游侠信守诺言的品行给予很高的评价。他说：“今游侠其行虽不轨于正义，然其言必信，其行果，已诺必诚，不爱其躯，赴士之厄困，既已存亡死生（按：当作‘生死’）矣，而不矜其能，羞伐其德，盖亦有足多者焉。”这都反映了古人对信守诺言的重视。汉初楚地有个人叫季布，信守然诺，楚人中流传着这样的民谣：“得黄金百，不如得季布一诺”（《史记·季布栾布列传》）。世人对重诺的推崇和期望于此可见一斑。后来人们就用“一诺千金”表示许诺极有诚信，用“诺金”表示真诚的允诺。李白《经乱离后天恩流夜郎忆旧游书怀赠江夏韦太守良宰》诗：“片辞贵白璧，一诺轻黄金。”这里用的就是季布的典故。今天我国许多行业纷纷推出各种承诺，这对提高办事效率、端正工作作风起到了很好的作用，可以说是对我国古代优秀精神文化的宏扬，同时也说明了信守诺言在任何时代都是为人民群众所需要的，所欢迎的。

袍

《说文》:“袍，襺（jiǎn）也。从衣包声。”又:“襺，袍衣也。从衣茧声。以絮曰襺，以缊曰袍。”袍的本义指衣服的夹层间絮了绵絮等物的长衣。袍和襺笼统地说是没有什么区别的，所以《诗经·秦风·无衣》说:“岂曰无衣，与子同袍。”毛传:“袍，襺也。”若就其区别而言，袍可特指新旧絮物混杂的长衣，襺则特指用新绵絮铺絮的长衣。也就是说袍的内在质量要比襺差一些，但在外观上是没有多大区别的。《礼记·玉藻》:“纩为茧，缊为袍。”郑玄注:“衣有著（铺絮）之异名也。纩谓今之新绵也，缊谓今纩及旧絮也。”缊不一定是绵絮，乱麻也叫缊。《汉书·蒯通传》:“（里母）即束缊请火于亡肉家。”颜师古注:“缊，乱麻。”古代能够穿得起新丝绵的人很少，大多数人的袍内絮的一般是旧絮乱麻，也就是缊，古籍中称为“缊袍”。《论语·子罕》:“衣敝缊袍，与狐貉者立而不耻者，其由（子路名）也与？”宋邢昺疏:“今云枲著者，杂用枲麻以着袍也。”缊袍质量低劣，是贫贱者所穿之服。《庄子·让王》:“曾子居卫，缊袍无表，颜色肿哙，手足胼胝。”

袍可特指缊袍并不等于不能指新绵铺絮的长衣。《史记·范雎蔡泽列传》载：战国时魏人范雎事奉魏中大夫须贾，因须贾的毁谤而惨遭魏相魏齐的毒打，几乎丧命。后逃出至秦，作了秦相，改名张禄，对此须贾一无所知。后须贾使秦，范雎故着敝衣往见。须贾怜其贫寒，“乃取一绨（tì）袍以赐之”。范雎以须贾尚有赠袍念旧之情，还是宽恕了须贾。后人常将“绨袍”用作眷恋故旧的典故。《聊斋志异·嫦娥》：“曩试君心耳，幸绨袍之意犹存。”绨是厚实的丝织物，绨袍为贵族之服，其中的絮物应该是新丝绵，不可能是劣质的缊。

袍的第二个特点是衣服很长，可以垂到脚背。《急就篇》卷二：“袍襦表里曲领裙。”颜师古注：“长衣曰袍，下至足跗（脚背）。短衣曰襦，自膝以上。”《释名·释衣服》：“袍，丈夫著（衣着），下至跗者也。”当然，不同时代袍的长短是有变化的。清叶梦珠《阅世编·冠服》：“袍服初尚长，顺治之末短才及膝，今则又没踝矣。”

《汉语大字典》“袍”下云：“有夹层、中著棉絮的长衣。”《汉语大词典》“袍”下也说：“指有夹层、内著棉絮的长衣。”说袍内著“棉絮”是不准确的。袍的夹层中铺絮的可以是丝绵，也可以是乱麻。“棉絮”是指棉花的纤维，我国在先秦时期是尚无棉花的。据学者们研究，棉花大约是在汉代才传入我国新疆、云南等地的，内地普遍种植棉花并作为衣着主要原料是宋代以后的事[①]。所以袍中内铺棉絮是很晚才有的事。

袍之所以做得那么长，主要有两个原因。一是我国在南北朝以前是不穿裤子的，古人所说的“裤”是指套裤，有点像今天的运动员穿的护腿，功用在于防寒。为了遮掩下体，古人的衣服如裙、裳、深衣等一般都很长。袍长的第二个原因是保暖的需要。从袍有夹层的特点我们知道它是冬装。《后汉书·李忠传》“时世祖自解所佩绶以带忠”李贤注引《东观汉记》：“上初至，不脱衣带，衣服垢薄，使忠解浣长襦，忠更作新袍、裤、鲜支小单衣、袜而上之。”前言衣薄，后言作新袍、裤，盖其时天已寒冷，故进袍、裤以御寒。《太平御览》卷693引三国魏鱼豢《魏略》：“薛

① 参袁庭栋《棉花是怎样在中国传播开的》，收入《古代礼制风俗漫谈》（二集），中华书局1986。

夏字宣声，黄初中为秘书丞。帝与夏推论书传，未尝不终日也。帝见其衣薄，解所御袍赐之。”这是因衣薄而赐袍。陆游《冬晴》诗：“岁暮常年雪正豪，今年暄暖减绨袍。”意思是说因冬天温暖，不穿绨袍了。这些例证表明袍是御寒之服，故宜于长垂至脚。

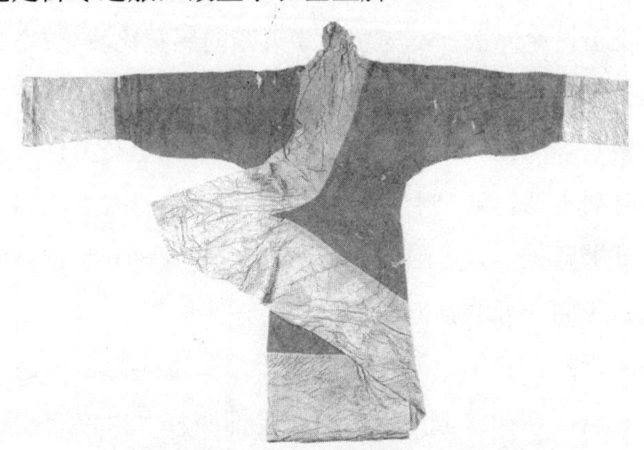

马王堆汉墓出土朱红罗绮绵袍，长140厘米，通袖长245厘米。交领曲裾，内絮丝绵。

弄清了袍的特点，我们就可以来探讨袍的得名之由了。袍从包得声，是因包裹而得名的。袍衣很长，包裹了全身，所以称为袍。张舜徽《说文解字约注》：“袍之言包也，谓衣裳上下连，身躯包在内也。”袍又称为襺。张舜徽释其名义曰：“襺之言茧也，谓裹其身躯，上下相连也。襺之受义于茧，犹袍之受义于包耳。袍襺析言虽殊，而外形一也。”茧包蚕蛹于内，犹袍包人体于内，故称为襺。事实上襺最初直接就写作茧。《左传·襄公二十一年》：“重茧衣裘，鲜食而寝。”孔颖达疏：“茧是袍之别名。”《礼记·玉藻》亦作茧（见上引）。袍襺皆因包裹而得名，正好可以互相作证。

正因袍有包裹的特点，所以引申指包裹在葱叶基部的皮。北魏贾思勰《齐民要术·种葱》：“（剪葱）若八月不止，则葱无袍而损白。”石声汉注：“葱叶基部，层层包裹着，称为袍。”

袍本指絮有夹层的长衣，后来凡袍样的长衣都叫袍，不一定有夹层。

《太平御览》卷693引晋司马彪《续汉书》："袁安为光禄勋，至清，鹿袍粝食。"鹿袍是鹿皮裘袍，在古人眼里是低档次的衣服，所以作为袁安清廉的表现来记述。直至二十世纪三四十年代，皮袍仍在流行，只是身价已非棉袍可比。鲁迅《集外集·文艺与政治的歧途》："譬如今天××先生穿了皮袍，我还只穿棉袍；××先生对于天寒的感觉比我灵。"古代官员上朝一般穿袍持笏（hù，手板）。韩愈《寄崔二十六立之》诗："岂论校书郎，袍笏光参差。"所以人们用"袍笏登场"嘲讽走马上任。陶菊隐《北洋军阀统治时期史话》第二十七章："关于组织临时政府的问题，段已通电北方各省征求意见，只等回电一到，就要袍笏登场。"官员们夏天穿的袍是单层的。我们今天的旗袍也是单层的。

古籍中还常提到蟒袍。蟒袍因绣有蟒形图案而得名，是明清时期官员们常穿的礼服。明谢肇淛《五杂组·物部四》："内官衣蟒腰玉者，禁中殆万人。"这里的"蟒"是"蟒袍"的省称。宫中有近一万人穿蟒袍，可见蟒袍之盛行。清代蟒袍不仅在朝中穿，走亲访友也穿。清富察敦崇《燕京岁时记·辞岁》："凡除夕，蟒袍补褂走谒亲友者，谓之辞岁。"看来蟒袍在清代已成为普通的礼服了。

除了蟒袍，还有龙袍。龙袍上绣的是龙形图案，是帝王穿的礼服。宋李心传《建炎以来系年要录》卷二引《靖康忠臣第二番语录》云："二月六日，金人令萧庆、刘思脱二帝龙袍，李若水拥抱徽宗，王履拥抱渊圣，令不得脱。"关于蟒和龙的区别，明代沈德符《万历野获编》补遗卷二《阁臣赐蟒之始》中记载说："蟒衣为象龙之服，与至尊所御袍相肖，但减一爪耳。"意思是说，龙有五爪，蟒有四爪，比龙少一爪。这大约是明代晚期的情况。事实上不同时代，龙、蟒的图案是有变化的，龙不一定是五爪，蟒也不一定是四爪。龙袍和蟒袍除了龙、蟒图案稍有区别外，在龙蟒的多少及衣服的颜色上也是有区别的。龙袍一般用黄色，蟒袍一般为蓝色及石青色。

1958年，在明代万历皇帝的定陵发掘中出土了5件龙袍。其中一件名为“十二章福寿如意缂丝衮服”的龙袍，长136厘米，袖通长233厘米，袖宽55厘米，挂肩41厘米，下摆105厘米。纹样设计以日、月、

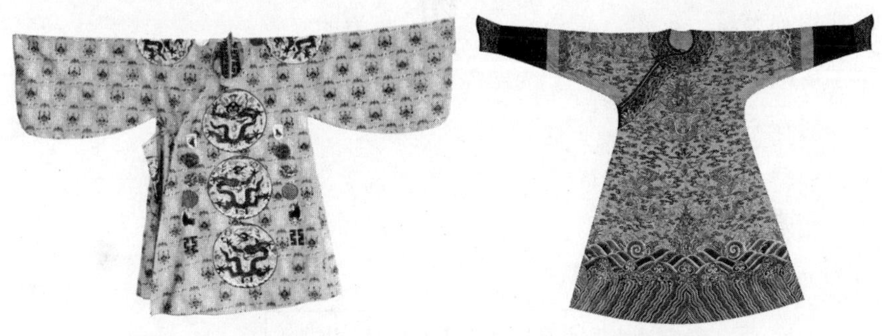

明代万历龙袍复制品　　清代龙袍

星、山、龙、华虫、宗彝、藻、火、粉米、十二章为主题，以十二个团龙为主体（正面三个、背面三个、两肩部两个、两侧两个），每个团龙姿态正、侧、升、降各异，周围饰有云头、海浪、金锭、海珠、飘带和轮、螺、伞、盖、花、罐、鱼、肠八宝图案。除团龙外，龙袍上还织有279个“卍”字，256个“寿”字，301只“蝙蝠”，271个“如意”图案，寓意万寿万福。据文献记载，当时制做一件这样的龙袍要耗费近10年的时间。苏州王嘉良缂丝世家工作室受首都博物馆的委托，自2006年10月至2009年9月，花了近3年的时间将这件龙袍复制了出来。制做该龙袍共用去彩色丝绒线6斤，金线10万米，孔雀羽毛6000余根。

清代妆花纱蟒袍

谦

小篆	汉隶	汉印

古代“谦”字的不同写法

谦字从言兼声，本义为言辞谦逊，引申泛指言行恭谦。恭谦是人类普遍崇尚的优秀品德。《尚书·大禹谟》中有“满招损，谦受益”的格言。谦虚谨慎、彬彬有礼的人则被称为“谦谦君子”。在楚汉战争中，韩信为刘邦取得天下建立了丰功伟绩，但因居功自傲，最后招致杀身之祸。司马迁在《史记·淮阴侯列传》中评价说：“假令韩信学道谦让，不伐己功，不矜其能，则庶几哉。”意思是说，要是韩信学习道家的谦让之德，不自夸其功，不自恃其能，就好了。中国西周时期有一部占卜的著作叫《周易》，书中记载了六十四卦，其中有一卦叫《谦卦》，卦象是这样的：䷎，上面的卦画（☷）是八卦中的坤，表示地。下面的卦画（☶）是八卦中的艮（gèn），表示山。山虽然高大，却处在地的下方，表示谦让的象征意义。可见古人早就认识到了“满招损，谦受益”的道理了。

春秋时期，齐国有一位著名的宰相叫晏婴，后人一般尊称为晏子。

他作宰相的时候，政局平稳，国泰民安，深受百姓爱戴。有一个叫梁丘的人前去拜访晏子，发现他的中午饭很清淡，几乎没有肉，就把这事告诉了齐景公。景公知道后要给晏子增加封地以提高他的待遇，晏子说："我没见过富贵而不骄纵的人，但贫穷而不埋怨的人是有的。我现在心理很平衡，如果得到封赏就会打乱我这种平衡，请允许我不接受吧。"

有一天，晏子刚开始吃饭，景公派使者来见，于是晏子与使者分吃午饭，结果使者没有吃饱，晏子也没吃饱。使者回去后告诉了景公，景公慨叹说："哎，晏子家竟然是这么清贫啊！这是我的过错。"于是景公派人给晏子送去金银和新收缴的市租，让他分发给宾客。晏子再三推辞，说："我并不缺少钱财，主公的赏赐足以使我家三代富有，甚至可以扩大到朋友，赈济到百姓。君主的赏赐太丰厚了！然而如果我从君主那里得到厚赏而施舍给宾客百姓，那就是代替君主掌管百姓了，忠臣不能这样做；如果得到君主厚赏而不施舍百姓，那就是私藏财物，有仁德的人不会这样做；如果得到君主厚赏却得罪了士人，死后财产落入他人之手，被说成是宰相的私藏，聪明人不这样做；家里有几尺布匹，几担粮食，能满足基本用度就可以了。"景公问："从前先祖齐桓公用五百里土地封赏管仲，管仲没有推辞就接受了，而你却再三推辞，为什么呢？"晏子回答说："我听说'圣人千虑必有一失，愚人千虑必有一得'，我从管仲的失误中吸取了教训。所以再次拜谢而不敢听从您的命令。"

晏子之所以成为名相，之所以流芳百世，就在于他谦逊而知足，始终保持一颗平常心，这对我们今天的人，尤其是处于重要地位的人，是一个很好的启示。

下面我们再来看一个"谦受益"的例子。战国时期，梁国大夫宋就曾经在梁国与楚国的边境当县令。当时两国交界处都种瓜，两国的瓜地都紧挨着。梁人很勤奋，每天起早贪黑浇灌瓜田，因此瓜长得好。楚人很懒惰，很少照料自己的瓜，结果瓜长得很差，叶稀果小。楚国县令见自己的瓜差而梁国的瓜好，很是眼红，派人连夜去偷偷毁坏梁人的瓜田。梁人发现后很气愤，就报告县令也要对楚国瓜田如法炮制，以牙还牙。宋就不同意这么做，他说："互相仇视报复是造成灾祸的原因。"于是派人夜晚偷偷地去为楚人浇灌瓜田，慢慢地楚国的瓜越长越好，楚国人很奇怪，后来知道是梁人为他们浇灌瓜田，深受感动。楚国县令把这件事报告给楚王。楚王说："这是梁国人的忍让啊！"于是为梁王送上钱币以表歉意，并要求和梁国交好。一场有可能造成世仇的矛盾无形之中给化解了，这就是谦让的力量。俗话说得好："忍一下风平浪静，退一步海阔天空。"现在有些人对这个道理视而不见，给自己造成不应有的伤害。其实认真想一想，拥有谦让之心能使我们的生活减少多少烦恼，消除多少矛盾啊！每人都恭谦待人，每天都如沐春风，我们的社会处处洋溢着温暖和愉快，生活在这样的环境中该是多么舒心惬意！

袪

袪是个从衣去声的形声字。关于袪的本义，《说文》提出了两种解释："袪，衣袂也。从衣去声。一曰袪，褢也。褢者，裛也。袪尺二寸。"衣袂就是衣袖，褢是怀的异体字，究竟哪一种说法合理呢？

我们知道，我国古代的衣服上是没有口袋的，随身携带的东西无处藏放，宽大的袖子正好起个口袋的作用。去有藏放的意思。《左传·昭公十九年》："齐高发帅师伐莒，莒子奔纪鄣（莒国的一个城邑）。（齐）使孙书伐之。初，莒有妇人，莒子杀其夫，已为嫠妇。及老，托于纪鄣，纺焉，以度而去之。及师至，则投诸外。"这是说这位寡妇为了报仇，用麻缕度量好纪鄣城墙的高低，编了一根麻绳藏了起来。等齐国军队来攻打的时候，她把绳子的一端从城上扔下去，让齐军缘绳登城。这里的"去"就是藏的意思。《三国志·魏书·华佗传》："何忍无疾去药，以待不祥？"南朝宋裴松之注："古语以藏为去。""无疾去药"是说没有疾病而储藏药物。这样看来，袪字的去声其实是这个词的语源，也就是说袪是因袖子的藏放功能而得名的，所以袪是一个会意兼形声字，本义就是袖子。马叙伦《说文解字六书疏证》中认为《说文》"衣袂"应该是"袂末"，意思是说袪的本义不是衣袖，而是衣袖的袖口，此说与字形构造不符，难以采信。

《说文》“一曰袪，褢也”下清代段玉裁注云：“此义未见其证。《方言》曰：‘袿（guī）谓之裾。’郭（璞）云：‘裾或作袪。’按下文云‘裾，衣褎也’，此云‘袪，褎也’，则知古有假袪为裾者矣。”段氏的意思是说，古代曾借袪表示裾（衣服的前后襟），这没有多少根据。张舜徽《说文解字约注》卷十五：“谓褎藏也。凡人手持小物，多置袖间，故袪又训褢耳。”这一看法是有道理的。怀有隐藏的意思。《论语·卫灵公》：“邦有道则仕，邦无道则可卷而怀之。”朱熹集注：“怀，藏也。”又《阳货篇》：“怀其宝而迷其邦，可谓仁乎？”“怀其宝”谓藏其宝。《文选》张衡《西京赋》：“降尊就卑，怀玺藏绂。”三国吴薛综注：“怀藏之，自同卑者也。”“怀”“藏”对文义同。许慎说“褢者，褎也”，褎后世写作抱。抱也有藏的意思。《汉书·王嘉传》：“死者不抱恨而入地。”“抱恨”谓怀恨、藏恨。北齐刘昼《新论·崇学》：“山抱玉而草木润焉，川贮珠而岸不枯焉。”“山抱玉”谓山中藏玉。袪有藏物之功用，故引申而有隐藏义，这跟袖有藏放义是一致的。

长沙战国楚墓出土彩绘俑的着装，袖子很长

许慎说“祛尺二寸”，这是指袖口的直径。许慎既释祛为衣袂，又说“祛尺二寸”，则是以祛为袖口，自相矛盾，所以“祛尺二寸”的话很可能是后世的人添加的。

祛本义为袖子，引申特指袖口，这是因为古人的袖口特别长。《礼记·檀弓上》：“鹿裘衡长祛。”郑玄注：“祛谓袖缘袂口也。”《诗经·唐风·羔裘》：“羔裘豹祛。”陆德明《经典释文》：“祛，袂末也。”古人的袖子是很长的。《礼记·深衣》中说：“袂之长短，反诎之及肘。”这是说袖的长度除手臂的长度外还能反卷过来到达肘部，也就是说，深衣的袖长等于手臂长度加上肘至手的长度，这肘至手的长度大约就是袖口的长度。正因袖口是长出手的部分，所以抓住他人手时一般握住的就是祛。《诗经·郑风·遵大路》：“遵大路兮，掺执子之祛兮。”这是一对恋人沿大路行走的时候女子抓着男子的袖口。《左传·僖公五年》：“（晋献）公使寺人披伐蒲，重耳曰：‘君父之命不校（抵抗）。’乃徇（遍告）曰：‘校者，吾仇也。’逾垣而走。披斩其祛。”这是说重耳逃走时被寺人披追上抓住袖口，并将袖口斩断。不少人将这里的祛理解为袖子，恐怕不妥。祛若为袖子，“披斩其祛”时重耳的胳膊怕难保。唯其所斩为袖口，故重耳手臂无损。

祛还有撩起、举起的意思。如《吕氏春秋·知化》：“夫差不听，子胥两祛高蹶而出于廷，曰：‘嗟乎！吴朝必生荆棘矣！’”这是说吴王夫差不听伍子胥的谏言，伍子胥非常失望，他两手举起下衣，大步走出朝廷。古人的礼服类似后世的长衫，要大步快走会碍事，所以快走时要举起下衣。《韩诗外传》卷三中记载说：“孟尝君请学于闵子，使车往迎闵子，闵子曰：‘礼有来学无往教……’于是孟尝君曰：‘敬闻命矣。’明日祛衣请受业。”孟尝君是战国时期齐国的宗室大臣，他想求学于闵子，派车去接闵子，被闵子谢绝。第二天便到闵子府上去受业。这里的“祛衣”指拜见老师时举衣前趋，以示恭敬。后来就用“祛衣受业”表示虚心求教。

袪的举起义跟袖子义看不出有什么联系，可能是“抾”（qū）的通假字。《方言》卷六：“抾摸，去也。齐赵之总语也。抾摸，犹言持去也。”“抾”有的版本写作“袪”。《文选》西汉扬雄《羽猎赋》：“抾灵蠵。”李善注引三国吴韦昭曰：“抾，捧也。”捧与举起意义相关。

袪还有除去的意思。《文选》东汉蔡邕《郭有道碑文》：“童蒙赖焉，用袪其蔽。”李善注：“袪，犹去也。”不少人认为这一意义应该用祛字，写成袪是因字形相近混淆的结果。段玉裁认为古代没有祛字，祛字最早见于北宋时期的《集韵》一书，所以不存在混淆的问题。他提出除去义是从衣袖义引申来的。他解释说：“藏物必去此而藏彼，故其义亦为攘却。”这种说法还有商讨的余地。袪的藏物义古籍中几乎不见使用，叫人很难相信这样的意义会引申出新义，而且藏物义与除去义之间似乎也没有明显的联系，所以这种解释不大可信。其实，晋代郗愔（xīyīn）的书帖中已有祛字（见上海扫叶山房 1924 年编印的《草书大字典》卷十二《示部》），所以祛出现于宋代的说法是不对的。尽管如此，先秦两汉时期的出土文献中未见祛字，因此，祛字应该是从袪中分化出来的一个字，是为了专门纪录袪的除去义。袪用于除去义可能是去的通假。去有除去的意思。《广韵·语韵》：“去，除也。”《周易·系辞下》：“小人以小善为无益而弗为也，以小恶为无伤而弗去也。”

阙

《说文》:“阙，门观也。从门欮声。”古代宫殿、衙署的大门前建有一对高耸的楼台，分立左右，这就是所谓阙。阙是大门前的装饰，是大门的附属物，故字从门。《水经注》卷十六《谷水》引东汉班固《白虎通》云:“阙者，所以饰门、别尊卑也。”关于阙的得名，前人曾作过正确的解释。东汉刘熙《释名・释宫室》:“阙，阙也，在门两旁，中央阙然为道也。”又《广志》(《太平御览》卷一七九)云:“阙，缺也，门两边缺然为道也。”由于两座楼台之间没有连接，与门相比，中间空缺，故称为阙。

关于阙的形制，前人有一些零散的记述。《史记・孝武本纪》载:“于是作建章宫，度（设计）为千门万户。前殿度高未央（前殿的尺寸跟未央宫一样高），其东则凤阙，高二十馀丈。”这里提到凤阙的高度为二十馀丈。唐司马贞索隐引《三辅黄图》:“武底营建章，起凤阙，高三十五丈。”又引《三辅故事》:“北有圆阙，高二十丈，上有铜凤皇，故曰凤阙也。”说法不尽一致。汉代一尺合今二十三厘米，二十丈就是四十六米，三十五丈就是八十点五米。后一数据似乎过高，在当时的技术条件下平地建起八十多米高的楼台恐怕是不可能的，疑“三十五”当是“二十五”之误，如此则三书的记载比较一致。即使是四十多米的高度，在当时也堪称是“摩天大楼”了。古人常用“巍巍”形容阙之高耸。东汉李尤《阙铭》：“皇上尊严，万姓载依，国都攸处，建设端闱（皇宫的正门）。表树两观，双阙巍巍。”或称阙为“魏阙”，魏是巍的古字。《庄子·让王》：“身在渐海之上，心居乎魏阙之下。”这里用“魏阙”指代朝廷。《淮南子·本经》：“魏阙之高，上际青云。”高诱注：“门阙高崇嵬嵬（巍巍）然，故曰魏阙。”唯其巍然高耸，故亦径称作魏。《周礼·天官·大宰》：“乃县（悬）治象之法于象魏，使万民观治象。”郑玄注引郑司农曰：“象魏，阙也。”《文选》东汉班固《典引》：“是以来仪集羽族于观魏。”唐张铣注：“观、魏，皆阙也。”

汉代谶书中有“当涂高”的隐语，指曹魏。曹魏何以被称为“当涂高”呢？《三国志·蜀志·杜琼传》中记载：“（谯）周因问曰：‘昔周徵君以为当涂高者魏也，其义何也？’琼答曰：‘魏，阙名也。当涂而高者，圣人取类而言尔。’”《三国志·魏书·文帝纪》“肃承天命”南朝裴松之注：“李云上事曰：‘许昌气见于当涂高，当涂高者当昌于许。’当涂高者，魏也。象魏者，两观阙是也。当道而高大者魏。魏当代汉。”魏（即阙）处于宫门前大道的两旁，而又高大，故称当涂高。这一隐语也反映了阙的高大。

当然并非所有的阙都高达四十多米。《古诗十九首·青青陵上柏》描述东汉首都洛阳的皇宫说：“两宫遥相望，双阙百馀尺。”“百馀尺”只是二十三米多，只有建章宫凤阙的一半。

阙的形状一般是方台上面建有圆形房屋，上圆下方，象征天圆地方。三国魏繁钦《建章凤阙赋》：“筑双凤之崇阙，表大路以遐通。上规圆以穹隆，下矩折而绳直。”先秦时期周王朝每年正月在阙上悬挂法令，让百姓周知。《周礼·天官·大宰》：“正月之吉，始和（宣）布治于邦国都鄙，乃县（悬）治象之法于象魏，使万民观治象，挟日而敛之。”郑玄注：“正月，周之正月。吉，谓朔日。大宰以正月朔日布王治之事于天下。至正岁，又书而县于象魏，振木铎以徇之，使万民观焉。小宰亦帅其属往。皆所以重治法，新王事也。”“正月之吉”指周历的正月初一（相当于夏历的十一月），这一天由大宰将周王的治国方略、规章制度等宣布给邦国都鄙前来朝正的官员。到了夏历的新年，又把治国方略、规章制度等写在简牍上悬挂于象魏，摇着木铃到处巡行，通知百姓们前去观看，十天（即所谓“挟日”）后把悬挂的简牍收藏起来，以备日后依凭验证。待到下一个新年来临的时候，国君要核查治国方略的执行情况，奖勤罚懒，扬善惩恶，从而维持整个社会健康有序地发展。由于法令悬挂于象魏，所以法令也称为象魏。《左传·哀公三年》记载，五月辛卯这一天，鲁国的司铎宫发生了火灾，救火者都想首先抢救财库，季桓子则“命藏象魏，曰：‘旧章不可亡也。’”杜预注：“《周礼》：正月县（悬）教令之法于象魏，使万民观之，故谓其书为象魏。”季桓子所说的“藏象魏”就是把悬挂的法令藏起来。

后世多在阙上刻画龙凤之类的图案。晋崔豹《古今注》上《都邑第二》：“阙，观也。古每门树两观于其前，所以标表宫门也。其上可居，登之则可远观，故谓之观。人臣将至此则思其所阙，故谓之阙。其上皆丹垩，其下皆画云气仙灵奇禽怪兽，以昭式四方焉。苍龙阙画苍龙，白虎阙画白虎，玄武阙画玄武，朱雀阙上有朱雀二枚。”说阙得名于“人臣将至此则思其所阙”是崔豹想当然的说法，不足取信，但说阙的上部（当指圆屋）涂成红色，下面的台基上饰有“云气仙灵奇禽怪兽”则是纪实。李尤《德阳殿赋》：“朱阙岩岩，嵯峨概云。”东汉王延寿《鲁灵光殿赋》：“崇墉冈连以岭属，朱阙岩岩而双立。”晋左思《吴都赋》：“朱阙双立，驰道如砥。”可见阙的上部确实是红色的，故称朱阙。《汉语大词典》将“朱阙”释为“宫殿前红色的双柱”，把阙说成柱子，失之。隋江总《咏双阙》诗：“象阙连驰道，反宇照方疏。刻凤栖清汉，图龙入紫虚。”后两句描写的就是双阙上的图案。

阙还有登临观赏的功用，所以又称为观（guàn）。《三辅黄图·杂录》："阙，观也。周置两观以表宫门，其上可居，登之可以远观，故谓之观。"当然并不是任何人想登就登，除君王外，其他人一般只能在一些特殊的日子里可以登阙观赏。《礼记·礼运》："昔者仲尼尝与于蜡宾，事毕，出游于观之上。"郑玄注："观，阙也。"这是举行完年终祭祀后登阙游览。《建康宫阙簿》(《太平御览》卷一七九)："商飚观在东北十三里篱门亭后亭墩上，齐武帝筑，九日登以晏群臣。"这是重阳节的时候登阙宴乐。普通百姓恐怕是没有机会登上宫阙的。

另外，在陵墓、祠庙前也仿照宫殿建有阙，这类阙通常形制比较小，不具备登临观赏的功能，主要起显示威仪等第的作用。我国现存最早的阙的实物都是东汉的石阙，约有 30 座，均为祠阙和墓阙，高度最高者不超过 6 米。四川渠县土溪乡赵家村的冯焕阙，建于东汉建光元年（121 年）。原为双阙，现仅存东阙的主阙部分。由阙基、阙身、枋子层、介石、斗拱层、屋顶 6 部分组成，通高 4.38 米，为仿木结构建筑。阙身正面铭文为"故尚书侍郎河南京令豫州幽州刺史冯使君神道"。于此可见墓阙之一斑。

东汉画像砖上的凤阙图

四川大邑县安仁镇出土

容

战国金文	战国竹牍古文	说文古文	小篆
[illegible]	[illegible]	[illegible]	[illegible]

古代“容”字的不同写法

《说文》：“容，盛也。从宀（mián）谷。宺，古文容从公。”北宋徐铉等注云：“屋与谷皆所以盛受也。”徐铉等人认为容是个会意字，宀为房屋，房屋与山谷都可容纳东西，因此会盛受之意。这种说法比较牵强，将房子和山谷放在一起实在不伦不类。徐铉之弟徐锴著《说文系传》，作“从宀谷声”，将容视为形声字。谷上古读见母屋部，而容为余母东部，韵部虽属东屋对转，但声母差别较大。所以容到底是会意字还是形声字，迄今尚无定论。

我们认为形声字的看法是正确的，这里的关键是如何看待谷与容声母不谐的问题。目前大多数学者认为汉语在前上古期曾有过复辅音声母。容和谷的前上古音声母可能是 kd-，后来复辅音演变成单辅音的时候，有的分化成了 k-（见母），谷就是如此；有的分化成了 d-（余母），容就是如此。其他从谷得声的欲、裕、浴等字也都读 d-。类似的例子如姜从羊声，姜读见母，羊读余母；均从匀声，均读见母，匀读余母，都符合 kd-的分化规律。清代学者王筠在《说文句读》中指出："峪即俗谷字，其音即谷之正音。"峪为谷之正音的说法虽然不是很合适，但峪谷古本一词的看法是正确的。本来并无峪字，复辅音分化以后有些方言中谷的读音变成了余母屋部，而在读书音中谷却读见母屋部，于是人们又给余母屋部的读音造了一个峪字。

容古文字中也写作宏，从公得声，公谷古音相近，故可互换，犹如讼古文从谷得声一样。

构形既明，再来看容的本义。许慎认为容的本义为容纳，但容纳与房屋关系不是很密切，所以此说未必可信。马叙伦《说文解字六书疏证》认为容的本义为屏风之类的屏蔽物。《尔雅·释宫》："容谓之防。"晋郭璞注："形如今床头小曲屏风，唱射者所以自防隐。"北宋邢昺疏："容者，射礼唱者蔽身之物也。一名防，言所以容身防矢也。"古人举行射箭礼仪时有报靶员，报靶就在靶的跟前，为防误伤，射箭时报靶员藏在一个屏障后面，这个屏障就叫容。这种东西先秦典籍已见记载。《周礼·夏官·射人》："王以六耦射三侯，三获三容。"这是说周王有六对人陪同射三种靶，设三种获（用来计算射中数目的一种器具）和三种容。屏风与房屋有一定关系，所以将容的本义视为这种屏风不无道理。当然这并不是说不存在还有其他解释的可能性。我们倾向于将容的本义释为宽裕。容有宽裕的意思。《荀子·不苟》："柔从而不流，恭敬谨慎而容。"王念孙《读书杂志·荀子一》："容之言裕也，言君子敬慎而不局促，绰绰有裕也。《非十二子篇》'修告导宽容之义'，《韩诗外传》作'宽裕'，是容裕古字通。"其实容的宽裕义并非是裕之假借，而是其本义。容从宀而表示宽裕，犹如宽从宀而表示宽敞一样。《北史·魏清河王怿传》云："（怿）博涉经史，兼综群言，有文才，善谈理，宽仁容裕，喜怒不形于色。"这里"容裕"同义并列，若以为容之裕义为裕之假借，"容裕"并列就不好解释了。容和裕应该是同源词。

容的本义既为宽裕，其容貌义又从何而来？容貌义之容本字应作颂。《说文》:“颂，皃也。从页公声。額，籀文。”段玉裁注:“古作颂皃，今作容皃，古今字之异也。”《汉书·儒林传·毛公》:“徐生以颂为礼官大夫，传子至孙延、襄。”颜师古注:“颂读与容同。”这是说徐生因容貌俊美而当上了礼官大夫。由于颂、容古音相近，故二字互相借用，以致颂的容貌之义为容所夺，颂后来反而不再用于容貌义了。

宽容自古以来就被认为是一种美德。《尚书·立政》中说:“率惟谋从容德，以并受此丕丕基。”这是周公告戒成王的话，意思是说：武王禀承文王宽容之德，因此才得到了一统江山的大业，从中可以看到周初的统治者对宽容作风的重视。容德的核心就是容人。秦始皇曾对所有在秦王朝效力的外籍人员下达了逐客令，要他们全部离开秦国。李斯是楚国人，也在被逐之列，他上书秦始皇说:“太山不让土壤，故能成其大；河海不择细流，故能就其深；王者不却众庶，故能明其德。”意思就是君王要想成就大业，就要善于容人。秦始皇听取了李斯的谏言，收回了逐客令。《庄子·田子方》中田子方称赞他的老师说:“其为人也真，人貌而天虚，缘而葆真，清而容物。”意思是说他的老师为人率真，虚心容物。孔子弟子子贡有一回问孔子对当时执政者的看法，孔子说:“噫！斗筲（shāo）之人何足算也？”斗是古代酒器，一斗相当于一杯；筲是古代饭筐，能容五升，斗和筲都是装不了多少东西的器具。孔子认为执政者器量狭小，不值一提，这从反面说明了孔子对容德的推崇。许多佛寺中都供奉着大腹便便的弥勒佛，弥勒佛像的左右通常有这样一副对联:“大肚能容，容天下难容之事；开口常笑，笑世上可笑之人。”虽然言辞浅显，但意味深长，启人心智，令人难忘。民族英雄林则徐有这样一副对联:“海纳百川，有容乃大；壁立千仞，无欲则刚。”这也是以古来崇尚的容德来勉励自己。

说到容也许最容易想到的词就是“容易”。明成祖朱棣曾出了这样一个上联：色难，叫有名的才子解缙对下联。解缙应声答曰：“容易。”明成祖等了许久，还不见解缙对答，便问：“你说容易，为何迟迟对不出来？”解缙回答说：“陛下，臣已对过。”明成祖恍然大悟，不禁连声叫妙。“色难”是孔子的一句话，出自《论语·为政》，意思是说子女们在父母面前经常有喜悦的容色是件难事。从文意上看，“容易”与此实在是风马牛不相及，但从单个字来看，容对色，易对难，岂不是对得非常工稳？这就是所谓的“无情对”。“容易”一词的意思我们虽然非常清楚，但要说清楚它的来历却是并不容易。“容易”最早一起出现的时候还不是一个词。《文选》载西汉东方朔《非有先生论》云：“先生曰：於戏！可乎哉？可乎哉？谈何容易！”唐张铣注：“再言之者，所以言谈之辞何得轻易而为之。”“谈何容易”的原意是说言谈岂容随便，“容”是容许的意思。北齐颜之推《颜氏家训·勉学》中说：“校定书籍，亦何容易！自扬雄、刘向方称此职耳。观天下书未遍，不得妄下雌黄。”这里的“何容易”也是岂容轻率的意思。由于“何容易”三个字经常连用，所以“容易”二字渐渐粘连到一起成为一个词，其中的“容”只是双音化的手段，不表示词汇意义。杜甫《枯楠》诗云：“种榆水中央，成长何容易。”这里的“何容易”就是多么容易的意思。另外“容易”还有轻率、粗疏等义。如《朱子语类》卷十一：“看前人文字，未得其意，便容易立说，殊害事。”这里是轻率之义。唐欧阳炯《木兰花》词：“儿家夫婿心容易，身又不来书不寄。”这里是粗疏之义。这两个义项今天已经消失了，我们在阅读古书时应加注意，以免误解。

赛

商代甲骨文	春秋金文	战国古文	小篆

古代“赛”字的不同写法

甲骨文中的赛字像双手捧玉献于宗庙神祇之形，其本义为向神献祭以答谢神祇。金文中只是将两块玉变成了四块玉。战国古文中又增加了“贝”字，表示向神敬献的是财宝。小篆的赛字就是由这种写法演变来的。楷体中将四块玉和两只手连为一体，就变成了賽字。战国古文中还有省略的写法，就是将双手略去。最简略的不仅把双手略去，还把“玉”也省略成一块。《说文》中说：“赛，报也。从贝，塞省声。”对本义的解释是正确的，报就是报答、答谢。但说小篆的赛是塞省声就不对了，小篆的赛并没有省略什么，而且赛应该是个会意字，或者看成会意兼形声字也可以，即从贝从寒（sè），寒亦声。过去的学者很少见到古文字资料，所以难以准确把握一个字的形体演变过程，塞省声的误说就是由这种历史局限造成的。不少学者还认为汉代以前没有赛字。如清代著名学者王念孙在《读书杂志·史记·赛》中说：“古无赛字，借塞为之。”意思是说，汉代以前报答神祇义的赛都借用塞字，这种认识今天看来也是不准确的。

赛在古籍中最常用的意义是举行祭祀以报答神祇。望山楚简1.11:“赛祷先君。”又1.12:“既祷未赛。”前一句是说祈祷并报答先君，后一句是说已经向神作了祈祷，但没有报答神。《论衡·辨祟》:“项羽攻襄安，襄安无噍类（活着的人），未必不祷赛也。”这是说襄安的人未必没有向神祈祷酬报，但都被项羽杀了，神并没有保佑那些酬报它的人。古代一年农事完毕后，要拿酒肉祭祀土地神，这叫“赛社”，社就是土地神。元关汉卿《五侯宴》第三折：“秋收已罢，赛社迎神。”报答神恩时要奉献贵重的东西，这叫“赛宝”。明汤显祖《牡丹亭·谒遇》:“小生贫苦无聊，闻得老大人在此赛宝，愿求一观，以开怀抱。”这里的“赛宝”可不能理解为比赛谁的宝物好。

由报答神祇引申为泛指报答人。三国吴康僧会译《六度集经》卷五：“以微报重，万不赛一。”这是说以微小的奉献报答厚恩，奉献一万也报答不了一份厚恩。

赛是对神恩的报答，报答是事成之后的还愿，所以赛又有完毕、了结的意思。宋赵长卿《清平乐·秋声》词：“何日利名俱赛，为予笑下愁城。”这是说什么时候名利都能遂愿，我就没有忧愁了。元马致远《新水令·题西湖》套曲：“自赛了儿婚女嫁，却归来林下。”这是说完成了儿女婚嫁的事后就归隐山林。

赛的比赛义大约是南北朝时期出现的。如《魏书·任城王澄传》:“特令澄为七言连韵，与高祖往复赌赛，遂至极欢。”由比赛引申为胜过、超过。梁代江淹《为建平王庆少帝登祚章》:“伏惟陛下赛英笃圣，涵灵纵睿。”这是赞美皇帝非常英明睿智，“赛英”就是胜过英明的意思。刘禹锡《思黯南墅赏牡丹》:“有此倾城好颜色，天教晚发赛诸花。”这是说牡丹之美胜过其他的花。

赛的比赛义是从何而来的呢？

古人的祭祀活动并不像有些人想象的那么庄严肃穆。恰恰相反，大多数的祭神活动，尤其是民间的祭神活动，往往是一派热闹非凡的景象，有唱歌跳舞的，表演杂技的，喝酒吃肉的，叫卖百货的，可谓应有尽有，至今犹存的庙会就是古代民间祭神活动的缩影。其中有一项重要内容就是举办各种各样的比赛。比如广西融水一带的苗族每年夏历正月十六和八月十六要举行古龙坡会，正月十六祈祷丰收，八月十六谢神还愿，跟汉族旨在春祈秋报的“春社”和“秋社”相当。祭祀期间最为热闹的活动是斗马。斗马时先将一匹母马牵到马场中央，然后牵来两匹健壮的公马，两匹公马为争夺母马而争斗起来。两马厉声嘶鸣，又咬又踢，最后以败者跑掉而告终。对取得胜利的马的主人，人们纷纷表示祝贺。蒙古族、藏族、土家族等民族有祭敖包的风俗。敖包是蒙古语的音译词，义为封堆，用土石堆积而成，是山神或路神的象征。地区不同，祭祀方式也不完全一样。蒙古族祭敖包时人们携带哈达、酒肉等祭品来到敖包跟前，先献上祭品，然后由喇嘛诵经祈祷。祭毕，举行赛马、摔跤、射箭等竞技活动。后来这种祭祀活动演变成了那达慕大会，至今盛行不衰。

跟少数民族一样，汉族祭神也有各种比赛活动。端午节本是祭瘟神辟邪的节日，其间就有龙舟竞渡比赛，“又有斗百草之戏”（《荆楚岁时记》）。斗百草时比赛谁采的花草品种多、品质优等。清明节是祭祖的日子，其间有斗鸡、斗鸭、斗鹌鹑等比赛游戏。开封等地春节期间要举行斗鸡会。斗鸡场用土墙围起来，观众在墙外观看。斗鸡时鸡的主人要下赌注，观众也可指鸡下注。唐赵璘《因话录·宫》云：“文宗将有事于南郊，祀前本司进相扑人。”“有事于南郊”指到南郊进行祭祀，祭祀时要带着相扑手，可知有竞赛活动。宋孟元老《东京梦华录》卷八《六月六日崔府君生日二十四日神保观神生日》条记灌口祭神活动云：“自早呈拽（表演）百戏，如上竿、趯（tì）弄、跳索、相扑、鼓板、小唱、斗鸡、说诨话、杂扮、商谜、合笙、乔筋骨、乔相扑、浪子、杂剧、叫果子、学像生、倬刀、装鬼、砑（yà）鼓、牌棒、道术之类，色色有之，至暮呈拽不尽。”这里的“上竿”、“跳索”、“相扑”、“斗鸡”等都是比赛活动。

古代祭神的集会叫赛神会。陆游《春尽记可喜数事》诗：“邻家赛神会，自喜亦能来。”简称赛会。《儒林外史》第四十三回：“那别庄燕同冯君瑞假扮做一班赛会的，各把短刀藏在身边。”由于赛会上有各种比赛活动，所以赛便有了比赛的意义。《水浒传》第六十一回中说：“（燕青）一身本事，无人比的。……若赛锦标社，那里利物管取都是他的。”这是说祭社活动中设奖比赛时，奖品（利物）都是燕青的。我国古代也有斗牛比赛，但不是人与牛相斗，而是牛与牛相斗。斗牛也主要在赛社集会上举行，唐代画家韩滉曾画过《集社斗牛图》。浙江金华的斗牛习俗全国有名，也是依托于赛社集会。清光绪年间编的《金华县志》卷十六载：“至于斗牛之俗，由于赛社会，郡国志所谓好淫祠是也。一会之兴，有烟火，有戏班，且多至十余。农家终岁勤动，尽耗于此，不止斗牛一事也。”赛神与比赛活动的密切联系于此可见。正因如此，祭神义的赛便引申出了比赛的意思。

桑

商代甲骨文	战国古文	小篆	汉隶

古代“桑”字的不同写法

《说文》云：“桑，蚕所食叶木。从叒（ruò）木。”本义是桑树。甲骨文中的桑字有繁简两种写法，简体描画桑树的干、枝、根，繁体在简体的基础上画上了桑叶，桑叶的数目从两片到五片不等。小篆中的叒是由桑树的枝杈形讹变来的。

不少学者认为甲骨文中繁体的桑字不是桑字，而是丧字。其实甲骨文中桑和丧是同一个字。试比较下面两个例句：

壬子卜，贞：田，往来亡灾？王𠁥曰：吉。(《合集》37494)

戊子王卜，贞：田，往来亡灾？王𠁥曰：弘吉。(《合集》37497)

“田桑”是说到桑这个地方去打猎，同一地名，前者用简体，后者用繁体。再如《合集》30781：“其燎于，惟大牢。”这是指殷王室对他们的桑林神社举行燎祭，桑字用的是繁体。这些例句表明和是简繁体的关系。

我国是世界上最早植桑养蚕的国家。1926 年，我国考古工作者在山西夏县西阴村新石器时代遗址中曾发现过一个被刀子切割过的蚕茧。1958 年，考古工作者又在浙江吴兴县钱山漾的新石器时代遗址中发现了用竹筐盛着的丝绢残片、人字纹细丝带及丝线等实物，经测定，距今已有四千七百多年的历史。可知早在五千多年前我国南北各地就已经有了蚕桑生产。相传养蚕是由黄帝的妻子嫘（léi）祖发明的，故后世将嫘祖奉为蚕神来祭祀。黄帝生活在五千多年前，嫘祖“始蚕”的说法与现代考古学的成果在时间上是一致的，说明传说有其合理的因素。甲骨文中的桑字有桑叶的写法占绝大多数，反映了在殷人眼中桑树的价值主要在于桑叶。

蚕桑业的兴起使人们的生活与桑树发生了密切的联系，由此产生了对桑树的神化和崇拜。古代不少国家将作为国家象征的神社设立在桑林里，这是桑树崇拜的反映。《吕氏春秋·顺民》：“天大旱，五年不收，汤乃以身祷于桑林。”高诱注：“桑林，桑山之林，能兴云雨也。”宋罗泌《路史·余论》卷六：“桑林者，社也。”这是殷人立社于桑林。《左传·昭公十六年》：“郑大旱，使屠击、祝款、竖柎（fù）有事于桑山。”这是说郑国因大旱而到桑林祈雨，可知郑国的社也在桑林。典籍记载中古代不少战争发生在桑林。《左传·僖公二年》：“虢公败戎于桑田。”杜预注：“桑田，虢地。”《史记·田敬仲完世家》：“桓公午五年……齐因起兵袭燕国，取桑丘。”《初学记》卷九引《归藏·启筮》：“蚩尤出自羊水……登九淖以伐空桑，黄帝杀之于青丘。”空桑是黄帝族的地方。《淮南子·本经》：“舜之时共工振滔洪水，以薄（攻击）空桑。”这些战争无论是现实中的还是神话传说中的，都以桑林为战地，原因就在桑林是神社所在地，占领或摧毁了敌方的神社，就断绝了敌方与社神的联系，使敌方失去了社神的保护，从而使敌方首先在精神上族灭国亡，没了支柱。

古人在祭祀社神时除了献上精美的食品外，还要举行男女交合活动，以达到人神共乐的目的。《墨子·明鬼下》中说："燕之有祖，当（相当于）齐之社稷（'社稷'疑'有社'之误），宋之有桑林，楚之有云梦也，此男女之所属（聚集）而观也。"所谓男女"属而观"其实是包含了男女纵情恣欲的意思。《汉书·地理志下》中说得更为明确："卫地有桑间濮上之阻，男女亦亟聚会，声色生焉，故俗称郑卫之音。"颜师古注："阻者，言其隐厄，得肆淫僻之情也。""桑间"就是社所在地。《诗经·鄘风·桑中》是卫国青年男女欢会时所唱的歌。歌中唱道："云谁之思？美孟姜矣。期我乎桑中，要我乎上宫。"男女相约在桑中相会，因为那里是可以纵情恣欲的地方。《天问》："禹之力献功，降省下土四方，焉得彼涂山女而通之于台桑？"这是问大禹将全部精力投入到治水，哪有工夫去桑林社坛跟涂山女私通？"台桑"即桑台，为押韵而倒。桑台就是桑林中的社坛。《天问》又云："何环穿自闾社丘陵，爰出子文？"王逸注："子文，楚令尹也。子文之母，郧公之女，旋穿闾社，通于丘陵，以淫而生子文。……一云：'何环闾穿社，以及丘陵，是淫是荡，爰出子文？'"子文事见《左传·宣公四年》："初，若敖娶于䢵（同郧），生斗伯比。若敖卒，从其母畜于䢵，淫于䢵子之女，生子文焉。"两相观照，可知子文是斗伯比与郧公之女在社里野合而怀孕的。《左传·成公二年》中说："夫子有三军之惧，而又有桑中之喜，宜将窃妻以逃者也。""窃妻以逃"当然是指与他人的妻子奔逃，而这种事发生在"桑中"。上引事例充分表明桑林是古代男女幽会交合之地。正因如此，后世用"桑间濮上"泛指男女幽会的地方，用"桑中之约"或"桑间之约"泛指男女幽会的密约。如清钱泳《履园丛话·鬼神·陈三姑娘》："（陈三姑娘）年十六七，美丽自命，有桑间濮上之行。其父觉之，遂沉诸湖。"《聊斋志异·窦氏》："桑间之约，不可长也。"

桑在古代民俗观念中与男女欢爱有神秘的联系。《诗经·卫风·氓》中用"桑之未落，其叶沃若"比喻男女情爱正浓，用"桑之落矣，其黄而陨”比喻情爱枯萎，用“于嗟鸠兮，无食桑葚”表示对痴情的追悔。《后汉书·襄楷传》载襄楷上书桓帝曰：“浮屠不三宿桑下，不欲久生恩爱，精（坚贞）之至也。天神遗以好女，浮屠曰：‘此但革囊盛血。’遂不眄之。其守一如此，乃能成道。今陛下淫女艳妇，极天下之丽，甘肥饮美，单（殚）天下之味，奈何如黄老乎？”李贤注：“言浮屠之人寄桑下者，不经三宿便即移去，示无爱恋之心也。”李贤以为在一棵树下睡上三宿是对此树爱恋的表现，这种理解是不对的。如果襄楷的意思真是如此，那就不一定非得说“三宿桑下”。正确的理解应该是：桑树是男女欢爱的象征，浮屠戒色，所以不三宿桑下。桑与男女欢爱的这种神秘联系也是来自桑林的男女合欢习俗。

古称乡里为“桑梓”。如东汉张衡《南都赋》：“永世克孝，怀桑梓焉。真人南巡，睹旧里焉。”或言“桑枌”。如苏轼《黄州再祭文与可文》：“俯仰三州，春恋桑枌。”或言“枌梓”。唐皎然《早春书怀寄少府仲宣》诗序：“昔岁属狂寇陷没江左，亲故离散，永望枌梓，不觉伤怀。”或言“枌榆”。《南齐书·沈文季传》：“惟桑与梓，必恭敬止。岂如明府亡国失士，不识枌榆。”从上面的考述我们知道，桑林是古人喜欢立社的地方。枌榆是汉高祖里社之树。《史记·封禅书》：“高祖初起，祷枌榆社。”太社是国家的象征，故以“社稷”指代国家。而高大的树木又是社的标志，故以乔木代表故国。《孟子·梁惠王下》：“孟子见齐宣王，曰：‘所谓故国者，非谓有乔木之谓也，有世臣之谓也。’”此“乔木”即指社树而言。社树因受到保护，多历年所，故而得以高大。里社为乡里的象征，故以社树指代乡里。有些人以为用树木指代乡里来自古人房前屋后栽树的习惯，未为通达。

在古代民俗观念中桑树也是帝王的象征。《三国志·蜀书·先主传》：“先主少孤，与母贩履织席为业。舍东南角篱上有桑树生高五丈余，遥望见，童童如小车盖，往来者皆怪此树非凡，或谓当出贵人。先主少时与宗中小儿于树下戏，言：‘吾必当乘此羽葆车盖。’叔父子敬谓曰：‘汝勿妄言，灭吾门也。’”《太平御览》卷九五五引《齐书》：“太祖（指南齐太祖萧道成）宅在武进，宅南有桑树，擢本（高拔的树干）三丈，横生四枝，状如车盖。上年数岁，游于其下，从兄敬宗谓曰：‘此树为汝生也。’”《晋书·愍怀太子列传》载：晋惠帝元康九年六月，“有桑树生于宫西厢，日长尺馀，数日而枯。”结果到了十二月愍怀太子被废为庶人。在这些记载中，桑树都象征着帝王。如果我们知道龙是以云雨之神的身份而成为天子象征的道理，也就对桑树成为帝王的象征没什么不好理解的了。商汤之所以到桑林祈雨就是因为人们认为桑树主宰着云雨。《艺文类聚》卷八八引《典术》曰：“桑木者，箕星之精神。”箕星主风。《风俗通义·祀典》：“风师者，箕星也。箕主簸扬，能致风气。”风和雨是不可分割的，风神其实也是雨神。帝王以润泽百姓自诩，所以主宰云雨的桑树就成了帝王的象征。

桑在卜辞中还有丧亡的意思。《合集》50 正：“贞：我其桑众人？”这是问我们的人员丧失吗？《合集》21037：“戊戌卜，贞：丁未疾目，不桑明？”这是问眼睛会不会失明。金文在四口之桑的基础上加上意符“亡”，写作[illegible]（毛公鼎），将丧字从桑字中分化了出来。

桑用于丧亡义跟纯粹的假借并不相同。在古代民俗观念中桑树与死亡有密切的联系。《仪礼·士丧礼》：“鬠（kuò）笄用桑，长四寸。”郑玄注：“桑之为言丧也。”《公羊传·文公二年》：“虞主用桑。”汉何休注：“桑犹丧也。”虞主是死者的神主。民间传说中梦见桑树便意味着死亡。《艺文类聚》卷八八引《益部耆旧传》：“何祇梦桑生井中。赵直占曰：‘桑非井中之物。桑字四十八（按：参上图中的隶书桑字），君寿恐不可过此。’祇年四十八而卒。”《太平御览》卷九五五引《甄异传》：“沛国张伯远年十岁时病亡，见泰山下有十馀小儿共推一大车，车高数丈，伯远亦推之。时天风暴起扬尘，伯远因桑枝而住。闻呼声，便归，遂苏。发中皆有沙尘。后年大，至泰山，识桑如死时所见。”元关汉卿《蝴蝶梦》第二折：“我若学嫉妒的桑新妇，不羞见那贤达的鲁义姑？”“桑新妇”指狠心薄情的妻子。“桑新”与“丧心”谐音，是没良心的意思。民间谚语说：“前不栽桑，后不栽柳，院中不栽鬼拍手。”“鬼拍手”指杨树，古代常在墓地栽杨树。杨树树叶大，风吹时哗哗作响，古人认为是鬼在拍手，故称杨树为鬼拍手。“后不栽柳”的原因据说是是柳树不结籽，若栽于宅后，会使住户留不住后代。“前不栽桑”则是因为桑树在民俗观念中与死亡息息相关。可见桑与死亡的关系源远流长，甲骨文中用桑字表示丧亡，看来还是事出有因。

闪

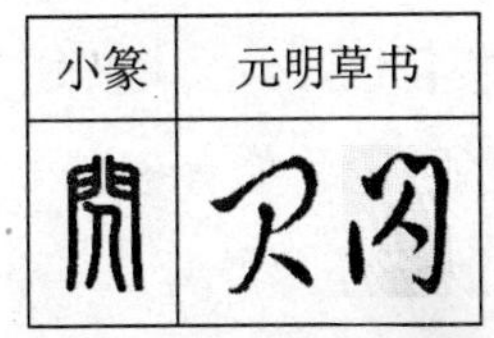

小篆	元明草书
閃	闪 闪

古代“闪”字的不同写法

闪是一个会意字，表示一个人从门缝中偷看，本义就是偷看。造字必须选取具体的事物作为词义的依托对象，但我们在理解的时候不能拘泥于具体的字形，否则就会造成错误。比如“牢”字由宝盖头和“牛”会意，泛指牲畜的圈，羊圈猪圈也都叫牢，成语有“亡羊补牢”的说法，如果狭隘地理解为牛圈那就错了。同样的，闪在造字时虽然用门会意，其实是泛指偷看，不一定从门缝中看才叫闪。例如三国时期魏国鱼豢的历史著作《魏略》中记载说：刘类这个人喜欢监视他部下的行动，“白日常自于墙壁间窥闪”。意思是说，刘类白天常从墙缝中偷看部下的活动。可见从墙缝中偷看也叫闪。古人在造闪字时之所以想到门，是因为从门缝偷看的情况在日常生活中最为常见。汉代司马迁的史学名著《史记》中记载说：春秋时期，晏婴在齐国作宰相，给他驾车的车夫也因为给宰相驾车而趾高气扬。有一回晏婴乘车外出，“其御之妻从门间而窥其夫”，意思是说车夫的妻子从门缝偷看她的丈夫。车夫一回到家就被妻子数落了一顿。妻子说："晏婴身高才四尺多一点，而当了宰相，闻名天下，但我看他显得非常谦和。你身高接近六尺，不过给人驾车而已，还那么洋洋自得的。"车夫翻然醒悟，从此言行谦卑，最后当上了大（dà）夫。这个故事就是古人从门缝偷看的一个例证。正因从门缝偷看是生活中常见的现象，所以闪字用门会意。窥也是偷看的意思，这个字最早写成这个样子：闚，也用门来会意，跟闪是一样的。

偷看者不希望被他人看见，偷看时往往躲躲闪闪的，所以闪引申为躲闪之义。例如我们可以说："赶快闪开，救护车来了！"偷看者通常借助门、墙、树木等物体掩蔽自己，一会儿探出头来，一会儿又迅速躲开，所以闪又引申为忽隐忽现的意思。如有这样一个例子："邱老师嘴角上闪了一下微笑，结紧的眉毛放松了。""闪了一下微笑"是说微笑一出现就消失了。闪电就是因为忽隐忽现而得名的。在古代民俗观念中，闪电被认为是一位女性天神的镜子发出的光，这位女性天神叫电母，也叫闪电娘娘。现代作家李劼（jié）人的小说《死水微澜》中有这样的话："春兰大姐有时在背后说到姨太太梳头的样子，常说：'姨太太一定是闪电娘娘投生的！'"这是说姨太太喜欢照镜子，就像闪电娘娘常拿着一面镜子一样。掌管闪电的被认为是女神，而掌管雷的则被认为是一位男神，称为雷公。为什么人们把闪电之神想象为女性而把雷神想象为男性呢？这是因为镜子能照出闪光来，而镜子一般是女性梳妆时的用具，所以就把闪电之神想象成了女性。雷则发出很大的声响，就像男子容易暴跳如雷一样，所以就把雷神想象成了男性。闪电因一闪即逝，所以常用来比喻迅速。例如："我们要用闪电战打他个措手不及。"成语有"风驰电掣（chè）"，意思是说像风一样急驰，像闪电一样闪过，比喻非常迅速。我们可以说："列车风驰电掣般地呼啸而过。"

闪电忽明忽暗，所以把光亮晃动不定叫"闪烁"。例如："这位女士打扮得珠光闪烁，清香暗飘，引得男士们频频回头。”“闪烁”由光亮的晃动不定引申指说话遮遮掩掩，吞吞吐吐。例如：“不要闪烁其辞了，你还是直说了吧。”

闪由迅速引申为因动作过猛而使筋骨扭伤。例如：“转身时动作不要过猛，以免闪了腰。”俗语有“风大闪了舌头”，用来批评别人说大话，这里的“闪”也是扭伤的意思。例如：“别吹吹拍拍的了，小心风大闪了舌头。”意外的失误叫闪失，这一意义是从闪的扭伤义引申来的。我们可以举这样一个例子：“你这一去，是到老虎嘴里拔牙，可得多加小心，千万别有个闪失。”

近些年汉语中出现一个新词，叫“闪客”，指制作网络动画的人。由于制作网络动画常用一种名叫flash的软件，flash在英语中是闪光的意思，所以将使用这一软件的人称为闪客。例如：“在最近举行的网络动画评比中，闪客刘洁的作品获得一等奖。”

伤

战国简牍古文	小篆	汉隶

古代“伤”字的不同写法

《说文》中解释说：“伤，创也。”这是一个形声字，本义是创伤，是名词。如果用作动词就是受伤的意思。先秦典籍《战国策》中讲了一个“伤弓之鸟”的故事。战国时期，魏国有个射箭高手叫更羸（léi）。有一天，更羸和魏王在一起游玩，仰头看见天上有一只飞鸟。更羸对魏王说：“我为大王拉一下空弓就可以把这只鸟射下来。”只见更羸张弓虚射了一下，鸟就栽落下来。魏王感到奇怪，问道：“不用箭鸟怎么会射中呢？”更羸说：“这是一只受过箭伤的鸟。”魏王问道：“你怎么知道它受了伤？”更羸回答说：“我看它飞行缓慢，鸣叫悲哀。飞行缓慢，说明旧伤作痛。鸣叫悲哀，说明失群已久。旧伤没好，心有余悸，一听到弓弦声就拼命往高飞，以致旧伤加重，栽落下来。”后人就用“伤弓之鸟”比喻经受灾难、心有余悸的人。“伤弓”就是被弓所伤的意思，正如被风所伤叫“伤风”一样。例如赵本夫的小说《卖驴》中有这样的话：“孙三老汉犹如伤弓之鸟，落于虚发，经不得一点风吹草动了。”“落于虚发”是说因空拉弓而栽落下来。也可以仅仅用“伤弓”比喻心有余悸的人。如清代梁章钜的《归田锁记》中说：赵鹤这个人为官非常严厉，他在考核秀才的时候，不少秀才难以过关。后来赵鹤被调到了其他部门，由一个叫江潮的人来代替他。“生员之伤弓者犹畏之。”意思是说，那些领教过赵鹤严厉的秀才们对新上任的江潮也仍然感到畏惧。我们今天用得更多的是“惊弓之鸟”这一成语，跟“伤弓之鸟”意思是一样的。

由受伤的意思又引申为伤害。成语有“伤天害理”、“伤风败俗”、“伤筋动骨”等，其中的“伤”就是伤害的意思。古代有一个词叫“伤锦”，出自春秋时期的历史著作《左传》。郑国大夫子皮想使他的小臣尹何去治理一个城镇。另一大夫子产指出：“尹何太年轻，我不知道他是否能胜任。”子皮说：“这个小伙子很忠厚，他不会背叛我的。让他到地方上学习锻炼一下，就会知道怎样治理城镇了。”子产说：“这可不行。你爱一个人，是希望对他有利。现在你因为喜爱而把一个地方交给他管理，这就好比让一个不会拿刀的人去切割东西，他肯定会受到很多伤害。你有精美的锦绣绸缎，一定不会让人拿去学裁衣服，管理城镇这么重大的事你却让人去练手，哪个轻，哪个重，我想你是能够分辨的。”子皮听取了子产的意见，没有派尹何去管理城镇。后来人们就用“伤锦”比喻不熟习政事而出任官职必将损害公务。宋代王安石《游栖霞庵约平甫至因寄》诗云：“官事真伤锦，君恩更饮冰。”意思是说，官府里的事让人提心吊胆，唯恐出了差错。国君的恩惠更叫人惶恐不安。“饮冰”是出自《庄子》中一个典故。说有个叫诸梁的人早晨接受国君诏命，晚上因内心焦灼而不得不吃冰块。后来就用“饮冰”表示惶恐不安的心情。近代著名学者梁启超受光绪皇帝之命，变法维新。面对国家内忧外患的残破局面，他内心焦灼，所以将自己的书斋名为饮冰室，他的文集叫《饮冰室合集》。

就人而言，伤的伤害义可以跟不少部位组合成词，表示新的意义。

例如看见后令人伤感叫“伤目”。南朝梁代王僧孺的《从子永宁令诔（lěi）》中有这样的话：“痛心伤目，岂伊一事。”意思是说令人痛心悲伤的事哪里只是这一件。伤害身体叫“伤身”。三国时期魏国嵇康的《养生论》中说：“一怒不足以侵性，一哀不足以伤身。”意思是说发一次怒不至于损伤元气，有一次悲哀不至于伤害身体，但动怒和悲哀的次数多了必然会损害身体。俗语有“伤其十指，不如断其一指”的说法，比喻在打击坏人坏事时一定要使其遭受重创，不能打击面虽广而不痛不痒。例如：“对制造假冒伪劣产品的人不能每次只是罚罚款了事，应该抓住一个，严惩一个，伤其十指，不如断其一指。”费人心思叫“伤脑筋”。心中悲伤叫“伤心”。“伤心”这个词在古代汉语中还可以作副词，是“很、极其”的意思。如李白《菩萨蛮》词云：“平林漠漠烟如织，寒山一带伤心碧。”意思是说平原上的树林在傍晚时分显得昏暗，与烟雾交织在一起；秋天的山远远望去像一条带子，非常碧绿。这里的“伤心”可不能理解为悲伤。

商

商代甲骨文	商代金文	周代金文	籀文	小篆

古代“商”字的不同写法

《说文》:“商，从外知内也。从㕯（nè），章省声。”清王筠《说文句读》云:“谓由外以测其内也。”许慎认为商的本义是揣测、估量。古文字中商没有从章声的写法，许慎章省声的说法是没有根据的。不过，古文字中的商字究竟该怎么分析，众说纷纭，迄今没有一致的意见。

有人认为甲骨文中的商字像燕子之形，本义为燕子。在殷人的祖源传说中，他们的始祖契（xiè）是其母简狄吞燕卵而生的。这一传说在《诗经·商颂·玄鸟》中就有记载:“天命玄鸟，降而生商。”《史记·殷本纪》的记载更为详细:“殷契母曰简狄，有娀氏之女，为帝喾次妃。三人行浴，见玄鸟堕其卵，简狄取吞之，因孕生契。”这一传说在《吕氏春秋·音初篇》中也有记载，但“玄鸟堕其卵”说成“燕遗二卵”，《说文》中也说“燕，玄鸟也”，可知玄鸟就是燕子。由于殷人自认为是燕子的后代，故以燕子义的商作为他们的族称（见唐善纯《殷人秘史》，《文史知识》1993年第1期)。说甲骨文中的商字像燕子之形，这很牵强，而且在古代文献中也找不到商有燕子义的证据。所以这一说法难以信从。

有人认为商的本义为殷人的族称。商字上部的跟甲骨文凤字（）的上部相同，是凤凰的鸟冠，商字中以此作为凤凰的代表。殷人崇拜凤凰，故族称之字由凤构成。下部的冏像穴居之形，象征殷人的居住地。（王玉哲《商族的来源地望试探》，《历史研究》1984年第1期。）将商字字形分析为凤凰象征及穴居之形两部分，根据不足。

有人认为商的本义为商星，商星即二十八宿中的心宿，又叫辰星、大火星，是殷人崇拜的星神。甲骨文中的商字像一个底座上插放着火把的形状，殷人祭祀大火星时以此作为大火星的象征。在有的商字中还点缀了两个或四个星星，表意尤为明显。殷人崇拜商星，故以商星名其族，进而又名其朝代（朱芳圃《殷周文字释丛》）。这一解释大致可取，只是将字形分析为底座上插放火把，难惬人意。

商的上部分明是辛字（与辛实为一字），辛即古代的凿子，常用作刑罚之具。《左传·昭公元年》载："昔高辛氏有二子，伯曰阏伯，季曰实沈，居于旷林，不相能也。日寻干戈，以相征讨。后帝不（否）臧（偏义复词，谓予以惩罚），迁阏伯于商丘，主辰，商人是因，故辰为商星；迁实沈于大夏，主参，唐人是因；以服事夏商。"这是一则关于殷人崇拜商星的神话。高辛氏就是帝喾，相传是黄帝的曾孙。他的两个儿子阏伯和实沈关系不和，兄弟二人互相残杀，高辛氏对二人予以惩罚，把阏伯迁到商丘，让他主祭商星；把实沈迁到大夏，让他主祭参星。商星在东，参星在西，此出彼没，永不相见。商字从辛即表示惩罚之意。商字下部之冏，当从徐中舒之说，为居住区之象形，表示商星所对应的地面分野。所以商的本义就是商星，有些商字还画有两颗或四颗星星，表意更为明显。阏伯主商，商为星名；实沈主参，参之本义亦为星名。《说文》："参，参商，星也。"（此应连篆读，《汉语大字典》读为"参，商星也"，失之。）参字西周金文作（卫盉），像人头上有三颗星，下面的三撇表示光芒闪耀。由参本义为星名知商字亦为辰星而造。

商当因伤而得名，兄弟互相伤残，故谓之商。欧阳修《秋声赋》云："商声主西方之音，夷则为七月之律。商，伤也，物既老而悲伤。夷，戮也，物过盛而当杀。"可知商有伤残意。古代将宫商角徵羽五音与四季相配，商音配秋。秋至而草木凋零，草木凋零在古人看来是神灵残杀的结果。商的伤残义与秋季的万物伤残景象相一致，故以商音配秋。商音以悲伤哀怨为基调。《淮南子·道应》："甯戚饭牛车下，望见桓公而悲，击牛角而商歌。""商歌"即悲歌之意。东晋陶渊明《咏荆轲》："商音更流涕，羽奏壮士惊。"皆商音悲伤之证。由商之悲伤义亦可知商字从辛表示惩罚。

由于参星与商星永不相见，故后世用"参商"比喻亲友隔绝，不能相见。三国魏曹植《与吴季重书》："面有逸景之速，别有参商之阔。"杜甫《赠卫八处士》："人生不相见，动如参与商。"也比喻双方不和睦。鲁迅《书信集·致林语堂》中说："因环境之异，而思想感觉遂彼此不同……故必参商到底，无可如何。"也可说成"商参"。东汉蔡文姬《胡笳十八拍》："子母分离兮意难任，同天隔越兮如商参。"曹植《种葛篇》："昔为同池鱼，今为商与参。"

由于商音与秋相配，故人们用"商"指代秋天。古称秋天为"商秋"。三国魏何晏《景福殿赋》："结实商秋，敷华青春。"称秋风为"商风"。西汉东方朔《七谏·沉江》："商风肃而害生，百草育而不长。"称秋声为"商声"。三国魏阮籍《咏怀诗》之十："素质游商声，凄怆伤我心。"秋天的气息称为"商气"。晋张载《七哀诗》："秋风吐商气，萧瑟扫前林。"

那么商的经商之义又是怎样产生的呢？徐中舒在《殷周文化蠡测》（《历史语言研究所集刊》二本三分）一文中指出："殷亡以后，商人土田为周人所夺，故多转而为商贾，商贾名称当由此起。"此说言之有理。古代商务大都采取以物易物的实物交换方式，实物交换须对双方的物品价值作出评估，所以商又有估量、商量的意思。

烧

小篆	汉隶	宋苏轼书	明王铎书
燒	燒 燒	燒	燒

古代“烧”字的不同写法

烧是一个形声字，本义是燃烧。这一意义从古到今都很常用。唐代白居易《赋得古原草送别》诗云：“离离原上草，一岁一枯荣。野火烧不尽，春风吹又生。”“离离”是茂盛的意思。原野上繁茂的野草虽然生命周期只有一年，但它具有顽强的活力，即使野火焚烧，也不能将它灭绝。每当春风吹来的时候，它又开始新的生长。诗人用精炼的语言展示了野草不屈不挠的旺盛的生命力。明孙高亮《于少保萃忠传》（明天启刊本）卷一载明代于谦《咏石灰》诗云：“千锤万击出深山，烈火焚烧若等闲。粉骨碎身全不惜，要留清白在人间。”第一句是说从深山中将烧石灰的原料开采出来，第二句是说石灰把用烈火焚烧自己看成是寻常小事，三四两句是说石灰在使用过程中要加工成粉末，但石灰全不顾惜，只要能把清白留在人间，石灰就心满意足了。诗人借助石灰从开采到烧制再到使用的过程，抒发了自己宁可粉身碎骨也要保持清白的高尚人格。需要说明的是，“粉骨碎身全不惜”不少选本作“粉身碎骨浑不怕”，不合格律，是后世流传中产生的错误。

古汉语中有“烧牛”一词，这个词源于战国时期的一次著名战例。战国中期，燕国军队进攻齐国，齐国只剩下两个城市未被攻破，齐国危在旦夕。当时齐国有个叫田单的人被围困在即墨城里，他临危受命，想出了一条击退燕军的妙计。他让人找来一千多头牛，给牛穿上红色衣服，衣服上画了龙的纹道，牛角上绑了刀剑，牛尾巴上绑了芦苇，芦苇中浇灌了油脂。夜晚在城墙上挖了几十个洞，将牛牵到洞口，然后点燃牛尾巴上的芦苇，牛就拼命冲向包围即墨城的燕军，夜幕之下，带火的牛像从天而降的火龙，燕军不知是什么神怪，惊慌失措，溃不成军，齐军趁机追击，从燕军手中收复了七十余座城。田单的这一战术后人称为“烧牛计”，也叫“火牛阵”。如唐代诗人周昙的《鲁仲连》诗云：“昔进烧牛发战机，夜奔惊火走燕师。”意思是说从前田单创造战术，放出燃烧的牛夜晚冲向燕军，使燕军败走。

古代还有“烧尾”的说法，指考中进士或官员升迁时举行的庆贺宴席，这一说法跟田单的“烧牛计”可没有什么关系，它的由来有多种解释。一种解释是当一只羊加入一个羊群时，羊群当中的羊会抵触排斥这只羊，但如果人们用火烧一下这只羊的尾巴，羊群就会认同这只新加入的羊。刚刚考上的进士及升迁的官员不易得到原有圈子中人的认可，就用设宴的方式来融洽新老成员之间的关系，这就好比新入伙的羊经过烧尾后才能得到羊群的接受一样，所以将庆贺升迁的宴席称为烧尾。还有一种解释是民间传说中认为鱼跃过龙门才能变成龙，但必须有雷电将鱼的尾巴烧掉，否则即使跃过了龙门也成不了龙。考中进士及官员升迁就像鱼变为龙，所以将作为考中及升迁标志的宴席称为烧尾。唐代封演《封氏闻见记》中记载说：唐中宗的时候，有个叫韦嗣立的人被升为三品官，于是“上命烧尾”，意思是说皇上下令为韦嗣立设宴庆贺。由庆贺宴席的意思又引申为显达、显赫的意思。唐代许浑《晚登龙门驿》诗云："风云有路皆烧尾，波浪无程尽曝腮。"意思是说有门道的人都官运亨通，无门道的人都仕途坎坷。相传鱼跃过龙门就变为龙，如果跳不过去，就会落在干滩上晒死。所以人们用"曝腮"比喻遭受挫折。

烧香是寺庙中常见的现象，目的是为了得到神灵的保佑。但俗语中有"烧香引了鬼来"的说法，烧香是为了避免遇上鬼，现在反而招引来了鬼，比喻好的动机换来了不好的结果。例如："我见这位老人躺在路边，就把他赶紧送往医院。谁知老人的子女说是我撞倒了老人，要我承担全部医疗费用，真是烧香引了鬼来，好心成了驴肝肺。""烧香"还引申为为了求人办事而请客送礼的意思。例如："我父亲一退休，我们就成了平民百姓，再也没人上门来烧香了。"语言中还有"烧高香"的说法，指长期烧香礼拜。例如："他也许前世烧过高香，就买了一张彩票竟然中了头奖。"现在也常用"烧高香"表示对他人的感谢之情。例如："您要是给我办成了这事，那我可就给您烧高香了。"

少

商代甲骨文	周代金文	战国简牍古文	小篆

古代“少”字的不同写法

少字在甲骨文中画四个小点，这跟大小的小字非常相似，小在甲骨文中写作，画三个小点。事实上在甲骨文和金文中，多少的少和大小的小是一对异体字，用法上没有区别。例如甲骨文中有“少雨”的说法，就是小雨的意思。大约到了春秋时期，少和小才在用法上有了区别，小一般用于大小之义，少一般用于多少之义。从甲骨文的构造来看，少和小都是用沙粒表示微小的含义。春秋以后字形发生了较大变化，已看不出原来的造字意图了。从词义的角度来看，少和小也有密切的联系。凡是微小的东西数量就少，所以多少的少是从大小的小中分化出来的一个词。

从古到今，少最常用的意义就是数量少，成语有“少见多怪”、“寡言少语”、“寡见少闻”，俗语有“酒逢知己千杯少，话不投机半句多”，其中的“少”都是数量少的意思。由数量少引申为缺少、减少的意思。

如俗语说“多一事不如少一事”，这里的“少”就是缺少的意思。唐代诗人王维《九月九日忆山东兄弟》一诗云：“独在异乡为异客，每逢佳节倍思亲。遥知兄弟登高处，遍插茱萸少一人。”这是诗人在重阳节的时候因思念家乡的亲人而写的诗。古人在过重阳节的时候有佩带茱萸、登高望远的风俗。茱萸是一种有香气的植物，据说佩带它可以避邪。“遍插茱萸少一人”是说家乡的兄弟们登高时都佩带茱萸，惟独少了一位兄弟，也就是诗人自己。这里的“少”也是缺少的意思。

少又引申为小看、轻视的意思。如先秦历史著作《战国策》中说：“君安能少赵人而令赵人多君？”意思是说您怎么能够轻视赵国人而让赵国人尊重您呢？

少由数量少又引申为年幼、年轻的意思，这一意义读 shào。如年轻男子叫“少年”，年轻女子叫“少女”，已婚年轻女子叫“少妇”，年轻的统帅叫“少帅”，等等。古代把东北风称为少男风，把西风称为少女风。这是因为在阴阳八卦系统中，八卦与八方及各种事物互相搭配，用来解释各种现象。八卦中的艮（gèn）卦与八方中的东北方相配，又与人当中的少男相配，所以将东北风称为少男风。八卦中的兑卦与八方中的西方相配，又与人当中的少女相配，所以将西风称为少女风。这跟金、木、水、火、土五行系统中金与秋相配，从而把秋风称为“金风”的道理是一样的。例如明代刘基的《次韵和（hè）王文明绝句漫兴》一诗中说：“天边云气来须女，湖上轻雷起少男。”“须女”是天上星宿的名字。诗句的意思是说，天边的云气是从须女星飘来的，湖上响起轻微的雷声，刮起了东北风。南朝刘孝威有一首名为《雨》的诗，诗中说：“电舒长男气，枝摇少女风。”在八卦系统中，长男与震卦相配，震在古代是雷电的雷的意思。诗句的意思是说，闪电释放着雷神的怒气，西风吹得树枝摇晃。

与少有关的俗语和成语很多。有这样两句格言：“少成若天性，习惯若自然。”意思是说从小养成的习惯就像天性一样，习惯了的东西好像本来如此。这两句格言说明了从小养成良好习惯的重要性。又如“少壮不努力，老大徒伤悲”，意思是说年轻力壮的时候不努力学习工作，等到年老的时候只能空自悲伤。成语有“少不更事”，“更（gēng）”是经历的意思，意思是说年纪轻，经历的事不多，缺乏经验。例如现代作家姚雪银的长篇小说《李自成》当中有这样的话：“这孩子真是少不更事。”

中国河南省登封县有一座著名的佛教寺院叫少林寺，这里的“少”也要读 shào。少林寺是中国佛教禅宗和少林派拳术的发源地，始建于公元 495 年，不过现在的少林寺中的建筑大多数为明清两代所建。少林寺是因少林武术而闻名天下的，寺中的历代僧人都会武术。唐太宗李世民在争夺天下的战争中曾写信给少林寺的住持，希望少林寺的僧兵们能帮助他抗击王世充的军队，少林寺接受了李世民的请求，率众抗击王世充的军队。李世民当了皇帝后给少林寺赏赐了四十顷土地。皇帝的嘉奖使少林寺声名大振。至今在少林寺鼓楼遗址前立有《皇唐嵩岳少林寺碑》，该碑有“少林第一名碑”之称。碑额题“太宗文皇帝御书”，据说是唐玄宗亲笔题写的；下面合刻两件文献，上部为《秦王告少林寺主教》，即秦王李世民给少林寺的信，下部为吏部尚书裴漼撰写并书丹的《皇唐嵩岳少林寺碑》文。

1980 年在修葺少林寺达磨亭时，将镶嵌在东山墙上的一通金代观音像碑拆了下来，发现背面刻的是《大唐太宗文武圣皇帝龙潜教书碑》，八分隶书，内容与《皇唐嵩岳少林寺碑》的《秦王告少林寺主教》完全相同，这才是《秦王告少林寺主教》的原碑。

社

战国金文	战国简牍古文	说文古文	小篆

古代“社”字的不同写法

社字从示从土，本义是土地神。土地神是在农耕经济的基础上产生的观念信仰，它的出现应该远在母系氏族社会时期。有些学者认为辽宁红山文化东山咀、牛河梁等遗址出土的裸体女神像即为社神像，这种看法有一定道理。

社神在古代社会是一位非常尊贵的神祇，东汉著名学者郑玄说“国中之神莫贵于社”（宋王溥《唐会要》卷二十二），意思是说一个国家所有的神当中没有比社神更尊贵的，这是因为民以食为天，人要生存下去，就得有衣食，而衣食正是出自土地，所以人们把社神奉为最尊贵的神。古代以“社稷”指代国家，稷指五谷之神，社神的重要由此可见。

古代把祭祀社神的地方也叫社。为了表义的明确，一般把祭祀社神的地方称为“神社”。古代的神社大都设立在树林当中，这片树林就叫社林。古文字中有的社字由示、木、土三部分组成，木就是神社立于树林这一习俗的反映。社神是一个地方的保护神，所以神社是神圣的地方，神社中的树木是不能砍伐或损坏的，甚至连人为的摇动也是不允许的。西汉典籍《淮南子·说林》一书中记载说：“侮人之鬼者，过社而摇其枝。”意思是说欺侮一个村庄的保护神的人，在经过这个村庄的社林的时候摇晃一下社林中的树枝。将摇晃一下树枝视为对社神的欺侮，可见社林是禁止人们损坏的。正因如此，神社又称禁社。先秦典籍《墨子·耕柱》中说：季孙绍和孟伯常两人共同治理鲁国，但互相不信任，于是两人一起“祝于禁社”，意思就是到禁社向社神祷告，在社神跟前发誓以后要互相信任。禁字由示和林组成，正是来自社林为禁地的古老习俗。由于社林是圣地，人们代代奉祀，不敢轻易迁移，这就决定了后世民间的社也大都在丛林当中。即使是后来新立的神社，也在传统的影响下一般立在丛林中。梁元帝《赴荆州泊三江口》诗中有“丛林多古社”的话，意思就是树林中常有古老的神社。祭祀社神一般在春秋两季举行，分别称为“春社”和“秋社”。祭祀时要给社神献上祭品，诵读祝辞，奏乐跳舞，饮酒吃肉，场面非常热闹。南宋诗人陆游的《社鼓》诗云：“林间鼓咚咚，追此春社时。”这里描写的就是春社时社林间鼓乐喧天的场面。明白了民间奉祀的神社大都立在丛林中的事实，那么古人用树木指代家乡的缘由也就不难理解了。古代把故乡称为“桑梓”，桑就是桑树，梓就是梓树，这两种树木是古人喜欢设立神社的林木，所以就用“桑梓”指代故乡，这跟用“社稷”指代国家的道理是一样的。

古人为什么要把神社设立在树林中呢？有人认为选择树林是为了让人们看见树木后引起对社神的肃静之情，有人认为选择树林是为了避免社神受风雨的侵蚀。其实古人立神社于树林主要是他们认为鬼神依附树木而存在，脱离了树木鬼神就无法生存。所以，古人选择坟墓时要选择林地，或是要在坟墓周围种上树木，使祖先的灵魂有所依附。直到今天，坟墓旁种树的现象仍很常见。目前为了改革旧的殡葬习俗以节省土地，有些地方政府号召人们用骨灰植树以寄托哀思，这是一种因势利导、一举两得的好办法，既合乎民族传统，又顺应人们睹物思人的心愿，值得大力提倡。

春秋社日祭祀土地神的集会叫“社会”。明代凌蒙初《二刻拍案惊奇》卷二：“山东兖州府巨野县有个秾芳亭，乃是地方居民秋收之时祭赛田祖先农，公举社会聚饮的去处。”社日集会上除了祭神仪式外，做生意的、耍杂技的、唱歌跳舞的，应有尽有，人山人海，所以后来引申指人类聚集生活的区域。至今农村不少地方仍有祭祀土地神的风俗。下图是四川泸州福宝镇农村的土地神，虽然有些简陋，但毕竟还是有人供奉。

深

战国金文	战国竹简古文	小篆
[illegible]	[illegible] [illegible]	[illegible]

古代“深”字的不同写法

深是个从水罙（shēn）声的形声字。按照《说文解字》的解释，深原是一条河的名字，但这一意义即便是在古代也很少使用，今天可以说是已经消亡了。无论是古代还是今天，深最常用的是它的形容词的用法，指从上到下或从外到里的距离大，跟“浅”相对。例如唐代诗人李白在《赠汪伦》一诗中写道：“桃花潭水深千尺，不及汪伦送我情。”桃花潭在安徽省泾县境内，李白在桃花潭游览的时候，当地人汪伦用美酒款待他，临别时李白写了这首诗赠送汪伦。诗人用千尺潭水不及汪伦深情的比喻形象生动地表达了对汪伦的深深谢意。桃花潭原本是没有什么名气的，就因李白这首诗，小小潭水便蜚声后世。潭水之深指从水面到水底的距离，是从上到下的距离。

古代有一种服装叫“深衣”。深衣是跟“上衣下裳”的服装样式相对而言的。古代通常的衣着上衣和下裳是分开的，上身穿的叫衣，下身穿的叫裳，裳其实就是裙子。古代不但女子穿裙子，男子也穿裙子。深衣是把上衣下裳连为一个整体，这样就比上衣或下裳都长得多，所以叫深衣。这里的深也是指从上到下的距离。下图是长沙仰天湖出土的战国彩绘妇女木俑，木俑身上穿的就是深衣。可以看出深衣跟后世的长袍类似，下摆一直垂到地面。对古人来说，深衣的地位有点像我们今天的西装，凡是注重仪表的人，外出大都穿深衣。北宋文学家司马光《独步洛滨》诗云："草软波清沙径微，手持筇竹著深衣。"这是说诗人手拄筇竹拐杖，身着深衣，沿着洛河岸边的小路漫步。

再来看几个"深"指从外到里的距离的例子。宋代文学家欧阳修有《蝶恋花》词云："庭院深深深几许？杨柳堆烟，帘幕无重数。"第一句连用三个深字，应分两层理解。第一层是"庭院深深"，是说庭院很深很深。第二层是"深几许"，这是问有多深，"几许"是多少的意思。庭院到底有多深呢？看不清楚，因为庭院里种了一排排的垂柳，柳丝拂地摇曳，加上烟气笼罩，好像有无数重帘幕一样，遮住了观察者的视线。作者的意思是说这是一座深宅大院，深不见底。描写庭院之深还有"侯门深似海"的名句。说到这一名句的由来还有一个感人的爱情故事。唐代诗人崔郊跟他姑姑的侍女私下相恋，谁知姑姑后来将侍女卖给了一位达官显贵，从此两人无缘见面。有一年的寒食节，崔郊到郊外游玩，与侍女不期而遇。崔郊百感交集，写了一首《赠婢》诗送给了侍女。诗中写道："侯门一入深似海，从此萧郎是路人。""侯门"

长沙仰天湖出土战国彩绘妇

指达官显贵家的大门。显贵们的宅院往往有好几重，所以诗人用夸张的语言说像大海一样深广。侍女一进入这样的人家难得有出来的机会，崔郊也就无法与恋人相见，自己只是跟普通路人一样从门边经过而已。萧郎在古典诗词中泛指女子爱恋的男子，这里是诗人自指。那位显贵读到这首诗后被他们的爱情所打动，将侍女许配给了崔郊。后来人们就用“侯门深如海”或“侯门似海”形容富贵人家门禁森严，外人难以进入。例如：“你们家住在别墅，侯门似海，我可不敢去。”

上面讲的都是深的具体空间距离。深也可以表示抽象的距离。如：“这部书写得深入浅出，可以雅俗共赏。”这里的深表示对内容的理解很深刻，这种深是抽象的。又如：“他们两个交情很深。”深指感情深厚，也是抽象的。其他像“深思熟虑”、“深情厚意”等，深都是指抽象的距离。

由抽象的程度深再进一步虚化，就变成了程度副词，是“很、非常”的意思。成语有“深信不疑”、“深有同感”、“深恶痛绝”等。

神

西周金文	战国简牍古文	小篆

古代“神”字的不同写法

神是个从示申声的形声字。我们经常用“鬼神”一词泛指各种神灵，但就其区别而言，神指天神，鬼指人神。如《说文解字》中解释说：“神，天神也，引出万物者也。”意思是说神字的本义为天神，天神是万物的创造者。东汉学者高诱在《吕氏春秋》一书的注释中也说：“天神曰神，人神曰鬼。”由于神的观念最初是从闪电那儿发展来的，所以它的本义指天神，泛指鬼神是词义引申的结果。

汉语比较讲究语言结构的对称平衡，所以“神”这个词在使用的时候常常与“鬼”这个词相提并论。例如“神出鬼没”，比喻行动无常，难以捉摸；“神工鬼斧”，形容工艺美术、文艺创作、建筑制作等技艺精巧，好像出自鬼神之手，非人力所为；“神不知，鬼不觉”，形容做事隐秘，谁也不知道；“鬼使神差”，比喻事情的发生预料不到，不由自主，好像有鬼神在暗中操纵指使。在此要提请注意的是“差”是差遣的意思，不能读成 chā。

罗马神话中的爱神丘比特可以说是家喻户晓，他的形象是一个长有翅膀的小孩，经常携带弓箭在空中飞翔，谁中了他的箭就会不由自主地产生爱情。他的爱情之箭被称为“神矢”，意思是爱神之箭。鲁迅在《自题小像》一诗中说：“灵台无计逃神矢，风雨如磐暗故园。”意思是说尽管我的祖国动乱不安，但我的心灵无法躲避爱神之箭，表现了作者对祖国的爱恋之情。

“神矢”的神是神灵的意思，但把枪法很准的人称为“神枪手”，并不是说他是神，而是说他技能非凡。其他如将打篮球时投篮很准的人称为“神投手”，将医术高明的人称为“神医”，将特别聪明的儿童称为“神童”等，“神”都是指某方面特别出众。中国人自称炎黄子孙，炎帝也叫神农，这是因为炎帝在农业生产上面做出过巨大的贡献。相传耒、耜等农具都是神农发明的，他将耒耜的制作及使用方法教给大家，让大家从事农田耕作，使人们获取食物的能力有了极大的提高，摆脱了采集食物的束缚。神农还是中草药治病的创始人。相传他为了找到人类可以食用的植物，曾经遍尝百草，自己常常中毒。但正因如此，他掌握了各种植物的药性，积累了大量中草药的经验，成为中医的鼻祖。

中国在古代又称为“神州”，这来自战国时期齐国的一位叫邹衍的学者。邹衍提出了一个“大九州”学说，认为世界上共有九个大州，中国是九州之一，中国所在的这一个州叫赤县神州。所以后来人们就把中国称为“赤县神州”、“赤县”或是“神州”。例如毛泽东《送瘟神》诗中有这样的诗句：“春风杨柳万千条，六亿神州尽舜尧。”意思是说在春风的吹拂下，无数杨柳的枝条依依摇曳，生机盎然，生活在中国大地上的六亿人民都跟尧和舜一样聪明能干。这首诗写于 1958 年，当时中国有六亿多人口。再如：“中国申办奥运会成功的消息一传开，神州大地欢声雷动。”

升

商代甲骨文	周代金文	战国竹牍古文	小篆	汉隶

古代“升”字的不同写法

甲骨文中的升字像有人手拿一把勺子舀起液体的样子，把柄两边的水点表示液体从勺子中滴落下来，所以升的本义是一种舀取酒或是汤的勺子。升字古代有量酒单位的用法。如《墨子·号令篇》中说：“赐酒日二升，肉二斤。”意思是说每天赏赐两升酒，二斤肉。升的这种用法显然是从“舀酒的勺子”这一本义引申来的。金文升字的写法与甲骨文基本相同，只是省去了水点。小篆的写法可以说是变得面目全非。隶书的写法是从金文及战国古文演变来的，二者之间的联系还是依稀可辨。

舀酒或舀汤是把低处的东西提升上来，所以升引申为上升的意思。中国最古的诗歌总集《诗经》中有这样的话：“如月之恒，如日之升。”这是向人祝颂的话，意思是祝生活和事业像上弦月一样日趋圆满，像旭日一样越来越光明灿烂。

由上升的意思引申为由低处向高处走，登上。孔子曾经评价他的学生仲由说："由也升堂矣，未入于室也。"意思是说仲由在学习上已经登上了堂，但还没有进入室。孔子用"升堂"比喻学问上的初级阶段，意思是刚刚入门；用"入室"比喻学问上的高级阶段，意思是已经"到家"了。后世常用"升堂""入室"这两个词。如北齐的颜之推在《颜氏家训》中说："仲尼门徒，升堂者七十有二。"意思是说孔子的弟子中学问上入了门的有七十二人。《晋书·杨轲传》中记载：杨轲学生很多，"非入室弟子，莫得亲言"。意思是说如果不是学问精深的弟子就没有机会直接跟杨轲说话。"升堂入室"也成了一个成语，用来比喻学问或技艺上由浅入深，达到很高境界。孙中山在《知难行易》一文中说："由文法而进窥古人之文章，则升堂入室，有如反掌。"这是说通过文法去学习古人文章，可以渐入佳境，很容易达到很高的水平。还有一个成语叫"升山采珠"，升也是登的意思。这一成语出自《后汉书·刘玄传》，文中说：将国家重任交给不适当的人，"譬犹缘木求鱼，升山采珠"。树上是不会有鱼的，山里也不可能有珍珠，爬上树去找鱼，登上山去采珠，显然是不可能得其所求的，比喻行为与目的相违背。

由登上的意思又引申为升官、提升。例如宋庆龄的《把培养革命后代的责任担当起来》一文中有这样的话："旧社会的'经'，不外是要么做'人上人'，升官发财，光宗耀祖；要么安分守己，逆来顺受，甘心做奴隶。"升官往往会得到更多的钱财，所以"升官发财"常连着一块儿说，多用作向人祝福的话。从前某贪官过六十大寿，大摆宴席，邀请各界名流参加，想借机搜罗钱财。有一正直的清官也在邀请之列，但他不想给贪官送什么钱财，他想好了一个戏弄贪官的主意。赴宴那天，他让手下的人抬着一个大箱子。贪官一看抬了一个大箱子来，心中万分欢喜，心想一定是一份厚礼。清官让手下的把箱子放到摆放贺礼的桌子上，并让他们打开。所有的宾客都围拢过来，想看看究竟送了些什么贵重礼品。箱子打开了，里面放一只箱子，打开里面的箱子，里面又有一只小箱子，打开这只小箱子，里面竟是一具小小的棺材。贪官勃然大怒，众宾一片哗然。清官不慌不忙地对贪官说："贵府上一切东西应有尽有，在下送任何东西都是多余的，送具棺材是祝您步步升官，日日发财。"贪官一听，明知这是诡辩之辞，但也不好说什么，只有忍气吞声，强颜欢笑。

胜

战国简牍古文	小篆	汉隶

古代“勝”字的不同写法

简体胜字在繁体中对应胜、勝两个字。胜原本是腥臊的腥字。《说文》：“胜，犬膏臭（xiù）也。”意思是说胜字的本义指狗肉的腥臊气味。从文字构造来看，胜字的左边并不是月亮的月，而是肉字的变形，表明胜字跟肉有关；右边的生字既表示读音，同时也兼表生肉之义，这是因为生肉的腥气要比熟肉大得多。胜字古代很少使用，腥臊义一般用腥字。至于胜利的胜字，古代写作“勝”，是从力朕声的形声字，取胜靠的是力量，故从力。用本来是腥臊义的胜表示胜利的意思，这是文字的借用现象。以下我们要谈的胜字都是跟胜利的含义有关的用法。

胜字最常用的意义就是胜利。“胜利”这个词一般有两种含义。一是指在战争或竞赛中打败了对方，如“稳操胜券”，“胜败乃兵家常事”，“胜不骄，败不馁”，这里的胜都指战胜了对方。“胜利”的另一含义是在事业或工作上达到了预定的目的，这种“胜利”是不存在竞争对手的。如：

“大会于昨日胜利闭幕。”“胜利地完成了领导交给我们的任务。”

胜由战胜的意思引申出超过的含义。如宋代著名文学家苏轼在给友人的一封信中说：“兼审比来尊体胜常，以慰下情。”意思是说知道您近来身体比平时要好，我心中感到安慰。“胜常”就是超过平常的意思，这是古代常见的问候用语，现在除了个别人在书信中偶尔使用外，一般不再使用了。不过与此类似的一句话叫“万事胜意”，近年来不时出现在元旦及春节的贺卡上，其含义是事事比自己希望的要好，这种祝愿意思上要比“万事如意”更进一层，所以受到人们的喜爱。毛泽东的《水调歌头·游泳》这首词中有这样的话：“不管风吹浪打，胜似闲庭信步。”意思是说长江中游泳尽管会遇到风吹浪打，但要比在幽静的庭院中散步好。“胜似”也是超过的意思。

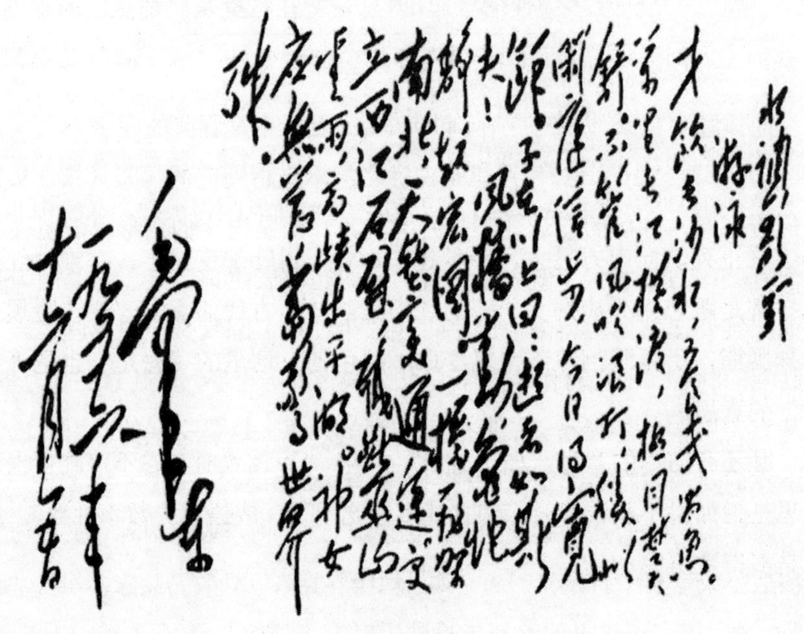

水调歌头

游泳

才饮长沙水，又食武昌鱼。万里长江横渡，极目楚天舒。不管风吹浪打，胜似闲庭信步，今日得宽馀。子在川上曰：逝者如斯夫！

风樯动，龟蛇静，起宏图。一桥飞架南北，天堑变通途。更立西江石壁，截断巫山云雨，高峡出平湖。神女应无恙，当惊世界殊。

毛泽东

一九五六年六月

毛泽东手迹

超过的意思再加引申，就有了优异、美好的含义，如高雅的朋友叫“胜友”，优美的地方叫“胜地”，美好的日子叫“胜日”等。下面来看几个例子。唐代文学家王勃的名篇《滕王阁序》中有这样的句子：“十旬休暇，胜友如云。”“胜地不常，盛筵难再。”唐代政府工作人员每十天休假一天。前两句的意思是说正赶上十天一次的假日，高雅的朋友们会集到一起。后两句的意思是说优美的地方不会永远优美，盛大的宴会难以再次举行。我们常说“名胜古迹”，“名胜”指有名的优美的地方。“胜日”一词我们可以举宋代学者朱熹著名的《春日》诗为例：“胜日寻芳泗水滨，无边光景一时新。等闲识得春风面，万紫千红总是春。”这是说在一个春光明媚的美好日子里，我沿着泗水岸边踏青游春，看到无边的景色焕然一新。面对这万紫千红的盎然生机，任何人都会很容易感受到什么是春天。“等闲”是随意、随便的意思。“总是”在这里是“都是”的意思，跟我们今天的“他总是迟到”的“总是”意思不同。“总是春”是说到处都充满了春光。也许我们由此会想起元代王实甫的《西厢记》中描写秋天景色的名句：“碧云天，黄花地，西风紧，北雁南飞。晓来谁染霜林醉？总是离人泪。”天空碧蓝，地上盛开着菊花，西风吹得很急，长空中北方的大雁正列队向南方飞去。清晨起来一看，树叶都变红了，是谁染红的呢？都是跟恋人分离的女子流的红泪染红的。古代的女子喜欢在脸颊上涂抹胭脂，所以眼泪流下来就变成了红色的。这里的“总是”也是“都是”的意思。

胜还有穷尽的意思。如《孟子》中说：“不违农时，谷不可胜食也。”意思是说如果不耽误农时，粮食就多得吃不了。成语有“数不胜数”，意思是多得数不完。

盛

商代甲骨文	周代金文	战国简牍古文	小篆

古代“盛”字的不同写法

甲骨文中的盛字左边像一个器皿中放满了食物，旁边有水滴，右边是戌字，像一把斧子。盛的本义指放在容器中用来祭神的食物。在这一意义上应该读 chéng。古人祭神多用肉食。典籍中常常提到祭神用“牺牲”或“太牢”、“少牢”。“牺牲”指纯色的没有受伤的牲畜，杂色的或是受过伤的牲畜古人认为是不能用来祭神的。“太牢”指牛、羊、猪各一只。如果只献一只羊和一只猪，就叫“少牢”。祭神实际上就是讨好神，要讨得神的喜欢，就得把最好的东西献给神。民以食为天。没有什么东西比食物更重要，而食物当中肉食自然是最诱人的，这就是古人为什么要给鬼神献上肉食的原因。甲骨文中的盛字，左边应理解为器皿中盛有牲肉，牲血滴落于器皿之外，以见其丰盛。祭字甲骨文作、等形，像一只手拿着滴血的肉块的样子，盛字从与此同意。右边的戌字表示用来宰割牺牲的刀斧。所以盛是一个会意字，表示用刀斧切割牺牲放在容器中用来祭神。春秋以后，盛变成了从皿成声的形声字。之所以会讹变成形声字，一方面，盛放的盛跟成功的成读音相同，另一方面，成功的成跟戌字字形非常相近，所以人们就用成功的成字取代了戌字。这种讹变的写法一直保持到了今天。

东汉许慎的《说文解字》中对盛字的本义是这样解释的："盛（chéng），黍稷在器中以祀者也。"意思是说盛的本义是祭祀用的谷物，这应该是盛的引申义。由于祭神用的食物盛放在容器当中，所以盛引申为盛放的意思。如《吕氏春秋·君守篇》中说："身以盛心，心以盛智。"意思是说身体之中盛放着心，心中盛放着智慧。盛的这一意义直到今天仍在使用。如我们可以说："盛了一碗面。""缸里盛满了水。"

古人对鬼神非常虔诚，对献给鬼神的食物十分讲究。上面讲了，有伤的牲畜是不能献给鬼神的。此外还注重食物的丰盛和干净。《左传》上记载的一件历史事实很能说明这一问题。公元前 655 年，晋国准备攻打虢（guó）国，但晋国和虢国之间隔着虞国，晋国便向虞国借路，要求虞国允许晋国的军队从虞国领土经过。虞国大臣宫之奇认为晋国既然要消灭虢国，肯定也要消灭虞国，进谏国君不能给晋国借路。虞国国君竟然把国家的安全寄托在鬼神身上，说什么"吾享祀丰洁，神必据我"，意思是说我给鬼神奉献的祭品既丰盛又干净，神会保佑我们的。事实正如宫之奇所预料的，当晋国消灭了虢国之后，班师回国途经虞国之时，向虞国发动突然袭击，将虞国也消灭了。虞国国君固然愚蠢，但从他的话中我们可以看出古人很注重祭品的丰盛。正因祭品讲究丰盛，所以盛由献祭的食品的含义引申出了丰盛、兴盛、盛大的意义。由这一意义构成的词语很多。如"盛名难副"，表示名声虽然很大，但跟实际不相符合。"太平盛世"，指安宁、兴盛的时代。"盛气凌人"，也可以写成"盛气临人"，表示用威严或骄横的气势对待别人，一般用于贬义。例如："他那副盛气凌人的样子，谁见了都讨厌。"中国古典小说名著《红楼梦》第十三回中有这样几句话：“要知道也不过是瞬息的繁华，一时的欢乐，万不可忘了那盛筵必散的俗语。”“盛筵”指盛大的宴会。再盛大的宴会，最终还是要散场的，所以用“盛筵必散”比喻无论怎样美好的事物最终都会烟消云散。《红楼梦》中还有一个跟“盛筵必散”意思相同的俗语，叫“千里搭长棚，没有不散的筵席”。为了摆设筵席，搭起了千里长的棚子，这样的宴会可以说是够盛大的了，但最终还是免不了散场的结局。月盈则亏，物盛则衰，这是事物发展的一般规律。

失

西周金文	战国简牍古文	小篆	汉隶
[illegible]	[illegible]	[illegible]	[illegible]

古代“失”字的不同写法

《说文》：“失，纵也。从手乙声。”纵大约是放纵的意思。金文中的失字上面是屮（chè），屮就是草，下面是一个侧立的人，整个字形像人头上顶着草的样子，表示人隐蔽于草下，看不见，本义应为隐逸、消失。《汉书·杜周传》：“贤俊失在岩穴，大臣怨于不以。”这是说贤能之人隐逸在山野，大臣埋怨不被重用。失的构形大概是基于古人狩猎的习俗而造的。古人狩猎时为了隐蔽自己，不被猎物发现，往往头上戴着草或树枝编的帽子作为装饰。《说文》：“佚，佚民也。从人失声。”佚应该是失的后出分别文。

由消失引申为失落、遗失。历史著作《三国志·蜀书·先主传》中记载说：刘备依存于曹操的时候，装出一副胸无大志的样子，整天以种菜灌园为乐，然而这却瞒不过曹操的慧眼。有一天，曹操和刘备谈论谁是当今的英雄，刘备故意说出一些无能之辈的名字来搪塞。曹操说：“今天下英雄，惟使君与操耳。”意思是说如今称得上英雄的只有你和我。刘备当时正在吃东西，听了曹操这话，吓得“失匕箸”。意思是说吓得手中的汤匙和筷子失落到地上。“匕”是汤匙的意思，“箸”就是筷子。刘备寄人篱下，竭力装出一副平庸之辈的模样，以免引起曹操的戒备之心。不成想曹操还是看出刘备非等闲之人，所以刘备感到吃惊。后来人们就用“失匕”或“失箸”表示受了惊吓不知所措。如宋代文学家苏轼在《唐道人言天目山上俯视雷雨每大雷电但闻云中如婴儿声殊不闻雷震也》一诗中写他在天目山顶观看雷雨的感受时说：“山头只作婴儿看，无限人间失箸人。”意思是说站在山顶观看雷雨就像好奇的婴儿一样，心态是积极主动的，人世间不知有多少人却被这雷雨吓得惊慌失措。

埃塞俄比亚奥莫河谷（Omo Valley）原始部落的狩猎者

我们再来看几个跟失有关的成语。有个成语叫“失之东隅，收之桑榆”。“东隅”是太阳升起的地方，“桑榆”是太阳下落的地方。这一成语的意思是说东边虽然有所损失，但在西边却有所获得。我们可以举这样一个例子：“去年他种粮食，结果粮价低落，生意亏了本。今年他改种草，被绿化部门抢购一空，大赚了一把，可谓失之东隅，收之桑榆。”还有一个成语叫“失之毫厘，差之千里”，也说成“失之毫厘，谬以千里”，意思是说开始的时候错一点点，到后来就会造成很大的错误。例如我们可以说：“对小孩的缺点错误必须及时予以纠正，否则失之毫厘，差之千里，最后有可能会铸成大错。”

失由遗失引申为过失、错误的意思。例如明代白话小说《警世通言》

中说："吾辈切记，不可轻易说人笑人，正所谓经一失，长一智耳。"这是说我们一定要记住，不可轻易嘲笑别人，这就叫犯一次过错，长一回智慧。

失由失落引申为没有把握住的意思。如"失手"指东西没有拿好，从手中掉落。引申指失利、失败。例如宋代陈师道《宋孝忠落解南归》诗中说："妙年失手未须恨，白璧深藏可自妍。"意思是说年轻时的失利不必遗憾，璧玉深藏总有被人认识到其价值的一天。如果不慎跌倒，就叫"失足"。我们可以说："他在登山的时候，不慎失足坠落悬崖。"由跌倒的意思引申指堕落或犯严重错误，如我们常说"一失足成千古恨"、"失足青少年"等。

人身上的很多东西都可以跟"失"字搭配成词。如"失口"指说话不谨慎，未经思考脱口而出。如《水浒传》第七回中林冲看见有人卖一把宝刀，"失口道：'好刀！你要卖几钱？'"跟"失口"类似的有"失言"，指说话不妥当，说了不该说的话。例如："他自知失言，悔恨不已。"其他如眼睛看不见叫"失明"，耳朵听不见叫"失聪"，睡不着觉叫"失眠"，血液流失叫"失血"，女子丧失贞操叫"失身"等。

时

周代金文	战国简牍古文	说文古文	小篆
[illegible]	[illegible]	[illegible]	[illegible]

古代“时”字的不同写法

金文时字从日之声，与《说文》古文一致。小篆中变为从日寺声。时本义为季节。汉语中有“四时”的说法，就是四季的意思。如唐代韦庄的《晚春》诗云：“万物不如酒，四时唯爱春。”意思是说万物中没有什么能比酒好，四季之中诗人只爱春季。“时节”一词有多种意义，其中有一个意义就是季节。如杜甫《春夜喜雨》诗云：“好雨知时节，当春乃发生。随风潜入夜，润物细无声。”意思是说好雨知道该在哪个季节降落，正当春季需要雨水的时候它就悄然洒落大地。

古代中央政府根据季节的不同制定不同的行政命令让各级官员及全国百姓来遵从，这种政令叫“时令”，字面上是四季政令的意思。例如周王朝规定，正月立春这一天天子要亲自率领朝廷大臣及诸侯到王城东郊举行迎春典礼，正月里禁止伐木，禁止捕杀鸟兽。五月里要求人们不能烧炭，不能在外面曝晒布帛，不能关闭城门和居住区的大门，君子要清心寡欲，事事要小心谨慎。时令中还指出，如果不遵守这些规定，就会造成各种各样的灾难，如草木干枯，庄稼歉收，疾病流行等。由于每个季节有不同的时令，所以“令”也渐渐有了季节的意思。“时令”由四季政令的意思引申而有季节的意义，我们今天常用的就是这一意义。例如我们可以说：“按时令已是仲夏，但天气还很寒冷。”其他如“夏令”“冬令”等，就是夏季、冬季的意思。

季节的划分目的在于便于安排人们活动。每个季节都有人们适宜做的工作，如春季播种，夏季田间管理，秋季收割，冬季储藏，等等，做事错过了相应的季节，就会给人们的生活造成不利影响，季节也就意味着时机，因此，时由季节的意思引申为时机的意义。先秦历史著作《国语·越语下》中说：“得时无怠，时不再来。天予不取，反为之灾。”意思是说得到时机要赶紧抓住，不要怠惰，时机是不会再来的。上天给你，你却不要，反而会有灾祸临头。成语有“时不我待”“时不我与”，都是强调时机的重要性。刘邦、项羽争夺天下的时候，项羽被刘邦的军队围困在一个叫垓（gāi）下的地方（在今天的安徽省灵璧县境内）。夜晚项羽在帐内听见刘邦的军营中到处都在唱楚歌，项羽是楚霸王，他的士兵大都是楚地人，现在刘邦的军营里却在唱楚歌，项羽便以为他的士兵大都投降了刘邦，成语“四面楚歌”就是从这里来的。项羽感到绝望了，他慷慨悲壮地唱了一支歌。歌词是这样的：“力拔山兮气盖世，时不利兮骓（zhuī）不逝。骓不逝兮可奈何？虞兮虞兮奈若何？”这首歌被后人称为《垓下歌》，歌词的意思是说我项羽力能拔山，豪气盖世，遗憾的是时机对我不利，我的乌骓马逃脱不了，我该怎么办？虞美人啊虞美人，对你我该怎么办？豪气盖世的楚霸王在身处绝境的时候割舍不下的是他的宝马和爱妾。鲁迅《答客诮》诗云：“无情未必真豪杰，怜子如何不丈夫！”用这两句诗来说明项羽倒是很恰当的。俗语中“运去金成铁，时来铜变金”的说法，成语有“时来运转”，这里的时也是时机的意思。

时又有时候、时间的意思。孔子曾说过这样一段意味深长的话："君子有三戒：少之时，血气未定，戒之在色；及其壮也，血气方刚，戒之在斗；及其老也，血气既衰，戒之在得。"（《论语·季氏》）意思是说君子应该戒备三件事：年轻的时候，血气未定，警戒贪恋女色；到了壮年，血气旺盛，警戒打架斗殴；到了老年，血气衰弱，警戒贪求金钱地位。孔夫子指出了不同年龄段的人容易犯的错误，可以说是人生经验的深刻总结，值得人人记取。

势

势字繁体作勢，最早见于东汉时期，如东汉张芝的书帖中势作势，三国钟繇的《宣示表》书帖中作势，可知势字东汉已在流行。但东汉许慎的《说文解字》中没有收录这个字，因为勢字在当时还只是一个俗字，没有得到社会的普遍认可。在汉代以前的典籍中，势字一般写作埶。如1993 年湖北荆门市郭店乡的战国楚墓中出土的《老子》竹简中有这样的话："埶大象，天下往。"这是说势力强大的地方，天下的人们就会归附。这里的埶字就是势力的意思。1972 年山东省临沂市银雀山西汉墓中出土的《孙膑兵法》竹简中，所有的势字都写作埶。我们今天看到的汉代以前的传世典籍中的勢字，那是后人在传抄刻印的过程中用后世通行的字改写的结果，并不是作品产生时代的原貌。由于埶的意思是势力，为了表示意义的明确，东汉时期人们又在埶字下面加了个力字，于是便有了繁体的勢字。

那么繁体的勢字又是怎样变成简体势字的呢？在繁体字中，执行的执作執，与埶字非常相似，所以人们常将这两个字混淆。我们上面提到的竹简《老子》中的"埶大象"，传世《老子》中就写作"執大象"，便是这两个字相混的例子。執有手拿东西的意思，所以世俗又将執字写执，用提手旁取代了幸字旁，不但表义明确，而且书写简便，所以流行开来。

由于埶、執两字混用，又由于執简写成提手旁的执，所以繁体的勢字就被写成了简体的势。简体势字唐代就已出现，如唐太宗《淳化阁帖》中就有势字。

势的本义是势力或权势。我们来看东汉赵壹《刺世疾邪赋》中的一个例子："法禁屈挠于势族，恩泽不逮于单门。""势族"指有权有势的家族。这两句话的意思是说：法律禁令在有权有势的家族跟前弯曲了，皇帝的恩泽永远到不了贫寒人家。"单门"指大门是单扇的人家。富贵人家的大门都是双扇的，而且高大威严，称为"高门大户"，与此相对的"单门"自然就是贫寒人家。赵壹生活在东汉后期，当时朝政昏暗，耿介之士仕途无望，出身寒微的赵壹对此极为不满，就写了这篇《刺世疾邪赋》予以揭露。赋中还有这样一首诗："势家多所宜，咳唾自成珠。被褐怀金玉，兰蕙化为刍。""势家"指有权势的人家。"被"是穿的意思，"褐"是粗布衣服，"被褐"指贫寒之人。诗的意思是说：有权势的人家说的做的都是正确的，他们的唾沫也被人当成珠宝。贫寒之人即使有真才实学，也无人理睬，即便你是兰、蕙这样的香草，在当权者眼里也不过是喂牲畜的草料而已。作者辛辣地讽刺了任人唯亲、卖官鬻爵的社会丑恶现象。

势由权势的意思引申指形势。《孟子·公孙丑上》中记录了战国时期流行于齐国的一句俗语："虽有智慧，不如乘势。虽有镃（zī）基，不如待时。"镃基是锄头之类的农具。这话的意思是说：虽然有智慧，还是不如利用有利的形势。虽然有锄头，还是赶不上等待农时。俗语告诉我们，客观条件比主观努力更为重要。现代有一个俗语叫"势利眼"，指根据地位、钱财等看待人的作风。如我们可以说："别那么势利眼，没准儿你将来也有求人的时候。""势利眼"也可用来指有势利作风的人。例如："他那个人是个势利眼，见你这副寒酸样，他肯定不会帮忙的。"

事

商代甲骨文	周代金文	战国简牍古文	说文古文	小篆
[illegible]	[illegible]	[illegible]	[illegible]	[illegible]

古代“事”字的不同写法

甲骨文的事字像用手持干的样子。干即干戈之干，是一种兵器，前端有杈，用来刺戳。所以事的本义为刺杀。这一意义后世也在使用，只是使用的不太多而已。《汉书·蒯通传》中有这样一段记载：秦朝末年陈胜吴广起义的时候，陈胜令部下武臣攻打范阳县城，就是现在河北省的定兴县一带。武臣先派一个叫蒯通的说客前去游说。蒯通对范阳县令说：“我听说你的死期就要到了，所以前来慰问一下。不过你遇上了我就有可能不死。”范阳县令说：“你凭什么说我就要死了？”蒯通解释说：你当范阳县令已有十年了，不知杀害了多少人，动用过酷刑的人更是不计其数。然而“慈父孝子，不敢事刃於公之腹者，畏秦法也”。这里的“事刃”就是刺插利刃的意思。蒯通接着说：“如今天下大乱，王法不管用了，而且陈胜大兵压境，这些人的亲属们就会来找你算账，你能说你的死期没到吗？”范阳县令一听感到很有道理，就向陈胜投降了。需要提醒大家的是，刺杀之义的事字后世读 zì。这一意义的事后世也写作“倳”或“剚”。如宋叶適《周镇伯墓志铭》：“君代尉驰往，三日中生缚其酋二，剚贼无遗。”鲁迅《坟·杂忆》：“虽曰国人，要借以泄愤的时候，只要给与一种特异的名称，即可放心剚刃。”

刺杀是战斗中常见的现象，所以事字引申指军事。古代典籍《左传》中说：“国之大事，在祀与戎。”意思是说，国家的大事就是祭祀和军事。祭祀要用肉来祭神，所以祭祀首先要打猎，打猎也是要刺杀的。由军事和狩猎再引申就泛指各种事情。

关于事情的事字，有一副对联用得很妙，对联是这样的：

风声雨声读书声声声入耳

家事国事天下事事事关心

这是明朝末年的学者顾宪成撰写的。明朝末年，宦官专权，朝政一片混乱，社会动荡不安。当时以顾宪成为首的一些知识分子在江苏无锡的东林书院聚徒讲学。他们抨击时政，反对太监为非作歹，主张士大夫要关心朝廷，关心社会，不能光考虑个人的荣辱得失，跟顾炎武的“天下兴亡，匹夫有责”的主张有些类似。为了表达这种主张，顾宪成在东林书院的大门上写了这副对联。这副对联立意高远，用语巧妙，表现了东林党人“事事关心”的积极人生态度，问世以来深得人们喜爱。对联忌讳重字，但在这副对联中“声”字和“事”字反复出现，人们不觉其重复，反而感到如珠转盘，有回环流畅之美。

“国事”这个词还有一个读音相同的词叫“国是”，两个词意思相近，有些人常常搞混。它们的区别在于：“国事”指国家大事，如一国元首对另一国的正式访问叫“国事访问”，因为他们讨论的是国家大事。“国是”指的是国家大计，所指范围要比“国事”窄。例如：“民主党派欢聚一堂，共商国是。”

汉语中跟“事”有关的成语俗语很多。如“事倍功半”，形容做事少而功效大。例如著名作家谢冰心的《三寄小读者》中有这样的话："早晨头脑最清醒，做起作业来，往往事半功倍。"与此相反，如果做事多而收效不大，就叫"事倍功半"。例如："学习要讲究方法，否则事倍功半。"有一个俗语叫"事后诸葛亮"。诸葛亮在中国文化中是聪明智慧的化身，有先见之明。如果一个人在事情发生后才说自己早就预料到了，这种人就被称为"事后诸葛亮"，比喻自作聪明，意义不大。例如："少当事后诸葛亮了，既然你早就知道，为什么不早说呢？"人到紧急关头就顾不得讲规矩，讲礼貌，俗语中称之为"事急无君子"。例如："他已经两天没吃东西了，面对一桌盛宴，也就顾不得斯文，狼吞虎咽地大吃起来，正应了事急无君子的老话。"

是

周代金文	战国简牍	籀文	小篆

古代“是”字的不同写法

东汉许慎在《说文解字》中解释说：“是，直也。从日正。”意思是说“是”的本义是正直。是字在小篆中由“日”“正”组合而成，许慎理解为阳光直射大地。阳光是不会弯曲的，所以表示正直的意思。今天看来这一解释是有问题的。“是”由“日”“正”组成是春秋时期才有的写法，西周时期的“是”字下面是止字，上面作、、等形，从日正的写法是后来发生的讹变。许慎根据讹变的字形解释字义，自然是靠不住的。

西周金文中的是字字形该怎样理解，至今莫衷一是。郭沫若认为像汤匙之形，“是”为“匙”的初文。夏渌认为像阳光下有动物蹄迹之形，是“踶”的初文。还有人认为像昆虫“蝭蟧”（tíliáo，蝉的一种）之形，为“蝭”的初文。这些解释都未免牵附，跟字形难以吻合，没有一种说法是为大家所接受的。

我们认为西周金文中的是字上面的□、□、□像人伸开双臂之形。下面的“止”是趾的初文，本义是脚。整个字形表示人甩手行走，其本义应该是行走，是“徥”的初文。《说文》：“徥，徥徥，行皃。从彳是声。《尔雅》曰：‘徥，则也。’”段玉裁注：“今本《释言》：‘是，则也。’盖古《尔雅》假徥为是也。”《尔雅》“是”写作“徥”正是是、徥互为异体的缘故。阜阳汉简《诗经》142号：“宁是不来，微我有咎。”传本《诗经·小雅·伐木》作“宁适不来”，清陈奂《诗毛氏传疏》：“适，之也。”“之”即前往。可知汉简中的“是”用作本义。汉简《诗经》085号：“予有茝造旖，偍……”传本《诗经·郑风·缁衣》作：“予又改造兮，适子之馆兮。”两相比照，可知“偍”为前往义。“偍”即“徥”之省体。

《玉篇·辵部》：“遈，行也。”《集韵·职韵》：“遈，行也。”遈、遈跟徥一样，都是“是”的后出分别文。

“是”古代用于行走义的情况不是很多，更多的是用于正确的意思。例如我们常说“自以为是”、“一无是处”，意思就是自以为正确、没有一个地方是正确的。东晋著名的文学家陶渊明在他的名作《归去来兮辞》中写道：“实迷途其未远，觉今是而昨非。”陶渊明是个正直的知识分子，他看不惯官场的污浊腐败，因此只作了八十多天的县令就辞职回家，靠种田为生。他认为自己出去做官是误入歧途，回家种田才是正确的人生。“实迷途其未远，觉今是而昨非”就是这种心情的表白。意思是说我迷路还不算远，深感今天的选择是正确的，昨天的选择是错误的。在正确的意义上，“是”和“非”构成一对反义词，常常成对使用，有多种含义。其一是正确与错误的意思。俗语有“是非自有公论”，意思是说事情的正确与错误公众自会作出恰当的评判。成语“颠倒是非”中的“是非”也是正确与错误的意思。其二是指纠纷、争端。如俗语中说：“是非只为开口多，烦恼皆因强出头。”这是说纠纷争端都是说话太多引起的，烦恼苦闷都是争强好胜造成的。“是非”还有褒贬、评论的意思。例如：“他喜欢独出己见，不愿随人是非。”这是说不愿人云亦云。

上面我们讲的“是”都是形容词的用法，是还有名词的用法，指正确的论断或结论。成语有“实事求是”，这句话出自历史著作《汉书》，它的原义跟我们今天的理解不完全相同。唐代学者颜师古解释说：“务得事实，每求真是。”意思是说努力弄清事实真相，求得正确结论。“实”在这里是个动词，是落实、查实的意思，“实事”就是查实事情真相。不能把这里的“实事”理解为实际情况。后来人们用“实事求是”一般表示从实际出发，正确对待和处理问题。例如：“我们无论做什么工作，只有实事求是，才有希望获得成功。”

是在古代还常用作指示代词，相当于“这样”“那样”的“这”。有个成语叫“是可忍，孰不可忍”，出自儒家最主要的经典《论语》。春秋末年，鲁国的大权落在了大夫季氏家族的手中，国君反而成了摆设。季氏肆无忌惮，越级采用诸侯、甚至是天子的礼乐。按照周代礼制的规定，不同等级的人享用不同规格的乐舞。天子可以享用同时由六十四人表演的舞蹈，诸侯可以享用四十八人的舞蹈，大夫可以享用三十二人的舞蹈。季氏是大夫，只能享用三十二人的规格，然而季氏却采用天子的规格，享用六十四人的大规模舞蹈。孔子是个极力维护等级制度的人，他认为只有这样才能保持社会的安定，因此他对季氏的僭越行为极为愤慨。他愤愤不平地说：“是可忍，孰不可忍。”意思说这样的行为都可以容忍的话，还有什么不能容忍？言下之意是绝对不能容忍。这里的“是”就是“这”的意思。我们来看杨沫的小说《青春之歌》中的这样一个例子：“小小三岛之国，如此欺辱我有五千年文明历史的中华古国，是可忍，孰不可忍。”

是又有“凡是、任何”的意思。如宋代柳永的词《八声甘州》中有这样的句子：“是处红衰翠减，苒苒物华休。”这是写秋天的景色。“是处”

是到处的意思，“苒苒”是渐渐的意思，“物华”就是美好的景物。这两句词的意思是说到了秋天到处的红花绿叶都在凋零，美好的景物在逐渐消失。表现了词人的悲秋情绪。现代汉语中我们可以说：“这点儿小事，是人都可以干。”“是人”是任何人的意思。

收

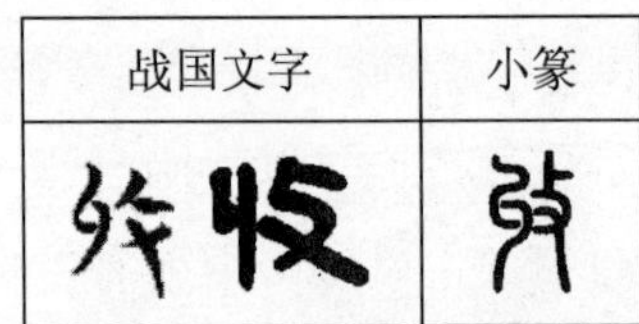

古代“收”字的不同写法

《说文》中解释说：“收，捕也。从攴丩声。”收字古文字中最早见于战国时期。这是一个形声字，左边的丩（jiū）表示读音，右边的“斜文旁”是由“攴”（pū ）字演变来的。“攴”字像一个人手里拿着棍棒的样子，本义就是手持棍棒击打。收的本义是拘捕罪犯，拘捕罪犯需要携带棍棒之类的武器，故收字从攴。《诗经·大雅·瞻印》：“此宜无罪，女反收之。”意思是说这些人应该无罪，你却把他们抓了起来。

由拘捕引申为收取、收获。在以农业为主的封建社会里，农业收入无疑是国家赖以生存的基础。司马迁在《史记》中说：“春生夏长，秋收冬藏，此天道之大经也。”意思是说：春天播种，夏天生长，秋天收获，冬天贮藏，这是一条不断循环的自然规律。收获对农民来说，无疑是件好事，是应当庆祝的。直到今天，许多地方还沿袭旧俗，在收获的季节击鼓为乐，表示庆祝。所击之鼓被称为“收田鼓”。

事实上，在封建社会里，收获并非对任何人都是值得庆贺的事。唐朝诗人李绅有一首著名的《悯农》诗，诗是这样写的："春种一粒粟，秋收万颗子。四海无闲田，农夫犹饿死。"春天播下的种子，秋天就能收获许多粮食。四海之内所有的田地都种满了庄稼，农民却仍然免不了忍饥挨饿的痛苦。那么，粮食都到哪里去了呢？都进了封建社会统治阶级的粮仓。需要注意的是，这里的"四海"可不是我们平常所说的东海、南海、黄海和渤海四个海域的总称。古人消息闭塞，地理知识又比较贫乏，他们认为自己所处的陆地就是地球的中心，陆地四周都是大海，并且距离中土十分遥远，所以就用"四海"来泛指整个天下，以极言其大。

收又有"收集、收拢"的意思。秦始皇是中国历史上的第一位皇帝。在统一中国后，他采取了多种措施，以巩固自己的统治。比较著名的就是收集天下的兵器。李白的《古风》诗中就有"收兵铸金人，函谷正东开"的句子，意思是说秦始皇收集天下所有的兵器铸成十二个铜人，以消除反抗力量，于是作为秦地与东方交通咽喉的函谷关便敞开了。

收由"收获"又引申为"收回、取回"的意思。成语有"失之东隅，收之桑榆"。这一成语来自东汉。东汉初年，大将军冯异、邓禹等与赤眉军作战，因为邓禹的一意孤行而导致失败。冯异带领剩余士兵，采取诱敌深入的战术，让兵士身着赤眉军的衣服，造成赤眉军自相残杀的假象，从而使赤眉军军心大乱，由此获得胜利。光武帝在战后慰劳冯异的信中说："始虽垂翅回溪，终能奋翼黾池，可谓失之东隅，收之桑榆。"意思是说开始虽然遭受挫败，但最终取得了胜利。后来就以"收之桑榆"比喻做事虽然错过了时机，但仍然可以补救。这里的"东隅"指日出的地方，表示早晨；"桑榆"指落日的光照在桑树和榆树上，也就是天将晚的意思。后人也常以"桑榆"比喻人步入晚年。如三国时期曹植的《赠白马王彪》诗中说："年在桑榆间，影响不能追。"意思是说，已经过去的岁月就像影子和回声一样，逝去了就无法追回了，颇有些韶华易逝的感慨。由“桑榆”的典故又衍生出“收榆”、“收桑榆”的说法。明朝剧作家徐谓在《启诸南明侍郎》一文中说：“傥承照于收榆，即复就烹，亦安心于结草。”是说，如果能够在晚年依旧上承恩典，即使被蒸煮而死，也要报答恩情。这里的“收榆”就是晚年的意思。

首

商代甲骨文	商代金文	周代金文	战国简牍古文	小篆

古代“首”字的不同写法

甲骨文中的首字画的是一颗人头，商代金文更为形象，它的本义就是“人头”。首字在甲骨文中就已发生讹变，变得不像人头了。周代金文中有两种写法，一种由眉毛和眼睛组成，另一种由眉毛和“自”（本义是鼻子）组成，战国古文中的写法是由后一种写法演变成的。

有个成语叫“首鼠两端”，出自《史记·魏其武安侯列传》。西汉武帝时期，将军灌夫和丞相田蚡（fèn）之间有矛盾，互相明争暗斗，争权夺利。在一次宴会上，灌夫向田蚡敬酒，田蚡不肯喝。灌夫便借他人出气，并指桑骂槐地把田蚡给骂了一顿。田蚡借故查办灌夫的罪，要灭他九族。魏其（jī）侯窦婴与灌夫交情不错，便上书汉武帝，说灌夫酒后失言，不该处死。汉武帝叫他们到东宫当庭辩论。窦婴与田蚡在朝庭之上相持不下。汉武帝便询问大臣们的看法。御史大夫韩安国说，窦婴说灌夫的父亲阵亡，这是对的；丞相田蚡揭发灌夫勾结坏人，残害百姓，不敬皇上，也实有其事。究竟谁是谁非，还请皇上裁决。退朝后，田蚡对韩安国说："与长孺共一老秃翁，何为首鼠两端？""长孺"是韩安国的字。"老秃翁"是骂人的话，指窦婴。田蚡的意思是说：我和你共同对付一个老头子窦婴，你为什么畏头畏尾，犹豫不决？后来人们就用"首鼠两端"来形容胆小怕事，遇事犹豫不决，动摇不定。这里的"首"就是用的它的本义"头"的意思，"鼠"是"施"的假借字，是"尾"的意思。"首鼠"即首尾。鲁迅《自嘲》诗中有这样两句名言："横眉冷对千夫指，俯首甘为孺子牛。"意思是说面对众多敌人的围攻指责，我横眉冷眼，绝不屈服；而在劳苦大众面前我甘心俯首帖耳，作他们的老黄牛。"俯首"就是低着头的意思。

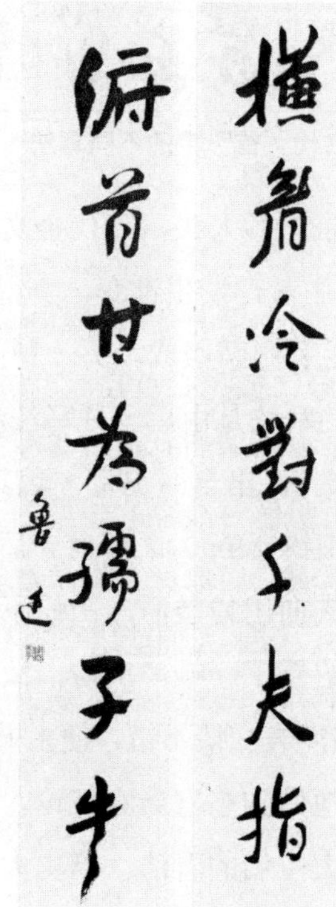

鲁迅手迹

首字由人头的意思引申为第一的意思。语言中有“首选”一词，最早是指科举时代考取第一名的人。唐代冯贽(zhì)的《云仙杂记》中有这样一个故事：一个姓高的秀才，夜里复习功课，突然看见桌子上有一只乌龟。仔细一看，原来是一只石龟。高秀才觉得这件事情很奇怪，就拿出许多写有题目的纸条放在桌子上，并祈求乌龟占卜一下当年科举考试的事情。不一会儿，石龟抬起头，口中含着一张纸条，上面的题目是《沙洲独鸟赋》。次日，高秀才去参加考试，“题出，果然，其年首选”。意思是说试卷一发下来，果真就是石龟选的那个题目。于是，高秀才成了那年科举考试的第一名。我们今天的“首选”既可以作形容词，也可以作名词。作形容词时指“首先选中的”，例如：“他是这一职务的首选人物。”作名词时指“最先选择的对象”，如我们可以说：“这套家具是我的首选。”日常生活中我们常常听到“首日封”这个词，这里的首也是“第一”的意思。首日封是指一种信封，这种信封主要供集邮鉴赏用。信封上贴上成套的纪念邮票或特种邮票，在发行该种邮票的第一天，用当天的邮戳将邮票盖销，所以叫做“首日封”。

“首”字还有“头朝某个方向”的意思。爱国诗人屈原在他的《哀郢》一诗中写道：“鸟飞返故乡兮，狐死必首丘。”意思是说鸟飞行千里，最终还是要返回它的老巢；狐狸临死的时候，头要朝向它的洞穴所在的山丘。屈原用这两个事例来说明他对故乡的热爱，表示他死也不会忘本。后来秦国军队攻占了楚国都城，屈原就在汨罗江投水自尽，向世人展示了他誓与祖国共存亡的决心。后来人们就用“狐死首丘”“首丘之情”表示不忘故乡、不忘本的意思。

受

商代甲骨文	商周金文	战国简牍古文	小篆

古代“受”字的不同写法

甲骨文中的受字是个会意字，上下是手，中间部分是盘子的盘，整个字像一只手把盘子递给另一只手，表示交付、授予的意思，这是受字的本义。战国以后，字形虽有所讹变，但与甲骨文基本相近。

受的交付、授予义古代比较常见。晋代葛洪的《西京杂记》书中记载说：“弘成子少时好学，常有人过门，受一文石，大如燕卵。”这是说弘成子小时候很爱学习，曾经有个人经过他家门口，给他一块带花纹的石头，像燕子的蛋那么大。这里的受字就是交给的意思。后来为了区别词义，这个意思的受字分化为提手旁的授。我国最早的诗歌总集《诗经》中说：“七月流火，九月授衣。”意思是说阴历七月，大火星偏西向下，到了九月，把做好的衣服上交。火是星宿的名字，又叫大火星。古人把它的运动规律作为寒暑气候变化的标志。周朝的时候，每年阴历六月黄昏，大火星出现在南方，方向最正，位置最高。这时，高温天气开始下降，酷热消退。到了七月，大火星偏西向下，天气渐渐变凉，妇女们开始做冬天的衣服。等到九月，天气变冷，霜雪即将来临，冬天的衣服已经准备好了，可以把它们交给奴隶主或是在外工作的丈夫。这一习俗就叫“授衣”。“授衣”习俗后世也存在。例如唐代国家最高学府国子监里的学生，每年九月就有授衣假，这个假是学生们的长假之一，假期长达一个月。主要是天气转凉，让他们回家添置衣服。唐代诗人张籍的《和（hè）左司元郎中秋居》诗中写道：“初当授衣假，无吏挽门铃。”这是说一到授衣假，大家都放假回家，学府大门紧闭着，没有看门人去拉门上的环铃。后来，“授衣”逐渐成为九月的别称。如宋代诗人陆游的《立冬日作》诗中说：“方过授衣月，又遇始裘天。”意思是说，才过了阴历九月，天气就变冷，要开始穿皮大衣了。

受是交付东西，有交付自然有接受，所以受又有接受的意思，这与交给的意思刚好相反。在汉语中，一个字兼有两个相反意思的情况不少。像“沽酒”的沽是买的意思，“沽酒”就是买酒。而成语“待价而沽”的沽却是卖的意思，字面意思是等待好的价钱出售出去，比喻等待好的条件出来做事。如今在交付的意义上已经不能用受字了，这一意义由提手旁的授字来承担。而“接受”的含义从古至今都很常见。司马迁的《史记·司马穰苴列传》中有个“受命忘家”的故事。说春秋时晋燕两国联合攻打齐国。齐国国君景公拜大夫穰（ráng）苴（jū）为大将，迎击敌军。穰苴说自己出身低微，怕部下不听指挥，建议派监军随行。景公便派大臣庄贾前去。穰苴与庄贾约好第二天中午在军门见面。庄贾认为自己是朝廷命官，对按时赴任不太在意，便和亲友相聚，直到晚上才到军门。于是穰苴严厉地训斥他说：“将(jiàng)受命之日则忘其家，临军约束则忘其亲，援枹(fú)鼓之急则忘其身。”意思是说，将帅从接到命令时起就忘记自己的家庭，来到军队受法规约制就忘记亲人，战场上击鼓指挥时更是忘记自己。可庄贾却延误军令，依照法令应当斩首。虽然景公派人要求赦免，司马穰苴还是把庄贾杀了。穰苴执法如山的精神受到人们的称赞。后来人们用“受命忘家”表示忠于职守、克己奉公的无私品质。

熟

商代甲骨文	周代金文	战国简牍古文	小篆

古代“孰”字的不同写法

熟字最初写作“孰”。甲骨文中的孰字左边是建在高台上的房子，表示宗庙，右边是一个人把手伸向宗庙，整个字形表示到宗庙进献食物。古代祭祀祖先时常进献熟食，表示像活人一样看待祖先。《仪礼·特牲馈食礼》：“特牲馈食之礼，不诹日。”东汉郑玄注：“祭祀自孰始曰馈食。馈食者，食道也。”清张尔岐《仪礼郑注句读》：“祭祀自孰始曰馈食者，初祭即荐饪熟之牲体及黍稷，是用生人食道以事其亲。”《周礼·春官·司尊彝》：“其馈献用两壶尊。”郑玄注：“馈献，谓荐孰时，后于是荐馈食之豆笾。”甲骨文中的孰字就是用人到宗庙进献熟食表示把食物加热到可以吃的程度。由于孰的意思很多，为了区别词义，人们便在孰字的底下加了表示火的四点，就成了今天的熟字。

在原始社会初期，人们只懂得用野果和生肉来填饱肚子，恶劣的生存环境加上粗糙不洁的食物使得当时的人寿命都很短。随着社会的进步，人类学会了用火，人们便将食物用火加热后食用，结束了茹毛饮血的生活方式，使人类的生活条件和健康状况有了极大的改善。可以说食用熟食是人类文明史上的一个巨大进步。

利用火来烧煮食物，也促进了烹调技术的发展，使熟食品种日益增多，进一步丰富了古代人们的生活。春秋战国时期，人们已很重视饮食调养与饮食卫生。先秦典籍《吕氏春秋》中记载的伊尹和商汤的谈话中，就讲了许多烹调问题和食物知识。例如伊尹指出烹调中水是第一位的，水与酸、甜、苦、辣、咸这五种味道交融在一起，去掉腥味，转臭为香。中国素有“食药同源”的说法，传统中医学认为食物相当于药，食物的性能与药物的性能一致。食物中富含人体所需的各种元素，有些元素必须在食物加热到熟的程度食用后才能被人体吸收，况且食从口入，熟食干净卫生，人们吃得放心，吃得健康。

中国古代有一个节日叫“寒食节”，又叫“熟食日”。南宋陈元靓（jìng）在《岁时广记》一书中记载说：“秦人呼寒食为熟食日，言其不动烟火，预办熟食过节。”意思是说陕西当地的人把寒食节称为熟食日，因为寒食节那天不能用火，必须预先准备好过节的熟食。这种习俗在今天已很少见了。寒食节开始于清明节前一两天，相传是为了纪念春秋时期晋国的忠臣介之推。介之推跟随晋文公在外流亡十九年。晋文公回国执掌政权后，对跟随他流亡的臣子进行封赏，惟独忘了介之推。介之推不愿自己请求封赏，便跟他的母亲一起隐居山中。后来晋文公想起介之推，派人去找，未能找到。有人建议说只要放火烧山，介之推自然就跑出来了。谁知介之推就是没出来，被火烧死在山中。为了纪念这位高风亮节的忠臣，每逢寒食节，民间禁用烟火，只吃冷食。由于寒食节与清明节时间上有交叉，导致后来许多地方都把清明、寒食合为一个节日，清明节的习俗渐渐取代了寒食节的习俗，熟食日便鲜为人知了。

加热食物时，热气腾腾，人见了顿觉心里温暖，由此熟又引申为热、暖和的意思。北宋苏轼在《金山梦中作》一诗中说："夜半潮来风又熟，卧吹箫管到扬州。"意思是说，诗人梦见半夜涨潮，风很暖和，自己躺在床上吹箫，箫声随风传到了扬州。

由成熟的意思又引伸为熟悉、熟练，成语有"熟能生巧"，这里的熟就是熟练的意思。北宋欧阳修的《归田录》中讲了一个"熟能生巧"的故事。说在北宋时期有个射箭能手叫陈尧咨，射箭百发百中，观看的人无不拍手叫绝，但一个卖油的老头却不以为然。陈尧咨对此很气愤，便去找他理论。老头说，你不过是手法熟练而已，和我倒油的道理是一样的。说着取一个油葫芦放在地上，将一枚铜钱放在葫芦口上，舀一勺油倒向葫芦口，只见油如细丝穿过钱眼，而钱眼四周没有沾一点油，看的人都啧啧称奇，陈尧咨也佩服不已。老头却说，我这也没什么稀奇的，"惟手熟尔"。今天人们常用"熟能生巧"这一成语形容高超的技艺来自持之以恒的勤学苦练。俗话说："熟读唐诗三百首，不会吟诗也会吟。"讲的也是"熟能生巧"的道理。

宁波市公园里的《卖油翁》雕塑

属

战国金文	战国竹简古文	小篆

古代“属”字的不同写法

《说文》认为属的本义是连接：“属，连也。从尾蜀声。”连接义为什么要从尾呢？南唐徐锴《说文系传》解释说：“属，相连续，若尾之在体也。”意思是说从尾表示像尾巴连接到身体一样。张舜徽《说文解字约注》认为这种解释很牵强，他说：“物之连于体者，如耳如指如发如毛皆是，不止于尾也，小徐说殊迂曲。属之本义当谓禽兽之交接，故其字从尾。今湖湘间见狗交接，辄曰打连，谓其连合不能遽开离也。许君以连释属，盖亦此意。属之本义为牝牡之合，因引申为凡连结之称耳。”他认为属的本义是动物交尾，所以字从尾，引申为泛指连接。杨树达《积微居小学金石论丛·释属》认为属之本义为“尾下窍”，即阴部或肛门。

这些观点中张舜徽的说法比较合理。尾有交配义。《尚书·尧典》：“鸟兽孳尾。”孔安国传：“交接曰尾。”王献唐说：“交接曰尾，今山左方音尚存其语，谓男女亵事为尾。”[1]蜀声有阴部义。《说文》：“斀（zhuó），去阴之刑也。从攴蜀声。”字亦作䠱。《周礼·秋官·司刑》“杀罪五百”郑玄注引《书传》云：“男女不以义交者，其刑宫䠱。”属字从尾蜀声，蜀亦表义，本义自当为交合。“连”有交合义。《吕氏春秋·明理》：“犬彘乃连。”东汉高诱注：“连，合。”沈兼士《积微居小学金石论丛序》云：“今俗尚谓人之构精为属，兽之孳尾为连。”今甘肃临夏方言谓狗之交尾为“狗连皮绳”。

属为交合，引申泛指连接。东汉王充《论衡·说日》：“临大泽之滨，望四边之地与天属，其实不属，远若属也。”此谓远远望去，四周的大地与天相连，其实并没有相连。《诗经·小雅·小弁》：“君子无易由言，耳属于垣。”此谓君子说话不可过于随便，因为墙外可能有耳。此“属”为接触之义，接触也是连接。后人用“属垣有耳”或“属耳”表示有人窃听。明叶宪祖《丹桂钿合》杂剧第一折：“这话儿休轻漏，属垣有耳怕远收。”《资治通鉴·后唐明宗天成元年》：“宰相又于便殿论之，后属耳于屏风后。”此谓皇后在屏风后窃听。

连接就是多种东西交合到一起，故引申为会集、聚集。《墨子·明鬼下》：“燕将驰祖。燕之有祖，当齐之社稷（‘社稷’当作‘有社’）、宋之有桑林、楚之有云梦也，此男女之所属而观也。”燕之祖、宋之桑林及楚之云梦跟齐国之社相当，都是祭祀土地神的地方。土地神掌管着五谷的丰歉，是古代社会最重要的神祇。古以“社稷”指代国家，社即土地神，稷就是谷神。正因如此，古人祭祀土地神的活动隆重而热闹，就像今天的大型庙会一样，男男女女都来参加，所以《墨子》中说“此男女之所属而观也”，意思是说社是男男女女集会游玩的地方。

跟随也是一种连接，所以属又有跟随的意思。战国宋玉《对楚王问》：

---

① 王献唐《炎黄氏族文化考》134 页，齐鲁书社 1985 年版。

“客有歌于郢中者，其始曰《下里巴人》，国人属而和者数千人。”“属而和”就是跟着唱。

依附也是一种连接，故连接义又引申为依托、嘱托。《汉书·张良传》：“汉王之将独韩信可属大事，当一面。”颜师古注：“属，委也。”委即委托。由嘱托再引申为嘱咐、叮嘱。这两个意义后来写作“嘱”。

以上这些意义都要读 zhǔ。

属还有种类、亲属、归属等意义，这些意义都是从聚集义引申来的。俗话说“人以群分，物以类聚”，凡聚集在一起的东西属于同一种类，故有种类义。亲属是因亲缘关系而聚集在一起的一类人，故属又有亲属义。

属还有属相的意思。在中国文化中，有用十二种动物来循环记载年份的传统，叫“十二属相”，也叫“十二生肖”。属相最早只叫属，取归属之义，意思是说归属于十二种动物中的一种。南朝陈代的沈炯有《十二属》诗。后来叫“属相”或“相属”，相是相像、相似的意思。古人认为出生者与其所属的动物在性格、行为上往往相似，鼠年出生的人具有鼠的行为特征，牛年出生的人具有牛的行为特征，所以叫“属相”或“相属”。这种观念直到今天还在流行着，如说属鼠的人聪明伶俐但生性多疑，属牛的人工作踏实卖力但不免固执，等等。十二属相起源于何时，是一个有待探讨的问题。清代学者赵翼在《陔馀丛考》中认为“十二相属起于后汉”，因为在传世典籍中，完整的十二属相系统最早见于王充的《论衡·物势篇》及《言毒篇》。1975 年在湖北云梦睡虎地出土了一批秦代的竹简，其中有一种占卜的书叫《日书》，书中记载说：“子，鼠也，盗者兑（锐）口希（稀）须。”“丑，牛也，盗者大鼻长须。”这是用失窃的日子来占卜偷盗者的相貌特征。这表明十二属相早在战国时期已在流行。不过《日书》中与十二支搭配的动物及其顺序跟今天流行的系统不完全相同。现列表如下：

十二地支	子	丑	寅	卯	辰	巳	午	未	申	酉	戌	亥
论衡所配	鼠	牛	虎	兔	龙	蛇	马	羊	猴	鸡	犬	豕
日书所配	鼠	牛	虎	兔	（原缺）	虫	鹿	马	环（猿）	水（雉）	老羊	豕

这说明我们今天的十二属相系统是汉代以后才固定下来的。

那么战国以前有没有属相文化呢？答案应该是肯定的。用动物纪年可能比用十二地支纪年还要早。原始社会的人经常跟动物打交道，对动物的活动规律非常熟悉，动物纪年就是在这种生活基础上创造出来的。今天的一些后进民族仍在使用动物纪年法，如我国云南哀牢山等地的彝族传统用十二兽纪年，其十二兽名称及排列顺序是：虎、兔、穿山甲、蛇、马、羊、猴、鸡、狗、猪、鼠、牛，与汉族的十二属相类似。由此可以推断属相文化的起源要比干支纪年早得多。

数

战国古文	小篆	汉隶
		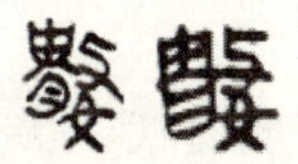

古代“数”字的不同写法

《说文》:“数，计也。从攴娄声。”许慎认为数的本义是计数，是个动词，今天读 shǔ。但数字的意符攴《说文》训“小击”，“小击”与计数义看不出有什么联系。马叙伦《说文解字六书疏证》卷六认为数应该是从又娄声，“古以屈指为算，故从又。”这一看法是有道理的。古文字当中“又”讹变为“攴”的现象是很常见的。如啟字甲骨文作，从又从户会意，像用手开户之形，表示开启。后来又讹变为攴。所以，说数字所从之攴为又之讹误是站得住的。

“又”甲骨文作，金文作，是手的象形。我们知道最古老而且最常用的计数工具就是手。这种用手计数的做法直到近世仍在一些后进民族中广泛使用着。法国学者列维·布留尔在《原始思维》一书中介绍说：马布亚（Mapua）的岛民计数时用小指表示 1，无名指表示 2，中指表示 3，食指表示 4，拇指表示 5，手腕表示 6，肘关节表示 7，手指肩部为 8，手指胸部为9，手指乳头为10。新几内亚东北部的巴布亚语（Papuan）中，右手小指为1，右手无名指为2，右手中指为3，右手食指为4，拇指为5，右手腕为6，肘为7，肩为8，右耳为9，右眼为10，左手食指为19，左手中指为20，左手无名指为21，左手小指为22，等等[①]。

据学者们研究，罗马数字Ⅰ、Ⅱ、Ⅲ、Ⅴ（5）、Ⅹ（10）是手指计数的象形字。Ⅰ、Ⅱ、Ⅲ分别是竖着的三个指头，Ⅴ是向旁伸展拇指、并拢其他四指的手掌之形，Ⅹ是交叉的双手。甲骨文中的一二三四写作一、二、三、亖，是屈起拇指、依次横着伸出食指、中指、无名指和小指的象形。甲骨文中的十写作丨，郭沫若以为像五指并拢的手掌形。金文中写作[illegible]，更像并拢的手掌。甲骨文因为是用刀刻写，不便作肥笔，所以写成了一竖。

其实即使在文明时代，手指计数也并未绝迹。小学生计数时屈伸手指或依次点数指节是人们司空见惯的，速算专家在表演时也常屈伸手指以助计算。日常生活中人们也随时用手指表示数目。我们常说“屈指可数”、“首屈一指”，正是日常生活中用手指计数现象的反映。我国一些民族约定俗成的手指表数的方法是：伸出食指为1，伸出食指和中指为2，伸出食指、中指和无名指为3，伸出食指、中指、无名指和小指为4，五指并拢为5，伸出拇指和小指、屈起其他三指为6，拇指、食指、中指的指尖捏拢在一起为7，叉开拇指和食指为8，伸出食指、弯曲前两个指节如钩形为9，握拳或伸出双手为10。西北地区的集市上交易双方讨价还价时通常在袖筒中用手指表示数目，很少动口，其目的是不让第三者知道商讨的结果，同时也避免了直说的难为情。世界上绝大多数的数字系统都是按十进位原则构成的，其根源就在最古的计算工具是人的双手。

数字战国古文中也写作谈，从言娄声。计数时除用手外还用嘴数说，

① 参商务印书馆1987年版179—187页。

所以也从言，这进一步表明数的本义就是计数。数与谈原本是一对异体字，后来用法有别，人们已不知它们“五百年前是一家”的真相了。《说文》训谈为“谜谈”，指说话絮叨不绝，这应该是引申义。数说以连续读数为特点，故引申为谜谈之义，正如数引申而有屡次义一样。娄声字有“连属（zhǔ）”的语义特征。《说文》：“遱（lóu），连遱也。”朱骏声《说文通训定声》：“行步不绝之貌，犹丝曰连缕，辞曰谜谈（liánlóu）也。”《聊斋志异·小髻》：“俄而尺许小人连遱而出，至不可数。”清何垠注：“连遱，相连不绝也。”《说文》：“溇（lǚ），雨溇溇也。一曰汝南人谓饮酒不醉曰溇。”王筠《说文句读》：“谓密雨缕缕不绝也。”由雨缕缕不绝引申为不断饮酒而不醉。今有些地方称酒量大者为“酒篓子”，寻其本字，当即为溇。缕当因连续不绝而得名，世有“不绝如缕”之语，可知缕有连属不断的特征。又唐韦承庆《灵台赋》：“繁襟雾合而烟聚，单思针悬而缕续。”“缕续”谓如缕连续不断。楼是屋上接屋，数屋相连，故谓之楼。屡是连续多次。此义典籍中常写作娄。《说文新附》：“屡，数也。”清钮树玉《说文新附考》：“经典中多作娄。”《诗经·周颂·桓》：“绥万邦，娄丰年。”东汉郑玄笺：“娄，亟也。”唐孔颖达疏：“武王诛纣之后，安此万邦，使无兵寇之害，数有丰年。”总之，遱、溇、缕、楼、屡这些从娄得声的字都有连属的语义特征，是一组同源词。数以娄为声，正是因连属而得名。

《说文》还有一个敼字，训为“数也，从攴丽声”。从攴也当是从又之讹。丽有“连属”之义。《说文》：“丽，旅行也。”王筠《说文句读》：“旅，俗作侣。”“侣行”谓结伴而行，含有连属之意。《易经·兑卦·象传》：“丽泽兑。”三国魏王弼注：“丽犹连也。”又《离卦·象传》：“日月丽乎天，百谷草木丽乎土。”三国魏王弼注：“丽犹著也。”著谓附着，与连属义通。《说文》：“躧（xǐ），舞履也，从足丽声。”段玉裁注：“舞不纳履，故凡不箸跟曳之而行曰躧履。”《汉书·隽不疑传》：“（暴）胜之开阁延请，望见（隽）不疑容貌尊严，衣冠甚伟，胜之蹝履起迎。”唐颜师古注：“履不著跟曰蹝。蹝谓纳履未正，曳之而行，言其遽也。”《汉书·地理志八下》：“女子弹弦跕（tiē）蹝，游媚富贵。”《集韵·帖韵》：“跕，行曳履。”曳履则连地，是蹝亦因连属而得名。𩀨从丽得声，亦有连属之义。古有阵法名叫鱼丽，亦作鱼𩀨。《集韵·支韵》曰：“𩀨，鱼𩀨，阵名。通作丽。”《左传·桓公五年》：“祭仲为左拒，原繁、高渠弥以中军奉公，为鱼丽之阵，先偏后伍，伍承弥缝。”杜预注：“《司马法》：车战二十五乘为偏，以车居前，以伍次之，承偏之隙，而弥缝阙漏也。五人为伍。此盖鱼丽阵法。”鱼丽阵的特点是车伍相连，不使有间隙，则鱼丽犹言鱼贯，𩀨/丽为连属之义。可知𩀨也因连属而得名，刚好与数字相同。张舜徽《说文解字约注》卷六云：“今俗计物，犹两两而数之，盖即𩀨字从丽之意。”此说似未确。

计数的高级方法就是乘法。2002 年，考古工作者在湖南湘西土家族苗族自治州龙山县里耶镇的一口古井里，发现了 36000 余枚秦国的竹简和木椟，其中一枚长 22 厘米、宽 4.5 厘米的木牍上完整地记载着乘法口诀（见下页图），这是迄今为止世界上最早的完整记载乘法口诀的实物。

数本计数，计数的结果是产生一个数目，故引申而有数目之义。为了在读音上有所区别，便把数目义破读为去声，今读 shù。

计算是谋划事情时常用的方法。战争中兵力的多少、路程的远近、时间的长短等等，都要经过认真的计算才有获胜的希望。刘邦称赞张良说：“夫运筹策帷帐之中，决胜千里之外，吾不如子房（张良的字）”（《史记·留侯世家》）。“运筹策”即运用筹策进行计算。筹策是人们计算复杂事物时用的工具，《老子》二十七章中所说的“善数不用筹策”就是针对用筹策计数的现实而言的。正因计算是制定策略的重要方法，所以数引申而有策略之义。《管子·小问》：“夫诛暴禁非而赦无罪者，必有战胜之器，攻取之数。”“攻取之数”即攻取的策略。算卦是对未来时间及事件的预测，更是离不开计算，故数也指占卜之术。《左传·僖公十五年》：“龟，象也。筮，数也。”《楚辞·卜居》：“数有所不逮，神有所不通。”这两例中的“数”都指占卜之术。

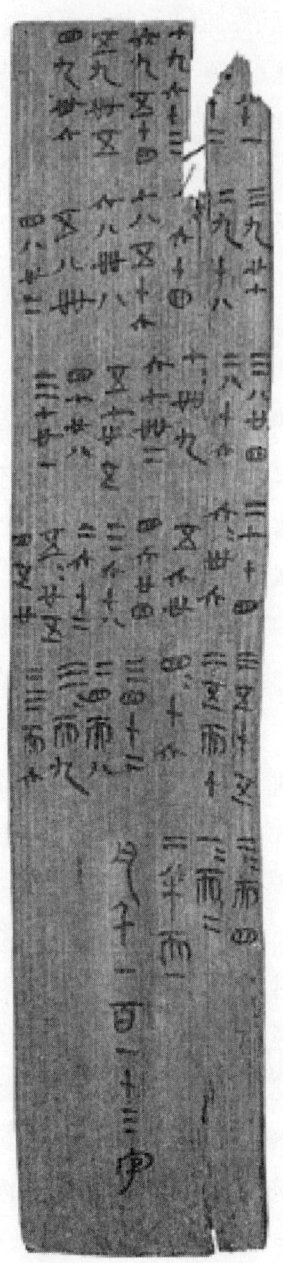

任何事物都有一个数的限度，古人称为“天数”。像人生一世，草木一秋，日月轮回，四季交替，莫不有数的节律。古人认为这节律是由天神在冥冥之中掌管着的，但人的所作所为可以影响天神的意志，所以古代小说中常有到天神跟前改寿的情节。由于命运是个定数，故数又有命运之义。汉代名将李广出生入死，征战沙场无数，但终身不得封侯，而他手下的一些平庸之辈却因战功封侯，时人以为李广“数奇”（《史记·李将军列传》）。“数奇”就是命运不好。

鸶

鸶字出现很晚，辞书中最早见于北宋丁度等人编的《集韵》，释义为："鸶，鹭鸶，鸟名。"本义就是鹭鸶鸟，但从不单独使用。文献用例中最早见于唐代。如唐杜牧《鹭鸶》诗："雪衣雪发青玉觜，群捕鱼儿溪影中。惊飞远映碧山去，一树梨花落晚风。"李绅《姑苏台杂句》："江浦回看鸥鸟没，碧峰斜见鹭鸶飞。"鸶这个字大约就是唐代人造的。

鹭鸶先秦时期通行叫鹭。《诗经》中有 8 处提到鹭鸶鸟，都是单称为鹭。如《周颂・振鹭》："振鹭于飞，于彼西雝。"意思是说鹭鸶展翅飞翔，飞向西雝。又《穆天子传》卷五："有皎者鴼，翩翩其飞。"鴼即鹭的异体字。清陈逢衡补正："鴼同鹭，即鹭鸶也。"

汉语词汇原本是以单音节为主，但战国以后双音化趋势不断增强，所以汉代以来鹭鸶多称为"白鹭"。《说文》："鹭，白鹭也。"许慎用"白鹭"解释鹭字，说明"白鹭"是当时最通行的名称。段玉裁认为《说文》中的"白鹭"应作"白鸟"。他说："《周颂》《鲁颂》传曰：'鹭，白鸟也。'按《大雅》：'白鸟翯翯。'白鸟谓鹭，传不言者，人所共知也，汉人谓鹭为白鸟也。于《颂》则以人所共知说其所不知，此传注之体也。陆氏疏云：'好而洁白，故谓之白鸟。'此'白鹭'当作'白鸟'，许之例多因毛传也。"段氏之说未免专辄。"白鹭"之名早在汉初就已见使用。如枚乘

《七发》:“其始起也,洪淋淋焉,若白鹭之下翔。”汉代以后也一直很通行。三国吴陆机(或作玑,误)《毛诗草木鸟兽虫鱼疏》:“鹭,水鸟也,好而洁白,故谓之白鸟。齐鲁之间谓之舂锄,辽东、乐浪、吴扬人皆谓之白鹭。”《尔雅·释鸟》:“鹭,舂锄。”晋郭璞注:“白鹭也。头、翅、背上皆有翰毛,今江东人取以为睫櫹(一种帽子),名之曰白鹭缞(cuī)。”南朝宋谢惠连有《白鹭赋》。南朝宋刘义庆《幽明录》(《太平御览》卷九二五):“巴东有一道士,忘其姓名,事道精进。入屋烧香,忽有风雨至,家人见一白鹭从屋中飞出。雨住,遂失道士所在。”北魏以“白鹭”为官名,可知其名当时最为通行。《魏书·官氏志》:“初,帝(道武帝)欲法古纯质,每于制定官号,多不依周汉旧名,或取诸身,或取诸物,或以民事,皆拟远古云鸟之义。诸曹走使谓之凫鸭,取飞之迅疾。以伺察者为候官,谓之白鹭,取其延颈远望。”唐代最通行的名称也是“白鹭”。如王维《积雨辋川庄作》:“漠漠水田飞白鹭,阴阴夏木啭黄莺。”杜甫《绝句四首》之三:“两个黄鹂鸣翠柳,一行白鹭上青天。”唐人编的《艺文类聚》卷九十二以“白鹭”为子目名,可知“白鹭”为通语。“鹭鸶”之名流行后,也有将“白鹭”和“鹭鸶”叠加起来称为“白鹭鸶”的,如李白有《赋得白鹭鸶,送宋少府入三峡》诗。唐王建《长安县后亭看画》诗:“水冻横桥雪满池,新排石笋绕巴篱。县门斜掩无人吏,看画双飞白鹭鸶。”唐卢仝《白鹭鸶》诗:“刻成片玉白鹭鸶,欲捉纤鳞心自急。翘足沙头不得时,傍人不知谓闲立。”

由此可见,自汉代以来鹭鸶鸟最通行的名称是“白鹭”,所以许慎用“白鹭”释“鹭”是很自然的,段玉裁将《说文》中的“白鹭”视为“白鸟”之误是缺乏根据的。段氏的主要根据来自《周颂·振鹭》毛传:“鹭,白鸟也。”这里的“白鸟”应该是一种描述性的说法,意为白色的鸟,并非鸟名,正如毛传在《大雅·凫鷖》中说“凫,水鸟也”一样。段氏的另一根据是《大雅·灵台》中有“白鸟翯翯”的诗句,他认为这里的“白鸟”就是鸟名，就是鹭鸶，这也靠不住。《辞源》（修订本）在“白鸟”条下释云：“白羽之鸟，如鹤鹭之类。”下举《灵台》诗为例。《汉语大词典》与《辞源》相同。这种看法是正确的。“白鸟”的说法后世也有。如杜甫《曲江对酒》：“桃花细逐杨花落，黄鸟时兼白鸟飞。”唐刘长卿《题魏万成江亭》：“苍山隐暮雪，白鸟没寒流。”白鹭一般生活在长江以南，这两首诗写的都是北方的景色，后一首诗还是冬景，诗中所说的“白鸟”显然不是白鹭。没有证据表明白鹭有“白鸟”之名，陆机说“好而洁白，故谓之白鸟”，是在解释毛传谓之“白鸟”的原因，并不是说“白鸟”是鹭鸶之名。

“鹭鸶”是因何得名的呢？《汉语大词典》解释说：“因其头顶、胸、肩、背部皆生长毛如丝，故称。”这一说法当是本自明张自烈的《正字通·鸟部》：“鸶，俗字，旧注音司，鹭鸶。按：鹭鸶头有白毛似丝，故呼为鹭丝。赘作鸶，非。”这固然不失为一种解释。但考虑到：（1）“鹭”是因白色而得名的。《说文》：“璐，玉也。”指白色的玉。鹭异体作鵅，路、各古音相同（路也是从各得声）。从各得声之字也有白色之意。《尔雅·释畜》：“白马黑鬣，骆。”清王引之《经义述闻》卷二十八“青骊繁鬣”条：“骆马，白马也。骆者，白色之名。”《诗经·鲁颂·駉》高亨今注：“骆之名出于鹭。马身的毛色白似鹭，所以名鹭。”此说略有未安。鹭、骆皆因白色而得名，并非骆得名于鹭。《说文》：“骼，禽兽之骨曰骼。”骨呈白色，故称为骼。（2）鸶异体作鷥（鵬）。白居易《河阳石尚书破回鹘》诗“须知鸟目犹难漏”自注：“尚书将入潞府，偶逢水鸟鹭鵬，引弓射之，一发中目。”“斯”有白色之义。《诗经·小雅·瓠叶》：“有兔斯首。”郑玄笺：“斯，白也。今俗语斯白之字作鲜，齐鲁之间声近斯。”“斯”（心母支部）与“丝”（心母之部）古音相近，故亦作鸶。鹭鸶之称为鸶，犹鹭鸶之称为鹭，皆因白色而得名，“鹭鸶”应该是同义连文。

塑

塑字出现很晚，最早见于隋代陆法言等人编的《切韵》。辽希麟《续一切经音义》卷五引《切韵》："塑，以泥塑像也。"元代以前塑是个不大常用的字。《广韵·暮韵》："塑，塑像也。出《周公梦书》。"交代字的出处，可知当时不是很常见，常见字是无须交代出处的。《资治通鉴》后汉隐帝乾佑三年："（马）希广信巫觋及僧语，塑鬼于江上，举手以却朗兵。"元胡三省注："抟埴为神鬼之形曰塑。"元人还要给塑字加注，这也表明时人对塑字不大熟悉。

塑异体作塐。《广韵·暮韵》："塐，捏土容。出《古今奇字》。"塐既然收在《古今奇字》当中，可知是个生僻字。

就构造而言，塑和塐都是土形朔/素声的形声字。塑造形象最常用的材料是泥土，故字从土。

塑字出现在隋唐时期并不等于塑像艺术也产生于那个时代。那么隋唐以前塑像行为叫什么呢？叫抟或挻（shān）。东汉应劭《风俗通》（《太平御览》卷七八引）："天地开辟，未有人民，女娲抟黄土作人。""抟黄土作人"就是用黄土调和的泥捏塑人像。人类历史上的第一位雕塑大师自然非女娲莫属。《战国策·齐策三》中记载了这样一个寓言故事（又见《史记·孟尝君列传》、《说苑·正谏》）：

> 孟尝君将入秦，止者千数，而弗听。苏秦欲止之。孟尝君曰："人事者吾尽知之矣，吾所未闻者，独鬼事耳。"苏秦曰："臣之来也，固不敢言人事也，固且以鬼事见君。"孟尝君见之。谓孟尝君曰："今者臣来，过于淄上，有土偶人与桃梗相与语。桃梗谓土偶人曰：'子，西岸之土也，挺子以为人，至岁八月，降雨下，淄水至，则汝残矣。'土偶曰：'不然，吾西岸之土也，吾残则复西岸耳。今子东国之桃梗也，刻削子以为人，降雨下，淄水至，流子而去，则子漂漂者将何如耳？'今秦四塞之国，譬如虎口，而君入之，则臣不知君所出矣。"孟尝君乃止。

这里的"挺"是埏字之误，是塑造的意思。

我国早在七千多年前就已掌握成熟的制陶技术，制陶就是泥塑艺术在实际生活中的运用。古人制陶最常用的方法有三种：即泥条圈筑法、泥条回旋盘筑法和捏塑法。泥条圈筑法就是先用泥条做成大小不等的圆圈，然后再把圆圈一个挨一个地叠积起来，制成陶坯。泥条回旋盘筑法是把一根泥条回旋盘绕起来，制成陶坯。捏塑法是直接用手在泥上捏出器物形状。前两种方法主要用于制作大型器物，后一种方法主要用于制作小型器物。

古代有用土龙求雨的习俗。《淮南子·地形》："土龙致雨。"高诱注："汤遭旱，作土龙以像龙，云从龙，故致雨也。"殷墟卜辞中就有用土龙求雨的记载。如《安明》1828："其乍（作）龙于凡田，又（有）雨。"这里的"乍龙"就是后世典籍中所说的"作土龙"。作土龙自然是雕塑艺术的应用。

如果祈求天晴，则用泥人。宋曾慥《类说·事始·泥人祈晴》："天宝中，秋雨两月馀，敕人家门前作泥人，长三尺，左手指天，右手指地，以祈晴。"

从殷商时期直到明代，墓葬中一直有陪葬土偶的习俗。用泥土塑成各种人及动物的形象，与死者一起埋入墓中，秦始皇兵马俑就是陶俑艺术中的翘楚之作。墓葬的需求也是雕塑艺术得以不断发展的动力之一。

在一些节日当中也有雕塑的用武之地。古代有一种婴儿偶像叫化生，也叫摩侯罗，人们将它作为七夕节求子的吉祥物。此物最早见于唐代。宋周弼编《三体唐诗》卷 1 薛能《吴姬》诗“水拍银盘弄化生”元释圆至注：“《唐岁时纪事》曰：七夕俗以蜡作婴儿形，浮水中以为戏，为妇人生子之祥，谓之化生。”唐崔令钦《教坊记》中记载了当时教坊中演出的三百多个乐曲的曲名，其中有《上元子》、《七夕子》、《化生子》等名目，《化生子》当即以弄化生的习俗为题材。这种习俗后世一直流行着。如《全宋词》卷五无名氏《九张机》：“五张机，芳心密与巧心期，合欢树上枝连理。双头树下，两同心处，一对化生儿。”元袁桷《马伯庸拟李商隐〈无题〉次韵》之四：“蜡捻化生秋夕赐，翠标叠胜岁华移。”明田艺蘅《留青日札》：“今称人家儿女美者曰化生儿。”“化生儿”因漂亮可爱如化生玩偶而得名。宋吴自牧《梦粱录》卷四《七夕》记载比较详细：

> 七月七日谓之七夕节。……内庭与贵宅皆塑卖磨喝乐，又名摩睺罗孩儿。悉以土木雕塑，更以造彩装襴座（孟元老《东京梦华录·七夕》作“悉以雕木彩装栏座”，栏字是），用碧纱罩之，下以桌面架之，用青绿销金桌衣围护，或以金玉珠翠装饰，尤佳。……市井儿童手执新荷叶，效摩睺罗之状。此东都流传，至今不改，不知出何文记也。

不难看出宋人对摩侯罗是非常讲究的。材料除了用蜡外，更多的则是用泥土。《古今图书集成·历象汇编·岁功典》卷六十五引山西《朔州志》：“七月七夕乞巧，作泥美人，高尺许，名暮和乐，无此则女儿不喜。”所以又叫泥孩儿。北京在中秋节期间流行兔儿爷，跟泥孩儿情形类似。1981年江苏镇江市区宋代遗址出土了一些孩儿塑像，从小和尚的模样来判断，估计就是摩侯罗。

镇江出土宋代陶质摩侯罗，现藏镇江博物馆

雕塑作品也是一种家庭装饰，所以普通日子里也有它的市场。明代成化、弘治年间，江苏无锡的惠山泥人非常有名，因塑像用的泥土取自惠山，故称惠山泥人。其制作工序为：捶泥、打稿、捏塑、制模、印泥坯、整修、上粉、描色、开相、上釉等。至今仍是当地旅游点上常见的旅游纪念品。清代末期，天津泥塑艺人张明山以善塑泥人闻名天下，世称“泥人张”。其后世箕裘父业，薪火相传，至今不衰。

泥人张彩塑

总之，雕塑艺术是一门源远流长的艺术，在我国主要跟实际需要相结合而发展，以小巧为特点，体现了中国文化的实用主义色彩。

随

战国简牍	小篆	汉隶

古代“随”字的不同写法

随字繁体字作隨，最早见于战国时期。这是一个形声字。左边的辵（chuò）表示意义，右边的隋表示读音。后来在演化过程中，辵字变成了“走之旁”，为了使字形平衡美观，它的位置也由左边移到了中间。中间的阜（fù）字变成了左耳旁，位置由中间移到了左边，于是就变成了今天的随字。从“走之旁”我们知道随字的本义跟行走有关，其本义就是跟随。西晋陈寿在《三国志·蜀志·诸葛亮传》中记载说：“遭汉末之乱，随叔玄避乱荆州。躬耕于野，不求闻达。”意思是说：东汉末年，天下大乱，诸葛亮跟从他的叔叔到荆州躲避战乱。他在荆州以种地为生，不想追求功成名就。这里的随就是跟从的意思。

汉语中有一个典故叫“随计吏”，其中的随也是跟从的意思。这个典故来源于东汉时期班固撰写的《汉书》。《汉书》中有这样一段话：“后数岁，买臣随上计吏为卒，将重（zhòng）车至长安，诣阙上书，书久不报。”

意思是说：西汉时期的文人朱买臣想去京城求取功名，但他没有路费，只得跟从上计吏推着重（zhòng）车到长安。上计吏是西汉时期的一种地方官，每到岁末年尾的时候，上记吏要到京城向领导汇报地方的各种政事。重车是装着衣服粮食和生活用具的车子。这段话中的“随上计吏”后来演变成了“随计吏”，用来表示读书人求取官职。如唐代诗人李咸用在《宿隐者居》这首诗中说：“又须随计吏，鸡犬迥然分。”意思是说读书人取得官职以后，身份地位就迥然不同了。

随字由跟从的意思引申为“随即、紧接着”的意思。西汉历史学家司马迁在《史记·留侯世家》中记载了张良的一件趣事：张良年轻的时候，有一天散步经过一座桥，被一位老人叫住了。原来老人的鞋子掉到桥下去了，老人让张良帮忙捡上来，张良帮他把鞋捡起来之后，老人又叫他把鞋子给他穿上。老人穿上鞋后，一句感谢的话也没说，笑眯眯地走了。《史记》中写道：“良殊大惊，随目之。”意思是说张良很吃惊，随即用眼睛望着老人离去。这里的随字就是“随即，紧接着”的意思。张良之所以吃惊，是因为他感到这位老人的做法有些蹊跷，是在有意考验他。后来张良帮助汉高祖刘邦打败楚霸王项羽统一天下，就是因为他帮了这位老人，老人送给他一部神奇的兵书。张良正是读了这部兵书，才掌握用兵打仗的技巧。

随字还有其他的意思。如先秦典籍《尚书·禹贡》中有这样一句话：“禹敷（fū）土，随山刊木。”这是说大禹为了治理天下的水灾，顺着山砍伐的树木。这里的随是“顺着”的意思。成语有“随波逐流”，比喻无原则、无立场地追随世俗。这里的随也是“顺着”的意思。随又有根据的意思。如先秦典籍《商君书》中说：“赏随功，罚随罪。”意思是说根据功劳大小进行奖赏，根据罪过轻重予以处罚。这里的随就是“根据”的意思。

随还有“听任、放任”的意思。成语有“随心所欲”。唐代韩愈在《进学解》中说：“业精于勤荒于嬉，行成于思毁于随。”意思是说学业精通靠的是勤奋和努力，而沉湎于玩乐只能使学业荒废；做事成功关键在于多动脑筋，而因循守旧只能使做事失败。这句话中的随就是“听任，放任”的意思。韩愈的这句话虽然是对求学读书的学生说的，但由于蕴涵了丰富的人生哲理，对所有的人都具有警策作用，所以深受人们喜爱，直到今天仍然是激励人们努力工作学习的格言，不少人还视为座右铭，将它写成条幅，张挂在房间。

室内张挂的横幅

谈

战国古文	小篆	汉隶
[illegible]	[illegible]	[illegible]

古代“谈”字的不同写法

《说文》：“谈，语也。从言炎声。”谈的本义就是谈说。关于谈的语源，学者们有多种说法。清代学者段玉裁解释说：“谈者，淡也，平淡之语。”认为谈源于淡。杨树达《积微居小学金石论丛·释说》云：“谈之为言剡（yǎn 锐利）也。”认为谈源于剡，本义是言辞犀利。张舜徽《说文解字约注》卷五中说：“谈之为言覃也。……覃训长味，因之凡从覃得声者，皆有长义深义。……谈之从炎或从覃，皆谓言论之深长而有理致，足以动人者，小徐（指徐锴）所谓‘和怿而说言之’是也。《礼记·儒行篇》云：‘言谈者，仁之文也。’《汉书·公孙宏传》云：‘宏为人谈笑多闻。’此皆非有味之言不足以当之。小徐所引闵公二年《公羊传》：‘鲁人至今以为美谈。’谈而谓为美，尤非庸常可比。段玉裁谓‘谈者淡也，平淡之语。’大乖本意。”

这三种观点中谈源于剡的说法是缺乏根据的。杨树达认为下面这个例子是“用谈之本义者”：东方朔《非有先生论》：“夫谈有悖于目、拂于耳、谬于心而便于身者，或有说（悦）于目、顺于耳、快于心而毁于行者，非有明王圣主，孰能听之？”此例不能证明谈有言辞犀利之义。如果仅据“悖于目、拂于耳、谬于心”之语认为谈指言辞犀利，那么下文“说（悦）于目、顺于耳、快于心”之语将作何解释？比较而言，还是段玉裁的“谈者淡也”说更能说明问题。平淡之语就是随便聊聊，有别于有条有理的“论”。《玉篇·言部》：“谈，戏调也。”《正字通·言部》：“谈，纵言也。”纵言就是随意言谈。谈的这一语义特征在使用中有比较明显的反映，像“戏谈”、“闲谈”、“杂谈”、“谈天”、“谈话”（不同于郑重的“讲话”）、“谈谐”（说笑）、“谈笑风生”、“谈笑自若”等等，都指一种比较随意的言说。所谓“美谈”也是指轻松愉快的话语，这跟谈的“随意”的语义特征是一致的。正因谈以平淡为特点，所以引申而有平淡之义。马王堆汉墓帛书甲本《老子·道经》：“故道之出言也，曰谈呵其无味也。”这是说“道”所说的话淡而无味。又汉墓帛书《十六经·五正》：“黄帝于是辞其国大夫，上于博望之山，谈卧三年以自求也。”“谈卧”谓淡泊隐居。清李渔《窥词管见》第十五则：“有以谈语收浓词者，别是一法。”“谈语”指平淡之语。可见说谈源于淡具有较广的解释力，至少可以作为有参考价值的一说，谓之“大乖本意”，未免有失审思。

当然，词义是发展演变的。谈在使用过程中也泛指谈论，失去了“随意”的语义特征。西汉东方朔《非有先生论》：“吴王曰：‘可以谈矣，寡人将竦意而览焉。’先生曰：‘於戏！可乎哉？可乎哉？谈何容易！’”“谈何容易”的原意是说在君王面前谈论事情不可不慎重。“何容”是怎能容许的意思，“易”是轻易的意思。又如桓宽《盐铁论·箴石》：“贾生有言曰：‘恳言则辞浅而不入，深言则逆耳而失指。’故曰谈何容易。谈且不易，而况行之乎？”此例中“谈何容易”的原意十分明显。后人误将“容易”理解为一个词，于是“谈何容易”就成了做事不像说话那么容易的意思。这里的“谈”显然没有随意的含义。

魏晋时期不同政治集团明争暗斗，政局动荡不安。那些世家大族为了避免杀身之祸，极力逃避现实。他们整天坐而论道，谈论一些与现实无关的玄理，这就是所谓的“清谈”，也称“玄谈”。《世说新语·德行》云：“晋文王（司马昭）称阮嗣宗至慎，每与之言，言皆玄远，未尝臧否人物。”“言皆玄远”自然抓不住把柄。那些无所事事、唯清谈是务的人被称为“谈客”或“谈士”。《世说新语·文学》：“何晏为吏部尚书，有位望，时谈客盈坐。”刘孝标注引《文章叙录》曰：“晏能清言，而当时权势，天下谈士多宗尚之。”清谈是当时的风尚，能否清谈是评价一个人才能高低的重要标准。《世说新语·品藻》：“人问抚军：‘殷浩谈竟何如？’答曰：‘不能胜人，差（勉强）可献酬群心。’”又：“郗（xī）嘉宾问谢太傅曰：‘林公谈何如嵇公？’谢云：‘嵇公勤著脚，裁可得去耳。’”这是说嵇公在清谈上远不是林公的对手，须脚步落得快才能逃得开。

清谈时谈士们还喜欢手持一种叫麈（zhǔ）尾的器具，以助谈兴。有一回孙盛到殷浩家去清谈，“往反精苦，客主无闲。左右进食，冷而复暖者四。彼我奋掷麈尾，悉脱落，满餐饭中。宾主遂至莫（暮）忘食。殷乃语孙曰：‘卿莫作强口马，我当穿卿鼻。’孙曰：‘卿不见决鼻牛？人当穿卿颊’”（《世说新语·文学》）。你来我往，互不相让，争论得非常激烈，连饭也顾不上吃。情绪激昂之时奋甩麈尾，以至麈尾上的毛落满饭菜。麈尾是用兽毛做的用来驱赶蚊蝇及掸尘的一种工具，形制多种多样，有的像团扇，有的像鹿尾（见下页图）。麈是一种大鹿，可能就是驼鹿。大约古人最初把麈的尾巴安装到木柄上驱蚊掸尘，所以把这种工具称为麈尾，后来凡是兽毛做的也都叫麈尾了。

“清谈”在当时是清高或清雅的谈论之义，是褒美之词，惟其如此，才能成为时尚。但由于空谈玄理，于世无补，当时就被一些务实的思想家斥之为“无异春蛙秋蝉，聒耳而已”。因此后来“清谈”成了“空谈”的同义词，成为一个贬义词。

图 1

图 2

图 3

图 4

图1 敦煌壁画《维摩诘像》，维摩诘手执团扇形麈尾坐于胡床。

图2 《玄奘负笈图》，又名《玄奘三藏像》，日本镰仓时代(1185—1333)无名氏画，原画藏日本东京国立博物馆，此为摹本。玄奘手持鹿尾形麈尾。

图3 日本奈良正仓院所藏柿柄麈尾及放置麈尾的黑色漆盒，柿柄麈尾总长 61 厘米，柄长 22 厘米，兽毛夹于夹板。此物当是唐代从中国传入日本的。

图4 盒中麈尾，毛已残损。

袒

小篆	汉隶	敦煌写卷	明代草书
[illegible]	[illegible]	[illegible]	[illegible]

古代“袒”字的不同写法

《说文》中解释说：“袒，衣缝解也。从衣，旦声。”这是说，袒是个形声字，本义是衣缝开裂，也就是后世“破绽”之绽的本字。袒露之袒的本字应该是“但”。《说文》：“但，裼也。”裼就是裸露的意思。由于“但”在古代多用于“只是”、“徒然”等义，便借用破绽义的“袒”表示袒露，破绽义人们又另造了一个“绽”字来表示。由此可见历史上用字情况的复杂多变。

在文明社会中，身体的袒露与否，袒露什么部位，都有一定的礼仪要求和文化意义，不是随心所欲的。不该袒露的时候而袒露，该袒露的时候而不袒露，都是失礼的行为，要受到相应的限制或惩处。我国古代典籍《礼记·曲礼上》中规定说：“冠毋免，劳毋袒，暑毋褰裳。”意思是说，不能随便脱下帽子，不能在干活的时候袒露身体，暑天不能撩起下裳纳凉，都是对袒露行为的防范。据《左传·哀公十七年》记载，卫国有个叫浑良夫的臣子在国君跟前吃饭时因感到很热而“袒裘”，也就是脱下了裘衣的一只袖子，这被视为对国君的不敬，为此而送了性命。在大多数情况下，袒露身体至少是不庄重的表现。《北齐书·王昕传》中说：“武帝或时袒露与近臣戏狎，每见昕，即正冠而敛容焉。”齐武帝与宠幸的臣下玩耍的时候，不拘形迹，天热时脱下上衣，露出膀子。但在会见王昕这样严肃的大臣的时候，穿着很正规，显得一本正经。

不过在有些情况下则要求袒露身体的某一部分，不袒露反而失礼。比如射箭时要求袒露左臂，参加丧礼的人也要袒露左臂。《史记·高祖本纪》中记载说，项羽为了自己当天下霸主而把义帝给杀了，刘邦知道这一消息后，“袒而大哭，遂为义帝发丧”。就是袒露左臂而哭的意思。在表示参加某种武力活动时以袒露右臂作为标志。《史记·陈涉世家》中说，陈胜、吴广杀了押送他们的官吏后发动起义，当时跟从他们的士兵都“袒右”，就是袒露右臂。受刑者也要袒露右臂，佛教也要求袒露右臂。表示臣服或谢罪时则要袒露整个上身。《史记·廉颇蔺相如列传》的故事中，廉颇知道蔺相如的豁达大度后，“肉袒负荆”，就是袒露上身，背着带刺的荆条，到蔺相如门下谢罪。古代投降者常常用“肉袒”表示臣服，所以“肉袒”引申指投降。《后汉书·文苑列传》中说：“士卒易保，人不肉袒。”意思就是士兵们容易防守，因此都不投降。

袒露身体的原始动机是什么呢？或者说人们为什么在从事某项活动时要袒露身体的某一部位呢？有人认为是为了表示尊敬，有人认为是表示与众不同的一种方式，这两种解释并没有从根本上说明问题。袒露身体部位为什么会有尊敬的意义？在文明社会里，袒露身体通常被视为不文雅的行为，不雅的举止而能表示尊敬的意味，这是难以理解的。如果说袒露仅仅是为了与众不同，与众不同的方式是很多的，比如可以在脸上涂色，可以在头上裹上头巾，可以在臂上系带，等等，何以偏偏袒露身体？其实袒露最初都是出于实用的考虑。古人的衣袖比今天的衣袖要宽大得多，这一点我们从今天的一些有关古代的电影电视中不难看到。宽大的袖子是为了适应审美的需要，但若用手干活，则成累赘。为求方便，只好脱下一只袖子，甚至袒露上身。《礼记·乐记》中说天子“袒而割牲”，袒臂显然是为了割肉的方便。从事武力活动的时候之所以袒露右臂而非左臂，原因就在格斗中主要使用右臂。佛教徒袒露右臂，起初也是为了做事的方便，表示尊敬的观念是成为习俗后人们赋予的意义。丧礼中之所以袒露左臂而非右臂，一方面是因为丧礼中无须做什么费力的事，用不着袒露得力的右臂，另一方面也是生死有别的缘故。死是生的反面，因而古人在料理丧事的时候大都采取与生相反的方式。日常生活中人们一般使用得力的右臂，所以丧事中使用左臂。实施刑罚时要施于右臂那是因为右臂比左臂得力，伤其右臂可以大大削弱对方的反抗能力。降服和请罪的时候袒露上身是为了让对方便于用刑笞打，以表示自己甘愿受罚。

总之，袒露身体最初都是出于实用和便利的目的，而不是无缘无故的表敬，表敬之类观念是后来才赋予的。

那么我们今天常用的“偏袒”、“袒护”的说法又是怎样产生的呢？这来自发生在西汉时期的一桩历史事件。刘邦死后，他的妻子吕后专权，大肆分封其家族成员以培植势力。吕后死后，太尉周勃谋划清除吕氏家族，便在军中发令说：“为吕氏右袒，为刘氏左袒。”结果将士们都左袒拥护刘氏。因此后人称偏袒一方为“左袒”、“偏袒”、或“袒护”。由于“右袒”是支持吕氏，所以往往表示倒向不义的一方。如果不表示自己的立场倾向，则称为“不为左右袒”。

天

商代甲骨文	商代金文	周代金文	战国竹简	小篆
𠀘	𠀘	𠀘	𠀘	𠀘

古代“天”字的不同写法

“天”字形象的写法像一个正面站立的人形，但突出人的头部，其本义就是头。简略的写法是把圆形的头写成一横，楷体字就是继承了这种简略的写法。古代神话中有个神叫刑天，《山海经·海外西经》中记载说：“刑天与帝争神，帝断其首，葬之常羊之山。乃以乳为目，以脐为口，操干戚以舞。”刑天在和黄帝争夺神位时，被黄帝砍掉了脑袋，但他仍然不屈不挠，挥动武器继续抗争。“刑天”即断首之义，这里的“天”就是头的意思。《易经·睽卦》中说：“其人天且劓。”这里的“天”和“劓”是古代的两种刑法，劓是割掉鼻子，“天”指在额头刺上文字或图案。殷墟卜辞中有“疾天”的说法，应理解为头痛或头有病。有些人根据《说文》“天，颠也”的解释理解成“头顶生病”，这是不对的。《说文》训天为颠是声训，声训只在说明语源，并非直接释义。《说文》中还有“门，闻也”、“日，实也”的声训，没有人认为“门”有“闻”的意思，“日”有“实”

的意思。

行气铭玉杖首，高 5.2 厘米，底径 3.4 厘米，现藏天津市历史博物馆

天津历史博物馆藏有一件战国时期的玉器，其形为十二面棱柱状，器表刻有文字，世称《行气铭》。今人大都将这篇铭文视为我国最早的气功文献。2008 年北京奥运会期间制作的纪念金盘和银盘，背面图案以北京天坛祈年殿为中心，周边用《行气铭》作装饰，以此展示中华体育文化的源远流长。不过，我们认为把铭文的主题理解为气功，文意难通。其实铭文讲述的是男女结合怀孕生子的过程。文中说："固则明，明则长，长则退，退则天。天丌本在上，地丌本在下。巡则生，逆则死。"古人认为头和天对应，足和地对应。晋王叔和《脉经》卷四《辨三部九候脉证第一》："头为天，足为地。"所以铭文的意思是说受精卵着床后就会萌发，萌发就会长大，长大就会转胎，转胎就会头朝下。天的本性是在上在前，地的本性是在下在后，所以头要先出来，脚要后出来。顺应这一规律就能活，违背这一规律就会死。"退则天"的天也是头的意思。

北京 2008 年奥运会纪念金盘

天的头义在一些合成词中仍然保存着。《三国志·魏志·管辂传》："此二人天庭及口耳之间同有凶气。""天庭"指额头。也叫"天堂"。南宋周密《齐东野语》

卷十七《徐谓礼相术》:“(贾似道)驰马出游湖山。……忽有布裘道者瞪视曰:‘官人自可爱重,将来功名不在韩魏公下。’贾意其见侮,不顾而去。既而醉博平康,至于破面。他日复遇道者,顿足惊叹曰:‘可惜!可惜!天堂已破,必不能令终矣。’其后悉验。”“破面”而曰“天堂已破”,“天”指整个头。

有一句耳熟能详的话叫“民以食为天”,但若问这里的“天”具体是什么意思,就未必尽人皆知了。估计大多数人理解为“天地”的天。但直接将这句话理解为“把食物当作上天”又牵强难通,于是便发挥想像力:天不是很大吗?“以食为天”就是以食为大,这样算是想通了。但想当然的通未必是真通。这句话最早见于《史记·郦生列传》:“王者以民人为天,而民人以食为天。”典籍中还有“民以食为先”的说法。《太平御览》卷五百三十七引《宋书·礼志》:“国以民为本,民以食为先。”宋李明复《春秋集义》卷四:“国以民为本,民以食为先。”《册府元龟》卷七十:“(玄宗开元)十二年六月壬辰诏曰:有国者必以人为本,固本者必以食为先。”还有“食为元”的说法。明梅鼎祚编《古乐苑》卷七引南朝梁萧子云《需雅》:“农用八政食为元,播时百谷民所天。”“元”和“天”的本义都是人头,“元”字金文作 ,像侧面站立的大头人形,“天”字像正面站立的大头人形,都是用突出人头的方法表示意义所在。两个词都由头首的意义引申为开头、首先。所以“民以食为天”跟“民以食为先”是一个意思,“天”指首要之事,而不是上天。《太平御览》所引“民以食为先”,今本《宋书·礼志四》作“民以食为天”;《册府元龟》所引“固本者必以食为先”,宋宋敏求编《唐大诏令集》卷一百十一作“固本者必以食为天”;《古乐苑》所引“农用八政食为元”,《乐府诗集》卷十四作“农用八政食为先”,这都是同义词互换,可以通过异文“先”得知“天”的确切含义。

回头再来看甲骨文天字的构形,当分析为从丁(“口”形,顶之初文)

从大（人形），像人有大头之形。此即所谓合体象形字（或称衬托象形），光画丁形则表意不明，故附“大”以显“丁”义。“丁”（顶）的本义就是头。《说文》：“髑髅，顶也。”《易·大过》：“过涉灭顶。”三国吴虞翻注：“顶，首也。”今称块状的食物为丁（如胡萝卜丁），即从头义引申而来。天既从丁，故其本义为头。

那么，人头义的天为何又表示上天呢？古人往往从自身出发，以直观和简单类比为手段去思考和认识周围世界。头是圆的，天也是圆的；头在人身的最高处，天在自然界的最高处；头上有左眼右眼，天上有太阳月亮；头上有鼻息，天空有风气；……天和头在古人眼里有这么多的相似点，故以人头之天称呼自然之天。我国古代神话中说，盘古死后左眼变成了太阳，右眼变成了月亮，鼻子中的气息变成了风和空气，正是原始思维的反映。法国学者让·谢瓦利埃和阿兰·海尔布兰特合编的《世界文化象征辞典》“头颅”条中说：“在许多欧亚传说中，人的头脑被视作天穹。在冰岛神话传说《格姆尼斯马尔》中，巨人伊米尔的头颅在他死后成为天穹；同样，根据《梨俱吠陀》，天穹是由原人的头颅变成的。”可见这种将人头视同天穹的观念在古代社会具有相当的普遍性，不独中国先民为然。

祧

祧是个从示兆声的形声字，本义是迁庙。什么是迁庙呢？中华民族是个具有浓厚祖先崇拜意识的民族，讲究慎终追远，对死去的祖先要立庙祭祀。祭祖当然不可能凡祖先都要逐一祭奠，如果那样的话，世代一久，后代将不胜其烦。所以对那些世代远隔的祖先，后人要将其神主迁入远祖之庙一起合祭，这专门供奉和祭祀远祖神主的庙宇就是迁庙。又称“远庙”。《玉篇·示部》：“祧，远庙也。”《礼记·祭法》：“远庙为祧。”郑玄注：“祧之言超也，超，上去意也。”郑玄的意思是说，祧是因“超”而得名的，“上去”就是远去的意思。“超”与“祧”上古都是透母宵部字，古音相同。“超”有远隔的意思。《方言》卷七：“超，远也。”祧庙是远隔数代的祖庙，故称为祧。其实与其说“祧”得名于“超”，还不如说得名于“跳”来得直接。《说文》：“超，跳也。”《广雅·释诂一》：“跳，上也。”可知“跳”也有“上去意”。祧异体作禴（见《玉篇·示部》）。禴得名于“躍”。《广雅·释诂一》：“躍，跳也。”又：“躍，上也。”祧也写作庣。《原本玉篇残卷·广部》（黎本）：“庣，字书或祧字也，迁主所藏之庙也。”庣从广（yǎn），正如庙从广一样。

《说文》中没收祧字，这倒不一定是许慎的疏忽，因为许慎自己在《五经异义》中也用过祧字。《说文》中有个朓字，释云：“朓，祭也。”祧也训祭。《广雅·释天》："祧，祭也。"又云："祧，祭先祖也。"朱骏声《说文通训定声》："此为迁庙而祭之名，字亦作祧。"大约许慎将祧视为朓的异体，所以没收。《说文通训定声》"祧"下云："即朓也。《广雅·释天》：'祧，祭先祖也。'许叔重《五经异义》：'将祧而去之，故曰祧。'按：上祧，祭也；下祧，庙也。"看来许慎是将祧的本义理解为迁移先祖神主时举行的一种祭祀，而将"远庙"义理解为祧祭的引申。考虑到祧的祭祀义先秦未见，这种理解只可聊备一说。

那么哪些祖先要请入祧庙呢？这取决于祭祀者的社会地位。《礼记·王制》中说："天子七庙，三昭三穆，与大祖之庙而七。诸侯五庙，二昭二穆，与大祖之庙而五。大夫三庙，一昭一穆，与大祖之庙而三。士一庙。庶人祭于寝。"这是周代的祭祀制度。天子的太庙中祭祀七位祖先，即大祖（始祖）、天子高祖之祖、高祖之父、高祖、曾祖、祖及父。大祖之庙居中，其他六位祖先的庙宇按先左后右的顺序依次排列在大祖庙的两边，左边的庙宇为昭，右边的庙宇为穆。如果现任天子死了，其子继位，那么刚死的这位天子的神主要供奉于太庙，原太庙中的高祖之祖的神主就要从太庙中迁出，移置祧庙。诸侯除大祖外只祭祀自己的前四代祖先，大夫除大祖外只祭祀祖和父，士和普通百姓只祭祀先父，区别只在士可立庙，百姓就在家里设灵牌祭祀。

至于始祖之庙，永世不能迁出，所以人们用"不祧之庙"、"不祧之宗"或"不祧之祖"比喻某一事业的创始人或永远受到尊崇的人物。如《宋史·礼志九》："今太祖受命开基，太宗缵承大宝，则百世不祧之庙矣。"清黎庶昌《续古文辞类纂序》："曾文正公略师班氏，其文规恢闳阔，遂崒然直跻两汉，况进于此者邪？故今断以马、班、韩、欧为百世不祧之宗云。"

祧庙有专门的管理人员，定期清扫粉刷。《周礼·春官·守祧》："守祧掌守先王先公之庙祧，其遗衣服藏焉。若将祭祀，则各以其服受尸。

其庙则有司修除之，其祧则守祧黝垩之。”“黝”指用黑色涂饰地面，“垩”指用白色涂饰墙壁。可以看出对祧庙还是不敢怠慢。但祧庙的祖先与祭祀者毕竟关系已较疏远，所以一年中祭祀的次数和规格比关系亲近的祖先要略逊一筹。《汉书·韦贤传》：“祖祢（nǐ，父庙）则日祭，曾高则月祀，二祧则时享。”“时享”是说每季度祭祀一次，比其他祖先要稀少。

由于祧庙的神主都是迁移来的，所以祧引申出迁移之义。《新唐书·礼乐志三》：“已祧之主，不得复入太庙。”这是说已经迁出的神主不能再迁回太庙。

祧为远祖之庙，引申泛指祖先之庙。《礼记·祭法》“远庙为祧”孔颖达疏：“若散而通论，则凡庙曰祧。”《左传·昭公元年》记载：楚公子围到郑国迎娶郑大夫公孙段之女为妻，郑国知道楚国此举心怀叵测，不让楚人进入都城举行亲迎礼。郑国大夫子羽对楚人说：我们担心你们“包藏祸心”，“不然，敝邑，馆人（掌管馆舍之人）之属也，其敢爱丰氏之祧？”“丰氏之祧”是公孙段父亲的庙，亲迎之礼本应在丰氏的庙里举行。公孙段父亲之庙而称为祧，可见祧泛指祖庙。东汉张衡《东京赋》：“躬追养于庙祧，奉蒸尝与禴祠。”“庙祧”同义并列，泛指宗庙。

祖先崇拜意识的浓厚使得人们把传宗接代看得非常重要，断子绝孙是一个人一生中最大的不幸。祖先血脉的继承主要体现在祖庙有后嗣按时祭祀供奉，使祖先得以血食。因此，继承祖先、使血脉延续称为“承祧”。韩愈《顺宗实录三》：“付尔以承祧之重。”又叫“祧续”。《聊斋志异·侠女》：“且身已向暮，旦夕犯雾露，深以祧续为忧耳。”

调

小篆	汉隶	晋王羲之书	敦煌写卷	宋蔡京书

古代“调”字的不同写法

《说文》:“调,和也。从言周声。”周与调今天的读音差别很大,但在上古周为章母幽部,调为定母幽部,读音是非常接近的。

“和”有很多意义,许慎用的是哪个义项呢?《汉语大字典》理解为“和谐”,恐怕不妥。张舜徽《说文解字约注》中说:“调之本义盖谓人之不协谐者,以言辞和解之也,故其字从言。《周礼·地官》有调人,‘掌万民之难而谐和之。’郑注云:‘谐犹调也。调犹和合也。’是其义矣。”张氏的说法是有道理的。调既从言,其本义应该是调解、和解。调人是《周礼》中的官名,其职责是“掌司万民之难而谐和之”,郑玄注:“难,相与为仇雠。”可知调人是调解纠纷的官员,调用的正是“用言辞调解”的本义。

正因调的本义是用言辞调解,所以不少引申义都与言辞有关。如《世说新语·排调》:“康僧渊目深而鼻高,王丞相每调之。”“每调之”是说常加嘲笑。唐薛用弱《集异记补编·金友章》：“一日，女子复汲（打水），友章躡屣企户而调之曰：‘谁家丽人，频此汲耶？’”这里的“调”指用言辞挑逗。元无名氏《杀狗劝夫》楔子：“不做营生则调嘴，拐骗东西若流水。”“调嘴”谓耍贫嘴。

调还有欺骗的意思。《广雅·释诂二》：“调，欺也。”汉王符《潜夫论·浮侈》：“今民奢衣服，侈饮食，事口舌而习调欺，以相诈给，比肩是也。”“调皮”原作“调诐”，本是哄骗的意思。《金瓶梅词话》第二十回：“原来世上惟有和尚、道士并唱的人家这三行人不见钱眼不开，嫌贫取富，不说谎调诐也成不的。”诐义为言辞偏邪不正，与哄骗义的调意思差不多，故“调诐”同义并列。由哄骗再引申为“耍花招”、“做事不老实”、“狡猾不易对付”等意义。因诐字少见，人们不知，故“调诐”写成了“调皮”。

调的欺骗义也是从调解的本义引申来的。调解者往往调唇弄舌，两面说好，以求息事宁人，易被当事人视为糊弄哄骗。中国古代那些居中调停的角色名声大都不好。古有“三姑六婆”之说，其中的“牙婆”是买卖人口的介绍人，“媒婆”是婚姻介绍人，这些人社会上是很鄙视的。《红楼梦》第一百十二回中说：“我说那三姑六婆是再要不得的，我们甄府里从来是一概不许上门的。”鲁迅《书信集·致姚克》：“此辈心凶笔弱，不能文战，便大施诬陷与中伤，又无效，于是就诅咒，真如三姑六婆，可鄙亦可恶也。”歌舞剧《刘三姐》第四场《拒婚》中媒婆出场时唱道：“三寸舌头一嘴油，男婚女嫁把我求。哄得狐狸团团转，哄得孔雀配斑鸠。”虽是媒婆自道，实际上是世人的一般看法。替人介绍买卖从中赚取佣金的人称为“掮客”，这种人声誉也不好，故引申指“投机的政客”。这都反映了人们对调停角色的厌恶心理。调解义的调而有欺骗之义就是由这种社会心理促成的。

调与朝古音相近，因而有互相借用的现象。《广韵·尤韵》：“调，朝也。”知道这一点，在阅读古籍时就可以派上用场。《诗经·周南·汝坟》：“未见君子，惄如调饥。”毛传：“调，朝也。”惄（nì）是忧思的样子。这是说一位女子未见到她的心上人，忧思焦急，像早晨的饥饿那样难熬。这是借朝为调。《诗经·卫风·氓》：“三岁为妇，靡室劳矣。夙兴夜寐，靡有朝矣。”这几句诗是什么意思，可让古今的注家费尽了心思，但至今仍没有一种解释能为大家所接受。朱熹《诗集传》云：“尽心竭力，不以室家之务为劳。早起夜卧，无有朝旦之暇。”将“靡有朝”解释成“无有朝旦之暇”，十分牵强。俞樾《诸子平议》卷九：“言我三岁为妇，则一家之人无居室之劳矣。我夙兴夜寐，则一家之人无有朝起者矣。皆由己独任其劳故也。”这种理解在原句中找不到根据。理解这几句话的关键在“劳”“朝”二字。“劳”应作慰劳解，“靡室劳矣”是说没有家人的抚慰关心，跟《魏风·硕鼠》中的“三岁贯女，莫我肯劳”及《王风·葛藟》中的“谓他人父，亦莫我顾”意思差不多。“朝”是“调”的借字。调有养护、爱护的意思。《史记·留侯世家》：“烦公幸卒调护太子。”裴骃集解引三国魏如淳曰：“调护，犹营护。”营护就是养护的意思。“夙兴夜寐，靡有朝矣”是说早起晚睡地干活，没人来调护一下，爱护一下，与“靡室劳矣”文意一贯。如此理解，文从字顺。

童

商代甲骨文	商代金文	周代金文	战国简牍	小篆

古代“童”字的不同写法

《说文》:“童，男有罪曰奴，奴曰童，女曰妾。从䇂（qiān），重省声。”甲骨文中的（屯南650）字，詹鄞鑫认为即童字[①]。此字从䇂从目从立，金文也有从立之童，作（中山王鼎），故詹说可从。甲骨文的（合集30178）字，刘钊认为也是童字，说亦可信[②]。商代金文中的童字像一个站立的人头上有䇂。西周金文童字从辛从目，重声。或将重声省作东声，并下增土字(上图金文第三字)，土字当为羡饰，正如重字周初金文作(并侯簋)，从人从东（当会人背负重囊之意)，而春秋金文作(外卒铎)，增饰土字于下。童字的本义是有罪的男性奴隶。其字从䇂从目，造字之意与民相同。金文民字作（何尊）、（盂鼎）等形，像一只眼睛中有针状物刺入之形。郭沫若在《甲骨文字研究·释臣宰》中解释说:“古人

① 詹鄞鑫《释辛及与辛有关的几个字》,《中国语文》1983年第5期。

② 刘钊《甲骨文字考释》,《古文字研究》第19辑，中华书局1992。

民盲每通训，如《贾子·大政下篇》：‘民之为言萌也，萌之为言盲也。’今观民之古文，则民盲殆是一事。然其字均作左目，而以之为奴隶之总称，且周文有民字而殷文无之，疑民人之制实始于周人，周人初以敌囚为民时，乃盲其左目以为奴征。臣民字均用目形为之。臣目竖而民目横，臣目明而民目盲。此乃对于俘虏之差别待遇。盖男囚有柔顺而敏给者，有愚戆而暴戾者。其柔顺而敏给者，则怀柔之，降服之，用以供服御而为臣。其愚戆而暴戾者初则杀戮之，或以之为人牲，继则利用其生产价值，盲其一目以服苦役，因而命之民。……秦始皇帝喜听高渐离之击筑而霍（熏瞎）其目，恐即古人盲目为民之遗意也。”童字所从之䇂，学者们认为是钎的初文，古代用作刑具。从䇂从目表示用䇂刺瞎眼睛之意，造字之意与民字相同。《吴越春秋·夫差内传》：“梧桐心空，不为用器，但为盲僮，与死人俱葬也。”称童仆为“盲僮”，可证童仆确有致盲者。童的童仆义西周文献已有用例。如《易经·旅卦》：“丧其童仆。”

童从古到今最常用的意义不是童仆，而是儿童。儿童之义是怎样产生的呢？《说文》中另有一个僮字，释为“未冠也”。古代男子到二十岁举行加冠礼，表示已成为成人，在此之前是不戴冠的，所以“未冠也”就是指儿童。朱骏声《说文通训定声》认为童用于儿童义是僮的假借。这种看法是不对的。儿童的童先秦典籍中一般就写作童，僮应该是童的后出分别文，不能认为是童的本字。

张舜徽《说文解字约注》中解释说：“僮仆、童冠虽为二事，而义实相因。《释名·释长幼》云：‘十五曰童。牛羊之无角者曰童，山无草木亦曰童，言未巾冠，似之也。女子之未笄者，亦称之也。’然则幼童无巾冠之饰，有似如牛羊之无角，山之无草木，故同被以童名耳。李贤《后汉书·延笃传》注云：束修，谓束带修饰。郑注《论语》曰：束修，谓年十五以上也。李氏此注与所引郑义，皆足与《释名》之说相发。盖古人十五以前，概不束带，无巾冠之饰，因名为童。其有罪者，虽年过十五，犹不束修如童子时，因亦谓之童也。”按照这种解释，罪奴义是由童子义引申来的。说罪奴无巾冠与童子相同，这很好理解；但说人无巾冠与牛羊无角、山无草木类似，不免有些牵强，无角、无草木是童秃，头无巾冠并不能认为是童秃，二者说不上类似，难以发生引申关系。

王力《同源字典》认为“可能‘童’字原指青少年奴隶，与童子的意义相通”，意谓奴仆义是由童子义引申来的。这仅仅是揣测之辞，难以据信。

我们在确定词的本义时常常以最早的字形所反映的意义为本义，这固然有一定道理，但并不具有必然性。从理论上来讲，文字是语言产生好几万年以后才出现的，造字的当时大多数的词就已经是多义词。造字不可能给词的每一个义项都造一个字，一般只能根据其中的一个义项造字，而据以造字的义项的选择是任意的，并不一定是本义，所以仅仅根据字形确定词的本义理论上不能成立。只有将字形分析与词义的逻辑联系结合起来才能得出正确的结论。童在上古时期有童仆、童子、童秃等义，童字是根据童仆义而造的，但从逻辑关系来看，童仆义引申不出童子义，所以将童仆义视为本义是不合适的。为了说明这一问题，我们先来考查一下童仆为什么叫童。

古代有一种刑罚叫髡刑，就是将罪犯的头发剃光。唐代慧琳《一切经音义》卷六十二引唐张戬《考声》：“髡，刑名。髡去其发也。”汉焦赣《易林·复之坎》：“髡刑受法，终不得释。”《周礼·秋官·掌戮》：“髡者使守积。”郑玄注：“玄谓此出五刑之中而髡者，必王之同族不宫者，宫之为剪其类，髡头而已。”意谓《周礼》所说的“髡者”指周王朝之同族中当受宫刑的人，因为对王族之人一般不能施行宫刑，施行宫刑就是剪灭同类，对王族的繁荣不利，所以用髡刑代替。战国时期齐国有一个为宫廷提供调笑逗乐服务的人叫淳于髡，淳于是他的姓，髡则是因为受了髡刑的缘故，正如孙膑受了膑刑大家称他为膑一样。淳于髡就是宫廷奴仆。

直到今天，男性囚犯一般也须将头发剃光。童是罪奴，盖因受髡刑而得名。髡则头童秃，故谓之童。因受髡刑的人在罪犯中人数最多，故引申泛指罪犯。由此可知，童秃义先于童仆义。

儿童称童也当是源于童秃义。古代儿童的头发也要剪剃掉，只留下角和羁。《仪礼·既夕礼》“主人脱髦”郑玄注：“儿生三月，剪发为鬌（duǒ），男角女羁。”《礼记·内则》：“三月之末，择日剪发为鬌，男角女羁，否则男左女右。”郑玄注：“鬌，所遗发也。夹囟曰角，午达曰羁。”孔颖达疏：“囟是首脑之上缝。……夹囟两旁，当角之处，留发不剪。云‘午达曰羁’也者，按《仪礼》云：‘度尺而午。’注云：‘一从一横曰午。’今女剪发，留其顶上纵横各一，相交通达，故云午达。不如两角相对，但纵横各一在顶上，故曰羁，羁者，只也。”男孩头顶留下两团头发不剪，如牛羊之有角，故谓之角，其余头发都要剪光。女孩头顶只留下一个十字形不剪，其余头发也要全部剪掉。与成年人的蓄发不剪相比，孩童的头是童秃的，故谓之童。

再从语源上来看，童上古属定母东部，秃属于透母屋部，读音相近，二词同源。这进一步证明童的本义就是童秃。

这样我们就理清了童仆、孩童、童秃三个义项之间的关系。童秃是本义，孩童和童仆都是由童秃义引申而来的，孩童义和童仆义之间并没有引申关系。由于造字是选取童仆义造的，学者们便误以此义为本义，其结果是孩童义的由来无法得到合理的说明。

袜

袜子之袜古代写法很多，有韈、韤、襪、韎、靺、袜、絉等形体。这些形体出现时代有早有晚，反映了古代袜子发展演变的某些特征。顾炎武《日知录》卷二八《行縢》条中说：“古人之袜，大抵以皮为之。”“韦”和“革”都是指皮子。就其区别而言，“韦”是熟皮子，“革”是生皮子。《正字通·韦部》：“韦，柔皮。熟曰韦，生曰革。”若统而言之，“韦”“革”泛指皮子，没有区别。韈、韤、韎、靺这四个形体反映的就是古人曾用皮子制作袜子的状况。袜子属于衣着一类，所以也写作襪或袜。除了皮子外，也有用布帛制作袜子的。《淮南子·说林》云：“钧之缟也（同样是缟），一端以为冠，一端以为絉。冠则戴致之，絉则蹍（zhǎn 踩）履之。”这是说用白色的帛做袜子。曹植《洛神赋》云：“陵波微步，罗袜生尘。”罗袜就是丝罗做的袜子。古有“袜材”一词，出自苏轼《文与可画筼筜谷偃竹记》：“与可画竹，初不自贵重，四方之人持缣素而请者，足相蹑于其门。与可厌之，投诸地而骂曰：‘吾将以为袜！’……余为徐州，与可以书遗余曰：‘近语于士大夫：吾墨竹一派，近在彭城，可往求之。袜材当萃于子矣。’”后人以“袜材”戏称作画用的绢帛。罗袜一般是富贵人家穿的，平民百姓大都只能穿布袜。宋杨万里《题王季安主簿佚老堂》诗之二：“布袜青鞋已懒行，不如宴坐听啼莺。”此指隐居者所服。清孔尚任《桃花扇·逃难》:“整琴书襆被，换布袜青鞋，一只扁舟载。”这是指逃难时打扮成平民模样。道士主张清静朴素，故常穿布袜，今天的道士仍大都如此。袜子写作“絑”就是用布帛做袜子现实的反映。大抵先秦以皮袜子为主流，汉代以后以布帛袜子为主流。

《说文》中没有那么些形体，只有一个“韤”字。许慎是这样解释的:“韤，足衣也。从韦蔑声。”“足衣”就是指袜子，古来基本上没有异议，只有个别人认为古人所说的“袜”原本指鞋。尚秉和《历代社会风俗事物考》卷六中说：先秦没有袜子，“西汉时仍无袜，脱履后即赤足”。张舜徽《说文解字约注》卷十云:“古之袜，盖即今俗所称长桶靴子，以皮为之，连履而成。著此不复再服布袜，故许训韤为足衣也。古者席地而坐，入室则必去履。古人所谓解袜，犹今语称脱鞋耳。今西北边陲居民，尚著皮制长靴，即古代袜之遗制。”这种说法是缺乏根据的。《说文》中表示鞋的字不少，但没有一个被训为足衣。如“扉（fèi），履属。”“屦（jù），履也。”“屩（juē），履也。”“履，足所依也。”“鞮（xiá），履也。”靴子是“履属”，跟足衣是两回事。

袜子的作用主要是保暖。古有臣下在冬季向君长进献袜子的习俗。《初学记》卷四《冬至》引曹植《冬至献袜颂表》:“伏见旧仪，国家冬至献履贡袜，所以迎福践长。……拜表奉贺，并献纹履七緉，袜若干副。”这里履和袜分得清清楚楚，而且履的量词为“緉”，袜的量词为“副”，各不相同，这也表明袜不是靴子。而“旧仪”中袜子要在冬至进献，就是因为袜子是保暖用的，暑天是无须穿着的。《初学记》又引梁沈约《宋书》曰:“冬至朝贺享礼，皆如元日之仪，又进履袜。”（今本无此语）又引北魏崔浩《女仪》云:“近古妇常以冬至日进履袜于舅姑（公婆）。”唐代仍有此俗。宋陶谷《清异录·衣服》:“唐制，冬至日进千重袜。其法用罗帛十余层，锦夹络之。”君长也在冬季向臣下赏赐袜子。《后汉书·列女传·董祀妻传》:“时且寒，赐以头巾履袜。”这是指曹操在天寒之时向蔡文姬赏赐衣着。天寒而赐袜，亦可知袜之功用在于御寒。宋陈师道《后山丛谈》卷二："秘书丞张锷，嗜酒，得奇疾，中身而分，左常苦寒，虽暑月中，著袜裤，纱绵相半。""袜裤"袜筒很长，跟今天女子穿的长筒袜相似。从"虽暑月中，著袜裤"的口气不难得知正常人暑天是不穿袜子的。唐韩偓《懒起》诗云："暖嫌罗袜窄，瘦觉锦衣宽。"因"暖"而嫌袜子窄，这也透露出袜子的功用在于保暖的信息。

由于袜子旨在保暖，所以早期多用保暖性能较好的皮革制作。为了穿脱的方便，皮袜子的筒部留有开口。但有了开口容易散热，所以袜筒上又设计了带子，用来将筒口束紧。《韩非子·外储说左下》："文王伐崇，至凤黄虚，袜系解，因自结。"《史记·张释之列传》："王生者，善为黄老言处士也。尝召居廷中，三公九卿尽会立，王生老人，曰：'吾袜解。'顾谓张廷尉：'为我结袜。'释之跪而结之。""袜解"就是"袜系解"，意为袜带松开了。马王堆汉墓曾出土一双绢袜（见下页图 1），袜筒后部留有开口，开口处就有带子，这是因袭了皮袜的做法。其实布帛袜子有一定的伸缩性，袜筒容易服帖于腿，并不需要开口和带子。1959 年新疆民丰县东汉墓出土两双锦袜，一双织有"延年益寿大宜子孙"字样（见下页图 2），一双为菱纹（见下页图 3），都没有开口和带子，跟今天的袜子没有太大区别。唐陆龟蒙《杂说》云："袜之有带，其来尚矣，今独无之。呜呼！古之制亡者十九，奚袜带之足云。"可知唐代已见不到有带子的袜子了。

古人席地而坐，进屋前要把鞋袜脱在门外，一般不能穿着鞋袜入室。《左传·哀公二十五年》："卫侯为灵台于藉圃，与诸大夫饮酒焉。褚师声子袜而登席，公怒。辞曰：'臣有疾（杜预注：足有创疾），若见之，君将彀（huò 呕吐）之，是以不敢。'"褚师声子着袜登席，这是对国君的不敬，所以卫侯发怒。《艺文类聚》卷七十引东晋虞预《会稽典录》："贺劭

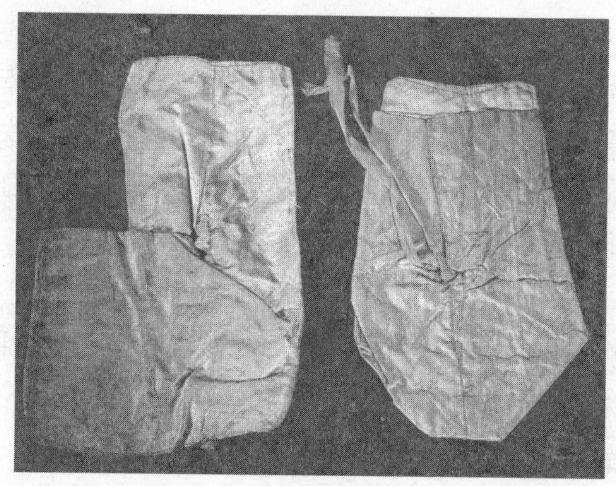

图 1 马王堆汉墓出土绢袜

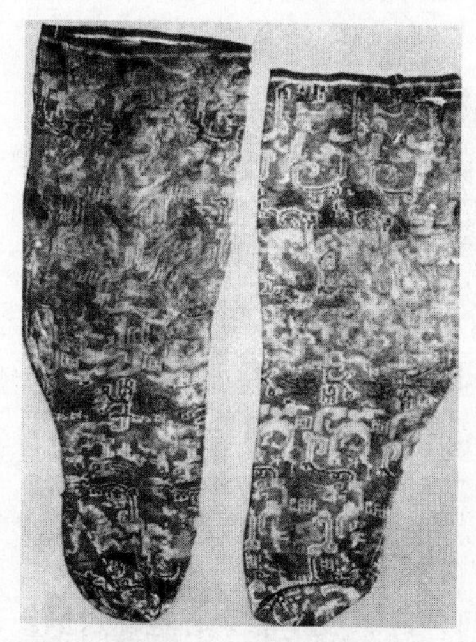

图 2 东汉延年益寿大宜子孙锦袜

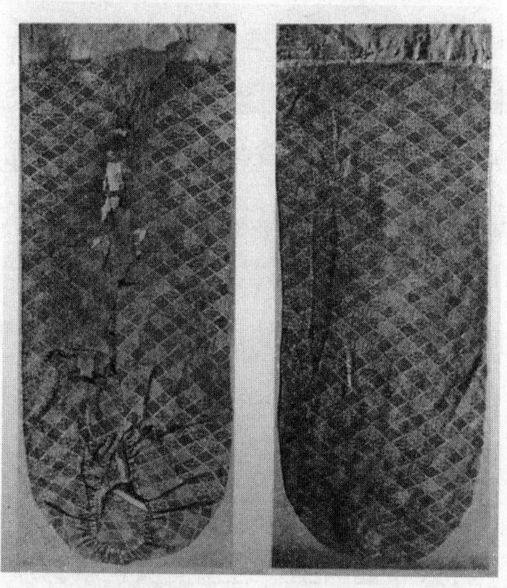

图 3 东汉菱纹锦袜（左图为正面，右图为背面）

为人美容止，瞻视动静有常。与人交，久益敬之。至在官府，左右莫见其洗沐。坐尝（常）着袜，希见其足。”《日知录》卷二八《行縢》条云：“坐常著袜，希见其足，则汉魏之世不袜而见足者多矣。”五代时期富贵人家还有这样的讲究。《新五代史·李仁矩传》：“仁矩恃恩骄恣，见藩臣不以礼。东川节度使董璋置酒召仁矩，仁矩辞醉不往，于传舍与倡伎饮。璋怒，率衙兵露刃之传舍，仁矩惶恐，不袜而靴走庭中。”由于室内脱袜赤足，紧急之时来不及穿袜，所以“不袜而靴走庭中”。

尚秉和之所以得出西汉以前无袜子的错误认识，就在于他看到文献记述中往往脱履则赤足，便以为没有袜子。例如《说苑·辨物》：“（晋）平公不说。异日置酒虒（sī）祁之台，使郎中马章布蒺藜于阶上，令人召师旷。师旷至，履而上堂。平公曰：‘安有人臣履而上人主堂者乎？’师旷解履刺足，伏刺膝，仰天而叹。”尚氏分析说：“夫惟无袜，故刺足。”殊不知古人进屋前要将袜子脱于门外，而且袜子是保暖用的，一般只在冬天穿着，其他季节是不穿的。即使在冬天，贫寒人家也未必都有袜子穿。所以不能根据脱履则赤足的记述就得出古人无袜子的结论。

五代马缟《中华古今注·袜》中说：“三代及周著角袜，以带系于踝。至魏文帝吴妃，乃改样以罗为之。”宋高承《事物纪原·衣裘带服·袜》云：“《实录》曰：自三代以来有之，谓之角袜，前后两相承，中心系之以带。洎魏文帝吴妃，乃始裁缝为之，即今样也。”清赵翼《陔馀丛考》卷二三《袜膝裤》也说：“俗以男子足衣为袜，女子足衣为膝裤。……袜即膝裤。然今俗袜有底，而膝裤无底，形制各别。按《炙毂子》曰：三代谓之角袜，前后两只相成，中心系带。则古时袜之制正与今膝裤同。岂古之所谓袜本如今膝裤之制，后人改为有底，遂分其名，而一则称袜，一则称膝裤耶？”这些说法与事实不符。马王堆汉墓出土的汉初的袜子除袜筒上有开口及带子外，跟今天的袜子是一样的。《左传》上所说的“袜而登席”无疑指有底的能包住脚的袜子，若是“前后两只相成”的膝裤，既不存在脱的问题，也不可能遮住足疾。至于罗袜，在魏文帝吴妃之前早已存在，吴妃“改样以罗为之”不过是个传说而已。

关于袜的语源，《释名·释衣服》中解释说：“韈，末也，在脚末也。”似乎有一定道理。不过综合“蔑”“末”两个声符来看，袜因覆蔽而得名的可能更性更大。袜、末、蔑三字今天的读音各不相同，但在上古它们都是明母月部，属同音字。从蔑得声的字有覆盖的含义。覆盖物体用的巾帕叫幭（miè）。朱骏声《说文通训定声》：“幭者，覆物之巾，覆车、覆衣、覆体之具皆得称幭。”《说文》：“瀎（mò），拭灭貌。”《广韵·末韵》：“瀎，涂拭。”“拭灭”就是将东西涂抹掉，也就是覆盖掉。抹从末得声，有涂抹义，与瀎相同。袜子把脚覆蔽了起来，故称为袜。

更能说明问题的是，袜直接就有覆蔽的意思。《北齐书·皇甫玉传》：“显祖既即位，试（皇甫）玉相术，故以帛巾袜其眼，而使历摸诸人。”“袜其眼”就是把皇甫玉的眼睛给蒙起来。兜肚古代也叫袜，因为其作用就是将胸前遮蔽起来。《广韵·末韵》：“袜，袜肚。”《玉台新咏》刘缓《敬酬刘长史咏名士悦倾城诗》：“钗长逐环髲（bì 假发），袜小称腰身。”这里的袜即指兜肚。也叫袜腹。《陈书·周迪传》：“迪性质朴，不事威仪。冬则短衣布袍，夏则紫纱袜腹。”包头的头巾叫袜首。韩愈《顺宗实录三》：“齐映除江西观察，过吉州。峘（huán）自以为前辈，怀怏怏，不以刺史礼见。入谒，从容步进，不袜首、属（佩带）武器，映以为恨。”“不袜首”是说没有裹上头巾，这是不敬重的表现，所以齐映怀恨在心。袜的覆蔽义与袜子义是有内在联系的，蒙头的叫袜首，蒙腹的叫袜肚，蒙脚的也叫袜，都以“覆蔽”为义。需要注意的是，“袜肚”“袜首”之袜《广韵·末韵》音莫拨切，今天应读 mò。

文

商代甲骨文	周代金文	战国简牍	小篆

古代“文”字的不同写法

许慎在《说文》中解释说：“文，错画也。象交文。”段玉裁注：“错画者，交错之画也。……象两纹交互也。”许慎的意思是说“文”字像纹道交错的形状，本义是花纹，也就是“纹”的最初写法。许慎对本义的解释是对的，但对字形的分析是错误的。甲骨文和金文中的“文”字像一个伸开双臂站立的人，身上有花纹，这是根据古代的文身习俗而造的字。有的“文”字把身上的花纹省略了，可以说是当时的简体字。由于简体的写法比较方便，所以流行了开来，一直传承到了今天。许慎没见过“文”的繁体写法，仅仅根据简体字形揣测造字取象，所以把字形理解错了。

文身是古代社会广泛流行的习俗。埃及金字塔中发现的木乃伊身上就有文身的痕迹。1948 年，俄罗斯一位考古学家在西伯利亚的帕兹里克发现一座公元前 500 年前的古墓，墓中有一男子和他妻子的尸体。西伯利亚的严寒气候使这对夫妇的尸体保存很好，连身上穿的衣服都没有腐坏。男子的身上还布满了文身，图案为神话中的怪物。我国新石器时代的马家窑文化中也曾出土过文身人头像。古代文献中对文身的记载就更多了。先秦时期，吴越之地最为流行。《史记·周本纪》："古公曰：'我世当有兴者，其在昌乎？'长子太伯、虞仲知古公欲立季历以传昌，乃二人亡如荆蛮，文身断发，以让季历。"裴骃《集解》引东汉应劭曰："常在水中，故断其发，文其身，以象龙子，故不见伤害。"古公指古公亶父，相传是后稷的第十二代孙。他看到三儿子季历的儿子姬昌非常贤能，便想把王位传给季历。长子太伯和次子虞仲知道父亲的心思，便主动离家出走，跑到蛮荒的吴地，也剪发文身，以入乡随俗。太伯被奉为吴国的开国之君。太伯是商代末期的人，这说明吴地的文身习俗早在商代就已经存在了。其来源可能在遥远的古代。吴越同处一地，越国的文身习俗文献记载中追溯得要早得多。《史记·越王句践世家》："越王句践，其先禹之苗裔，而夏后帝少康之庶子也。封于会稽，以奉守禹之祀。文身断发，披草莱而邑焉。"这就是说，越地的文身习俗早在大禹时代就有了。战国时期仍很盛行。《墨子·公孟》："昔者越王句践剪发文身，以治其国。"《战国策·赵策二》："文身错臂左衽，瓯越之民也。"北宋高承《事物纪原》卷八《文身》条云："今世俗皆文身作鱼龙、飞仙、鬼神等像，或为花卉、文字。旧云起于周太王之子吴太伯避王季历而之句吴，断发文身，以象龙子，避蛟龙之患。而《史记·越王句践世家》言夏后帝少康之庶子封于会稽，文身断发，披草莱而邑。证此则是兹事为始于帝少康之子，因知文身断发之为吴越俗也旧矣。"估计少康时代也不是文身习俗的产生时代。

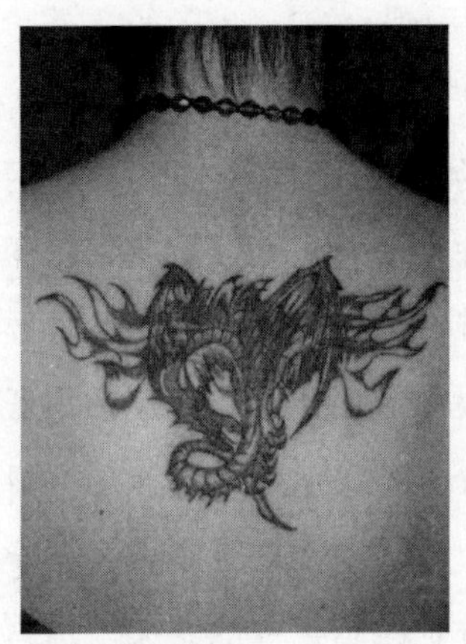

除吴越地区外，南方及东方不少地方也有这种习俗。《淮南子·原道》："九疑之南，陆事寡而水事众，于是民人被发文身，以像鳞虫。"高诱注："被，剪也。文身，刻画其体为蛟龙之状，以入水，蛟龙不害也，故曰以像鳞虫。"九疑在今湖南宁远县南部。《梁书·诸夷传》："扶南国俗本裸，文身被发，不制衣裳。"扶南就是今天的柬埔寨、老挝南部。《礼记·王制》："东方曰夷，被发文身，有不火食矣。"《后汉书·东夷传》："韩有三种，一曰马韩，二曰辰韩，三曰弁辰。……其（辰韩）南界近倭，亦有文身者。辰韩耆老自言秦之亡人，避苦役适韩国。"弁辰"其国近倭，故颇有文身者"。《晋书·东夷传·倭人》："男子无大小，悉黥面文身，自谓太伯之后。又言上古使诣中国，皆自称大夫。昔夏少康之子封于会稽，断发文身以避蛟龙之害，今倭人好沉没取鱼，亦文身以厌水禽。"韩即今朝鲜半岛，倭即今日本。

今天文身现象几乎在世界各个国家都有。我国的傣族文身的人比较多，他们认为纹饰越多，人的涵养越高，形象越美。文身的图案有动物（如象、虎、豹、龙马、鹿、猴等）、植物、文字（如傣文佛咒和成句佛经）、其他图案（如方形、圆形、曲线、直线、几何图形等）。海南岛的黎族和台湾的高山族也大多有文身的习惯。

今天的人文身，绝大多数人把它理解为一种对身体的美饰，个别人理解为勇武的象征或是标新立异、张扬个性。但如果探讨这种习俗的发生动机，问题就没那么简单，因为这种习俗发生在没有文字的蛮荒时代，当时的人们为什么要这么做，已很难得出一个确切的结论。要知道，文身并不是舒适的享受，而是要忍受很大的痛苦。在卫生知识低下的蛮荒时代，文身还有可能付出生命的代价。东汉学者应劭认为文身是为了避害，把自己装饰得像蛟龙，进入水中后其他动物见了就会被吓跑，从而达到避害的目的。有些学者认为文身是图腾崇拜的结果，远古人把图腾视为自己的保护神，自己是图腾的后代，为了让图腾方便的识别自己，便把自己打扮得跟图腾比较接近。此外还有族群的标志、成年礼仪等说法。

甲骨文中的“文”字虽然画的是文身的形象，但这个词的本义却不宜直接照图理解为文身，因为造字只能选取具体的事物，而词义则具有概括性。根据文献中实际使用的情况来看，“文”的本义应该概括为花纹或图案。“文章”这个词最早的意思就是图案花纹。如《墨子·非乐上》：“是故子墨子之所以非乐者，非以大钟鸣鼓琴瑟竽笙之声以为不乐也，非以刻镂华文章之色以为不美也。”把文字组织成篇，就像编织花纹图案一样，所以“文章”引申指写成的一篇文字。

“文章”古代也叫“文曲”。《荀子·正论》：“今子宋子严然而好说，聚人徒，立师学，成文曲。”唐代杨倞注：“文曲，文章也。”乐曲是用乐音编织而成的东西，跟用文字编织而成的文章类似，所以统称“文曲”。清代学者王念孙在《读书杂志·荀子》中说“文曲”之曲是“典”的误字，这种说法恐怕站不住。因为“文曲”一词古代常见，不可能都是讹误。如西汉董仲舒《春秋繁露·楚庄王》：“缘天下之所乐而为之文曲，且以和政，且以兴德。”这里的“文曲”偏指乐曲。更为大家所熟悉的是

“文曲星”。文曲星是文昌宫星座的第六颗星，即大熊星座中的f星，古人认为它主宰文运，所以很受文人崇拜。宋王禹偁《小畜集》卷三《寄献鄜州行军司马宋侍郎》诗：“巨贤如木铎，一振声盖代。丈人文曲星，谴谪落下界。”这是说宋侍郎是文曲星下凡。

明代文曲星铜像

早期的文字是象形文字，象形文字就是事物的图案，所以“文”就有了文字的意思。许慎在《说文叙》中说：“黄帝之史仓颉见鸟兽蹄迒之迹，知分理之可相别异也，初造书契。”这虽然是传说，但古人受鸟兽留在地上的印迹的启发而创制文字的说法包含有真实的因素。

“文”由花纹的意思引申为装饰、掩饰。如《论语·子张》：“小人之过也必文。”意思是说小人犯了过错后总是想加以掩饰。成语有“文过饰非”。

寤

不同时代的“寤”字

《说文》中解释说：“寐觉而有信曰寤。从㝱省，吾声。一曰昼见而夜梦也。”“昼见而夜梦”的意思是明确的，即白天看见的东西晚上作梦时梦见了。这就是说寤的本义是做梦。至于“寐觉而有信”该作何理解，可以说是言人人殊。张舜徽《说文解字约注》认为：“有信当读为又伸。古有与又通，信与伸通。伸谓欠伸也。人既睡醒，辄常伸其四支以自舒展，故许释之云‘寐而又伸曰寤’也。”寤的字形中并没有表示伸展肢体的符号，而事实上寤也没有这样的含义，所以说“有信”为“又伸”的假借是缺乏根据的。段玉裁据前人的引用将原文改为“寐觉而有言曰寤”，这样字面上当然是比较好懂了，即睡醒后说话叫寤。但寤有没有这样的含义呢？段玉裁提供了一条证据：“《左传》季寤（按：见定公八年）字子言，是其证。”张舜徽认为这样的证据不足信据。他说：“《诗》篇多以‘寤言’连称，如《终风》‘寤言不寐’，《考槃》‘独寐寤言’，皆是也。

古人命名多本经传，季寤字子言，实据《诗》篇，未可取以证说字之本义也。”张氏的看法不无道理。古人名与字之间的联系是多种多样的，其中就有名和字截取古代典籍中一句话的情况。如赵云字子龙，取自《周易·乾卦·文言》中的“云从龙，风从虎”，若以为“云”和“龙”有同义关系，那就错了。名字关系的证据在有其他证据的条件下才有意义，如果没有别的证据，仅靠名字这样的孤证是说明不了问题的。

闻一多认为“寤之本义为寐中有所言行，宛如觉时，非醒觉之谓也。寐中有觉，既似寐又似觉，自其似寐者言之，谓之梦；自其似觉者言之，谓之寤。其实梦之与寤，一而已矣。”（《诗经通义乙》，《闻一多全集》第四册，湖北人民出版社 1993）这一见解索隐发微，最为可取。

首先，从字形构造来看，寤从㝱省（籀文不省，可证），㝱即梦的古字，表明寤跟梦有关。

其次，从语源上来看，寤与悟上古都是疑母鱼部字，都有醒悟的意思，二词同源。梦与睡并不相同。睡是没有知觉的，梦则有知觉，跟觉醒是很相似的，所以《说文》解释“㝱”字说“寐而有觉也”。由于梦跟醒悟类似，故称之为寤。寤者，悟也。由此引申为醒悟，这一意义典籍中常用。

最后，寤之梦义有文献实际用例为证。《逸周书·寤儆》：“呜呼，谋泄哉！今朕寤有商惊予。”晋孔晁注：“梦为纣所伐，故惊。”后世也沿用这一意义。汉武帝《李夫人赋》：“驩（通欢）接狎以离别兮，宵寤梦之芒芒。”“寤梦”同义连文。东汉徐幹《中论·治学》：“学者如登山焉，动而益高；如寤寐焉，久而愈足。”这是说作梦的时间越长，越感到满足。“寤寐”犹言“梦寐”，相当于我们今天所说的“睡梦”。

回头再来看许慎对寤的解释，我们也许可以分辨出其中的是非来。许慎对寤的解释有三种异文：1）“寐觉而有信曰寤”，2）“寐觉而有言曰寤”，3）“寐觉而省信曰寤”。从寤的本义来考虑，当以第一种说法为是。

信有知道的意思。《淮南子·氾论》："宁戚之商歌，其美有存焉者矣。众人见其位之卑贱，事之洿（污）辱，而不知其大略，以为不肖。及其为天子三公，而立为诸侯贤相，乃始信于异众也。"高诱注："信，知也。"信还有清楚、明白的意思。《左传·定公八年》："盟以信礼也。"杜预注："信，犹明也。"《国语·晋语一》："四邻服，封疆信。"韦昭注："信，审也。"清楚、明白跟知道意思差不多。"寐觉而有信"是说睡眠中清醒而有感知。后人因不知信的含义，便改作言。"有"与"省"字形相近，在行草中尤其易混，所以省应该是有字之讹。这样解释异文的产生，似乎比较合理。

弄清了寤的本义为梦，典籍中的有关疑难语句可得正解。《诗经·卫风·考槃》一章云："独寐寤言，永矢弗谖。"二章云："独寐寤歌，永矢弗过。"三章云："独寐寤宿，永矢弗告。"这几句诗中的"寤"怎样理解，古来众说纷纭。注家习知寤为醒悟，然既云"独寐"又言"寤"，语义发生矛盾。不少注者将"寐、寤、言"理解为并列的三种情况，而以"独"为三字共用状语，虽消解了语义矛盾，但既音节未谐，又语义不畅，实际上是一种无可奈何的说法。闻一多将这些寤字解释为梦，文意豁然贯通，洵为达诂。"寤言"、"寤歌"、"寤宿（啸之假借）"都是独寐时梦中的行为，表现了诗人对恋人的相思之情。又《周南·关雎》云："窈窕淑女，寤寐求之。求之不得，寤寐思服。悠哉悠哉，辗转反侧。"马瑞辰《毛诗传笺通释》："寤寐，犹梦寐也。""寤寐求之"是说梦中寻找她。寻而不得，梦中思念。思念之梦是那样的悠长，不知在床上翻转了多少回。《关雎》诗大约是写一个男子"做梦娶媳妇"的美事。

《左传·隐公元年》载："初，郑武公娶于申，曰武姜，生庄公及共叔段。庄公寤生，惊姜氏，故名曰寤生，遂恶之。""寤生"为何意，古来众说纷纭。

一曰睡眠时无知而生。晋杜预注云："寐寤而庄公已生，故惊而恶之。"

唐孔颖达疏："谓武姜寐时生庄公，至寤始觉其生。"

二曰婴儿堕地便能开目视谓之寤生。清卢文弨《群书拾补·风俗通逸文》："不举（养育）寤生子。俗说儿堕地便能开目视者，谓之寤生，举寤生子妨父母。谨案：《春秋左氏传》：'郑武公娶于申，曰武姜，生庄公及共叔段。庄公寤生，惊姜氏，因名寤生。'武公老终天年，姜氏亦然，安有妨其父母乎？"卢氏的出处是《太平御览》卷三六一所引《风俗通》，但查文渊阁《四库全书》本及中华书局 1960 年影印的宋本《御览》，皆作"未能开目视"，意思刚好相反，不知卢氏所据是何版本。若说是卢氏一时笔误，则又未必，因为引作"便能"或"能"的人为数不少，如明冯时可《左氏释》卷上、顾炎武《左传杜解补正》卷上、清初黄生《义府》卷上《寤生》条等。估计原文当作"未能"，因"未能开目视"与"寤生"意义不符，后人便改为"便能"或直接将"未"字删去。如果原文作"便能"的话，很难误作"未能"，因为"未能开目视"与"寤"在意义上是矛盾的。但未能开目何以谓之寤生，则又不得其解。

三曰难产之意。黄生《义府》云："寤而已生，此正产之极易者，何必反惊而恶之？予谓寤当与牾通，牾，逆也。凡生子首出为顺，足出为逆，至有手及臂先出者，此等皆不利于父母，或其子不祥，故世俗恶之。庄公寤生是逆生也。逆生则产必难，其母之惊且恶也宜矣。"难产说并非是黄生的创见。《史记·郑世家》记其事云："武公十年，娶申侯女为夫人，曰武姜，生太子寤生。生之难，及生，夫人弗爱。"至少说明司马迁将"寤生"理解为难产。时至今日，难产说几成定论，各注本及字词典皆从其说。

如果从现代社会的人所具有的生育常识来看，难产说无疑是最符合情理的，这也是今人风从难产说的缘由。其他二说则不免有些怪诞，违背生育常识，故多所不取。但请不要忘了，我们解释典籍的任务首先是要弄清典籍本身是什么意思，而不是根据现代科学知识去判定典籍内容的真假。生育，尤其是帝王将相的生育，在古人那里充满了神秘色彩，几乎都有一段神奇的传说。无论是官方的正统史书，还是民间的稗官野史，关于非凡人物奇异诞生的记载可以说是触目皆是。从这一角度来考虑，难产说未必是最佳选择。杜预并非等闲之辈，《史记》他肯定是读过的，然而在给《左传》作注时他为什么没有采取《史记》合乎情理的说法呢？这倒是值得我们反思的。

典籍中孕妇在睡眠或做梦的情况下生出婴儿的记载并不少见。《御览》卷三六一引北魏崔鸿《三十国春秋》："前秦蒲洪父怀归为部落小帅，其母姜氏因寤产洪，惊悸而寤。"前一寤字当作梦解，后一寤字则为醒悟。"因寤产洪"的说法与"庄公寤生"相同，"惊悸而寤"的说法与"惊姜氏"亦复相似。崔鸿《十六国春秋纂录·南燕录》中说："慕容德，字玄明，皝（huàng）之少子。皝每对诸宫人言：'妇人妊娠，梦日入怀，必生天子。'公孙夫人方妊，梦日入脐中，独喜而不敢言。晋咸康二年，昼寝生德，左右以告，方寤而起。皝曰：'此儿易生似郑庄公，长必有大德，遂以德为名。"说"易生似郑庄公"，说明古来就有庄公易生的说法，这种说法跟杜预"寐寤而庄公已生"的解释是一致的。《三国志·吴书·孙破虏讨逆传》"盖孙武之后也"裴松之注引《吴书》曰："坚世仕吴，家于富春，葬于城东。冢上数有光怪，云气五色，上属于天，曼延数里。众皆往观视。父老相谓曰：'是非凡气，孙氏其兴矣。'及母怀妊坚，梦肠出绕吴昌门，寤而惧之。"《梁书·任昉传》："父遥，齐中散大夫。遥妻裴氏，尝昼寝，梦有彩旗盖，四角悬铃，自天而堕，其一落入裴怀中，心悸动。既而有娠，生昉。"《北齐书·窦泰传》："初，泰母梦风雷暴起，若有雨状，出庭视之，见电光夺目，驶雨沾洒，寤而汗惊，遂有娠。"《魏书·世宗纪》："（世宗）母曰高夫人。初，梦为日所逐，避于床下，日化为龙，绕己数匝，寤而惊悸。既而有娠。"元伊世珍《瑯嬛记》卷下引贾子《说林》："墨子姓翟名乌，其母梦日中赤乌飞入室中，光辉照耀，目不能正，惊觉生乌，遂名之。”“寤而惧之”、“心悸动”、“寤而汗惊”、“寤而惊悸”这些记述都可与“惊姜氏”的说法相比观。尤其是“惊觉生乌，遂名之”的传说与“庄公寤生，惊姜氏，故名曰寤生”的说法如出一辙。

通过以上种种古人诞生传说的比照，我们认为将“庄公寤生”理解为姜氏在做梦时生下了庄公，可能最符合《左传》本意，因为这是史家记载帝王将相诞生的传统笔法。大约姜氏做的是一场噩梦，受了惊吓，因而“恶之”。至于难产，古今都很常见，姜氏不至于因此而厌恶自己的亲生儿子。

绤

《说文》："绤，粗葛也。从糸谷声。"需要注意的是这里的"谷"读jué，小篆中写作，《说文》释为"口上阿也"，本义为口内上腭弯曲处。山谷的谷小篆作，与"口上腭"之谷是两个字。"口上腭"之谷上古读群母铎部，绤上古读溪母铎部，两字古音很接近。山谷之谷则是见母屋部，与绤未谐。在隶变过程中"口上腭"之谷与山谷之谷混同无别。这种混同一般情况下不影响阅读典籍，但在确定字音时必须注意分辨，否则会弄错有关字的古音。比如《诗经·周南·葛覃》诗云："葛之覃兮，施于中谷，维叶莫莫。是刈是濩，为絺为绤，服之无斁。"如果误以为绤从山谷之谷得声，就会得出"谷、绤"押韵的结论，从而误把绤字归入屋部，事实上此诗"莫、濩、绤、斁"同押铎部。

绤的本义为"粗葛"，即粗疏的葛布。葛是一种豆科藤本植物，藤茎长二三丈，古人将其茎皮剥下来纺织成布，是我国上古时期广泛种植的纺织原料。江苏吴县草鞋山新石器时代遗址曾出土三块葛布残片，至今已有六千多年的历史。这些葛布虽然粗糙，但却是纬起花的罗纹织物，花纹为山形上菱形斜纹，还有罗纹边组织，可知当时的纺织技术已有相当的水平，纺织技术的进步反映了葛作为纺织原料的历史的悠久。文献记载也能证明这一点。《韩非子·五蠹》中说："尧之王天下也……冬日麑裘，夏日葛衣。”结合考古资料来看，这一传说是有根据的。《诗经》中也多处提到葛。

先秦时期葛主要生长在山谷，是野生的。上引《葛覃》诗中说“葛之覃兮，施于中谷”，意思就是葛藤在山谷中到处蔓延。周代有专门负责向山农征收葛的官员，叫掌葛。《周礼·地官·掌葛》：“掌葛掌以时征絺绤之材于山农。”唐贾公彦疏：“所以征絺绤于山农者，以其葛出于山故也。”《说苑》中有这样的话：“绵绵之蔓，在于旷野。良工得之，以为絺绤；良工不得，枯死于野。”这些话表明先秦时期的葛大都是山谷中野生的。有无人工种植的情况，不得而知。山农们将葛收割回来后放在水中蒸煮（《葛覃》诗中的“濩”就是煮的意思），然后将皮剥下来纺成线，最后织成絺（chī）、绤等不同种类的布。

绤布因有较大间隙而得名。张舜徽《说文解字约注》：“粗葛谓之绤，绤之言隙也，谓缕际有空可见白也。”从“口上阿”之谷得声的“卻”“郤”二字古代都假借作隙字用。《庄子·知北游》：“人生天地之间，若白驹之过郤，忽然而已。”陆德明释文：“郤，本亦作隙。隙，孔也。”《史记·曹相国世家》：“参始微时与萧何善，及为将相，有卻。”“有卻”即有隙，有隔阂。皆可证绤因隙而得名。

绤的粗疏是跟细葛布相对而言的，细葛布叫絺。《小尔雅·广器》：“葛之精者曰絺，粗者曰绤。”线稠密则价值高，稀疏则价值低，所以在等级森严的封建社会里不少情况下絺绤的使用是有等级区别的，不是你想用什么就用什么。《礼记·曲礼上》中记载说：“为天子削瓜者副之，巾以絺；为国君者华之，巾以绤；为大夫累之。”这是说给天子切瓜的时候将瓜切小后用絺巾盖好奉送上去；给诸侯切瓜时只将瓜切成花一样的形状，整个瓜不切断，盖上绤巾送上；给大夫送瓜时用不着拿巾覆盖了。絺绤价值的高低于此可见。

絺绤有良好的通风透气性，夏季穿着凉爽舒适，是古人夏季常穿的衣料。《诗经·邶风·绿衣》云：“絺兮绤兮，凄其以风。”这是说夏天穿上絺绤做的衣服感到非常风凉。东汉王褒在《圣主得贤臣颂》中也说：“服絺绤之凉者，不苦盛暑之郁悒。”无论是绤布还是絺布，跟缯帛相比经纬还是稀疏得多，如果光穿絺绤，肉体透露可见，所以絺绤适宜于在比较随便的场合下穿着，如果要去比较正式的场合，还得加上外套。《论语·乡党》：“当暑，袗絺绤，必表而出之。”意思是说暑天单穿絺绤，出门时一定要加上外套。《礼记·曲礼下》：“袗絺绤不入公门。”单穿絺绤是不能进入公侯之门的。

絺绤在古代是非常流行的，这从下面两个事例中可见一斑。《礼记·檀弓上》中说：“绤衰繐（suì）裳，非古也。”唐贾公彦疏：“绤，葛也。繐，布疏者。……当记时失礼，多尚轻细，故有丧者不服粗衰，但疏葛为衰，繐布为裳，故云非古也。古谓周初制礼时也。”这是说周代礼制规定丧服要用粗疏的麻布制作，但到了周代末期，人们用稀疏的葛布制作丧服，而不愿意穿粗麻布，所以《礼记》中说“非古也”，这反映了人们喜欢穿葛布的现实。《韩诗外传》卷一有这样一则故事：“孔子南游适楚，至于阿谷之隧，有处子佩瑱而浣者。孔子曰：‘彼妇人其可与言矣乎？’……抽絺绤五两以授子贡，曰：‘善为之辞，以观其语。’……子贡曰：‘吾，北鄙之人也，将南之楚，于此有絺绤五两，吾不敢以当子身，敢置之水浦。’”这是说孔子让子贡将五两（即一匹）葛布送给洗衣服的女子，这表明葛布是他们随身带的礼品，是当时受人喜爱的布料。

不过鱼和熊掌往往难以兼得。絺绤的通风透气性能到了冬天就成了它的缺点，那就是保暖性能差，所以冬天是不宜穿絺绤的。《南史·任昉传》中记载说：任昉为官清廉，死后没有给子女留下什么财产，他的儿子西华“冬月着葛帔练（shū，经纬稀疏的布）裙，道逢平原刘孝标，泫然矜之，谓曰：‘我当为卿作计。’”葛帔就是葛布做的裙子。这是说西华生活贫困，冬天仍穿透风的絺绤。

祥

甲骨文	战国金文	小篆

古代“祥”字的不同写法

祥字从示，示甲骨文作丅，像祭神的石桌，所以从示之字与神有关。古人认为吉凶祸福是由神主宰的，因此与吉凶祸福有关的字也从示取义。问题是祥在古代既有吉祥的意思，如《诗经·大雅·大明》：“文定厥祥，亲迎于渭。”郑玄笺：“文王以礼定其吉祥。”又有凶邪、不吉的意思，《玉篇·示部》：“祥，妖怪也。”例如《左传·昭公十八年》：“郑之未灾也，里析告子产曰：‘将有大祥，民震动，国几亡。’”杜预注：“祥，变异之气。”这里的“大祥”就是大凶的意思。《孙子兵法·九地》：“禁祥去疑，至死无所之。”曹操注：“禁妖祥之言。”吉祥和凶邪，二义刚好相反，又都跟从示有关，何为本义？许慎认为吉祥为本义。《说文》：“祥，福也，从示羊声。”另有一些人认为祥的本义为吉凶的征兆，是个中性词。南唐徐锴《说文系传》：“祥之言详也。天欲降以祸福，先以吉凶之兆详审告悟之也。”认为祥因详细而得名。张舜徽《说文解字约注》云：“祥之言象也。凡吉凶之先见者，皆谓之祥。……其本义统善恶而言也。”

我们认为祥的本义还是《说文》的看法更有道理，原因就在声符“羊”字上。祥虽然通常看作形声字，事实上祥字最初直接就写作“羊”。《墨子·明鬼下》：“有恐后世子孙不能敬莙（jūn 敬畏）以取羊。”孙诒让《墨子间诂》：“秦汉金石多以羊为祥。”《马王堆汉墓帛书·十六经·行守》：“骄洫（溢）好争，阴谋不羊。”《汉元嘉刀铭》：“宜侯之，大吉羊。”这些例子中的“羊”都是祥的意思。战国中山王壶中祥字（上图战国金文第一字）像羊的角足尾具全之形，也不从示。羊生性温顺，肉味鲜美，易于大量牧养，自古以来就是人类重要的肉食资源。俗语有“挂羊头，卖狗肉”，“狗肉上不得台盘”等说法，说明羊肉的身价是比较高的。在古人心目中羊是美善的象征，所以“美”“善”等字都从羊取义。美善之物能主持公道，维护正义，故“義”字从羊。古人有一种信念，认为羊能触邪佞，辨曲直。《后汉书·舆服志下》：“獬豸，神羊，能别曲直。”《晋书·舆服志》：“獬豸，神羊，能触邪佞。《异物志》（按：东汉杨孚撰）云：‘北荒之中，有兽名獬豸，一角，性别曲直。见人斗，触不直者。闻人争，咋不正者。’”《墨子·明鬼下》中记载了这样一则由羊断案的事例：

> 昔者齐庄君之臣有所谓王里国、中里徼者，此二子者，讼三年而狱不断。齐君由（欲）谦（兼）杀之，恐不辜；由谦释之，恐失有罪。乃使之人共一羊，盟齐之神社。二子许诺。于是泏洫（㪤血之讹），搊（割胫）羊而漉（洒之讹）其血。读王里国之辞既已终矣，读中里徼之辞未半也，羊起而触之，折其脚。……殪之盟所。当是时，齐人从者莫不见，远者莫不闻，著在齐之春秋。

这是说齐庄君的两个臣子王里国和中里徼打官司，齐君让他们每人拿一只羊到齐国神社断案。到神社后，齐君先让他们两个喝羊血发誓，然后宣读两人的供词。当中里徼的供词还没有读到一半的时候，羊跳起来把中里徼的腿给撞断了。于是齐君宣布中里徼有罪，把他在神社里杀了。

这种断案法是远古时代流行的“神判法”。在这一案子里，羊是正义的化身，是神的意志的执行者。古代西戎族也用羊占卜吉凶。凉山彝族有很多占卜方法，如鸡骨卜、鸡蛋卜、数竹签、打木刻等，但在他们心目中最为看重的还是羊骨卜，大事非用羊骨卜不可。云南的纳西族和永胜县的他鲁人（彝族的一支）也都实行羊骨卜。这都跟华夏族用羊断案具有同样的思想基础。

古代每逢新年还有用羊祭门的习俗。《玉烛宝典》卷一引三国吴裴玄《新语》：“正朝，县官杀羊，县（悬）其头于门，又磔鸡以副（助）之，俗说以厌厉气。玄以问河南伏君。伏君曰：‘是月也，土气上升，草木萌动。羊啮百草，鸡啄五谷，故杀之以助生气。’”“羊啮百草，鸡啄五谷”的说法是想当然之辞。古人用羊祭门不是什么“羊啮百草”的缘故，而是因为羊有惩治邪佞的本领，祛除邪佞即为吉祥，两种观念是相通的。《太平御览》卷九〇二引《杂五行书》：“悬羊头门上，除盗贼。”这种说法显然也是来自羊能惩治邪佞的信念。

由于羊是美善正义的象征，能祛除邪恶，自然就是吉祥之畜。董仲舒《春秋繁露·执贽》：“羊之为言犹祥与。”《说文》：“羊，祥也。”《春秋说题辞》：“羊者，祥也，合三而生，以养王（当作生）也，故羊高三尺”（《太平御览》卷九〇二）。这种观念应该是自古沿袭而来的。羊为吉祥之畜，引申而有吉祥之义，后世又增示旁，乃成“祥”字。所以“祥”是由“羊”派生出来的，“祥”源于“羊”，仿照前人的话来说就是祥之为言羊也，说祥源于详或象都根据不足。

祥为吉祥，引申泛指征兆。《左传·僖公十六年》：“周内史叔兴聘于宋，宋襄公问焉，曰：‘是何祥也？’”杜预注：“祥，吉凶之先见者。”“是何祥”意为这是什么征兆。东汉王充《论衡·异虚》：“善祥出，国必兴。恶祥出，朝必亡。”这里的“祥”也是泛指征兆。在具体的语境中，祥所指的征兆有吉有凶，所指凶兆的用例出现的多了人们便认为祥有凶邪之义。一些人看到祥既有吉祥义，又有凶邪义，便把祥的本义概括为上位概念“征兆”，实非探本之见。

宵

西周金文	战国简牍			小篆
[illegible]	[illegible]	[illegible]	[illegible]	[illegible]

古代“宵”字的不同写法

《说文》:“宵，夜也。从宀，宀下冥也。肖声。”“宀下冥也”的意思不是很清楚。清代的段玉裁解释说:“谓日在下而窈冥，地覆日如屋也。”说从宀表示大地象房屋一样覆盖太阳已很牵强，说“日在下而窈冥”则更不知所云，宵字并不从日，“日在下”无从说起。张舜徽《说文解字约注》云:“说解原文疑但作‘宀，冥也。’乃申释所以从宀之意。宀有冥义……夜居深屋冥暗，故宵字从宀。”宀《说文》释为“交覆深屋”，深屋幽暗，故冥有幽暗之义。这一解释似乎要比段玉裁的说法合理一些。不过金文宵字下从月，不从肉，所以有些人认为宵从月在宀下会意，小声，此说更为可取。今天的人们对月光的有无毫不在乎，一到夜晚，到处灯火辉煌，明亮的灯光使月光显得可有可无。古代社会则不然。古人照明一般用火把和油灯。火把难以持久，油灯则代价昂贵，普通人家是用不起的。《战国策·秦策二》中有这样一则故事:“夫江上之处女，有家贫而无烛者。处女相与语，欲去之。家贫无烛者将去矣，谓处女曰：'妾以无烛，故常先至，扫室布席。何爱馀明之照四壁者？幸以赐妾，何妨于处女？妾自以有益于处女，何为去我？'处女相语，以为然而留之。"这是说一个家贫无烛的姑娘夜晚到别人家借光干活，别人本想赶走，听了贫家姑娘的一番陈情便答应让她继续借光。汉代的匡衡"勤学而无烛，邻舍有烛而不逮，衡乃穿壁引其光，以书映光而读之"（《西京杂记》卷二）。这就是有名的"凿壁偷光"的故事。晋代孙康也家贫无灯，冬夜映雪读书（见《初学记》卷二引《宋齐语》）。晋代还有一位叫车胤的想法更为奇特，因家中点不起灯，他把萤火虫抓来放在丝袋中照明读书（见《晋书·车胤传》）。萤火虫古代有一个别名叫"宵烛"（见晋崔豹《古今注·虫鱼》），似乎说明用萤火虫照明并非是车胤一人的专利。这些事例说明，普通人家想要夜晚点灯不是很容易的。在这种生活条件下，月亮这一天然明灯跟人们的夜生活关系就非常密切了，人们对它的圆缺明晦是十分关注的。尤其是月光入室的现象，是古代诗文中经常吟咏的情景。如《古诗十九首·明月何皎皎》："明月何皎皎，照我罗床绯。"晋陆机《拟明月何皎皎》诗："安寝北堂上，明月入我牖。照之有馀辉，揽之不盈手。"梁沈约《望秋月》赋："持照明月光，凝华入黼帐，清晖悬洞房。先过飞燕户，却映班姬床。"唐元稹《夜闲》诗："风帘半钩落，秋月满床明。"杜荀鹤《山中寄友人》："破窗风翳烛，穿屋月侵床。"李白的"床前明月光，疑是地上霜。举头望明月，低头思故乡"（《静夜思》）更是卓绝千古。将古人的这种月光情怀与宵字的构造联系起来加以考虑，不难体会到前人造字时何以会用月入屋中来表示夜晚之义。

说到宵字不能不提到又粘又甜老少皆宜的节日食品元宵。元宵是因在元宵节期间流行而得名的，"元宵"即上元之夜的意思。那么元宵节为什么要吃元宵呢？春天是天地这两大造物主孕育万物的时节，元宵节时值春耕开始之际，人们在此时刻大张灯火是为了向神灵祈求年岁的丰饶，所以元宵节原本是为祈求生殖而举行的活动。古人信奉天人合一的哲学思想，讲究师法自然，循天而动。既然天地在春季孕育万物，人也应在此时结婚匹配，以求得子孙的繁殖，所以古人大都选择春节作为结婚的时间。直到今天，春节期间结婚的人仍是一年中最多的，这是传统习俗的沿袭。元宵节既然原本是祈求生殖的节日，节日期间的许多活动往往跟求子有关，吃元宵的原始动机正是在于求子。湖北《德安府志》："元夜家制元宵团相饷，又大者如鹅卵，妇人视火候以占生产。""元宵团"即元宵，"生产"指生子。妇女根据煮元宵时的火候占卜生子，这是灯火与元宵二者的结合。成都旧有元宵之夜偷取供在神龛上的元宵以冀得子的习俗。江南不少地方冬至节之日有一种通过饮食占卜生子的风俗，人们把汤圆放到火上烤，如汤圆胀而不裂，认为宜生男孩。如果汤圆胀裂，则为生女之兆。这都表明元宵原本具有生命精卵的巫术意义。

元宵何以会成为生命精卵的象征呢？这可能是一种模拟巫术，元宵大约是星星的模拟，正如仲秋祭月而模拟圆月制作月饼一样。宋周必大《元宵浮圆子》诗云："星灿乌云里，珠浮浊水中。""圆子"即元宵。此二句描写元宵在锅碗中漂浮的情景，正是说元宵似星。古代星宿主宰人之生命的观念十分流行。东晋葛洪《抱朴子内篇·塞难》："命之修短，实由所值。受气结胎，各有星宿。"又《辨问篇》引《玉钤经·主命原》（相传为周吕尚所作）曰："人之吉凶，制在结胎受气之日，皆上得列宿之精。其值圣宿则圣，值贤宿则贤，值文宿则文，值武宿则武。……有富贵不终之宿，有忠孝之宿，有凶恶之宿。"《太平御览》卷六引《大象列星图》："傅说一星在尾后河中也，盖后宫女巫也，主祝祠神灵。祈祷以求子胤。"许多帝王将相等不同寻常的人物在传说中都是感星而生的。《御览》卷七十九引《帝王世纪》："及神农之末，少典氏又取附宝，见大电光绕北斗枢星，照郊野，感附宝，孕二十五月，生黄帝于寿丘。"又引《河图》："瑶光之星（北斗第七星）如蜺，贯月正白，感女枢幽房之宫，生黑帝颛顼。”又《春秋佐助期》云：“萧何禀昴星而生。”正统的史书中也有不少这类记载。《宋书·黄亢传》：“亢字清巨，建州浦城人也。母梦星陨于怀，掬而吞之，遂有娠。”《元史·小云石海崖传》：“小云石海崖母廉氏夜梦神人受以大星，使吞之，已而有妊。”其他民族中也有这种观念。锡伯族认为人之所以成为人是星星投胎的结果，因此他们每年阴历十月二十三日都要在庙里举行“抢干烛”的仪式，让希望生育的人向星星求子。朝鲜族民间流传着《龙凤匹配》的故事，故事中说婚后不育的妇女需在特定的日子里跪拜七星神，就可受孕生子。这种星宿主命的观念其影响是十分深远的。在《三国演义》第一〇四回中，“司马懿夜观天文，见一大星，赤色，光芒有角，自东北方流于西南方，坠于蜀营内”，便知“孔明死矣”。《水浒传》中的一百单八将都上应列宿，是天星下凡。至今我们还将人才济济的盛况比喻为“群星灿烂”，将某一方面有突出表现的人物称为“明星”，这都是星宿主命观念的遗意。

星宿主人生命，也就意味着星宿可使人怀孕生子。《太平御览》卷五引《续晋阳秋》云：“桓玄庶母马氏本袁真之妓也，与同列薛氏、郭氏夏夜同出月下，有铜瓮水在其侧，见一流星堕瓮中，惊喜，共视，见星如二寸火珠，于水底冏然明净。乃相谓曰：‘此吉祥也，谁当应之？’于是薛、郭更以瓢接取，并不得。马氏最后取，星正入瓢中，便饮之。既而如有感焉，俄而怀玄。”因星宿能使人怀孕，故模拟星星而食之，于是就有了吃元宵的习俗。

孝

商代金文	周代金文	战国简牍古文	小篆
[illegible]	[illegible]	[illegible]	[illegible]

古代“孝”字的不同写法

商代金文中的孝字像一个孩子搀扶着一位长发老人行走的样子，本义就是子女对老人的孝顺。古有“六顺”之说，孝居其一。《左传·隐公三年》：“君义、臣行、父慈、子孝、兄爱、弟敬，所谓六顺也。”意思是国君要正义，大臣要品行端正，父亲要慈爱，子女要孝顺，兄长要友爱，弟弟要恭敬。在中华民族长达几千年的历史中，“孝”一直被视为传统道德的核心内容，有“百善孝为先”的说法。儒家经典《孝经》第一章就开宗明义地说：“夫孝，德之本也，教之所由生也。”意思说孝是道德的基础，良好的教化都是从孝道中生发出来的。可见古人对孝推崇到了多么高的地步。由于历代统治者都大力提倡孝道，所以历史上流传下来的关于孝的故事比比皆是，上至帝王，下至百姓，都有孝敬父母的感人事迹。其中最有影响的是“二十四孝”的故事。

“二十四孝”相传是元代人郭居敬收集编撰的历史上二十四位孝子的

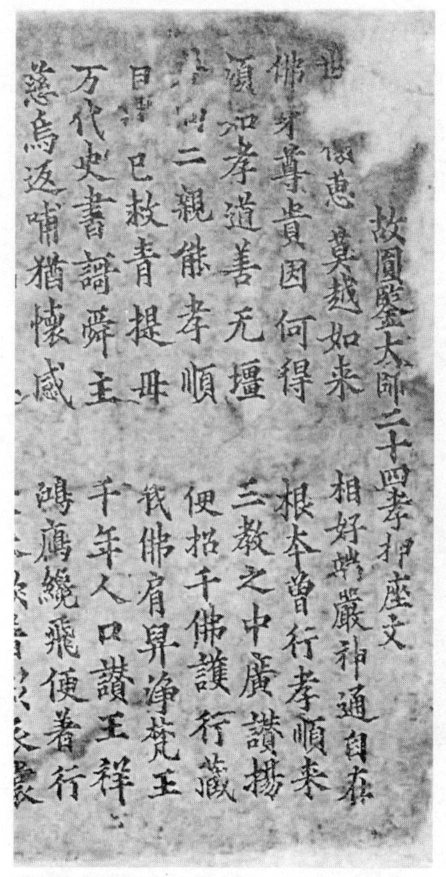
故圓鑒大師二十四孝押座文
恵莫越如来　相好端嚴神通自在
佛身尊貴因何得　根本曾行孝順来
須知孝道善无壃　三教之中廣讃揚
二親能孝順　便招千佛護行藏
目連已救青提母　我佛肩舁淨梵王
万代史書歌舜主　千年人口讃王祥
慈烏返哺猶懐感　鴻鴈纔飛便着行

敦煌文献《故圆鉴大师二十四孝押座文》片断

故事，其实早在唐代就已有“二十四孝”的说法。敦煌文献中有一篇《故圆鉴大师二十四孝押座文》（编号为 S.P1，《英藏敦煌文献》第十四卷），圆鉴大师生活在唐代末年。南宋王应麟《玉海》卷一百十《景祐延福宫阅乐器·八音新器》载：“景祐二年二月戊午，燕肃等考定乐器毕，诏于延福宫进呈按试。……六月九日，司谏姚仲孙言：‘伏闻议者改制雅乐，谓旧律太高，裁之使下。至如炼白石以为磬，范中金以作钟，又欲以三辰五灵、二十四孝为乐器之饰，率多诡异，望止用旧乐。’”景祐二年是 1035 年，当时宫廷新制作的乐器上打算用“二十四孝图”来作装饰，说明“二十四孝”的故事那时已很有影响。

2010 年，河南宜阳县韩城镇仁厚村发现一座北宋墓葬，墓室壁画中即绘有二十四孝图。有人在河南许昌采集到一块大约是宋金时期的墓砖，上面浮雕三人，一站立，一奔跑，一抱膝而坐。上题“武/弟十三孝/鲍字文水”9 字反书阳文。这应该是一组砖雕中的一块。左边头顶题有“武”字的人大概是三国时的孝子孟宗，字恭武。右边表现的是东汉鲍出“笼负母归”的故事，此图在二十四孝图中属于第十三孝图。

不过唐宋时期“二十四孝”的具体人物并不固定，大约在元代才固定了下来，这可能是后人认为“二十四孝”出现于元代的原因。

定型的二十四位孝子中，既有身为帝王的舜和汉文帝，也有士大夫和平民百姓；有年过花甲的老人，也有不满十岁的小孩。在封建时代，二十四孝是儿童必须学习的内容，这使一个人在启蒙阶段就将孝的道德观念深深印入脑海，成为他伦理道德观建立的基础。

西汉的文帝刘恒是一位有名的大孝子，虽然贵为天子，但他对母亲薄太后亲尽孝道，无微不至。薄太后曾患重病，而且一病三年，卧床不起。这可急坏了刘恒。整整三年，他一直陪伴在太后身边端茶送药，常常是衣不解带，守护在母亲身边。每次给薄太后喂药都要亲自尝试汤药温度，然后为母亲喂下。汉文帝以自己的实际行动为全国人民树立了孝子的榜样，对孝道的普及流行产生了深远的影响。

在民间，关于孝的典故就更多了。二十四孝中的黄香是东汉时期的人，黄香九岁的时候没有了母亲，便和父亲相依为命。他深知父亲养育自己的艰难，因此一直很孝敬父亲。寒冷的冬夜，黄香在微弱的油灯下苦读诗书，父亲劝他去睡觉，他却先爬上了父亲的床钻进父亲的被窝。父亲问他为什么不到自己的被窝，黄香回答说：“我在你的床上先睡一会把被子给焐暖和了，你睡觉的时候就不觉得冰凉了。”炎炎夏日里，大家都在屋外纳凉，黄香却在父亲的蚊帐里拿着扇子满头大汗的摇着。父亲问他在干什么，他说把蚊子赶到蚊帐外面，再把席子扇得凉一点，这样晚上父亲睡觉的时候就不会被蚊子叮咬，也不会觉得酷热难耐了。黄香对父亲的一片孝心赢得了四邻的称赞，感染和带动了众多的人们自觉地奉行孝道。

不可否认，二十四孝的故事里也有不少荒诞不经的愚孝的例子，郭巨的故事就属于此类。汉代人郭巨家里有一个老母亲和一个三岁的儿子，因为家境贫苦，生计不保，郭巨便想出了一个杀儿孝母的主意。他对妻子说，家里吃的东西不多，没有办法供养老母，可是儿子还要分食粮食，儿子可以再生，而母亲只有一个，不如把儿子杀了，这样就可以节省出一份食物来，母亲就能吃饱了。妻子同意了郭巨的想法。正当夫妻俩挖坑准备掩埋儿子的时候，居然从土里挖出了一块金子。这故事显然是荒诞的，但故事的思想倾向对郭巨杀子事母的做法采取赞同的态度，这会把孝道引向歧途，这种不理智、反人性的所谓孝道是中华传统文明中的糟粕，我们应该剔除和摒弃。孝道也有它合适的度，有它合理的原则，超过了应有的限度，违反合理的原则，就会走向反面，成为破坏社会稳定的消极因素。

从更广的范围来讲，孝也不是仅仅局限于狭隘的对自己的父母的孝敬，对所有年长者的尊敬和关爱也应该是孝的重要内涵。儒家经典《孟子》中有句名言：“老吾老以及人之老，幼吾幼以及人之幼。”意思是说孝敬我的老人，进而推广到其他老人身上；爱护我的小孩，进而推广到其他小孩身上。这样的孝才是真正的无私的孝。

新

商代甲骨文	周代金文	战国简牍	小篆

古代“新”字的不同写法

新字在古文字中有两种写法，一种由“辛”“斤”组成，另一种由“亲”“斤”组成。《说文》的解释是：“新，取木也。从斤亲声。”认为是个形声字，本义为打柴，动词，即后世“薪”的初文。有些人认为新字从斤从亲会意。亲即榛的古字。“亲树生长于土山甚多，不大不小，易于伐取，是上古重要的木质燃料，也是烧木炭的主要原料。”故以“斤”“亲”会意①。段玉裁认为“当作从斤木，辛声，非从亲声也”。段氏的看法是正确的。“亲”由“辛”“木”二部件构成。既然甲骨文中有从斤从辛的“新”字，那么从斤从亲之“新”就应分析为从斤从木辛声。“辛”和“新”上古皆为心母真部字，读音相同。斤是斧子，从斤从木表示用斧子砍柴，这种分析显然要比从斤亲声说更契合于新字“取木”的本义。从斤从亲会意说是不可取的，因为砍柴就其近便，不拘一种树木，没有根据说先

① 何金松《汉字形义考源》武汉出版社 1996 年，第 159 页。

民用的木柴多取自榛树。新字虽然在现存古籍中未见用于“取木”的，但它的后出分别文“薪”则有作“取木”用例证。如《诗经·豳风·七月》：“采荼薪樗，食我农夫。”“薪樗（chū）”就是从臭椿树砍取木柴。引申指砍取的木柴，这就是后世常用的柴薪义。马王堆汉墓帛书《十六经·顺道》：“百姓斩木艾新而各取富焉。”这里的“新”即指柴薪。

那么打柴义的新又怎么有了新旧之新的意思呢？有些人认为新用于新旧义是字的借用。如朱骏声《说文通训定声》云：“假借为鲜。”赵诚《甲骨文简明词典》：“用作新旧之新则为借音字。”另有一些人认为新旧义是从本义引申来的。段玉裁说：“取木者，新之本义，引申之，为凡始基之称。”不知“取木”义是怎样引申出“始基之称”的，说得含糊其辞。章太炎《论承用“维新”二字之荒谬》：“衣之始裁谓之初，木之始伐谓之新。”说新指木之始伐，没有什么根据。清徐灏《说文解字注笺》认为：“斫木见白新也。凡物之易于更新者莫如木，故取义焉。”说得模棱两可，不知所主。张舜徽《说文解字约注》吸收了徐灏的合理部分而加以申述说：“以斧析木而鲜白之色见矣，此新旧之义所从出也。自后世以薪代新，遂专用为新旧义矣。”斫木显出鲜白色是一种常见现象。《史记·孙子吴起列传》载，齐国军师孙膑用减灶之法使魏将庞涓误以为齐军因害怕而不断逃跑，于是庞涓“乃弃其步军，与其轻锐倍日并行逐之。孙子度其行，暮当至马陵。马陵道狭，而旁多阻隘，乃伏兵。乃斫大树白而书之曰：‘庞涓死于此树之下。’”庞涓夜至树下，看见树上发白，点火照看，齐军万弩俱发，魏军大乱，庞涓自知智穷，自刎而死。这是巧用斫木现白现象的一个实例。由于斫木现白，故新引申而有鲜洁义。《文子·上仁》：“不敢清明者，处浊辱而不敢新鲜。”此“新鲜”与“浊辱”相对，指清洁。扬雄《太玄·务》：“新鲜自求，珍絜（洁），精其芳，君子攸行。”晋范望注：“新鲜，清洁之貌也。”《礼记·郊特牲》：“明水涚齐（shuìjì），贵新也。”孔颖达疏：“贵其新洁之义也。”这是说祭祀用清洁的水和过滤过的酒是为了注重洁净。“斯”《说文》训“析也”，本义是用斧将木劈开。《诗经·陈风·墓门》：“墓门有棘，斧以斯之。”毛传：“斯，析也。”用的就是本义。“斯”也有白义。《诗经·小雅·瓠叶》：“有兔斯首，炮之燔之。”郑笺：“斯，白也。今俗语斯白之字作鲜，齐鲁之间声近斯。”“新”“斯”本义相近，而又皆有鲜白之义，可资互相参证。

由鲜白义再引申出刚出现的或未曾使用过的之义，与旧相对。这一意义在甲骨文中就已经有了。如《粹》910：“其奠新鬯。”这是说用新酿造的鬯（chàng）酒进行奠祭。

看来引申说要比假借说更合事理。这里的关键是不能直接将新的新旧义与柴薪义联系起来考虑，那样自然会因二者之间找不到引申线索而得出新旧义为假借用法的结论。如果以鲜洁义为中介，引申关系还是很清楚的。

《礼记·大学》中记载汤之盘铭曰：“苟日新，日日新，又日新。”汤即商汤，商朝的创建者。盘是洗浴用的盆子，上面刻的铭文应该跟洗浴有关。人们一般将铭文理解为：如果一天能够自新，并坚持天天自新，就能不断自新。洗浴是除垢自新的行为，铭文借此告诫人们要永远求新。这几句话对后世影响很大，南开大学的校训为“允公允能，日新月异”，后一句据说就是本自汤之盘铭。不过，金文中敬就写作苟（[illegible]），所以“苟日新”有可能是每天认真洗浴自新的意思，而非假设之辞。

歆

小篆	汉隶	唐太宗书	宋赵构书	明董其昌书
	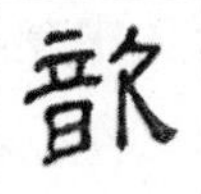			

古代“歆”字的不同写法

《说文》：“歆，神食气。从欠音声。”本义为鬼神享用祭品的香气。古人相信万物有灵，相信神灵在冥冥之中掌管着人间的吉凶福祸。为了求福避祸，他们不得不讨好神灵。《左传·成公十三年》云：“国之大事，在祀与戎。”将祭祀和战争看成是国家的两件大事，可知祭祀在古人心目中占有多么重要的地位。讨好神灵就得把最好的东西献给神灵。在食物匮乏的古代最好的东西莫过于食物了，所以有“民以食为天”的说法。凡祭祀都要给神灵献上美味佳肴。罗振玉在《殷墟书契考释》“卜祭”条中对殷王室祭祀时用牲的数目作过考查，认为一次最多可达一百只牲畜。郭沫若补充说，殷墟祭祀有一次用牲四百只的记录。如《后》上28·3：“御（祭名）大丁、祖乙，百鬯，百羊，卯三百×。”“卯”是将牺牲剖开的意思。郭沫若分析说：“凡卜辞用卯字例限于牛羊，偶言‘卯彘’……此例已有百羊，故‘卯三百’下所缺一字当系牛。三百条牛，数目实在惊人。”后来郭沫若又发现了更高的祭祀用牲记录。他说：“卜辞用牲一时有用至三百者，余曩以为乃破天荒之滥用，今案《逸周书・世俘解》中，用牲之多更有超过于此者：‘用牛于天于稷五百有四。’‘用小牲羊豕于百神水土社二千七百有一。’”[①]二千七百一大约是多次祭祀累计的数据。后来学者们又在殷墟卜辞中发现一次用牲千牛、千羊、甚至千人的记录。《乙》5080：“删千牛。”《合》301：“丁巳卜，争贞：降删千牛？不其降删千牛千人？”删是砍杀的意思。不要以为古代牛羊很多，杀一千只算不了什么。肉食在古代从来都是奢侈的享受。《孟子・梁惠王上》中讲到当时的生活理想时说：“五亩之宅，树之以桑，五十者可以衣帛矣。鸡豚狗彘之畜无失其时，七十者可以食肉矣。”将七十岁老人能吃得上肉作为奋斗目标。另外，古代把贵族阶层称为“肉食者”。《左传・庄公十年》：“肉食者鄙，未能远谋。”杜预注：“肉食，在位者。”从这些说法不难看出吃肉对普通人来说并不容易。在这种状况下为神灵竟然能一次慷慨地献上一千条牛，古人对神灵的虔敬着实叫我们目瞪口呆。

不过神灵事实上是子虚乌有的，献上的祭品鬼神是吃不掉的，最终还是落入了参加祭祀的全体成员的肚子里。既然如此，他们何苦枉杀那么多牲畜呢？原来古人认为神灵是以气息的形式存在。希伯莱语中的nephesh，希腊语中的psyche和pneuma，拉丁文中的animus、anima和spiritus，斯拉夫人和吉普赛人的duch，都兼有呼吸、灵气和灵魂的含义。德语的geist和英语的ghost（灵魂）也可能源于gas（气）一词[②]。我国仰韶文化的村落遗址附近都有大面积的氏族公共墓地，其中夭折的儿童多用瓮棺葬。死者装在一个大型陶瓮里，瓮口盖上一个陶盆或陶钵，盆钵的底部还凿了一个孔，学者们大都认为这个孔是供灵魂出入用的，表明当时的人们认为灵魂是以气的形式存在。春秋时期的管仲说：“凡物之精，

① 《郭沫若全集》历史编第1卷，人民出版社1982年，第207、299页。

② 参朱狄《原始文化研究》三联书店1988年，第23页。

比（聚合）则为生。下生五谷，上为列星，流于天地之间谓之鬼神，藏于胸中谓之圣人，是故名气。”（《管子·内业》）《庄子·知北游》中也说：“人之生，气之聚也。聚则为生，散则为死。……通天下一气耳。”都认为气是生命存在的终极形式。“魂”字从云本身也反映了古人灵魂为气的观念。既然鬼神以气的形式存在，那么它享用的也只能是食品的气味，具体的食物它是无法食用的。气味之美莫过于香气，所以古人祭神多在制造香气上下功夫。《诗经·大雅·生民》中写周人祭祀上帝的情景说：“取萧祭脂，取羝以軷（bá 祭祀路神）。载燔载烈，以兴嗣岁。”毛传：“取萧合黍稷，臭（指香气）达墙屋。既奠而后爇萧，合馨香也。”萧是一种蒿草，有香气。《诗经·王风·采葛》：“彼采萧兮。一日不见，如三秋兮。”孔颖达疏引三国魏陆玑《毛诗草木鸟兽虫鱼疏》：“萧，荻，今人所谓荻蒿者是也。或云牛尾蒿，似白蒿，白叶，茎粗，科生，多者数十，茎可作烛，有香气，故祭祀以脂爇之为香。”这就是说祭祀时将香蒿和动物的脂膏放在一起在神的灵位前燃烧，使神既能嗅到肉味，又能闻到芳香，从而心满意足，降福于求祀者。《生民》中又云：“卬盛于豆，于豆于登。其香上升，上帝居歆，胡臭亶时。”意思是说把食物放于“豆”“登”等器具中，食物的香气开始上升，上帝安然享用，浓郁的香气延续多时（“胡”是大的意思，“亶”为“覃”的借字，延续之义）。也是强调香气对神的重要性。后世沿袭了这一观念。东汉张衡《东京赋》：“神歆馨而顾德，祚灵主以元吉。”这是说天神嗅闻了祭品的馨香之气，给人主赐以大吉。

人喝酒，鬼神自然也要喝酒，但鬼神以嗅闻酒香为主要饮酒方式。古人献给鬼神的酒最常见的是鬯酒，这是用郁金香和黑黍酿成的酒，其气芳香。《说文》：“鬯，以秬酿郁草，芬芳攸服（段玉裁谓‘条畅’之误），以降神也。”又《诗经·大雅·汉江》“秬鬯一卣”郑笺：“秬鬯，黑黍酒也。谓之鬯者，芬香条畅也。”鬯是因香气通畅而得名的，香气通畅鬼神才能闻得到。殷墟卜辞中就有用鬯祭神的记载。《摭续》87：“王又（侑）

百卺百牛？”“百卺”即一百壶卺酒。

歆字从欠，欠西周金文作，像一个跪坐着的人张口打呵欠的样子，所以从欠之字多与气的出入有关，如吹、歌、歇等。歆的本义是鬼神吸闻祭品的气味，故字从欠。

歆还有羡慕、贪图、喜悦等义，这些意义都是从本义鬼神享用祭品引申出来的。美味佳肴陈列于神坛，香气扑鼻，令人津液暗滋，羡慕不已，故有羡慕之义。羡慕的东西则贪图得到，故有贪图之义。羡慕的东西都是令人愉悦的东西，故又有愉悦之义。这都很好理解，无庸赘述。

袖

小篆	晋王献之书	唐柳公权书	元吴志淳书	明左光斗书

古代“袖”字的不同写法

袖是个从衣由声的形声字。东汉刘熙《释名·释衣服》中解释袖的名义说：“袖，由也，手所由出入也。”由即“由表及里”之由，是“从”的意思。“手所由出入”是说手所出入的地方，故称为袖。这种解释具有主观随意性，难以信从。《说文》云：“褎，袂也。从衣采（穗的异体字）声。俗褎从由。”许慎以褎为正体，袖为俗体。段玉裁认为褎不是形声字，而是会意字。他说：“衣之有褎犹禾之有采，故曰从衣采。”衣袖与禾穗之间看不出有什么相似之处，此说也未免牵强，还是按照许慎的意见视为形声字比较妥当。

古代的衣袖非常宽大。《仪礼·丧服》云：“袂属（zhǔ）幅，衣二尺有二寸，祛（qū）尺二寸。”东汉郑玄注：“祛，袖口也。尺二寸足以容中人之并两手也。”孔颖达疏：“属幅者，谓整幅，二尺二寸。”“云‘祛，袖口也’者，则袂未接祛者也。云‘尺二寸’者，据复摄（按：指直径）

而言，围之则二尺四寸。”袂就是袖子。古代一幅布长宽皆为二尺二寸。所谓“袂属幅”是说将两幅布缝合起来作为衣袖，而衣服的长度也是二尺二寸，所以袖宽与衣长是相等的。事实上袖的长度还应加上祛长来计算。古代普通人常穿的礼服叫“深衣”。《礼记·深衣》中说：“袂之长短，反诎之及肘。”这是说袖的长度除手臂的长度外还能反卷过来到达肘部，也就是说，深衣的袖长等于手臂长度加上肘至手的长度，这肘至手的长度大约就是袖口的长度。可知古人的衣袖又长又宽，所以《释名·释衣服》中说：“袖，亦言受也，以受手也。”手通常是藏在袖子里面的。

富贵人家的衣袖还有比这更宽大的。《周礼·春官·司服》：“其齐服有玄端、素端。”郑玄注：“士之衣袂皆二尺二寸而属幅，是广袤（宽和长）等也，其祛尺二寸。大夫以上侈之。侈之者，盖半而益一焉。半而益一则其袂三尺三寸，祛尺八寸。”由此可知，大夫以上之人所穿的衣服有些甚至袖长近118厘米。

有无比这更宽大的袖子呢？有的。《东观汉记·马廖传》：“长安语曰：‘城中好高髻，四方高一尺。城中好广眉，四方且半额。城中好广袖，四方用匹帛。’”这是说京城好什么，地方上就追求什么，也就是“上有所好，下必甚焉”的意思。《汉书·食货志下》：“布帛广二尺二寸为幅，长四丈为匹。”“四方用匹帛”是说用一匹帛做袖子，这虽然不免有些夸张，但说明追求宽大的袖子曾经是一种时尚。古籍中常有“广袖”、“褒袖”等说法，如《孔丛子·儒服》：“子高衣长裾，振褒袖。”就是人们常穿宽大袖子的反映。

袖子做得那么宽大主要是出于审美的需要。按照《周礼》的规定，大夫以上人士所穿之衣袖子要比士以下人士宽大，所以宽大的袖子象征着富有，象征着权力和地位。正因如此，“侈袂”（意为宽大的衣袖）一词借指入仕者的尊贵。南朝梁萧统《陶渊明集序》：“齐讴赵舞之娱，八珍九鼎之食，结驷连镳之游，侈袂执圭之贵，乐则乐矣，忧则随之。”不过袖子既然在身，人们自然会派上一些用场。我国古代的衣服上是没有口袋的，宽大的袖子正好起个口袋的作用。袖在古代有动词的用法，表示藏于袖中，这一意义就是来自袖中藏放东西的习俗。《史记・信陵君列传》："朱亥袖四十斤铁椎，椎杀晋鄙。"当时的四十斤约合今十公斤。十公斤重的铁椎能藏在袖子里，袖子的宽大可想而知。当然，袖子毕竟不是口袋，一般不宜藏放重东西，所放多为小巧之物，如手帕、扇子之类。东汉班婕妤《怨歌行》："新裂齐纨素，皎洁如霜雪。裁成合欢扇，团团似明月。出入君怀袖，动摇微风发。""出入君怀袖"即将团扇放入、拿出袖子之意。宋林逋《送僧休复之京师》诗："到京当袖刺，馆阁尽名公。""刺"相当于今天的名片。这是说到了京城袖中要备好名刺，因为你要拜见的是一些有名望的人。由于袖中所藏多为小巧之物，故形容物件之小谓之"袖珍"。

直到清末，衣服上仍是没有口袋。《红楼梦》第二十一回："平儿收拾外边拿进来的衣服铺盖，不承望枕套中抖出一绺青丝来，平儿会意，忙藏在袖内。"藏在袖内的东西容易失落，所以遗扇坠帕是古代文学作品中常见的情节。

由于衣袖是藏物之处，外人看不清个中底细，故暗中采取的玄妙计谋称为"袖里玄机"，跟"锦囊妙计"有异曲同工之妙。清陈端生、梁德绳长篇弹词《再生缘》第六十六回："又不知袖里玄机怎生主张。"《聊斋志异・巩仙》中讲了一个"袖里乾坤"的故事，说有位尚秀才与歌妓惠哥情意缠绵，不期惠哥被鲁王召入府中侍奉，二人无缘相会。尚秀才求巩道士玉成其事，巩道士便常让二人在他的袖子里幽会。袖中"几案床榻，无物不有"。尚秀才题一上联云："袖里乾坤真个大。"惠哥对曰："离人思妇尽包容。"后以"袖里乾坤"比喻变化无穷的幻术。这种想象的情节正是来自袖里藏物的现实习俗。

长袖在古代舞蹈中还是不可或缺的道具。宋代宋祁《宋景文公笔记·杂说》中说："歌者不曼其声则少和，舞者不长其袂则寡态。"正因如此，古代跳舞的女子几乎没有不穿长袖衣服的。《韩非子·五蠹》："鄙（俗）谚曰：'长袖善舞，多钱善贾（gǔ 做买卖）。'"汉傅毅《舞赋》："罗衣从风，长袖交横。"西晋左思《娇女诗》："从容好赵舞，延袖像飞翮。"这是说娇女跳赵舞的时候两只长袖翩翩飞动，像鸟儿展翅飞翔一样。舞女以长袖为特征，所以古人用"长袖"指代舞女。梁元帝《对烛赋》："尔乃传芳醁（lù 美酒），扬清曲，长袖留宾待华烛。"唐钱起《江陵晦日陪诸官泛酒》："城南无夜月，长袖莫留宾。"

长袖也是女子遮羞藏娇的工具。唐骆宾王《讨武曌檄》："掩袖工谗，狐媚偏能惑主。"将"掩袖"作为"惑主"的一种娇态。李商隐《柳枝五首序》："柳枝丫鬟毕装，抱立扇（当作'扇立'）下风，鄣一袖。"宋姜夔《角招》词："犹有画船障袖，青楼倚扇，相映人争秀。"如果没有长袖，女子就少了几分含蓄的美。

古代不少词语都跟长袖有关。如生气时甩动衣袖谓之"拂袖"，常说"拂袖而去"；激动时挥动衣袖谓之"奋袖"或"振袖"；做事时袖子太长，需要"挽袖"；如果无所事事，那就只好"袖手"（藏手于袖）了，常说"袖手旁观"。

绣

绣字出现很晚，字典中最早见于《集韵·候韵》：“绣，吴俗谓绵一片。”音它候切，今天应该读 tòu。从《集韵》的解释来看，绣最初可能是吴地使用的方言俗字。

绣的“绵一片”之义未见用例，典籍中绣被作为“繡”的异体字来用。繡（下文写作绣）的本义《说文》释为“五彩备”，段玉裁注云：“今人以针缕所紩为者谓之绣，与画为二事，如《考工记》则绣亦系之画绘，同为设色之工也。”《周礼·考工记·画绘》云：“画绘之事……青与赤谓之文，赤与白谓之章，白与黑谓之黼，黑与青谓之黻，五采备谓之绣。”可知绣的本义指五彩具备的图案，不管是针刺出来的，还是画出来的，都叫绣，意义比今天的绣要宽泛。

刺绣在我国有悠久的历史。1975 年在陕西宝鸡茹家庄发掘了两座西周时期的墓葬，出土的文物上有丝织的印痕，经鉴定，丝织品上有用“鞭子股”针法绣成的图案，绣针针脚整齐，技术纯熟，朱红色的底子和石黄色的绣线色彩鲜艳。其源头当在夏商之世。中国古代几乎各地都有刺绣工艺，形成了不同的风格特色。近代以来，以湖南省的“湘绣”、四川省的“蜀绣”、广东省的“粤绣”和江苏省的“苏绣”最为著名，合称为中国“四大名绣”。

刺绣是一种复杂费事的工艺，衣服上有了刺绣则价值倍增，是豪华的高档服装。《史记·项羽本纪》中说：“富贵不归故乡，如衣绣夜行，谁知之者？”绣衣的价值主要在于审美，夜晚穿上绣衣行走则绣衣的价值无从体现，所以项羽用来比喻不归故乡则无法显示显露自己的显贵荣耀。如果官员荣归故里，那自然就是“衣绣昼行”了。《三国志·魏志·张既传》：“魏国既建，为尚书，出为雍州刺史。太祖叹曰：‘还君本州，可谓衣绣昼行矣。’”

五彩具备的刺绣无疑十分华丽，所以绣引申出华丽、精美的意思。柳宗元《乞巧文》：“骈四俪六，锦心绣口。”“锦心绣口”是说作者文思优美，辞藻华丽，我们今天还常说“锦绣河山”“锦绣前程”，就是古汉语华丽义的遗存。

华丽的东西具有两面性。一方面它给人以美感，故多用于褒义。另一方面，华丽往往是事物的表面现象，有其表而无其实，因而也用于贬义。试比较：唐李冗《独异志》卷中引《武陵记》云：“后汉马融勤学，梦见一林，花如绣锦，梦中摘此花食之。及寤，见天下文词，无所不知，时人号为绣囊。”“绣囊”的字面意思是绣花口袋，这里是对博学者的美称，而与此类似的“绣花枕头”则用来比喻徒有其表而无真才实学的人，刚好相反。又如将没有真功夫的拳术称为“花拳绣腿”，绣也是用于贬义。

窨

《说文》:“窨，地室也。从穴音声。”穴的本义并不是泛指洞窟，而是人工在土中开挖的用来居住的洞，跟今天的窑洞类似。《说文》:“穴，土室也。”先秦时期一些地方仍住穴居。《易经·需卦》:“入于穴，有不速之客三人来。”这里的穴就是穴居。窨为地室，与穴居多有相似之处，故字从穴。从音得声的字有阴暗或黑暗之意。如《说文》:“暗，日无光也。”又:“黯，深黑也。”又:“湆（qì），幽湿也。”《小尔雅·广诂》:“闇（àn)，冥也。”地室阴暗，故从音得声。音的本义是乐音，与阴暗无关，用来表示阴暗之意当是阴的借用。音和阴的上古音都是影母侵部，读音相同，故得通假。《左传·文公十七年》:“鹿死不择音。”晋杜预注:“音，所休荫之处。古字声同，皆相假借。”音即荫的借字。荫典籍中也写作阴。《诗经·大雅·桑柔》:“既之阴女，反予来赫。”东汉郑玄笺:“既往覆阴女，谓启告之以患难也。”唐陆德明《经典释文》:“阴，郑音荫，覆荫也。”阴即荫的古字。于此可知阴古可借音相代。窨不仅从阴得名，而且也有阴义。元李裕《次宋编修显夫南陌诗四十韵》:“幽期只窨约，私语每防闲。”“窨约”谓暗中约定。

进而言之，“地室”之义最早直接就写作阴。《诗经·豳风·七月》:“二之日凿冰冲冲，三之日纳于凌阴。”毛传:“凌阴，冰室也。”凌阴即凌窨。看来窨为阴的后出分别文。由于阴字笔画较多（繁体作陰），不宜再增加意符另造新字，故借音字以代之。地室因建于地下，故亦从土作培。《管子·侈靡》："巨瘗培，所以使贫民也。美垄墓，所以文明（标记明确）也。"唐尹知章注："瘗培，谓圹中埋葬处深暗也。贫人虽无财，而有力，故教之巨瘗培，以役其力也。"刘师培《管子斠（jiào）补》："培即《说文》窨字。"于省吾《双剑诊（yí）诸子新证》："近世所发现之商周古墓，多于地下架木为室。巨瘗培者，谓增大其瘗埋之地室也。"

有人认为《诗经》"凌阴"之阴与藏缅语族中表示"房子、家宅"的词同源，如藏语的 khyim、姆鲁语的 kim、梅特黑语的 yum、缅语的 im 等。从我们上面所作的分析来看，"凌阴"之阴是阴暗义的引申，恐怕跟藏缅语族中表示"房子"义的词没有同源关系。

地室在古代有多种用途。地室冬暖夏凉，是避暑消寒的理想场所，所以春秋时期仍为贵族享用。《左传·襄公三十年》："郑伯有耆（嗜）酒，为窟室而夜饮酒击钟焉，朝至未已。朝者曰：'公焉在？'其人曰：'吾公在壑谷。'"杜预注："窟室，地室。"又昭公二十七年载：吴公子光刺杀吴王僚时，"伏甲于堀（窟）室而享王。"后世的有些富贵人家也有地下室。《水浒传》第二十二回写朱仝、雷横奉命捉拿宋江，朱仝"走入佛堂内去，把供床拖在一边，揭起那片地板来。板底下有条索头，将索子头只一拽，铜铃一声响，宋江从地窨子里钻将出来。"由于地室四面不通风，所以古代也用来关押受过宫刑的犯人。《后汉书·光武帝纪下》"诏死罪系囚皆一切募下蚕室"唐李贤注："蚕室，宫刑狱名。宫刑者畏风，须暖，作窨室蓄火如蚕室，因以名焉。"

窨在古代还起着冰箱及冰窖的作用。每年隆冬时节，朝廷和达官贵族要采割冰块存放于地室，以备夏季冷藏食物及冰镇饮食之用。《周礼·天官·凌人》："凌人掌冰。正岁十有二月，令斩冰，三其凌。"凌人是朝中专门负责采集保存冰块的官员。这是说在夏历十二月采割冰块，要存放实际用量的三倍，因为有融化的损耗。采来的冰块正如《七月》诗中所说的，被“纳于凌阴”。历代王朝都有藏冰室。汉袁康《越绝书·外传记吴地传》：“阊门外郭中冢者，阖庐冰室也。”《汉书·惠帝纪》：“秋七月乙亥，未央宫凌室灾。”颜师古注：“凌室，藏冰之室也。”《宋书·礼志二》：“孝武帝大明六年五月，诏立凌室藏冰。”贵族阶层生前享用地室，死后也要享用地室，《管子》中所说的“巨瘗培”就是这种情况。正因如此，所以阖庐的冰室被世人误传为坟冢。

由于冰块在夏季有利可图，所以商人们也自建冰窖，寒冬采集冰块，炎夏出售。五代王定保《唐摭言》卷十二《自负》：“昔蒯人为商而卖冰于市，客有苦热者将买之，蒯人自以得时，欲邀客以数倍之利，客于是怒而去，俄而其冰亦散。故蒯人进且不得冰，二者俱亡，自泣而去。”这虽然是个寓言故事，但至少说明唐代夏季有卖冰的生意，普通人在夏季也能用到冰。

窨由于四面封闭不通，故引申为封闭之义。《景德镇陶录·满窑》：“留一方孔入柴，片刻不停，有试照者，熟则止火，窨一昼夜。”这是说将窑封闭一昼夜。明沈自徵《鞭歌妓》：“争奈他穿着套谎势衣裳，向人前裸袖宣拳，买弄伶俐，将我大胆厮瞒，朗朗的花白，好教窨口无言。”“窨口无言”就是闭口无言。窨是古人藏放东西的地方，因此将东西藏放于地室或地窖也叫窨。南唐徐锴《说文解字系传》：“今旧京谓地窖臧（藏）酒为窨。”宋张邦基《墨庄漫录》卷二：“令众香蒸过，入磁器。有油者，地窖窨一月。”

清代皇家恭俭冰窖，位于北京西城区恭俭胡同

也

春秋金文	战国楚简	秦代小篆	汉代隶书
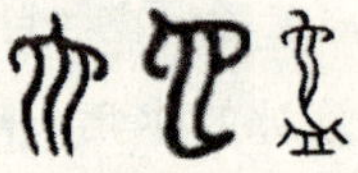	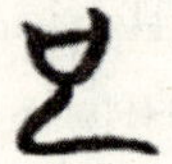		

古代“也”字的不同写法

商代甲骨文	西周金文	战国楚简
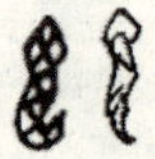		

古代“它”字的不同写法

“也”在现代汉语中是个很常用的词，一般作副词，表示几件事情有相同的性质，此尽人皆知，似乎没什么好说的。但若追溯“也”字的源头，问题就不那么简单了。

《说文》中解释说：“也，女阴也。象形。”《说文》是根据小篆字形来作解释的，小篆中也字的写法见上表，看上去不但不像女阴，反而有点儿像男阴，所以学者们大都认为许慎的说法不可信。如林义光《文源》卷二：“也为女阴，无所据。当为首施之施本字。”朱骏声《说文通训定声·解部》：“许说此字必有所受，然是俗说，形意俱乖，知非经训。此字当即匜字，后人加匚耳。”郭沫若《两周金文辞大系图录考释·沈子簋》：“（也）字乃古文匜，象匜之平视形，《说文》以为象女阴，非也。”朱骏声和郭沫若的看法是可取信的，金文中“匜”（yí）字就写作“也”。2003年陕西宝鸡市眉县杨家村出土一件西周宣王时的匜（见图），内底铸有铭文 14 字：“叔五作旅也，其万年子孙宝用。”“旅也”就是奉养祖先用的匜。匜是古人盥洗用具，洗手洗脸时一人持匜，将匜中的水浇注于洗盥者之手，一般下面还有盘来承水。薛侯匜上的“也”字像匜中之水流注之形，匽公匜上的“也”下面还有承盘。

不少学者认为“也”和“它”原本是一个字，这种看法也对也不对。说对是因为春秋前后的一段时期内两个字确实是一样的。说不对是因为两字来源各不相同，“它”在甲骨文中像一条蛇，是“蛇”的最初写法，只是在后来的演变中变得跟“也”一样了；再加上两字的古音很相近，所以一时混同无别。不过到了战国时期，“也”和“它”在字形上逐渐有了区分。跟今天的“也”字相同的写法出现在汉代，它是由战国古文演变来的，而不是由小篆演变来的。

尽管《说文》把“也”字的本义释为女阴是错误的，但进而否定“也”有女阴义则未免矫枉过正了。有证据表明，“也”确实有女阴的意思。

我们知道，古人给事物命名时常常采用“近取诸身”的方法，也就是从自身出发去比拟事物。例如植物的根在下部，与人的足跟在下部相同，故谓之“根”。树木的分支与人的四肢类似，故谓之“枝”。上面说了，“也”最初是匜的象形字，但这种器皿为什么叫匜呢？我们一看匜的形状就明白了。匜的平视图很像勺子。勺子的形状跟女阴相似，所以古代文化中有用勺子隐喻女阴的现象。如日本九州鹿儿岛地区农村的水田里，散落着 1500 多具田神石像。这些石像高的有 1 米左右，正面形如地藏菩萨，但整体形象尤其是从侧面或后面看，分明就是阳具的再现。石像中有手持棰棒和勺子的造型，相传是男根和女阴的象征。它们既是当地农民稻田丰产的守护神，也是子孙繁衍的保护神。印度的圣所中常绘有男女生殖器的象征图形，其中就有用勺子象征女阴的图。汉语中的匕本义是勺子，但由匕构成的牝字则指女阴，如西汉东方朔《神异记》："男露其牡，女张其牝。""牝"字《广韵·轸韵》有"扶履切"的读音，今普通话应读 bì，后世的屄字其实就是为"牝"的"扶履切"而造的。回头来看匜，估计也是因形似女阴而得名的。这就是说，语言中先有女阴叫"也"，当古人创造出匜这种器皿给它取名字的时候，"近取诸身"，联想到女阴，就把它称为"也"。由于古人没有给女阴之"也"造字，而器皿之"也"与女阴有联系，便用器皿之"也"表示女阴义。这一意义代代相传，传到东汉，被许慎纪录在《说文》当中。

大地何以谓之地？《释名·释地》中解释说："地，底也，其体底下载万物也。"晋代杨泉《物理论》中说："地，底也，著也，阴体下著。"这都是说"地"由于低下而谓之地。这种看法是不对的。章太炎在《文始》一书中认为"地"是因女阴而得名的，这一看法符合"近取诸身"的原则，可以信从。古人见地生草木，与母亲生子类似，所以他们把大地视为母亲。《管子·五行》："以天为父，以地为母。"《易·说卦》："乾为天为圆为父……坤为地为母。"《说文》在"姐"下说："蜀人谓母曰姐，淮南谓之社。"《淮南子·说山》："西家子见之，归谓其母曰：'社何爱速死？吾必悲哭社。'"高诱注："江淮谓母为社。"社的本义为土地神，却引申为母亲之称，这正是古人观念中大地与母亲互相贯通的反映。母亲以生育为天职，生育关乎女阴，所以古人就用女阴义的"也"称呼大地，后来造字时写作"地"。"也"和"地"今天的读音虽然差别很大，它们的古音则是极为近似的，可知二者同源。蒙古语中大地叫 ütügen，这一名称也是来源于女阴，这可以作为"地"得名于女阴义之"也"的佐证。另外，地与天相对，天的本义是人头，引申指天地之天，则地之得名来自女阴之"也"也就相映而彰了。可见"也"的女阴义保存在"地"字当中。

母亲古代还称为“毑”（jiě）。《广雅·释亲》：“毑，母也。”《中国歌谣资料·恶家婆》：“丈夫有权顺爹毑(父母)，隔离(邻居)睇见都心烦。”字亦作㜐。毑字从“也”得声，其实就是女阴之“也”的引申，这跟女阴义之匕引申为母亲义之“妣”是一致的。

“施”在古代有男子御女的意思。《大戴礼记·本命》：“男以八月而生齿，八岁而毁齿，一阴一阳，然后成道，二八十六，然后情通，然后其施行。女七月生齿，七岁而毁，二七十四，然后其化成。”“化”指女子生育，“其化成”是说女子具备了生育的能力。与此相对的“施”即男施女受之施。施的本义根据《说文》的解释是旌旗飘动的样子，御女义的施本字可能是敃。杨树达《积微居小学述林·释敃》：“凡从攴之字皆含用力动作之意。……也《说文》训女阴，象形。据形求义，敃当为人于女阴有所动作，盖男子御女之义。……敃为男子有所授于女，故敃引申为敷敃敃予之义。”敃字表明“也”有女阴义。

有个成语叫“首施两端”，表示瞻前顾后，迟疑不决。这里的“施”是尾的意思，这一意义的施本字也应该是敃。阴部与尾部的名称常常是相通的，所以敃也引申指尾部。

另外，“池”因凹下而得名，也源于女阴义之“也”。

“也”的女阴义在今天的方言中仍有保留。章太炎《新方言·释形体》：“荆州枝江谓女阴曰也巴。……广州亦谓女阴曰也，音如閪（xiǎ），笼口上气呼之。”姜亮夫《昭通方言疏证·释人一》“也”条云：“今昭人言女阴有一流行而稍含隐讳之音曰‘丫’，俗言曰‘丫二’，或加比（阴平）字曰‘比丫二’。……丫即也之音变。”此说可从。“也”在很多方言中读音跟“丫”相同，如长沙话、南昌话、梅县客家话、福州话、厦门话等。江西萍乡话中有个粗俗的词叫“丫卵”，“卵”在很多方言里指男根，与之并列的“丫”当指女阴。宁波话中贬称嘴巴为“丫码”，也是用女阴比嘴。北京话中“丫”是骂人的话，如：“打他丫的。”“你丫找抽啊？”流行的解释是“丫”是“丫头养的”的省略，“丫头”即丫鬟，丫鬟生的意味着来路不正，所以成为骂人的话。我们认为这里的“丫”跟上述方言中的“丫”一样，也是指女阴。“你丫”犹言“你傻屄”、“你妈拉个屄”。

总之，《说文》中说“也”有女阴义是有根据的，“也”之女阴义的证实再次显示了《说文》的重要价值。

西周叔五父匜及其铭文

义

商代甲骨文	周代金文	战国简牍	小篆	说文异文	汉隶

古代“义”字的不同写法

义字繁体作義，是个从“羊”“我”声的形声字。羊在古代文化中是正义的象征。《墨子·明鬼下》中记载了这样一件事：齐庄君有两个臣子，一个叫王里国，一个叫中里徼，这两人打了三年的官司，但法官一直断不了案，谁是谁非弄不清楚。如果把两人都杀了吧，有一人必然是冤枉的。若把两人都放了吧，就会让一个罪犯逃脱了惩罚。齐君便让他们两人分别在神社里供奉一只羊，在神的跟前进行盟誓。法官在神社里宣读指控两人的罪名。王里国的罪名宣读完毕后，接着宣读中里徼的罪名，当读到一半的时候，“羊起而触之”，就是羊跳起来触撞中里徼，于是法官宣判中里徼有罪。这里羊就是是非的判定者。義字从羊，所以其本义就是适宜、正义。

简化字的“义”来自“乂”。乂在古代汉语中是一个比较常用的字，有治理、安定、德才优异的人等意义。由于義和乂读音相同，所以人们就借用书写简便的乂来代替義。如元代的《三国志平话》中就把義写作乂。为了避免跟治理义的乂字相混，又在乂的中间加了一点加以区别。元代杨朝英的《朝野新声太平乐府》中就有義写作义的用例。事实上在此之前就有义字，它是叉的俗字。如浙藏敦煌文献026《普贤菩萨说证明经》："尒时普贤菩萨即从座而起，整衣长跪，义手，前白佛。""义手"即"叉手"。这样意义的义和交叉的义就成了同形字。

中国人自古就有重义、尚义的传统，正因如此，汉语中的"义"字被赋予了"正派"、"公正"、"正当"等美好的含义，甚至具有"品德的根本，伦理的原则"这样崇高的意义，"义"是中华传统美德的重要标志之一。在漫长的中华文明的进程中，无数中华儿女用自己的行动或生命，为"义"字注入了丰富的内涵。

商朝末期，国君纣王统治残暴，天下纷乱。当时的小国孤竹国有两个贤能的皇子，一个叫伯夷，一个叫叔齐。他们两人相互谦让，谁都不肯接受国君的位子，因而先后隐居。后来，伯夷和叔齐听说了周武王要讨伐纣王，就冒着生命危险赶到武王的军队中，劝谏周武王说："你的父亲死了你都不去收葬，却要大动干戈兴起战乱，这能说是孝顺吗？你作为臣子却要杀害国君，这能够说是仁爱吗？"武王的大臣姜太公称赞他们为"义人"，就是有正义感或符合大义的人。伯夷、叔齐的行为虽然没有改变武王克商的历史，但他们不重个人私利，为天下百姓的安危着想的"义举"，使他们名垂青史，受到后人称赞。

义的具体表现是丰富多彩的，并不一定冒生命危险才叫义。战国时候，齐国公子孟尝君门下有一位叫冯谖（xuān）的门客。冯谖家境贫寒，虽然得到孟尝君的礼遇，却没有受到重用。一次，孟尝君想找一位门客为他到薛这个地方去收债款，讨债可是一件出力不讨好的苦差事，冯谖却自告奋勇地应承了这个任务。孟尝君十分高兴，他让冯谖收完债以后买一些家中缺少的东西回来。冯谖到了薛地后没有收债，而是假传孟尝君的命令在百姓面前烧毁了所有的债券。孟尝君知道后十分生气，冯谖解释说："您让我买一些家中缺少的东西回来，我考虑您宫中珍宝、狗马、美人都已经数不胜数，所缺的只有'义'了。所以我就为您买了最宝贵的'义'回来。"后来，孟尝君在齐国失势，逃到薛地，看到薛地的百姓们扶老携幼地夹道欢迎他，这才感受到冯谖为自己买来的"义"是多么宝贵的财富。冯谖帮助孟尝君以"义"取胜的故事，在中国大地上长久地流传着，为历代君王所借鉴。于是，"义"在中国人心中便从一种道德修养升华成为了一种治国安邦的智慧——谁买回了"义"，谁就得到了民心。在"义"的光芒下，一切金银珠宝都显得黯然失色了。

"义"作为一种高尚的道德准则，在治国处事中发挥着重要作用；作为一种伟大的人格力量，则体现了道德的价值与生命的尊严。汉桓（huán）帝时，一个名叫荀巨伯的人去远方看望他生病的朋友，正赶上胡人的军队入侵。巨伯的朋友劝告他说："我反正是快要死了，你赶快逃走吧！"巨伯拒绝说："我远道来看你，你让我丢下你求生，败坏大义，这哪是我荀巨伯的为人呢！"胡贼攻进郡中，看到全郡人都已经逃避一空，只有荀巨伯和他的病友安之若素，感到很惊奇，问他们为什么不逃走。巨伯回答说："我的朋友生了重病，我不忍心丢下他，情愿用我的生命来换他的生命。"胡人听了，纷纷感叹："我们攻打这样有情有义的国家，不是显得我们不讲道义吗？"于是，胡人便撤走了，全郡的百姓也因为荀巨伯的大义而得以保全。这个故事也许有夸大之处，但它表达了中国人民"舍生取义"的价值追求。这种追求，是中华民族永远的精神财富。

义还有意义的意思。常言说"言为心声"，意义就是人心里的想法，它跟心意是相适宜的，相一致的。义的本义是适宜，适宜就是相符合。意义与心意相符合，所以引申为意义。

谊

小篆	汉隶	敦煌写卷	宋赵构书	明文徵明书
䛭	誼 誼	誼	誼	誼

古代“谊”字的不同写法

《说文》：“谊，人所宜也，从言从宜，宜亦声。”“人所宜也”是什么意思呢？段玉裁解释说：“谓谊为仁义字。”朱骏声《说文通训定声》：“此仁义字，经传皆以义为之。”都认为谊的本义是仁义之义。但仁义之义何以从言，不得其解。马叙伦《说文解字六书疏证》质疑云：“伦谓‘人所宜也’乃校语，且为宜字义。此从言，宜声，当别有本义。今说解脱本训，但存校语耳。或谓谊为议之音同纽转注字。”谊确有议论的意思。元熊忠《古今韵会举要·寘韵》：“议，通作谊。”《汉书·董仲舒传》：“故举贤良方正之士，论谊考问。”“论谊”就是议论的意思。谊既从言，其本义当为议论。

前人之所以多将谊的本义认作“义”，是因为典籍中谊常用作“义”的意思。如《楚辞·九章·惜诵》：“吾谊先君而后身兮，羌众人之所仇。”宋洪兴祖补注：“谊与义同。”直至近世仍有人沿袭这种用法。如柳亚子

《赋诗谢如虹夫人》序："若虹为徐宗汉女士所出，克强先生之谊女也。"鲁迅《南腔北调集·〈守常全集〉题记》："我谊不容辞，只得写了这一点。"今天我们一般不能再这么使用了。仁义之义与谊的议论义看不出有什么联系，应该视为"义"的借字。

朋友的交情称为"友谊"。"友"是朋友，"谊"该怎么理解呢？它显然跟议论无关，应该是"义"的借字。义有友善的意思。《老子》第十九章："绝仁弃义，民复孝慈。"三国魏王弼注："仁义，人之善也。"由友善引申为恩义、情义。唐元稹《莺莺传》："及荐枕席，义盛情深。""义""情"对文，都是情谊之义，所以"友谊"和"友情"是同义词。"友谊"一词大约出现在宋代。南宋葛立方《韵语阳秋》卷十四："若二人者，游艺绝伦，友谊尤笃，真难兄难弟哉！"南宋陈著《本堂集》卷九十二《应长卿墓志铭》："文明衰绖踵门，以铭请，予以友谊不得辞，乃为铭。"从宋代一直沿用至今。

意

小篆	汉隶	敦煌写卷	元赵孟頫书	明归庄书

古代“意”字的不同写法

《说文》大徐本：“意，志也，从心察言而知意也。从心从音。”照此解释，意是个会意字。小徐本作：“意，志也，察言而知意也。从心音声。”认为是个形声字。两种说法哪一种合理呢？音在上古读影母侵部，意读影母职部，虽然声母相同，但韵部有异，所以将音看成声符不是很和谐，还是理解为会意字更为合理。不过要从音、心二字会出意来，首先要解决音的含义问题。在甲骨文和金文中，音与言是一对异体字，使用上没有区别，既可以表示声音的意思，也可以表示言语的意思，体现了在造字时代人们心目中说话与口腔发声混同不别的现实。后来随着认识的深入和交际的需要，人们将不包含固定意义的声音称为音，而将包含固定意义的声音称为言，于是言和音才成了两个不同的词。意字所从之音若从后世音所具有的含义来会意是会不出什么意义来的，这大约就是有些人把意看成形声字的原因。如果把音当言字来看，言、心表示将言藏在心里，亦即记忆之义。意有记忆的含义。《素问·宣明五气篇》：“心藏神，肺藏魄，肝藏魂，脾藏意。”唐王冰注：“意，记而不忘者也。”我们今天常说“不以为意”，就是不把某事放在心上，不放在记忆中。后又另造憶（简化字作忆）字表示记忆之义，意与憶是古今字的关系，如同益与溢、然与燃的关系一样。

意《说文》训志，志《说文》训意，意、志互训。志有多种含义，《说文》训意为志取何为义呢？不少人认为取志向、愿望之义，《汉语大字典》即主此见。志向、愿望与意字所从之音（言）看不出有什么关系，恐非许慎之意。志字战国古文作，从止从心，表示止留于心，故本义为记忆。《荀子·子道》：“孔子曰：‘由志之，吾语女。’”由是孔子弟子子路的名。“由志之”谓子路你记住。许慎训意为志应取记忆之义，这跟意的构形是符合的。

《说文》中另有一个意字，训为“满也”，读音跟意相同。意籀文作，从心从言，上面说了，古文字中言、音无别，应该是意的异体，作意则是后来的讹变。意之从言，犹记之从言，亦犹识（志的后出分别文）之从言。

意为记忆，记忆藏于内心，故引申指果仁，果仁乃藏于心之物。马王堆汉墓帛书《经法·称》：“华之属，必有覈（核），覈中必有意。”后又为此义另造分别文薏字。《汉语大字典》及《汉语大词典》等皆以果仁义之意为薏之假借，这是不对的。

意为记忆，引申为心意、意志、意思等义。又由心意引申为主观想象之义。《论语·子罕》：“子绝四：毋意、毋必、毋固、毋我。”这是说孔子不凭空想象，不绝对肯定，不固执己见，不骄傲自大。“意识”一词古代有主观见识、想当然之见的含义。宋王明清《挥麈后录》卷二：“子之所陈，心存意识，或欲周知，何从皆得？”“心存意识”是说心中先存有主观之见。“意见”在古代也有与“意识”相同的含义。明洪应明《菜根谈·上》第三十四条："利欲未尽害心，意见乃害心之蟊贼。声色未必障道，聪明乃障道之藩屏。"这里的"意见"就是指主观之见。意的这一意义后世多写作臆。臆本义为胸，心想即是臆想，所以意、臆同义。意的主观想象之义各字词典皆不载，盖以为此义可由"意料、推测"义涵盖，实则二义有别，未可混同。如《后汉书·冯衍传下》："弃衡石而意量兮，随风波而飞扬。"若按"意料、推测"义去理解，"意量"为估量、估计之义，而作者之意实为主观衡量，有贬斥的意思。又如上例中的"意见"按"意料、推测"义理解，则为"预见"之义，与原意大异。所以意的主观想象之义各字词典当补。

心意是看不见、摸不着的抽象的东西，为了使之直观可感，人们常常用形象的语言加以表述。比如高兴的心意称为"意蕊"，意思是心意像花蕊一样展放，跟"心花"的说法相同。清代蘧园《负曝闲谈》第十四回："黄子文以为是有情于他，喜得心花怒放，意蕊横飞。"如果是难以控制的躁动的心情，则称为"意马"，意思是说心情像奔马一样难以驾御，成语有"心猿意马"。如果是闲静的心情，则称为"意水"，意思是说心情像水一样悠闲沉静。唐慧立本《三藏法师传》卷九："智皎心灯，定凝意水，非情尘之所翳，岂识浪之能惊。"心意可不断从心中产生，犹如植物年年从田地不断长出来一样，所以产生意念的地方称为"意田"，跟今天常用的"心田"说法相同。语言表述的形象化追求是汉语的一个特点，汉语中普通量词的出现其实主要也是为了增强形象色彩。比如说"一尾鱼"就比说"一鱼"要形象得多，"一抹晚霞"和"一片晚霞"给人的形象是不同的。心意的形象化表述正是汉语形象化特点的一个侧面。

邕

西周金文	战国简牍	说文籀文	小篆

古代“邕”字的不同写法

《说文》：“邕，四方有水，自邕城池者。从川从邑。”段玉裁改为：“邑四方有水自邕成池者是也。”他解释说：“邑各本无，依《韵会》补，成各本作城，误，依《广韵》《韵会》正，自邕当作自拥，转写之误。拥者，抱也。……邑之四旁有水来自拥抱旋绕成池者，是为邕。以拥释邕，以叠韵为训也。故其字从川从邑。”邕原本当是从川从吕会意，吕即宫字初文，表示有水环绕的居住区，此为本义。西周金文中的雝字作，所从之邕从川从吕，可知小篆邕字从邑是吕的讹变。从金文邕字写法可知，吕的下部已有些变异，从邑就是在此基础上进一步讹变的结果。

早期社会村落的自卫功能是十分重要的。我们在半坡母系氏族村落遗址中可以看到，村落周围有一道深宽各约五六米的大沟，姜寨一期遗址有一个六千年前的村落，村落的外围也环绕着一道数百米长的深沟。这些深沟在当初肯定是有水的，用来防止盗匪及野兽的侵袭。后世建城仍有护城河，正是古代传统的沿袭。甲骨文、金文邕字从川从吕，就是这种居住环境的反映。其名为邕当是有水拥抱的缘故。

周王朝为贵族子弟设立的大学叫辟廱，也写作“辟雝”或“辟雍”，本字应为邕。《诗经·大雅·灵台》：“於论鼓钟，於乐辟廱。”毛传：“水旋丘如璧曰辟廱。”《礼记·王制》：“天子命之教，然后为学。小学在宫南之左，大学在郊。天子曰辟廱。”大学周围有水环绕，故称为邕。至于辟取何义，说法不一。古代学者一般认为大学环水似璧，故称辟邕。班固《白虎通·辟雍》：“天子立辟雍何？所以行礼乐、宣德化也。辟者，璧也，象璧圆，又以法天，于雍水侧，象教化流行也。”《三辅黄图》：“文王辟雍在长安西北四十里，如璧之圆，雍之以水。”现代学者则提出了一些新的解释。有人认为古代学校实行男女隔绝的教育制度，防止与异性接触，故辟即避字，取与外界避绝之义[①]。其根据为《大戴礼记·保傅》：“古者年八岁而出就外舍，学小艺焉，履小节焉。”《礼记·内则》：“二十而冠，始学礼……博学不教，内而不出。”论者认为周代“男子从童年至青年的整个时代，都是在这种被水隔绝的辟雍中度过”。这种看法是有问题的。《大戴礼记》中所说的八岁出就外舍是指上小学，而辟雍是大学，“小学在宫南之左”，小学周围并没有用水隔绝的记载。《礼记》中所说的“内而不出”与所谓隔绝制度也毫无关系。清孙希旦集解：“内而不出者，多识前言往行以畜德，而才未可以经世。”“内而不出”是说二十岁的青年多吸纳一些知识而不要急于把这些知识拿出去使用。用这种似是而非的根据去证明所谓隔绝制度显然是站不住的。

吕思勉认为：“盖吾国古者，亦尝湖居，如欧洲之瑞士然。故称人所居之处曰州，与洲殊文，实一语也。以四面环水言之则曰辟。（自注：《说文》：‘璧，瑞玉，圜也。’说者皆谓贻（移）玉之名以称周环之水。窃疑

① 何新《诸神的起源》光明日报出版社 1996 年，第 204—211 页。

辟字本有周环之义，故有还辟之称，后乃貤以名玉也。）以中央积高言之则曰雍。（自注：其本字当作邕。）斯时自卫之力尚微，非日方中及初昃犹明朗时，不敢出湖外，故其开门必向南西。”[①]吕先生疑心辟有周环之义，然未见确证。

辟雍之辟西周金文作璧。《麦方尊》：“才（在）璧雍，王乘于舟，为大丰（礼），王射大龏（鸿），禽（擒）。”看来古人辟雍似璧的说法还是有根据的。至于辟雍环水，应该是出于安全的考虑，这跟原始社会村落遗址周围环绕水沟以及后世建城往往有水池环绕是一样的。辟雍不仅是贵族子弟学习的地方，也是天子常去射猎宴飨的地方。《说文》：“廱，天子飨饮辟廱。”因此安全功能是比较重要的。辟雍面积很大，里面生长着茂密的树木，栖息着大量的禽鸟，古文字中的雝字正是鸟栖于邕的写照。古人学习的知识中书本知识是很少的，主要是实践知识，像礼仪、音乐、射箭、驾车等都需要身体力行，因此需要较广的活动场所。尤其是射箭技艺的练习要有大量鸟的存在，而要将鸟招来必须有大面积的树林，辟雍之所以设在郊外，之所以面积很大，主要原因就在这里。对面积广大的地方，最经济的防护措施就是周围开设水沟。

① 《吕思勉读书札记》上海古籍出版社1982年，第447页。

优

孔子的高足子夏曾经说过两句很有名的话："仕而优则学，学而优则仕。"（《论语·子张》）前一句记住的人没几个，后一句则大家耳熟能详，并且大都理解为学习好就能做官。其实这种理解不符合子夏的原意。优在先秦时期还没有优秀的意思。《说文》中说："优，饶也。"优（優）是由憂派生出来的一个词，憂《说文》释为"和之行也"，即从容不迫地行走，所以优的本义为宽闲、宽余。宋代的朱熹在《四书章句集注》中对那两句话的解释是："优，有余力也。仕与学理同而事异，故当其事者，必先有以尽其事，而后可及其余。然仕而学，则所以资其仕者益深；学而仕，则所以验其学者益广。"朱熹的解释比较到位。优在这里是精力或能力有余的意思，"仕而优则学，学而优则仕"是说工作有余力就去学习，学习有余力就去工作实践，这是主张工作实践和书本知识学习要互相结合，也就是我们今天倡导的从理论到实践、再从实践到理论的不断升华过程。这是多么深刻的生活哲理啊！可惜这"经"被后世的一些歪嘴和尚们给念歪了，片面地理解成了读书做官论的古训。子夏九泉有知，恐怕要大喊"冤乎枉哉"了。

《孟子·告子下》中讲了这样一个故事：鲁国打算让乐正子治理国政，孟子听到这个消息后高兴得睡不着觉。他的弟子公孙丑问他："乐正子坚强吗？”孟子回答说：“不是。”“有主意吗？”“不是。”“见多识广吗？”“也不是。”“那你为什么高兴得睡不着觉呢？”“他为人喜欢善言善事。”“喜欢善言善事就足够了吗？”孟子说：“好善优于天下，而况鲁国乎？”意思是说好善的品质对治理天下都绰绰有余，何况是一个区区鲁国呢？这里的优也是宽余、富余的意思，不能理解为优秀。

成语有“优柔寡断”，其整体意义大家都很清楚，即表示做事犹豫，缺乏决断，但若问“优柔”具体是什么意思，则未必尽人皆知了。这里的优是迟缓的意思，这一意义是从宽闲的意思引申出来的，宽闲从容则迟缓，故有迟疑之义。柔也有迟缓的意思，今天的一些方言中仍有这么用的，所以“优柔”是同义并列。

优又有丰足的意思。《荀子·王制》：“谨其时禁，故鱼鳖优多，而百姓有余食也。”这是说严格执行禁渔期，鱼鳖之类的水产就会很丰足，老百姓就有富余的食物。《后汉书·周举传》：“诏书以举才学优深，特下策问。”“才学优深”不是才学优秀深厚，而是才学广博深厚。又有“优渥”一词，优和渥都是丰足的意思。《三国志·蜀志·邓芝传》记载说：“孙权数与芝相闻，馈遗优渥。”这是说孙权多次问候邓芝，给邓芝送了很多东西。晋李密《陈情表》：“过蒙拔擢，宠命优渥。”这是说李密得到丰盛的礼遇。优的这一意义还是来自宽余义，宽余则意味着丰足。

优的优秀义大约是汉代才产生的。东汉班固《白虎通·号》：“德合天地者称帝，仁义合者称王，别优劣也。”优秀义也是由宽余义引申来的，宽余则多，多于某物就是胜过某物，胜过、超出就是优秀。

优还有戏谑、逗乐的意思。《左传·襄公六年》：“宋华弱与乐辔少相狎，长相优。”这是说华弱与乐辔两人从小亲密无间，长大后常互相开玩笑逗乐。西汉王褒《洞箫赋》：“孤雌寡鹤娱优乎其下兮，春禽群嬉翱翔乎其间。”“娱优”即娱乐。优的逗乐义是由宽缓义引申来的，逗乐就是让人舒缓，让人放松，所以发笑叫“开颜”，叫“解颐”，字面意思就是放松脸面，放松脸颊。由逗乐又引申指从事娱乐表演的艺人，如“优人”、“优伶”、“名优”等。

春秋时期楚国有个著名的优人叫优孟，善于模仿他人，按今天相声的四门功课来说，“学”的功夫十分了得。楚国宰相孙叔敖死后，他的儿子生活贫困，优孟便想帮助一下。正好遇上楚庄王设宫廷酒会的机会，优孟应邀出席。他穿戴上孙叔敖的衣冠，摹仿孙叔敖的言谈举止，庄王一见大吃一惊，以为孙叔敖复生了，就想让他继续担任宰相之职。优孟故意以孙叔敖的语气说：“请归与妇计之，三日而为相。”三天后，优孟回答说：“妇言慎无为，楚相不足为也。如孙叔敖之为楚相，尽忠为廉以治楚，楚王得以霸。今死，其子无立锥之地，贫困负薪以自饮食。必如孙叔敖，不如自杀。”听了优孟的话，楚庄王明白他的用心，于是就把一块有四百户居民的地盘分封给了孙叔敖的儿子，从此孙叔敖的儿子过上了幸福的生活（事见《史记·滑稽列传》）。这一故事后来成了一个成语，叫“优孟衣冠”，有多种含义。一是指化装演戏。如明臧懋循《元曲选后集序》：“行家者，随所妆演，无不摹拟曲尽，宛若身当其处，而几忘其事之乌有，能使人快者掀髯，愤者扼腕，悲者掩泣，羡者色飞，是惟优孟衣冠，然后可与于此。”二是指艺术上单纯模仿，只是外表相似，缺乏神似。明郑仲夔《耳新·立言》：“文之摹古者，世辄嘲之，谓是优孟衣冠。夫优孟衣冠，徒刻画于形似，终逊真神耳。”明蒲秉权《刻芮生制义引》：“心慧，故其笔灵。笔灵，故能浅能深，能超能入，不袭优孟衣冠，不学邯郸故步，亦不堕野狐禅蹊，而灿然自成其一家言。”“不袭优孟衣冠”就是不模仿的意思。三是指仿古而酷似原物。清钱泳《履园丛话·收藏》：“看书画亦有三等，至真至妙者为上等，妙而不真者为中等，真而不妙为下等。上等为随珠和璧，中等为优孟衣冠，下等是千里马骨矣。”“随珠和璧”指随侯珠与和氏璧，是古代著名的珍宝。千里马虽然名贵，但其骨架已无多大价值，故为下等。

浴

商代甲骨文	商代金文	春秋战国古文	小篆
[illegible]	[illegible]	[illegible]	[illegible]

古代“浴”字的不同写法

浴字在商代已经产生，由人、水、皿三部分组成，是个会意字，表示人在盆子中用水洗澡，本义为洗澡。甲骨文中的浴字人是站着的，商代金文中的人是躺着的。春秋以后变成了形声字。《说文》：“浴，洒身也。从水谷声。”这里的洒读 xǐ，是洗涤之洗的本字。《说文》：“洒，涤也。”洒水的洒繁体字作灑，跟洒是两个不同的字。后人为求简便，将灑水的意义也写作洒。简化汉字时规定用洒代替灑，实际上是继承了历史上已有的用法。至于洗字，本义为洗脚。《说文》：“洗，洒足也。”读 xiǎn。在汉代以前，洗脚叫洗，洗头叫沐，洗手叫盥，洗身叫浴，洒则泛指洗涤，分别很细。如《楚辞·渔父》：“新沐者必弹冠，新浴者必振衣。”东汉王充《论衡·讥日》：“洗去足垢，盥去手垢，浴去身垢。”沐、浴、洗、盥各有所指。后来洗渐渐取代洒表示泛指的洗涤义。

古代平民百姓在天热的时候往往到江河池塘中去洗澡。北魏郦道元

《水经注·泗水》载："阙之东北有浴池，方四十许步，池中有钓台。"这里的"浴池"就是人们常来洗浴的露天池塘。明代著名学者解缙九岁时父亲领他到江中洗澡，父子俩把衣服挂在江边的一株古树上。父亲就此情景给儿子出一上联曰："千年古树作衣架。"思维敏捷的解缙应声对道："万里长江作浴盆。"气魄宏大，不同凡响。江河池塘中洗澡的同时当然也不妨游泳玩耍一阵，不过这对古人来说是附带的，是次要的，正因如此，他们把游泳称为"浴水"。明凌濛初《初刻拍案惊奇》卷二七："丈夫从小会浴水。"这是说会游泳。直到今天人们仍然把到大海中游泳称为"洗海水澡"，把海滨游泳的地方叫"海水浴场"，这是沿用了古人的叫法。对古人来说，去浴场的目的主要是洗浴；对今人来说，去浴场的目的就只是游泳戏水了。

《山海经》中有日母羲和浴日、月母常羲浴月的神话。《大荒南经》："东南海之外，甘水之间，有羲和之国。有女子名曰羲和，方浴日于甘渊。羲和者，帝俊之妻，生十日。"《大荒西经》："有女子方浴月。帝俊妻常羲生月十二，此始浴之。"浴日浴月就是给日月洗澡。这则神话是怎样产生的？它蕴藏着什么样的文化观念呢？我们不妨来探讨一下。

自古以来，许多民族当中都有为新生婴儿洗浴的习俗。汉族在婴儿出生后第三天或满月就要为孩子洗浴，叫"洗三"，也叫"洗儿会"。宋孟元老《东京梦华录》卷五《育子》条："至满月，则生色及绷绣钱，贵富家金银犀玉为之，并果子，大展洗儿会。亲宾盛集，煎香汤于盆中，下果子彩钱葱蒜，用数丈彩绕之，名曰围盆。以钗子搅水，谓之搅盆。观者各撒钱于水中，谓之添盆。盆中枣子直立者，妇人争取食之，以为生男之征。浴儿毕，落胎发，遍谢坐客，抱牙儿入他人房，谓之移窠。"陆游《老学庵笔记》卷二引《北户录》："岭南俗家富者，妇产三日或足月，洗儿。"唐王建《宫词》："妃子院中初降诞，内人争乞洗儿钱。"塔塔尔族的洗儿仪式叫"四十份水礼"。婴儿出生四十天后，亲友从四面八方的山泉、河流、池塘、沟渠中取来四十瓶水，汇集到锅里，烧温后给孩子洗浴，以为这样能使孩子活到百岁。乌孜别克族有“金盆洗礼”。婴儿出生的第四十天，父亲端着盛着热水的澡盆放在堂屋地上，前来祝贺的亲友们便向盆中倒入自己带来的“福水”，谓之“水礼”。然后将婴儿放入盆中洗浴[①]。《山海经》中浴日浴月的说法应该就是现实生活中的洗儿习俗在神话中的反映，从《山海经》中浴日浴月的神话我们进一步可以看到这种习俗的悠久古老。又《大荒北经》云：“丘西有沈渊，颛顼所浴。”《大荒南经》：“北旁名曰少和之渊，南旁名曰从渊，舜所浴也。”又：“又有白水山，白水出焉，而生白渊，昆吾之师所浴也。”这是说沈渊、从渊、白渊分别是颛顼、舜及昆吾之师初生时举行洗礼的地方。洗礼跟成丁礼一样，是人生的重要礼仪，因而值得记念缅怀。若是普通洗浴之地，就没有什么代代相传的历史价值了，《山海经》中也用不着特意指出这些湖泊与这些名人的关系。云南省元阳县牛角寨乡的哈尼族现在仍有这样的习俗：当儿子要出远门的时候，父母要为儿子占卜吉凶，占卜时唱道：“你在这里出生，不能辱弄这个地方。这里是父亲用竹筒打水洗你的地方，杀鸡肉给你吃的地方，不管你走到哪里，都不能忘记这里。”[②]“洗你的地方”的说法与“颛顼（舜、昆吾之师）所浴”的说法如出一辙，这种给人生命的地方自然是永远不能忘记的。

那么在洗儿习俗这一表象背后蕴藏着什么样的文化观念呢？如果我们稍加留意，不难发现古代许多神话传说及民间习俗当中沐浴与生殖关系密切。《山海经·海外西经》“女子国在巫咸北”郭璞注：“有黄池，妇人入浴，出即怀妊矣。”《太平御览》卷三九五引《外国图》：“方江之上暑湿，生男子三年而死。有黄水，妇人入浴，出则乳（生子）矣。”《太平广记》卷八一《梁四公》（出《梁四公记》）：“渤律山之西有女国，方

---

① 《中华民族风俗辞典》江西教育出版社 1988 年，第 127 页及 125 页。

② 杨万智《果统寨的巫事》，《民族艺术》2000 年第 4 期。

百里，山出台虺之水，妇子浴之而有孕。其女举国无夫。”殷商的始祖母简狄生契也是经过了洗浴的。《史记·殷本纪》：“殷契母曰简狄，有娀氏之女，为帝喾次妃。三人行浴，见玄鸟堕其卵，简狄取吞之，因孕生契。”对这一传说，人们大都关注的是吞卵，却忽略了行浴，其实在先民眼里行浴对生殖的意义并不亚于吞卵。满族祖先的诞生神话中也有洗浴的情节。《清太祖武皇帝实录》：“（长白）山之东北布库里山下，一泊名布尔瑚里。初，天降三仙女浴于泊，长名恩古伦，次名正古伦，三名佛库伦。浴毕上岸，有神鹊衔一朱果置佛库伦衣上，色甚鲜妍。佛库伦爱之不忍释手，遂衔口中。甫著衣，其果入腹中，即感而孕。”后生一男，就是满族始祖布库里雍顺。这跟殷契降生的故事大同小异。

水中沐浴是古代现实中曾经有过而且至今在一些少数民族中仍然流行的求子仪式。古代瑶族每年都要举行一次择偶活动。届时情窦初开的男女会集在神庙水池边，男列伍于左，女排队于右，行歌互答，词语秽亵。等到情投意合之时，双双对对勾挽依偎，或驰逐于山坡，或凫游于水中，然后入庙拜神，亲友为他们在山野搭盖茅棚，使之栖宿[①]。四川木里县俄亚乡卡瓦村的摩梭人（纳西族的一支）在举行名为“内考姑”的祈子仪式时，有一个程序就是求子的妇女要在水池中洗浴一番。云南哀牢山的彝族妇女在求子时也必须到河里洗一回澡。云南宁蒗县永宁区温泉乡的男女“野合而婚是习以为常的，按当地风俗，男女在光天化日之下同池沐浴是很自然的。他们有意要乘机结交阿肖的（按：指性伴侣），就在沐浴中互相嬉戏，浴后邀请就地野餐。当夜幕降临以后，双双对对就在浴池周围野宿。行人至此，绕道而过，不加干扰。这些都是纳西族早期氏族外婚制的残留形式。”[②]

古籍中也有这样的记载。如杜佑《通典》卷一八八《岭南序略》：“极

① 王政《民俗活动与审美愿望》，《民间文学论坛》1991 年第 4 期。

② 严汝娴、宋兆麟《永宁纳西族的母系制》云南人民出版社 1983 年，第 206、207 及 18—20 页。

南之人，雕题交趾，其俗男女同川而浴。”《九歌·少司命》中的少司命一般认为是主掌人之子嗣的女神，其原型应该是神社中的尸女[①]。诗中写道：“满堂兮美人，忽独与余兮目成。”“与女沐兮咸池，晞女发兮阳之阿。望美人兮未来，临风怳兮浩歌。”这是说在祈求子嗣的祭典上，美男子济济满堂，其中一位对少司命尸女目挑心许，情有独钟，少司命想跟这位男子共浴咸池，但未能如愿。《周礼·春官·女巫》：“女巫掌岁时祓除衅浴。”少司命大约就是掌衅浴礼仪的女巫。家喻户晓的牛郎织女故事中，织女是在池中洗澡时被牛郎偷走了衣服，她只好跟牛郎成亲，这显然是上古时期青年男女沐浴求子时谈情说爱生活的投影。

为什么古人认为入浴宜子呢？问题的关键在于古人对水抱有与今人不同的文化信念。先民认为水是生命的源泉，各种不同的生命形式从本原上来讲都是由水转化而来的。他们用神话的方式表达了这样的认识。在世界许多古老的创世神话中，宇宙最初的状态是混沌，而混沌的具体形式就是宇宙洋（World Ocean）[②]，生命就是从宇宙洋中孕育出来的。如苏美尔的创世神话中说，最初宇宙洋充满空间，在宇宙洋的深处蕴藏着始祖母娜姆，世界是由娜姆创造出来的。印度的创世神话中说，最初世界只是一片水，水外别无他物。水想创造他物，便翻起波浪，产出一只金蛋，蛋变为羊，羊又变成人[③]。太平洋群岛的西里伯岛（Celebes.I）上的人们认为人类的产生过程是这样的：水泡凝固而为卵，经阳光的温暖之后孵化为一男一女，人类是由这一对男女繁衍而来的。举世闻名的爱神维纳斯希腊名为阿佛洛狄忒，赫西俄德的《神谱》中说她诞生于海水的泡沫，阿佛洛狄忒的希腊原文就是出自海水泡沫的意思[④]。我国满族的

---

① 参杨琳《巫山神女原型新探》，《文艺研究》1993年第4期。

② 参《世界神话辞典》“宇宙洋”条，辽宁人民出版社1989年。

③ 茅盾《神话研究》百花文艺出版社1981年，第38页。

④ 岑家梧《图腾艺术史》学林出版社1986年，第20页。

创世神话中说，宇宙开辟之初是一片汪洋，翻滚着黑色的激流，生命就是从这里诞生[①]。哈尼族的史诗《哈尼阿培聪坡坡》中说："先祖的人种种在大水里，天晴的日子他们骑着水波到处漂荡。"人种换了二十三次爹娘之后才发育成人类的始祖塔婆[②]。云南乌蒙山彝文典籍《六祖史诗》中也有"人祖来自水，我祖水中生"的说法[③]。

先民的这种水为生命本原的思想认识被后世许多哲学家所继承，他们用哲学的语言对这种思想进行了阐述。如古希腊的泰勒斯就明确提出水是万物本原的论断。我国春秋时期的思想家管仲也表达了同样的认识。《管子·水地》中说："人，水也，男女精气合而水流形……（水）凝蹇而为人，而九窍五虑出焉。……故曰水者何也？万物之本原也，诸生之宗室也。"老子以"道"为万物的本原，"道"其实也是在水本原观的基础上进一步抽象化的概念。《老子》第八章中说："水善利万物而不争，处众人之所恶，故几于道。""几于道"是说水最接近"道"。"道"的特点是虚、弱、无状。《老子》第四章云："道冲，而用之或不盈。"四十章云："弱者，道之用。"十四章云："是谓无状之状。""道"的这些特点显然都是来自水。

这样，我们就不难明白沐浴祈子及洗儿习俗产生的原始动机了。由于水是生命的本原，女子只有跟水发生接触才能获得新的生命，而沐浴则是最大面积地跟水发生接触的有效方式。水既为生命的源泉，那么用它来为新生婴儿洗浴就可以增强小孩的生命力，使他能够消除疾病，摆脱灾难，从而健康成长。希腊神话中的阿基里斯（Achilles，或译阿喀琉斯）是特洛亚特战争中的主要英雄。他的母亲为使他长生不死，曾倒提其脚浸泡于斯堤克斯河水里。从此他的身上刀枪不入，只有母亲手提的地方因没沾上河水而成为他的致命弱点，所以英语中用 Achilles' heel

---

① 汪汾玲《论满族水神及洪水神话》，《民间文学论坛》1986 年第 4 期。

② 《山茶》1983 年第 4 期。

③ 刘汉尧《中国文明源头初探》，云南人民出版社 1985 年，第 37 页。

（阿基里斯之踵）比喻唯一致命的弱点。有了水的浸润意味着生命力的永存，意味着活力的旺盛，所以水中浸洗过后可以长生不死。洗儿正是为了得到这样的活力。羲和浴日和常羲浴月的神话是现实生活中洗儿习俗的投射，它实际上是先民对日月每天都能获得新生的原因所作的解释。新西兰神话中说，太阳每夜要到冥界沐浴于“生命水”之河，才能重获生命，再出东方[①]。这跟华夏族浴日浴月神话的蕴涵是一致的。在有些记载中太阳是自浴的，而不是母亲为他洗浴，而且是每天都要洗浴。《淮南子・天文》：“日出于旸谷，浴于咸池，拂于扶桑，是谓晨明。”每日一次的咸池洗礼不断给太阳注入新的活力，从而保证了每天都有旭日的东升。

佛教中有浴佛活动，在此活动中人们用香水灌洗佛像，以庆祝释迦牟尼的诞生。佛教也将水认作万物的本原。如《外道小乘涅槃论》中说：“本无日月星辰，虚空及地，惟有大水。”这显然是因袭了先民宇宙洋神话的观念。所以浴佛活动不过是将世俗的洗儿习俗纳入了宗教仪式而已，其思想基础是一致的。基督教中的洗礼通常认为是为了洗去入教者的“原罪”，这也是以水为生命本原的思想为出发点的。经过圣水的洗礼，凡人便脱胎换骨，获得新生，从而成为了已非红尘之“我”的信徒。基督教的创始人耶稣在约旦河里受了约翰的洗礼之后，当他“从水里上来的时候，天忽然开了，圣灵从天上飞下来，像鸽子一样，落在耶稣的身上”，于是凡人耶稣便成了上帝的儿子，成了圣人。让我们来听听耶稣本人对水是怎么看的：“我所赐的水，人若喝了，就会永远不渴。我所赐的水，要在人里面成为泉源，直涌到永生。”[②]不用说，这水是生命之水，与生命同在。

通过以上分析，我们看到“浴日”“浴月”虽为神话，但它的文化底层却是相当丰厚的。只有把握了这种文化底层，我们才能真正理解神话的寓意。

---

① 萧兵《楚辞新探》，天津古籍出版社 1988 年，第 84 页。

② 张久宣译《圣经故事》，中国社会科学出版社 1982 年，第 252 及 265 页。

冤

《说文》："冤，屈也，从兔从冖。兔在冖下，不得走，益屈折也。"按照许慎的说法，冤是个会意字，本义为拳曲。冖（mì）像从上覆盖下来之形，本义是覆盖，是幂的初文。兔子被覆盖了起来，想跑跑不掉，只好惊恐地拳缩在里面，以此表示拳曲的意思。古代文献中冤确实有拳曲义的用例。《汉书·息夫躬传》："发忠忘身，自绕网兮。冤颈折翼，庸得往兮。"这是说身陷网中，脖子被扭曲，翅膀被折断，怎能逃脱得了。不过将冤看成会意字道理上不是那么自然。兔子并没有明显的拳曲特点，拿兔子去会拳曲之义有谁能体会得到？何以不用蚯蚓、蛇等以拳曲见长的动物去会意？冤的构形值得我们重新考虑。

我们认为冤很可能是个从冖兔声的形声字。何以见得？兔与免古籍中常常混同不别。清钱大昕《十驾斋养新录》卷四《免与脱同义》条中说："予尝谓《说文》无免字，兔即免也。兔善逃失，借为脱兔字，有两音，而非两字。汉隶偶省一笔，世人遂区而二之，失其义矣。脱兔本双声，汉人犹知古音，故读兔如免。"卷二《勉即俛字》条下钱氏据古籍中"俛、勉"通作及"俛、冕"声训等现象，也指出："此古兔免同音之确据也。后世言字学者，不知兔有免音，遂以增减一笔强分为二，转疑《说文》漏免字，失之甚矣。"钱氏兔、免原本一字的说法是不对的，古文字中兔作（甲 270）、（春秋石鼓田车）等形，像兔子之形，免作（西周免卣），像人戴帽之形，两字区别明显。但汉代以后，两字时有混同。如汉校官碑冤作，夏承碑作，皆从免。东汉武梁祠画像王陵母像的题词云：“臣伏剑死，以兔其子。”清钮树玉《说文校录》：“是以兔当勉。”“以兔其子”就是以勉励其子。这都表明兔免混用无别。

在传世典籍中也有兔免互为异体留下的痕迹。《汉书·陈胜项籍传赞》：“蹑足行伍之间，而免起阡陌之中。”颜师古注：“免脱徭役。”此说迂曲难通。沈兼士在《初期意符字之特性》一文中说：“免起即兔起。语曰：‘兔起鹘落’，言陈涉揭竿而起，如兔之突跃而出于阡陌之间也。”这一说法是可取的。

《说文》中没有娩字，但有嬎字。释云：“嬎，兔子也。嬎，疾也。从女兔。”“嬎，疾也”当是后人所加，姑置勿论。“兔子”古来皆理解为兔之子，很成问题。兔之子与“女”有何关系？有些人知其不通，便说女为声符。嬎徐铉音芳万切（今读 fàn），与女声韵皆不谐。而且训嬎为兔之子，典籍中也找不到用例。我们认为许慎所说的“兔子”就是“免子”。免有生子之义。《国语·越语上》：“将免者以告，公令医守之。”三国吴韦昭注：“免，乳也。”乳就是生子的意思。《汉书·外戚传上·孝宣许皇后》：“妇人免乳大故，十死一生。”“免乳”同义连文。嬎异体作嬔。《尔雅·释兽》：“兔子，嬔。”《经典释文》作嬎。《艺文类聚》卷九十五引《尔雅》也作嬎。可知嬎、嬔为异体关系。嬔字从生。《说文》：“嬔，生子齐均也。”玄应《众经音义》卷九引周成《难字》：“嬔，息也。”息谓生息、生子。《正字通》云：“嬔，同嬎。《说文·女部》嬔训生子齐均，《子部》娩训生子免身，娩嬔义通，分音分部非。嬔为娩之重文可也。”嬔即娩、亦即嬎的异体，从而可知《说文》的嬎就是后世的娩字。嬔字大徐本《说文》从免，而小徐从兔，这也表明古兔免通用不别。嬔实际上是在嬎的基础上又增加了一个意符“生”而成的。

总之，兔免在汉代混用不别，所以冤的构造应为从冖兔（免）声，冖即覆盖、蒙蔽，被蒙蔽就是受冤屈，故本义为心理上的冤屈，而非肢体上的拳曲，拳曲应该是从冤屈引申来的，而非相反。各字词典都将拳曲视为本义，看来有修正的必要。

冤为冤屈，冤屈则怨恨、仇视，引申而有仇恨义，故仇人谓之冤家，成语“冤家对头”、“冤家路窄”、“冤家易结不易解”当中的冤家都是指仇人。与此相反的是，对自己心爱的人也称为冤家。如晋干宝《搜神记》：“只此小娘子，便是大夫冤家。”宋黄庭坚《尽夜乐》词：“其奈冤家无定据，约云朝又还雨暮。”仇人为何成了心爱的人呢？这是因为事物发展到极致的时候往往转向反面。宋洪迈《容斋随笔》卷二《长歌之哭》中说：“嬉笑之怒，甚于列眦；长歌之哀，过于恸哭。”人在气极的时候反而会大笑，悲极的时候反而会唱歌。“打情骂俏”也是生活中常见的现象，恋人们之间常用打一拳、骂一句来表示亲昵，俗语有“打是亲，骂是爱”的说法。这都是“物极必反”的辩证规律在生活中的表现。冤家成为心爱的人就是由“骂是爱”的心理促成的。类似的例子还可以举出不少。乖本来是违背、不顺的意思。《抱朴子外篇·博喻》：“志合者不以山海为远，道乖者不以咫尺为近。”“道乖”是说志向相背。引申指顺从、听话。《西游记》四十二回：“好乖女儿，也罢也罢，向前开路，我和你去来。”心爱的人称为乖乖。明冯梦龙《挂枝儿·叮嘱》：“俏冤家，请坐下。……我的乖乖。”“无赖”本是放刁撒泼、蛮不讲理的意思，引申而有可爱之义。隋炀帝《嘲罗罗》诗：“个侬无赖是横波。”这是说她最可爱的是那眼神。辛弃疾《清平乐》词：“最喜小儿无赖，溪头卧剥莲蓬。”“鬼”本是对厌恶的人或事的称呼或比喻，如“烟鬼”、“色鬼”、“鬼子”、“鬼把戏”、“鬼天气”、“鬼头鬼脑”、“鬼鬼祟祟”等，但将小孩称为“小鬼”却是一种亲昵的称呼。“龟孙子”本是骂人的话，但在甘肃临夏方言中却是老人对孙子的昵称。这些词都可跟冤家比观互证。

猿

唐柳公权书	唐怀素书	元赵孟頫书	明代草书
猿	猿	猿	猿

古代“猿”字的不同写法

商代金文中的“爰”字

猿字异体作猨、蝯等形，《说文》中有蝯字，没有猿、猨二字，这两个字可能是后来才造的。《说文》云：“蝯，善援，禺属，从虫爰声。”猿类动物善于攀援。《尔雅·释兽》：“猱蝯，善援。”晋郭璞注：“便（善于）攀援。”可知猿是因善于攀援而得名的。虫在古代可泛指动物。《礼记·儒行》：“鸷虫攫搏。”郑玄注：“鸷虫，猛鸟猛兽也。”孔颖达疏：“虫是鸟兽通名。”又老虎或称“大虫”，亦虫可泛指动物之证。故蝯字从虫。商代金文中的爰字像一人用手拿着棍子之类的东西送到另一人之手，表示牵引之义，爰实即援之初文。攀援就是用手牵引身体向上爬，所以爰又有攀援之义。蝯因善爰得名，故其字从爰不仅表音，兼表其义。然虫后世多指昆虫，蝯字从虫与后世观念未合，故后人另造猨、猿二字。猿是个纯粹的形声字，猨则继承了蝯字声义兼顾的特点，比猿更有理据，然猿字更为流行，所以简化汉字时规定猿为正体。

古代森林茂密，猿猴众多，古人常跟猿猴打交道，对猿猴十分熟悉。《庄子·天运篇》中说："今取猿狙而衣以周公之服，彼必龁（hé 咬）啮挽裂，尽去之而后慊（qiè 满足）。"这话流露了先秦时期社会上已有豢养猿猴以供玩耍的现象。晋代傅玄在《猿猴赋》中对玩耍猿猴有详细的描写。赋中说："余酒酣耳热，欢颜未伸，遂戏猴而纵猿。……戴以赤幩（fén 绸带），袜以朱巾，先装其面，又丹其唇，扬眉蹙额，若愁若瞋。……或低眩而择飒，或抵掌而胡舞。"这表明魏晋时期上流社会养猿自娱的风气比较流行。熟悉的事物易于进入人们的语言，猿就是如此。

猿与猴类似，但形体比猴大，手臂很长，猩猩、长臂猿等都属于猿的家族。猿的这种手臂长的特点被人们用来比喻手臂长的人，人们认为手臂长的人比常人勇武。如《史记·李将军列传》："（李）广为人，猿臂，其善射亦天性也。"唐王宏《从军行》诗："儿生三日掌上珠，燕颔猿肱秾李肤。"今天在描写篮球运动员伸展修长的手臂时仍有"轻舒猿臂"的说法。

猿生性好动，常常在树枝间腾空跳跃，悠来荡去，难得安宁片刻，所以人们又用猿来比喻人躁动不安。宋代王喆《摸鱼儿》词："是前世无修，只放猿儿傻。"这是说以前未曾修行，没有涵养，所以现在就像猿一样躁动不安。唐钱起《杪秋南山西峰题准上人兰若》诗："客到两忘言，猿心与禅定。"这是说到了寺院，浮躁的心随着寺院的禅意而平静下来。最为流行的说法大约是"心猿意马"这一成语了，"意马"是说心意像马那样奔跑不定。宋道潜《赠贤上人》诗："心猿意马就羁束，肯逐万境争驰驱。"这是说心已平静，不与世俗相争。

猿在中国文化中最有影响的是它的鸣叫声，其声尖利深长，有似哀号，闻之令人黯然伤神，甚至有可能潸然泪下，所以常用来衬托悲凉的环境和心情。《山海经·南山经》“多白猿”晋郭璞注：“今猿似猕猴而大，臂脚长，便捷，色有黑有黄，鸣，其声哀。”猿声之悲以三峡之猿最为有名。北魏郦道元《水经注·江水》中写长江三峡冬天的景色时说：“每至晴初霜旦，林寒涧肃，常有高猿长啸，属引凄异，空谷传响，哀转久绝。故渔者歌曰：‘巴东三峡巫峡长，猿鸣三声泪沾裳。’”古代的三峡，两岸都是映天蔽日的树木，郦道元说“自非亭午夜分，不见曦月”，两岸的树木几乎把江面给盖住了，这是猿猴理想的栖息场所，生活着成千上万只猿猴。人们来到这里，总会听到此起彼伏的猿叫声，正如李白在《早发白帝城》中所说的“两岸猿声啼不住”，这种情景自然会给人留下极为深刻的印象。加上文学家生花妙笔的渲染，三峡猿声名传千古，但悲哀是其基调。北周庾信《伤心赋》云：“鹤声孤绝，猿吟肠断。”北宋范仲淹在《岳阳楼记》中写洞庭湖凄凉的景物时说：“薄暮冥冥，虎啸猿啼。登斯楼也，则有去国怀乡，忧谗畏讥，满目萧然，感极而悲者矣。”也用“猿啼”来表现悲哀的情景。

《世说新语·黜免》中有一则猿肠寸断的故事：“桓公（指晋桓温）入蜀，至三峡中，部伍中有得猿子者。其母缘岸哀号，行百馀里不去，遂跳上船，至便即绝。破视其腹中，肠皆寸寸断。公闻之，怒，命黜其人。”这里说的也是三峡之猿。母猿因悲恸而肠皆寸断，这是时人“悲猿”观念的投射，猿肠未必寸断。后世用“断猿”称孤独悲啼之猿。唐代孟郊《车遥遥》诗：“旅雁忽叫月，断猿寒啼秋。”用“断肠猿”表示因思念爱子而极度悲伤。如李白《赠武十七谔》诗：“爱子隔东鲁，空悲断肠猿。”今仍有“愁肠寸断”之语。

值得注意的是“断肠”或“肠断”也用来表示极其欢快、极其可爱的意思，刚好跟它的本义相反。如南朝宋鲍照《代淮南王》诗：“紫房彩女弄鸣珰，鸾歌凤舞断君肠。”这是说美女们翩翩起舞，淮南王极其欢快。

李白《古风》之十八：“天津三月时，千门桃与李。朝为断肠花，暮逐东流水。”这是说早晨还是可爱的鲜花，晚上就已经凋零了。人们在表达极度的情感时有时用相反的词语，如用“冤家”称心爱的人，用“小鬼”作为小孩的爱称，用“美死我了”表示极其高兴等，“断肠”由极其悲痛表示极其欢快也属于这种情况。

说到酒的发明人，杜康的名字大家耳熟能详。相传他是黄帝时期的人，酒就是由他发明的。历史传说中黄帝及其臣子发明的东西很多，像车辆、釜甑、水井等都是黄帝发明的，养蚕是黄帝的妻子嫘祖发明的，文字是黄帝的史臣苍颉发明的，等等，这都是后人为尊崇始祖黄帝而作的附会，未必可靠。就拿造酒来说，恐怕早在杜康之前人们就已经会造酒了，因为连作为动物的猿都会造酒，何况是人呢？猿造的酒叫“猿酒”。清代陆祚蕃在《粤西偶记》中说：“平乐等府深山中猿极多，善采百花酿酒，樵子入山，得其巢穴，其酒多至数石，饮之香美异常，名猿酒。”清代学者屈大均的《广东新语·兽语》中也有类似的记载。一般认为猿酒是猿储藏的野果自然发酵而形成的果酒，并非采花酿造。人是由猿进化而来的，所以人类造酒的本领可能在人类的童年时期就已经有了。

宰

商代甲骨文	周代金文	战国简牍	小篆	魏石经

古代“宰”字的不同写法

宰的构形及其本义自古以来众说纷纭，以至有些人干脆说“构形不明”，不愿对字形进行分析。《说文》对宰的解释是：“罪人在屋下执事者。从宀从辛，辛，罪也。”《说文》中有辛、辛（qiān）二字。辛下云：“秋时万物成而熟，金刚味辛，辛痛即泣出。”认为辛的本义为辛辣。辛下云：“罪也。从干二，二，古文上字。”段玉裁注：“干上是犯法也。”王国维在《释薛下》（《观堂集林》卷六）中指出：“此二字之分，不在横画之多寡，而在纵画之曲直。”但在古文字中，宰字纵画既有写曲笔的，也有写直笔的，可见辛、辛没有区别。不少学者认为甲骨文中的辛是一种平头刀具的象形，刀具也是刑具，故该字与罪有关。说刑具与罪有关是有道理的，但在宰字中仅仅用刑具表示“罪人”是不可思议的，屋内有刑具叫人怎能会得出“罪人在屋下执事者”之义呢？

我们认为宰的本义应为宰割、宰杀。在古代社会，祭祀是人们生活中的一件大事，人人都得祭神求福，而上层统治阶级的祭祀活动更是异常频繁。《国语·楚语下》中说："先王日祭月享，时类岁祀，诸侯舍日，大夫舍月，士庶舍时。"这是说君王一年到头每天都有祭祀，诸侯每月举行一次祭祀，大夫每季举行一次祭祀，普通人一年举行一次祭祀。殷墟卜辞是殷王室占卜的记录，从中可以看出殷人的祭祀是多么的频繁，事无巨细都要求神问卦。求神不能白求，必须要给鬼神献上祭品，其中最重要的就是牺牲。《前》4·8·4的一条卜辞记载说："贞：御叀牛三百。"这是说用三百条牛进行御祭。一次要宰杀三百条牛，数量是惊人的。除祭祀宰杀牲畜外，统治者日常食用也得宰杀。如此大量而且常年都有的宰杀，需要一些固定设施及一个安置这些设施的固定场所，这样的场所自然适宜于屋内，这就是宰字从宀的缘由。宰杀要用刀具，故宰字从辛。战国古文中的宰字还有从刀的写法，这是意符的重复。魏三体石经古文《春秋》中的宰字从宀从辛从肉，从肉表示宰割牲体。这都是宰本义为宰割的明证。《汉书·宣帝纪》："其令太官损膳省宰，乐府减乐人。"颜师古注："宰为屠杀也。"这是宰用于宰杀义的实例。

厨师以操刀宰割为职事特征，故宰引申指厨师。相传伊尹原本是一个厨师，因烧得一手好菜，得到商汤的赏识，于是予以重用。《孟子·万章上》中说："伊尹以割烹要（设法得到重用）汤。""割烹"指宰割烹调之术。《墨子·尚贤下》："昔伊尹为莘氏女师仆，使为庖人，汤得而举之，立为三公。"这里说伊尹"为庖人"。《韩非子·说难》中则说："伊尹为宰，百里奚为虏，皆所以干其上也。"显而易见，这里所说的宰指厨师。《汉语大词典》在"宰"的"古代奴隶主家中掌管家务的奴隶或奴隶总管"义下举此为例，恐不合适。

厨师之宰与宰杀之宰的内在联系还表现在厨师与祭祀的的密切关系上。《礼记·月令》：仲秋之月，"乃命宰祝循行（视察）牺牲。"郑玄注："宰祝，太宰、太祝，主祭祀之官也。"主持祭祀的宰官正是来自厨师，因为割烹牺牲是祭祀的重要内容，需要厨师直接参与。《周礼·天官》的膳夫、庖人、内饔、外饔和亨（烹）人都是为周王及其家属提供膳食的，但他们同时也负责一些祭祀事务。膳夫"王燕食则奉膳赞祭。凡王祭祀，宾客食，则彻王之胙俎"。"庖人掌共（供）六畜、六兽、六禽"，"共祭祀之好羞（馐）"。内饔"凡宗庙之祭祀，掌割烹之事"。"外饔掌外祭祀之割亨，共其脯、脩（干肉）、刑（一种羹）、膴（hū 祭祀用的大块鱼肉），陈其鼎俎，实之牲体、鱼腊"。亨人"祭祀共大羹、铏羹"。《荀子·王制》："宰爵知（主掌）宾客祭祀飨食牺牲之牢（祭祀用的牛羊猪）数。"唐杨倞注："宰，膳宰。"从这些记述可知，厨师有负责祭祀的职事。《史记·陈丞相世家》："里中社（祭土地神），（陈）平为宰，分肉甚均。"这里的宰指宰杀牺牲及分割祭品的人，这也表明宰杀分割者是祭祀活动中的重要成员。

厨师由于每天跟君王打交道，容易取得君王的宠信，加上祭祀是"国之大事"，而厨师又负责牺牲等事，所以容易被提升为政府官员。伊尹之所以走"割烹要汤"的路子，其因盖出于此。所以宰又引申而成为官员的通称。正因官员来自厨师，所以语言中有同一名称既指厨师又指官员的现象。如《礼记·燕义》："使宰夫为献主。"郑玄注："宰夫，主膳食之官也。"《左传·宣公二年》记载，晋灵公非常残暴，"宰夫胹熊蹯不熟，杀之"。厨师没有把熊掌煮熟，灵公就把厨师杀了。这两例中的"宰夫"都指厨师。《周礼·天官·宰夫》："宰夫之职掌治朝之法，以正王及三公六卿大夫群吏之位，掌其禁令。"这里的"宰夫"可是个有实权的官员。《韩非子·内储说下》："宰人上食而羹中有生肝焉。"这"宰人"是厨师。《国语·晋语九》："及臣之长也，端委韠（bì）带，以随宰人。"三国吴韦昭注："宰人，宰官也。""宰官"即官员的通称。

由官员义引申为动词主宰、主管是十分自然的，无庸赘述。

从以上分析可以看出，将宰杀义作为宰的本义不但与字形相契合，而且也能很好地说明词义之间的引申关系，表明这种认识是合理的。

那么对许慎所说的“罪人在屋下执事者”我们该怎么理解呢？《汉语大字典》理解为“充当家奴的罪人”，这是缺乏根据的，典籍中找不到宰用于罪人义的例证。我们认为许慎据形说义，为了照顾构形的用意，有时与实际意义有所区别，理解时不可刻舟求剑。“罪人在屋下执事者”实际指膳宰。膳宰执事于屋下，且由奴仆充任，而奴仆有来自罪人者，故云“罪人执事于屋下者”。如果抓住“罪人”二字不放，未免拘泥于《说文》了。尽管宰有膳宰义，但以此为本义，于理还是有所不通，所以许慎的解释仍是有问题的。

寨

寨字出现较晚。虽然西汉刘向《新序》卷十《善谋下》中已见寨字："其后蒙恬为秦侵胡，以河为境，累石为城，积木为寨，匈奴不敢饮马北河。"这应该是后人改换字形的结果，没有证据支持汉代已经有寨字。字典中寨字最早见于《玉篇》，释义为"羊宿处"。《玉篇》原是由梁代顾野王编的，但原本今已失传。今天流行的《玉篇》经过唐宋两朝学者的增删修改，不宜把它作为南北朝时期的原始资料来看待。不过说南北朝时期已有寨字还是有根据的，因为南北朝时期的文献中寨字时有所见。如北魏郦道元《水经注》卷二十七《沔水》："汉水又东，径木兰寨南，右岸有城，名伎陵城，周回数里，左岸垒石数十行，重垒数十里，中谓是处为木兰寨云。"又："又有白马山，山石似马，望之逼真，侧水谓之白马寨。"唐初姚思廉撰写的《陈书·熊昙朗传》中说："时巴山陈定亦拥兵立寨。"姚思廉生于梁陈之际，他写的《陈书》中已有寨字，也说明梁陈之时已有寨字。

寨的本义当是栅栏。何以明之？寨是柴的俗体。《集韵·夬韵》："柴，篱落也。或作寨。"王维有一首有名的五绝诗叫《鹿柴》，鹿柴（zhài）就是鹿寨，一个地名。三国魏曹植《鰕䱇篇》："燕雀戏藩柴，安识鸿鹄游。""藩柴"即篱笆，"藩"和"柴"同义连文。柴（zhài）是由于用柴（chái

木棍）编成而得名的。

那么寨字的构形该怎么分析呢？我们认为它是一个从木从塞省的会意字。《庄子·外物》："知出乎争，柴出乎守。"后一句话的意思是说寨的产生是出于防守的需要。晋代郭象解释说："柴，塞也。"塞即关塞之塞。日本空海《篆隶万象名义》："柴，塞，小木。"也将柴释为塞。塞也是防守设施，只是比柴坚固一些而已。由于柴、塞功用相同，加之柴多用于柴薪义，使用者觉得柴与栅栏没什么关系，于是便把柴、塞二字组合到一起另造了一个寨字，取用木建起的防御设施之义。《玉篇》将"寨"解释成"羊宿处"，这是不难理解的。羊宿处即羊圈，羊圈就是用栅栏围成的，故寨也指羊圈。

古代外出打仗，驻扎时常就地取材，用木棍围起营地。《六韬·军用》："山林野居，结虎落柴营。"柴营即营寨。《三国志·吴志·甘宁传》："羽闻之，住不渡，而结柴营。"《说文》"柴"下北宋徐铉等注云："师行野次，竖散木为区落，名曰柴篱。后人语讹，转入去声，又别作寨字，非是。"《辽史·兵卫志上》："御寨及诸营垒，唯用桑柘梨栗。"古称建寨为"扎寨""立寨"，扎是插的意思，将木棍插入土中即成营寨，故曰"扎寨"，木棍要竖立于地面，故曰"立寨"。撤军时要将木棍拔去，故曰"拔寨"。《三国演义》第九十八回："且说魏延受了密计，当夜二更拔寨，急回汉中。"

有些营寨需要长期驻守，这种营寨不宜用木棍扎成，因为它的防御功能较差，通常用土石垒成，所以寨字也写作砦。《篇海类编·地理类·石部》："砦，垒也。"垒即堡垒，因垒砌而得名。《三国志·吴志·朱桓传》："魏庐江太守文钦营住六安，多设屯砦，置诸道要。"

军队营地要用栅栏围护，古代村落也需要用栅栏围护。村落周围竖起栅栏，相当于城市筑起城墙，可起到两方面的作用。一是古代社会盗匪猖獗，加之村落之间也常发生械斗，竖起栅栏可起到一定的防护作用，使进攻者难以长驱直入。二是古代社会野兽经常出没于村落，叼走牲畜，甚至造成人身伤亡，栅栏可起到防止野兽侵入的作用。早期社会村落的自卫功能是十分重要的。我们在半坡母系氏族村落遗址中可以看到，村落周围有一道深宽各约五六米的大沟，姜寨一期遗址有一个六千年前的村落，村落的外围也环绕者一道数百米长的深沟，这都是出于上述两方面的需要而建的。栅栏可以说是壕沟的演变。壕沟流行于氏族社会时期，当时没有统一的国家，各氏族村落就是一个独立王国，防御保安的职责几乎全由村落来承担，所以有必要挖出又深又宽的沟来。国家出现后社会的管理能力大大加强，村落的治安问题很大程度上由国家来解决，用不着再挖壕沟，于是便出现了防御功能相对较弱的栅栏。

当然在一些偏僻的乡村，天高皇帝远，政府行政力量鞭长莫及，村子的自卫功能就显得十分重要。福建的一些乡村至今仍有古代遗留下来的土楼，其设计将民居的防御功能置于非常重要的位置。比如永定县古竹乡高北村的承启土楼是一座圆形大型民居，面积 5,376.17 平方米，最外层有四层楼，每层有 72 间房，全楼共 400 间房，所有房屋都朝内开设门窗，朝外只在二层以上设有了望用的小孔，外墙厚度达 1 米以上。从外形看，整座建筑像一座大型碉堡，易守难攻。华安县仙都乡大地村的二宜楼也是一座圆形土楼，外部封闭，内部分割为单元住宅。楼的底层土墙厚达 2.5 米，堪称是难以攻克的堡垒。看到这种建筑风格，不难想象到在过去的岁月里村民们所经受的争斗厮杀的苦难以及为保卫生命财产而发挥的聪明才智，由此也就不难理解村落何以要用栅栏围护起来。

今天全国各地有不少以寨为名的地方，这些地方大都在过去或者是军事基地，或者是建有防御设施的村落，而以后者居多。有些地方有“大寨”、“中寨”、“小寨”这样的地名，那是根据寨区的大小来命名的。寨本来指栅栏，后来凡是有防御设施的村落都叫寨。如何其芳《画梦录·岩》：“此乃一个废圮的寨子，昔日土人筑之以避白莲教者。”这是将有土建围墙的称为寨子。李准《春笋》:“还有寨壕边上那十一亩地，昨天晚上我们队那几个老头在牲口屋里也说那地能种好高粱。”这是将有壕沟环绕的村子称为寨。

永定县的承启土楼

近些年来，“山寨”一词很流行，有“模仿”、“假冒”、“来自草民的”等意思，如“山寨手机”指仿照著名品牌的手机而造的手机，“山寨明星”指因长相酷似明星而在媒体上蹿红的人，“山寨新闻”指草根在网络视频中播报的搞笑新闻。山寨原指建在山里的防守据点。宋朱熹《朱子语类》:“汤思退、王之望、尹穑三人奸甚，又各有文，以计去了魏公，尽毁其边备山寨、水柜之类，凡险要处有备御者，皆毁之。”后来凡是山村都可以叫山寨。由于生产假冒产品的作坊大都建在监管薄弱的乡村，所以其产品被称为“山寨货”。由“山寨货”引申开去，“山寨”便有了仿制、假冒、来自草民的等含义。

祯

《说文》："祯，祥也。从示贞声。"古人认为吉祥幸福都来自神的保佑，故祯字从示。贞在祯当中并不仅仅表示声音，也表示意义。贞有正的意思。《易·师卦·彖传》："贞，正也。"《尚书·太甲下》："一人元良，万邦贞幽。"孔安国传："贞，正也。"南唐徐锴《说文系传》："祯者，贞也。贞，正也。人有善，天以符瑞正告之也。"正则意味着顺当、合理，与歪斜相对，也就是吉利。《易经·履卦》："九二：履道坦坦，幽人贞吉。"三国魏王弼注："在幽而贞，宜其吉。"孔颖达疏："幽人贞吉者，既无险难，故在隐幽之人，守正为吉。"又《咸卦》："九四：贞吉悔亡。"高亨注："言人之德行正则吉，其悔（灾祸）将去。"可知古人认为守正则得吉。这种守正则吉的观念是人类普遍都有的道德观念。《尚书·周官》中说："作德心逸日休，作伪心劳日拙。"意思是说，做好事、做正事的人心地坦然，事情越做越顺心，干邪恶之事的人劳心伤神，心惊胆战，事情越做越困难。今天还常说"人正不怕影子歪"，"为人不做亏心事，半夜敲门心不惊"。吉祥从表面上看是由鬼神主宰着的，实际上掌握在每个人自己的手里。祯字从贞就是这种吉凶观的反映。

张舜徽《说文解字约注》云："祯即贞之后起增偏旁体。本书《卜部》：'贞，卜问也。'盖卜问以占吉凶，即寓祥兆之义矣。"说祯是贞的后起增偏旁字可能符合事实，因为典籍中有贞用作祯的例证。西汉扬雄《太玄·永》："内怀替爽，永失贞祥。""贞祥"即"祯祥"。又扬雄《河东赋》："建《乾》《坤》之贞兆兮，将悉总之以群龙。""贞兆"即"祯兆"，就是吉兆。但说祯的意义来自贞的卜问吉凶之义则不可取，卜问涉及吉凶两个方面，何以祯偏偏表示吉祥之义呢？

祯的读音的变化也是值得我们关注的现象。祯原本读后鼻音。在《诗经》中，"祯"与"成"押韵。《周颂·维清》："迄用有成，维周之祯。"毛传："祯，祥也。"《广韵·清韵》祯音"陟盈切"，转换为今天的读音应该读 zhēng，但实际却是读 zhēn，不符合语音演变的规律。语音演变的例外是有原因的。造成祯的读音的例外变化的原因是什么呢？这是由避讳造成的。宋仁宗名赵祯，宋人须加避讳。陈垣《史讳举例》卷八《宋讳例》中说：宋人为避仁宗讳，"祯改为真为祥"。改为真就是用了一个读前鼻音的字，祯字读 zhēn 即由此而来。事实上宋人避讳的不仅仅是一个祯字，凡贞以及以贞为声旁的字都因避讳而改读成了前鼻音，如桢、浈等。侦《广韵·清韵》音"丑贞切"，本应读作 chēng，不在避讳之列，但因受贞的影响也读成了 zhēn。我国古代称馒头为"蒸饼"。《晋书·何曾传》："厨膳滋味，过于王者。每燕见，不食太官所设，帝辄命取其食。蒸饼上不坼作十字不食。"这是说何曾生活奢侈，馒头不开裂成十字就不吃。宋人为避仁宗讳改称"蒸饼"为"炊饼"。宋吴处厚《青箱杂记》卷二："仁宗庙讳贞（按：当作祯，因避讳而作贞），语讹近蒸，今内庭上下皆呼蒸饼为炊饼。"《水浒传》中的武大郎卖"炊饼"为生，卖的就是馒头，而非烧饼。"蒸"和"祯"在宋代读音只是接近，并不相同，"蒸"在蒸韵，"祯"在清韵。音近尚且避讳，本字更要避讳了。

烝

小篆	汉隶	敦煌写卷	宋苏轼书	元赵孟頫书

古代“烝”字的不同写法

烝字小篆作[illegible]。《说文》云：“烝，火气上行也。从火丞声。”本义是火焰或热气向上蒸腾。烝其实就是蒸的初文。《诗经·大雅·生民》中说：“释之叟叟，烝之浮浮。”这是写古代人们做米饭的情形。释是淘米的意思，叟叟是淘米的声音。烝就是用火蒸饭，浮浮是蒸气升腾的样子。烝虽然是形声字，但丞除了表示声音，同时也参与表义。丞字甲骨文作[illegible]，像用双手把一个跪着的人从陷阱中拯救出去之形，是拯字的初文。拯救是把人往上拉，所以丞有上升之意。丞和烝有同源关系，烝大约就是因上升而得名的。蒸腾之义后来写作“蒸”。

蒸气上升，弥漫空间，故烝有盛多的意思。古称百姓为“烝民”或“烝人”，烝就是众多的意思。如隋代薛道衡《老氏碑》：“致世俗于润涂（途），纳烝民于寿域。”

烝在古汉语中有与母辈通淫的意思。《方言》卷十二：“烝，淫也。”

晋郭璞注："上淫为烝。"《左传·桓公十六年》："初，卫宣公烝于夷姜，生急子。"杜预注："夷姜，宣公之庶母也。上淫曰烝。"夷姜是卫宣公的父亲庄公的次妃，庄公死后宣公与庶母夷姜结合，生下了急子。又庄公二十八年记载："晋献公取于贾，无子。烝于齐姜，生秦穆夫人及太子申生。"齐姜是晋献公之父武公的妾，是献公的庶母。对这种用法的烝前人一概斥之为淫，《汉语大字典》和《汉语大词典》也释为"和母辈通奸"。但实际情况是在当时的道德规范中，和庶母结婚并不认为是不道德的乱伦行为。顾颉刚先生曾对此作过详细地考察①，他认为这是春秋前期流行的一种合法的婚姻制度，淫乱的斥责是后人强加给古人的。《左传·闵公二年》记载了这样一件庶子烝嫡母的事情："初，（卫）惠公之即位也，齐人使昭伯烝于宣姜。不可，强之，生齐子、戴公、文公、宋桓夫人、秦穆夫人。"昭伯是惠公的庶兄，宣姜是昭伯之父宣公的嫡妻，是惠公的生母。昭伯烝宣姜并不是出于自愿，而是宣姜的娘家人齐国强迫的结果。齐国是个大国，为了维护它在卫国的利益，便让昭伯与嫡母结合。当时宣姜的儿子惠公正在作卫国的国君，他对庶兄与母亲的结合未加干涉，这表明这种婚姻方式在当时是名正言顺的。

这种烝后母娶寡嫂的现象在后进民族中更是司空见惯。《史记·匈奴列传》中说："（匈奴）贵壮健，贱老弱。父死，妻其后母。兄弟死，皆取其妻妻之。"据《汉书·匈奴传下》记载，汉元帝竟宁元年（公元前33年），匈奴君王呼韩邪单于来汉王朝求亲，元帝就把王昭君嫁给了他。呼韩邪单于死后，他的儿子雕陶莫皋（大阏氏所生）继承王位，号复株絫若单于。复株絫若单于又把王昭君娶为妻子。《汉书·西域传上》中说："楼兰王后妻，故继母也。"《后汉书·西羌传》："父没则妻后母，兄亡则纳嫠（寡）嫂，故国无鳏寡，种类繁炽。"《晋书·西戎传》："父卒，妻

① 顾颉刚《由"烝"、"报"等婚姻方式看社会制度的变迁》（上下），《文史》第十四、十五辑，中华书局1982年。

其群母。兄亡，妻其诸嫂。”从这些记载可以看出，烝后母娶寡嫂是古代社会曾经普遍存在过的一种婚姻现象，华夏族在春秋前期仍将这种婚姻制度视为合法，春秋后期才被禁止。在后世的注解家看来，烝后母自然是大逆不道的，所以将烝释为上淫。今天我们应该还历史以真相，不应再将淫乱的帽子扣在古人身上。字典辞书中对“烝”的正确释义应该是：儿子娶后母为妻。

那么儿子娶后母为妻为什么叫烝呢？烝在古代是一种祭祀。《尚书·洛诰》：“戊辰，王在新邑，烝祭岁。”这是说对岁星进行烝祭。鬼神是视之不见听之无声的，它怎样享用人们进献的祭品呢？古人认为神灵以气的形式存在，所以魂字从云。鬼神既然是气体，它享用的自然也只能是烟气。因此古人在祭祀时要制造出馨香的烟气，烟气升空消散被认为是鬼神享用了祭品。《周礼·春官·大宗伯》：“以禋祀祀昊天上帝。”郑玄注：“禋之言烟，周人尚臭（气味），烟，气之臭闻者。……积柴实牲体焉，或有玉帛，燔燎而升烟。”禋这种祭祀就是因烟而得名的。其他如燎、柴、槱（yǒu）等祭祀都是用燃烧制造香气的办法来祭神。烝的本义为火焰或热气上升，引申之，凡上升都叫烝。举行烝祭时大约采用让蒸气上达天空的方法，所以称为烝。古有祭器叫烝彝。《隶续·晋右将军郑烈碑》：“昔粪父镂烝夷之鼎，鲁人著《泮宫》之颂。”“烝夷”即烝彝，可能就是用来烧蒸气的。儿子娶后母时大约要在神前举行烝祭仪式，所以这种婚配方式就叫烝。

冢

古代“冢”字的不同写法

《说文》：“冢，高坟也。从勹豖（chù）声。”勹即包的初文。高坟义为何以包为意符呢？学者们有不同的解释。马叙伦《说文解字六书疏证》卷十七：“从勹从包均无高坟义，此当从宀，入宀部。‘高坟也’非本训。”张舜徽《说文解字约注》卷十七：“今俗谓皮肉肿起为脓包，山地高出为土包，包固有突起义也。”古文字中冢字从勹从豖，也有从豕的，可能是省略写法。可知马叙伦的从宀之说为臆必之辞，没有根据。张舜徽的说法也是缺乏说服力的。“脓包”指皮下包有脓液的现象，包分明是包裹义。“土包”之包确有隆起义，然此义当自包裹义引申而来（包裹有鼓起之征），其出现时代甚晚，先秦未见此义，以此来说明冢字从勹之意未见其然。

其实冢字从勹的道理古代学者早就作过正确的解释。南唐徐锴《说文解字系传》云：“地高起有所包也。”段玉裁云：“墓取勹义。”只是说得不甚明确，致使后人生疑。坟墓是包人于土之处，故冢字从勹。这一点我们可拿墓字来作比证。墓从莫声，莫声字有包裹之意。模是包裹胚子的模型，幕是包裹室内某一空间的幕帐，暮是包裹一切的夜色。馍最初指有馅的馒头，亦即包子。今天有些方言仍管包子叫馒头，如常州话中的“小笼馒头”就是指包子。日语中的“饅頭”（マソトゥ）是从汉语借入的，既指馒头，又指包子。可知馍因包裹而得名（馒从曼声，亦因包裹得名）。墓是包人于土的坟墓，也因包裹而得名。由此可见，段玉裁说“墓取勹义”是深得造字之义的。由于从勹表义不明，故后世又加土旁示义，是为塚字。《玉篇·土部》：“塚，墓也。正作冢。”

冢以豖为声符，今天读起来两字读音差别较大，但在上古冢为端母东部，豖为透母屋部，声母区别只在送气不送气，韵部也有对转关系，是非常接近的。

从语源上来讲，冢与肿同源。《释名·释丧制》：“冢，肿也，象山顶之高肿起也。”因坟冢肿起于地面，故称为冢。

古代又有所谓“衣冠冢”，指只埋葬有死者衣冠的坟墓。宋范致明《岳阳风土记》：“宝慈观乃张真人炼丹飞升之所，弟子葬其衣冠，俗谓之衣冠冢。”也写作“衣冠塚”。袁鹰《悲欢·校园随想》：“那是半年多以后在昆明被暗杀的西南联大教授闻一多先生的衣冠塚。”

冢因有高大的特点，故引申为大的意思。《尔雅·释诂上》：“冢，大也。”《诗经·大雅·绵》：“乃立冢土，戎醜攸行。”毛传：“冢，大。冢土，大社也。”古称长子为“冢子”，称大臣为“冢臣”，尊称列国君主为“冢君”，冢都是大的意思。坟本义为隆起的坟墓。《说文》：“坟，墓也。”引申而有大义。《尔雅·释诂上》：“坟，大也。”《诗经·小雅·苕之华》：“牂（zāng）羊坟首。”毛传：“坟，大也。”可与冢字相比证。王力《同源字典》认为“冢”、“长”（zhǎng）皆有大义，二者同源，似乎未当。冢的大义是从坟冢义引申来的，而长的大义是从令长或长辈义引申来的，二者只是在引申义上有交叉，并无同源关系。

高大的坟墓与山相似，故冢引申而指山。《诗经·小雅·十月之交》："百川沸腾，山冢崒（通猝）崩。"毛传："山顶曰冢。"这是具体语境中的特指。后世词典注家皆因袭其说，实则冢泛指山。丘、陵本来都是大土山之义。《说文》："丘，土之高者也。""陵，大阜也。"引申而指高大的坟墓。《方言》卷十三："冢，自关而东谓之丘。"《广雅·释邱》："陵，冢也。"由于帝王的坟墓造得都很高大，像座土山，故陵多指帝王坟墓。《水经注·渭水三》："秦名天子冢曰山，汉曰陵，故通曰山陵。"像"陵寝"、"陵墓"、"十三陵"等，都是指帝王坟墓。本义是土山的丘、陵引申而指坟墓，本义是坟墓的冢引申而指山，二者引申方向虽然刚好相反，但发生引申的原因是一样的，都是基于坟与山的相似性，可以互为参证。

不过墓上累起土堆是后世的习俗，远古时期墓与地面是齐平的，没有什么标志。《周易·系辞下》谈到远古时期的丧葬习俗时说："古之葬者，厚衣之以薪，葬之中野。不封不树，丧期无数。"孔颖达疏："不封不树者，不积土为坟，是不封也；不种树以标其处，是不树也。"《礼记·檀弓上》记孔子之语云："吾闻之，古也墓而不坟。"郑玄注："墓谓兆域，今之封茔也。古谓殷时也。土之高者曰坟。"墓最初是指没有土堆的葬地。《方言》卷十三："凡葬而无坟谓之墓。"郭璞注："言不封也。"所谓"墓而不封"就是墓上无坟的意思。《汉书·刘向传》载刘向奏章云："殷汤无葬处（不知葬何处），文武周公葬于毕，秦穆公葬于雍橐泉宫祈年馆下，樗里子葬于武库，皆无丘垄之处。"东汉崔寔《政论》亦云："古者墓而不坟，文武之兆与地齐平。"河南安阳市发掘的殷王室墓群虽然墓穴规模宏大，有的甚至达到一千多平方米，但没有坟堆，可知殷商以前确实墓而不坟。那么有土堆的坟墓是什么时候出现的呢？有些人认为兴起于春秋时期。从西周金文中已有冢字的情况来看，有坟堆之墓西周时期已经有了。江苏南部和安徽东南部湖熟文化遗址中就曾发现过一些西周时期的封土墓葬，可为实证。但那时并不流行，所以考古发掘中并不多见。

广为流行应该是春秋以后的事。孔子临终前对他的墓葬形式留下了这样的遗言："吾见封之若堂者矣，见若坊者矣，见若覆夏屋者矣，见若斧者矣，从若斧者焉。"（《礼记·檀公上》）坟上的封土有的四方而高，像堂屋形，有的像梯形之坝，有的像两面坡的门檐，有的像刃朝上的斧头。孔子要求将他的坟墓堆成斧头形的。可知春秋时期流行着多种样式的坟堆。后世则变本加厉，愈演愈烈。《墨子·节葬下》说战国初期王公大人丧葬之时"丘垄必巨"，《吕氏春秋·安死》中也说："世之为丘垄也，其高大若山，其树之若林。"几乎无墓不封了。帝王的陵墓更是要好几年甚至十几年才能建成，耗费不赀。

粥

粥字原本写作鬻，粥是由鬻省略而来的，其本义就是用粮食或粮食加其他东西煮成的半流质食物。

关于粥的读音，《说文》大徐本作“米声”，小徐本没有“声”字，对此后世学者各持己见，迄无定论。段玉裁依从小徐本，认为鬻是个会意字。清钱坫《说文解字斠诠》云：“此字从米为声，即读同米，今读同祝者非是。”其根据主要是楚人祖先有叫芈熊者，《史记·楚世家》作鬻熊，芈与米同音，故知鬻本读米。说鬻字古代有米的读音是可以成立的（声调不一定相同），但这是只知其一，不知其二。今天看来，鬻或读之六切（今读 zhōu），或读武悲切（今读 mí），这有可能是古代复辅音分化的结果。鬻的声母原本大约是个复辅音 md-，在复辅音分解成单辅音的过程中，一个字在不同的方言，或在同一方言的不同语言环境中，可能形成一字两读的情况。鬻字在分解成单辅音后，有时读 m-，有时读 d-，前者就是 mí 这一读音的由来，后者就是 zhōu 这一读音的由来。同一个字表示同样的意义而有两个读音，其中一个无疑是多余的，最终会被历史所淘汰，mí 就是一个已被历史淘汰了读音。所以粥的正确读音应该是 zhōu，而非淘汰了的 mí。

就鬻的字形构造而言，由米、鬲、弜（jiàng）三部分组成。鬲是古代煮食物的炊具，圆形，有三足，足中是空的；弜是热气蒸腾的象形；整个字形表示鬲中煮米，以会稀粥之意。鬲虽然是做粥所必需的，但米是粥最重要的表意成分。所以鬻应该是个会意字，分析成形声字是不合适的。因此《说文》原文应以小徐本为是。

古代典籍中说粥是由黄帝发明的，未必有什么根据，但说粥在中国有悠久的历史则是符合事实的，因为在新石器时代的文化遗址中常有陶制的鬲和碗出土，它们就是煮粥食粥的用具。古代磨面技术很落后，人们很少吃面食，粮食的加工方法主要是炒干粮和煮粥。干粮一般用于外出旅行，居家过日子则以粥为常食，上至国君，下至百姓，都是如此。《礼记·檀弓下》记载说："（鲁）悼公之丧，季昭子问于孟敬子曰：'为君何食？'敬子曰：'食粥，天下之达礼也。'"意思是说食粥是天下通行的饭食。《战国策·赵策四》中大臣触龙去看望赵太后，问太后："日食饮得无衰乎？"太后回答说："恃鬻耳。"意思是说靠喝粥过日子。这是国君食粥。《左传·昭公七年》载春秋时期宋襄公的大夫正考父的鼎铭云："饘（zhān）于是，鬻于是，以糊余口。"意谓在鼎中做饘粥糊口度日。饘也是粥，在与粥相对而言的情况下，饘是稠一点的粥，粥是稀一点的粥，笼统地说，饘、粥是没有区别的。这是大夫食粥。《礼记·檀弓下》云："昔者卫国凶饥，夫子为粥与国之饿者，是不亦惠乎？"这是百姓食粥。可见粥是古代最普遍的饭食。

后来随着粮食加工技术的提高，北方渐以面食为主，但僧人们一直保持着食粥的传统，所以成语有"僧多粥少"的说法，比喻可享用的东西少而要享用的人很多。有些人遁入空门主要是为了混口饭吃，并不努力修行，这种人叫"粥饭僧"，多用来比喻尸位素餐的人。如宋陈与义《和王东卿绝句》："只今当代功名手，不数平生粥饭僧。"

粥的特点是稀软，故用来比喻软弱无能。《礼记·儒行》："其难进而易退也，粥粥若无能也。"唐陆德明《经典释文》："粥，卑谦貌。"唐孔颖达疏：“言形貌粥粥然如无所能也。”甘肃临夏方言中将软弱之人称为“撒饭”，“撒饭”即玉米糊，这跟粥用来比喻软弱无能是相同的。由软弱再引申为卑谦、恭敬之义。西汉贾谊《新书·容经》：“祭祀之容，遂遂然，粥粥然，敬以婉。”《汉书·礼乐志》：“粥粥音送，细齐人情。”颜师古注：“晋灼曰：‘粥粥，敬惧貌也。细，微也。以乐送神，微感人情，使之齐肃也。’”《汉语大词典》将“粥粥”列为两个词条，一音 zhōu，释为“柔弱无能貌”，一音 yù，释为“敬慎恭肃貌”。事实上这两个读音属于异读，应并为一条。粥字今既读 zhōu，则“粥粥”一词应取 zhōu 音。

粥的种类很多，最有影响者当数腊八节的传统食物腊八粥。腊八粥是伴随腊八节而出现的，最早见于宋代①。宋祝穆《事文类聚前集》卷十二：“皇朝东京十二月初八日，都城诸大寺作浴佛会，并送七宝五味粥，谓之腊八粥。”宋孟元老《东京梦华录》卷十《十二月》：“初八日，街巷中有僧尼三五人作队念佛，以银铜沙罗或好盆器坐一金铜或木佛像，浸以香水，杨枝洒浴，排门教化。诸僧寺作浴佛会，并送七宝五味粥与门徒，谓之腊八粥。都人是日各家亦以果子杂料煮粥而食也。”关于腊八粥的由来，不少书中介绍说，释迦牟尼得道前苦行修炼，经常忍饥挨饿。有一回饿昏倒地，一位牧羊女给他喂粥，才免于一死。佛门弟子为纪念此事，故于腊八施粥。这可能是后人编造的故事，佛典中并无记载。丁福保编著的《佛学大辞典》以详赡著称，其“腊八粥”条下罗列的都是传统中土文献资料，没有一条佛教典籍中的资料，可为参证。粥是僧人的日常食品。《四分律》中说食粥有五大好处：“善除饥除渴，消宿食，

---

① 李肖《论唐朝饮食文化的基本特征》（《中国文化研究》1999 年春之卷）认为腊八粥出现于唐代，根据是《太平广记》卷九十五《洪昉禅师》（出唐牛肃《纪闻》）云：“食器皆七宝饮食，香美精妙异常。”李氏认为“七宝饮食”就是七宝饭，就是腊八粥。今谓李氏断句不当。原文是这样的（据中华书局 1986 年铅印本）：“天帝怃然曰：‘本欲留师讲经，今梵天有敕不许。然师已至，岂不能暂开经卷，少讲经旨，令天人信受？’昉许之。于是置食，食器皆七宝，饮食香美，精妙倍常。”下文云：“若念食时，七宝器盛食既至。”可知“七宝”指食器，与腊八粥无关。佛教所说的“七宝”指金、银、琉璃、真珠、玛瑙、砗磲、玫瑰等七种珍宝，参《汉语大词典》“七宝”条。

大小便调适，除风患，食粥者有此五善事。”所以僧人们把粥看成是治病养生的良药。《僧祇律》二十九之偈云：“持戒清静之所奉，恭敬随时以施粥。十利饶益于行者，色力寿乐辞清辩，宿食风除饥渴消，是名为药佛所说。”僧人既以粥为主食，粥的种类遂亦繁多。《十诵律》中提到酥粥、油粥、胡麻粥、乳粥、小豆粥、摩沙豆粥、麻子粥、薄粥等八种粥。可见佛家在腊八日煮粥施散是基于他们的饮食习惯，无须编出一个牧羊女喂粥的故事作为根据。至于腊八施舍的做法，大约是从古人那里学来的。宋代寺院在腊八这天作浴佛会，而浴佛时为参观者提供饮食的做法早在三国时期就有先例了。《三国志·吴书·刘繇传》：“（笮融）乃大起浮图祠，以铜为人，黄金涂身，衣以锦采，垂铜盘九重，下为重楼阁道，可容三千馀人，悉课读佛经，令界内及旁郡人有好佛者听受道，复（免除）其他役以招致之，由此远近前后至者五千馀人户。每浴佛，多设酒饭，布席于路，经数十里，民人来观及就食且万人，费以巨万计。”刘繇浴佛时“多设酒饭”的用意跟他免除徭役的动机一样，是为了“招致”百姓，宋僧腊八粥的推出正是吸取了这一历史经验的结果。

从普通百姓角度来看，他们之所以乐于接受吃腊八粥的习俗，自有其传统基础。自古以来华夏族就有粥可用来送老扶微的信念。《礼记·月令》：仲秋之月，“养衰老，授几杖，行糜粥饮食”。郑玄注：“助老气也。行犹赐也。”秋天万物衰老，故赐糜粥以助其老，以顺应天时。《太平御览》卷八百九十五晋周处《风土记》：“天正日南，黄钟践长。粥饘追萌，微纳休昌。”原注：“是以阳始牙（芽）动，为饘粥以养幼扶微。俗尚以赤豆为糜（粥），所以象色也。”“天正”指周历。周历以农历十一月即冬至所在之月为岁首，古人以为得天之正，故称天正。“日南”指冬至。《后汉书·陈宠传》“三微成著”李贤注引《三礼义宗》：“周以天正为岁，色尚赤，夜半为朔。”周正冬至色尚赤，故《风土记》云“俗尚以赤豆为糜，所以象色也”。这是用赤豆粥迎接阳气，即所谓“粥饘追萌”。赤是火的颜色，属于阳，故用来驱阴迎阳。梁宗懔《荆楚岁时记》："冬至日，量日影，作赤豆粥，以禳疫。"隋杜公瞻注："共工氏有不才之子，以冬至日死，为疫鬼，畏赤小豆，故冬至日作赤豆粥以禳之。"鬼属阴，故畏属阳之赤豆。腊月是阴气将尽、阳气即萌的月份，此月食粥符合传统理念。宋范成大《腊月村田乐府十首序》："二十五日煮赤豆作糜，暮夜阖家同飧，云能辟瘟气，虽远出未归者亦留贮口分，至襁褓小儿及僮仆皆预，故名口数粥。"宋吴自牧《梦粱录》卷六："二十五日，士庶家煮赤豆粥祀神，名曰人口粥，有猫狗者亦与焉。不知出于何典。"腊月二十五日在有些地方就是灶神节，而灶神节又是从腊日节中分化出来的，所以食粥本是腊日节的一个传统。不少地方的民俗观念认为吃腊八粥是为了祈求丰收或得子。《固安县志》（清咸丰九年刻本）："（腊八粥）必于五更以前食之，俗传食粥早，则五谷之收成亦早。"《遵化通志》（清光绪十二年刻本）："八日以粥抹果树上则多实，或戏贴妇人背上，以祝生子。"有些地方则将腊八粥用于祭神辟邪。《张北县志》（民国二十年铅印本）："初八日谓之腊八，各家杂米、豆、栗、枣八样，熬成红粥，谓之腊八粥，以祀诸神及祖先，并将粥涂于墙壁、树木、门环等处，以禳不祥。"一些地方将腊八粥称为"红粥"或"红饭"。《崞县志》（清乾隆二十一年刻本）："初八为腊八，早起吃八宝红饭。"《河曲县志》（清同治十一年刻本）："腊八日作红粥。"腊八粥做成红色的，就是继承了"赤豆为糜"的传统。这都表明腊八粥本是腊日节的习俗。因此佛家施舍腊八粥的举措可以说是僧人饮食习惯和世俗节日饮食传统的有机融合，所以双方都能很自然地接受这种活动，无须一段心理上的适应过程。

烛

小篆	汉隶	晋王羲之书	唐高闲书	宋苏轼书	明唐寅书
燭	燭 燭	燭	燭	燭	烛

古代“烛”字的不同写法

烛和燭在古代是两个互不相干的字。烛字读chóng，是“旱热之气”的意思，燭才是蜡烛的意思。简化汉字时用笔画少的烛代替了笔画多的燭。下面所讲的烛字都是指蜡烛的烛，这是首先要交代清楚的。

《说文》中解释说：“烛，庭燎，火烛也。”清代段玉裁将“火烛”改为“大烛”，他说：“大各本作火，今正。若《韵会》‘庭燎，烛也’尤善。《小雅》毛传曰：‘庭燎，大烛也。’”段氏的意见可能是正确的，但我们疑心“大烛”二字是后人据《小雅·庭燎》的毛传而添加的，因为烛的本义指照明用的火把，而不在乎其大小，这一点段氏也很清楚，所以他说《韵会》的解释最好。正因烛不在乎大小，所以要说明烛之大时还得说成“大烛”，若烛本指大烛，则无须加“大”于“烛”前。将“烛”释为“大烛”好比将“火”释为“大火”，显然是很不恰当的，所以《说文》原本当无“大烛”二字。“庭燎”是庭院中用的火把，是烛的一种，《说文》释烛为庭燎，犹言“烛，庭燎之类”，属于举例式的解释方法。

古代的烛常见的是用麻秸扎制而成的，所以古书中有“麻烛”“蕡（fèi）烛”之称。如西汉末期的桓谭在《新论·祛蔽》中说：“余见其旁有麻烛，而灺（xiè）垂一尺所。”《周礼·秋官·司烜氏》：“凡邦之大事，共（供）坟烛庭燎。”郑玄注：“故书‘坟’为‘蕡’。郑司农云：‘蕡烛，麻烛也。’”《艺文类聚》卷八十《烛》下引《周礼》此文即作“蕡烛”。蕡就是大麻。仅燃烧麻秸，难以持久，所以麻秸中一般要浸入油脂，或是撒上麻子的渣滓，这样就可以延长照明时间。宋陈元靓《岁时广记》卷四十引宋吕原明《岁时杂记》云：“除夕作蕡烛，以麻籸（shēn）浓油，如庭燎，守倅监司厅皆公库供之。”“麻籸”就是麻子榨油后剩下的渣滓。南宋周密《武林旧事·元夕》中有“蕡烛籸盆，照耀如昼”的描述。

烛的下部有把柄，以便手持或插放。烛的把柄古代叫跋。《礼记·曲礼上》讲到待客的礼节时说：“烛不见跋。”郑玄注：“跋，本也。烛尽则去之，嫌若烬多，有厌倦。”孔颖达疏：“本，把处也。古者未有蜡烛，唯呼火炬为烛也。火炬照夜易尽，尽则藏所然（燃）残本，所以尔者，若积聚残本，客见之，则知夜深，虑主人厌倦，或欲辞退也，故不见残本，恒如然未尽也。”“烛不见跋”是说火把燃烧完之后，主人在换上新火把的同时要将燃烧完的火把的把柄收藏起来，不要放在客人面前，以免使客人产生主人倦于待客、希望客人离去的感觉。跋的把柄义今天的不少学者未能准确把握。《汉语大字典》将跋的这一含义释为“火炬、火把”，失之太远。《汉语大词典》释为“火炬或烛燃尽残馀的部分”，也不确切。孔颖达解释得很清楚，跋就是“把处也”。说成“残馀的部分”，似乎烛不烧残就没有跋。事实上烛的残馀部分古人叫灺，而不是跋。《说文》：“灺，烛烬也。”观上引桓谭《新论》例可知。

蜡烛出现后，“烛跋”也指承放蜡烛的底座，即烛台。五代王仁裕《开元天宝遗事·烛奴》：“（申王）每夜宫中与贵戚聚宴，以龙檀木雕成烛跋童子，衣以绿衣袍，系之束带，使执画烛列于宴席之侧，目为烛奴。”“烛跋童子”指童子状的烛台。

正因烛有把柄可持，所以典籍中常有持烛的记载。《韩非子·外储说左上》中有这样一则寓言故事：“郢人有遗燕相国书者，夜书，火不明，因谓持烛者曰：‘举烛。’云而过书‘举烛’。举烛，非书意也。燕相受书而说之曰：‘举烛者，尚明也，尚明也者，举贤而任之。’燕相白王，王大悦，国以治。治则治矣，非书意也。”“举烛”是说将火把举高一点儿。后来人们就用“郢书燕说”比喻曲解原意或是牵强附会。清顾炎武《日知录》卷四《春秋阙疑之书》云：“是以新说愈多，而是非靡定。故今人学《春秋》之言，皆郢书燕说，而夫子之不能逆料者也。”“郢书燕说”的“说”是解释的意思，要读 shuō。《汉语大词典》将“说”的读音标为 yuè，这是不对的。《古诗十九首·生年不满百》中说：“生年不满百，常怀千岁忧。昼短苦夜长，何不秉烛游。为乐当及时，何能待来兹。”“秉烛游”是说夜晚举着火把去游玩。李白《春夜宴从弟桃花园序》中也有“古人秉烛夜游，良有以也”的话。当然“秉烛”后来凝结成了一个词，意思也就不再是手持火把，而是泛指点灯照明。如《水浒传》第九十五回中说“宋江秉烛待旦”，是说宋江点着灯等待天亮，理解为宋江拿着火把等待天明那就错了。

与“秉烛”同音的还有一个词叫“炳烛”。这个词来自春秋时期晋平公的故事。据西汉刘向《说苑·建本》记载：“晋平公问于师旷曰：‘吾年七十，欲学，恐已暮矣。’师旷曰：‘何不炳烛乎？’平公曰：‘安有为人臣而戏其君乎？’师旷曰：‘盲臣安敢戏其君乎？臣闻之，少而好学，如日出之阳。壮而好学，如日中之光。老而好学，如炳烛之明。炳烛之明，孰与昧行乎？’平公曰：‘善哉！’”“炳烛”是点燃火把的意思。晋平公说他想学点东西，但担心已经晚了。师旷说“何不炳烛”，这是一语双关的说法，非常巧妙。“暮”有夜暮之义，又有迟暮之义。晋平公说“恐已暮矣”是迟暮的意思，而师旷说“何不炳烛”是针对夜暮而言的，所以晋平公认为这是在戏弄国君。但当师旷讲出了一连串生动而恰当的比喻后，平公心悦诚服，不禁赞叹“善哉”。后人就用“炳烛”比喻老年好学。如清代顾炎武在《与汤圣弘书》中说：“弟以望七衰龄，犹希炳烛。”意思是说他快七十岁了，仍希望努力学习。

西汉著名学者匡衡凿壁借光的故事家喻户晓。《西京杂记》卷二记载说：“匡衡字稚圭，勤学而无烛，邻舍有烛而不逮，衡乃穿壁引其光，以书映光而读之。”他借的光也是火把的光。

我们今天的“烛”指蜡烛，这一意义是什么时候出现的呢？《汉语大字典》在“烛”的蜡烛义下最早举《论衡·幸偶》中的例子：“或烁脂烛，或燔枯草。”这个例子是不可靠的。《论衡·恢国》中也提到“脂烛”：“传书或称武王伐纣……兵至牧野，晨举脂烛。”野外打仗，士兵手持脂烛，脂烛显然是火把，不可能是蜡烛。因火把浸了油脂，故称脂烛。古代还有“膏烛”之名。《淮南子·原道》：“是以天下时有盲妄自失之患，此膏烛之类也，火逾然而消逾亟。”《汉语大词典》将“膏烛”释为“蜡烛”，这也不可信。桓谭《新论·祛蔽》中有这样一段话（据严可均《全上古三代秦汉三国六朝文·全后汉文》卷十四）：

> 余后与刘伯师夜燃脂火坐语。灯中脂索而炷焦秃，将灭息，则以示晓伯师，言人衰老亦如彼秃灯矣。又为言前燃麻烛事。伯师曰：“灯烛尽，当益其脂，易其烛，人老衰亦如彼，自蹶续。”余应曰：“人既禀形体而立，犹彼持灯一烛，及其尽极，安能自尽易？尽易之乃在人。人之蹶傥亦在天，天或能为他。其肌骨血气充强则形神枝而久生，恶则绝伤，犹火之随脂烛多少长短为迟速矣。欲灯烛自尽易以不能，但促敛旁脂以染渍其头，转侧蒸（麻秸）干，使火得安居，则皆复明焉。及本尽者，亦无以燃。”

从这段话我们知道，古代也用麻秸作油灯的灯炷，这灯炷也叫烛。这种灯有一个盛油盘，盘中设有插放麻秸的管（古称火主），灯炷将油不断吸至顶端。因为这种灯的油一般是动物的脂膏，脂膏靠灯炷燃烧产生的热量而溶化为油液，所以这种灯称为“膏烛”。《淮南子》说“火逾然而消逾亟”就是指脂膏溶化为油液。

晋代葛洪的《西京杂记》卷四中说：“闽越王献高帝石蜜五斛，蜜烛二百枚。”“高帝”指刘邦，“蜜烛”就是蜂蜡做的蜡烛。如此说来汉初就已经有蜡烛了。但这是后世人的记述，未可据为信史，因为在西汉时期的文献记载和考古资料中从未发现蜡烛的踪影。蜡烛大约是东汉时期才发明出来的，广州细岗东汉时期的墓葬中曾出土一盏陶质烛台，说明当时已经有蜡烛了。不过文献中最早提到蜡烛的资料是上引《西京杂记》，这已经是晋代了，而且还不叫“蜡烛”。唐代诗人韩翃《寒食》云：“春城无处不飞花，寒食东风御柳斜。日暮汉宫传蜡烛，轻烟散入五侯家。”这里的“汉宫”实际指代的是唐代宫廷，不能认为汉代皇宫真有传递蜡烛之事。

“蜡烛”之名最早见于南朝宋刘义庆著的《世说新语》。其《雅量篇》云：“周仲智饮酒醉，瞋目还面，谓伯仁曰：‘君才不如弟，而横得重名。’须臾，举蜡烛火掷伯仁，伯仁笑曰：‘阿奴火攻，固出下策耳。’”又《汰侈》：“石季伦用蜡烛作炊。”这表明蜡烛在晋代已流行于富贵人家。至于普通百姓也用蜡烛照明，那是唐代才有的事。唐代文人笔下蜡烛常跟哭泣联系在一起，因为蜡烛燃烧时流淌的溶液像人在流泪。如杜牧《赠别》诗：“蜡烛有心还惜别，替人垂泪到天明。”李商隐的名句“春蚕到死丝方尽，蜡炬成灰泪始干”（《无题》）给蜡烛赋予了鞠躬尽瘁、死而后已的光辉形象，深受人们喜爱。

诼

诼是从言豖声的形声字。诼的意义很简单，我们可以概括为“诋毁”。《广雅·释诂一》：“诼，责也。”又《释言》：“诼，谮也。”责是斥责、责备，谮（zèn）是诋毁，两种解释意思是相通的。《楚辞·离骚》：“众女嫉余之蛾眉兮，谣诼谓余以善淫。”王逸注：“诼，犹谮也。”

《方言》卷十还有这样的解释：“诼，诉也。”《汉语大词典》认为这里的“诉”是“诉说”的意思，举清无名氏《帝城花样·书长安看花前后记辛壬癸甲录后》例为证：“排闷折纸，自诼自写，遂已裒然成帙。”这种理解是不对的。诉也有诋毁的意思。《左传·成公十六年》：“郤犨将新军，且为公族大夫，以主东诸侯。取货于宣伯而诉公于晋侯，晋侯不见公。”杜预注：“诉，谮也。”又哀公十七年：“卫侯辞以难，大子又使椓之。”杜预注：“椓，诉。”椓与诼古通。这是说太子派人去诋毁，并非是一般的诉说。《方言》郭璞注亦云：“诼，谮。亦通语也。”可见“诉也”的训释与“谮也”是一致的。《帝城花样》中的“自诼”应理解为自毁、自责，理解为自我诉说是缺乏根据的。《汉语大词典》在“诼”下立“诉说”的义项恐怕不能成立。

诼的诋毁义可从字形构造中得到印证。诼从言豖声，实则豖亦表意。豖字甲骨文作[甲骨文字形]，从豕腹下有一竖。闻一多在《释豖》一文中指出，腹下一竖不与腹相连，表示被割去的生殖器，所以豖的本义是被阉割过的猪[1]。豖卜辞中一般用作祭祀之牲。如《乙》8642:“燎于上甲豖一。”《续》1·15·1:“侑于祖乙十白豖。”闻一多分析说：“意者祭祀用牲，本尚肥腯（tú），而既劇（jiān 阉割）之豖，肤革充盈，故殷人祭祀，多用豖为牲欤？”这一分析是完全正确的。我国是世界上最早对家畜采用阉割技术的国家之一。阉割过的家畜生长迅速，肉食细嫩肥美，而且性情温顺。阉割技术的采用是畜牧业上的一大进步。豖是被阉之豖，引申开去，阉割亦谓之豖。卜辞中有此用例。《铁》86·3：“燎十豖羊。”这是说用十只去势之羊进行燎祭。《前》6·47·2：“王贞：豖女。”“豖女”就是对女子施行宫刑。

去势义之豖后世典籍中写法很多。去势或用木棒敲击，故或加木旁作椓（zhuó）。《尚书·吕刑》：“杀戮无辜，爰始淫为劓、刵、椓、黥。”孔颖达疏引郑玄云：“椓谓椓破阴。”或加攴旁作豛、作斀。《说文》：“斀，去阴之刑也。从攴蜀声。《周书》曰：刖、劓、斀、黥。”攴字甲骨文作，像手持棍棒击打之形。或加殳旁而作豰。殳甲骨文作，像手持椎击打之形。从殳之字多有击打意，如《说文》：“殴，捶击物也。”“段，椎物也。”段即锻的初文。早期阉割多用棍棒或椎子突然猛击的办法，所以或从攴，或从殳。

去势或用刀，故字亦作劅。《集韵·觉韵》：“斀，古作劅。”《尚书·吕刑》“爰始淫为劓、刵、椓、黥”孔颖达疏：“劅，椓人阴。”典籍又有刴字，宋戴侗《六书故》以为与椓通。其说可从。

总之，椓、豛、豰、刴、斀、劅为一组异体字，皆豖之后出分别文，本义为去阴之术。去阴用敲击之法，故引申而有击打义。《说文》：“椓，击也。”“豛，击也。”“豰，椎击物也。”皆为引申义，许慎以为本义是不对的。从豖得声之字亦多有击意。《说文》：“啄，鸟食也。”段玉裁注：“鸟

① 《闻一多全集》第2册，三联书店1982年。

咮（zhòu 嘴）锐，食物似琢。”鸟吃食用啄击之法，故从豖声。啄木鸟因啄击木头而得名。琢为治玉，治玉须用刀凿啄击，故琢亦有砍击义。《齐民要术·作羹臛法》：“作鸡羹法：鸡一头，解骨肉相离，切肉，琢骨，煮使熟。”“琢骨”谓砍剁骨头。《说文》：“涿，流下滴也。”下滴即滴击于地，引申而有敲击义。《周礼·秋官·序官》：“壶涿氏下士一人，徒二人。”郑玄注：“壶，谓瓦鼓；涿，击之也。”可知从豖得声之字或直接有击打义，或隐含击打意，皆源于豖的敲击去阴之义。诼字从豖得声，表示用言语攻讦他人，亦即诋毁之义。

字

商代甲骨文	商代金文	周代金文	小篆	汉隶
				字

古代“字”字的不同写法

“字”字从古到今的变化可以用沧海桑田来形容，变化之大连专家学者也不容易看得分明。甲骨文中有个字，有的学者认为是弇字，有的学者认为是冥字，其实都不对，这个字就是“字”字。“字”的本义是生孩子。东汉许慎在《说文》中解释说：“字，乳也。”《说文》对“乳”的解释是：“人及鸟生子曰乳，兽曰产。”东汉王充《论衡·气寿》中说：“妇人疏字者子活，数乳者子死。”意思是说妇女生孩子的间隔稀疏，婴儿成活率高，生孩子的间隔稠密，婴儿成活率低。这里的“字”和“乳”都是生育的意思。甲骨文中的“字”字展现的是平躺着的产妇隆起的大肚子及张开的双腿，中间的“口”形是刚从产门探出来的小孩的脑袋，下面的是接生婆的双手，分别扶住产妇的左右腿，以防产妇因疼痛而合拢，把小孩给夹坏了。你看，这个字描绘古代生产的情景多么真切！卜辞中有这样的占卜纪录：“贞：翌日庚寅妇好字？贞：翌日庚寅妇好不其字？”这是从正反两方面卜问一个名叫妇好的女子会不会在庚寅这一天生孩子。生孩子在任何时代都不是小事，当事人都想知道预产期。今天预产期有科学的计算方法，古代则要通过向神卜问来确定。

《甲骨文合集》13999

[戊辰卜]，地·㱿贞：帚（妇）好字，妫（嘉）？

商代金文中的“字”字（见附图）是这样写的：，甲骨文中的小孩只见其首，不见其身，金文表现的是小孩整个已经出来的情景，接生婆的双手则被省略掉了。甲骨文中也有这种省略双手的写法，写作，跟金文十分近似。后来隆起的大肚子及张开的双腿讹变成了房子形，写成了，演变到楷体就是“字”。这就是“字”形的演变史。

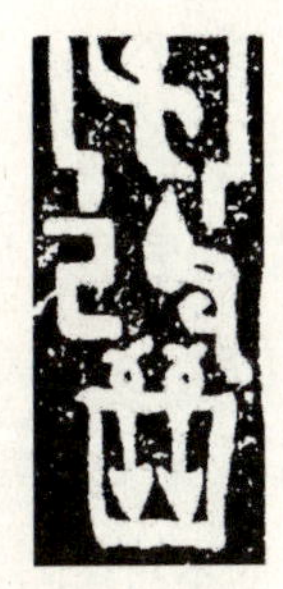

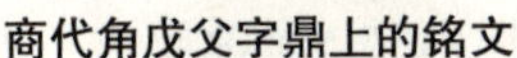

商代角戊父字鼎上的铭文　　商代字父己觚爵上的铭文

那么，“字”为什么会有文字的意思呢？许慎在《说文·叙》中说：“仓颉之初作书，盖依类象形，故谓之文。其后形声相益，即谓之字。文者，物象之本。字者，言孳乳而浸多也。”这里讲的是“文”和“字”的区别。“文”是描绘事物形状而形成的独体字，“字”是将两个以上的“文”组合起来表示意义的合体字，所以有“独体为文，合体为字”的说法。由于“字”是由“文”孳生出来的，所以叫“字”。可见“字”的文字义是由生育义引申出来的。当然，这是就“文”“字”最初的起源意义而言的，在实际的使用中两个字一般没有独体合体的区别，而是泛指文字。其区别主要在于两字表示文字这一概念的历史时间有差异。大致说来，汉代以前一般把文字叫“文”。例如《礼记·中庸》：“今天下车同轨，书同文，行同伦。”“书同文”是说书写上文字是统一的。《说文》中许慎在每个部首的最后都对该部首所收的字有统计数字，如“一”部下说“文五”，意思是说“一”部共有五个字，用“文”不用“字”。魏晋以后一般就叫“字”了，如西晋吕忱编的字典就叫《字林》。“文”则多用于表示文章，这样“文”和“字”就有了分工，这种分工一直保持到了今天。

“字”还有名字的意思。古人有名有字，名和字所指不同。《礼记·檀弓上》有“幼名冠字”的说法，唐代孔颖达解释说：“生若无名，不可分别，故始生三月而加名，故云幼名也。冠字者，人年二十，有为人父之道，朋友等类不可复呼其名，故冠而加字。”意思是说一个人出生三个月的时候给他取一个名，到了二十岁举行加冠礼的时候再取一个名，这个名就叫字。这说的是男子。如果是女子，十五岁举行加笄礼时取字。取字意味着已进入了成年，男子可以娶妻，女子可以嫁人了，所以“字”又有许配、出嫁的意思。成语有“待字闺中”，表示女子尚未许嫁。也用“未字”表示女子尚未许配。蒲松龄《聊斋志异·萧七》：“君清门令望，可附婚姻。有女未字，欲充下陈，幸垂援拾。”“幼名冠字”是周代的取字习俗。后世由于不再举行加冠加笄之礼，取字也就不一定是男二十、女十五了，有可能八岁入小学的时候就有了正式的名和字。

取字的原则是根据名的意义来取。东汉班固《白虎通义·姓名》中说：“旁其名为之字者，闻名即知其字，闻字即知其名。”就是名和字要互相说明，互相补足。具体来讲，取字主要有三种情况。

其一，取一个和名意义相同的词语为字。如春秋时卫公子荆字南楚，荆、楚指同一种植物。《说文》：“楚，丛木。一名荆也。”楚国又称荆国，也是由于荆、楚同义的缘故。其他如东汉张衡字平子、三国诸葛亮字孔明、唐聂夷中字坦之、清江永字慎修等，字和名都是同义关系。

其二，取一个和名意义相反的词语为字。如春秋时晋大夫赵衰字子馀，衰是减少，馀是多馀；春秋时郑公孙黑字子皙，皙是白皙，与黑相反；宋晏殊字同叔，殊是不同，与同相反；宋朱熹字元晦，熹是明亮，晦是昏暗；元赵孟頫字子昂，頫（俯）是低头，昂是抬头。

其三，取一个和名意义上有关联的词语为字，这是名字关系中数量最多的一类。如战国孟轲字子舆，轲是车，舆是车厢；韩愈字退之，愈是超过，故以“退之”的办法加以纠正。北宋苏轼字子瞻，轼是车上的一根横木，人们站着乘车时要手扶横木，以防摔倒。字为子瞻，取凭轼远眺之意。其弟苏辙字子由，辙是车轮压出的印迹，车要沿着车辙行走，由就是沿着行走的意思。清刘师培字申叔，取自汉初《鲁诗》传人申培。

孔子名丘字仲尼。《史记·孔子世家》："其先宋人也，曰孔防叔。防叔生伯夏，伯夏生叔梁纥。纥与颜氏女野合而生孔子。祷于尼丘得孔子。鲁襄公二十二年而孔子生。生而首上圩顶，故因名曰丘云。字仲尼，姓孔氏。"司马贞索隐："圩顶，言顶上窳也，故孔子顶如反宇。反宇者，若屋宇之反，中低而四傍高也。"孔子顶如反宇的说法恐怕是小说家之言，不足采信。"祷于尼丘得孔子"的说法比较切实，孔子的名字当由此而来。"尼丘"今称尼山，位于曲阜城东南30公里处。《说文》："屔，反顶受水丘。"因"祷于尼丘得孔子"，故名丘字仲尼。

还有一种关联是名和字都取自一句古代诗文。如三国赵云字子龙，取自《周易·乾卦·文言》"云从龙"之语；唐代茶神陆羽字鸿渐，取自《易经·渐卦》"鸿渐于阿，其羽可用为仪"之语；清钱谦益字受之，取自《尚书·大禹谟》"满招损，谦受益"之语；北宋王安石字介甫，现代蒋中正字介石，取自《易经·豫卦》："介于石，不终日，贞吉。"《象传》："不终日，贞吉，以中正也。"介是坚贞的意思，"介于石"是说坚贞如石，不可动摇。后人常用"介石"比喻坚贞的操守。《北史·隋本纪下》："岂美璞韬采，未值良工；将介石在怀，确乎难拔？"明陆采《明珠记·珠圆》："义士施偷天之计，郎君秉介石之心。"

字的本义是生子，人的字要根据名来取，相当于是名孳生出来的，所以叫字。

由于古人有名有字，所以当"名字"连到一起说的时候，含义不一定跟我们今天相同。例如《北史·陆俟传》中说："皇太子诸子未有嘉名，请依《春秋》之义，更立名字。"这里的"名字"分指名和字。当然，名和字加起来就是名字的全部，所以古代的"名字"也有泛指名字的意思，这跟我们今天的"名字"已经一样了。例如唐窦梁宾《喜卢郎及第》诗："手把红笺书一纸，上头名字有郎君。"读古书的时候对这两种不同的情况应注意分别。